Sibylle Tönnies

Der Dimorphismus der Wahrheit

Universalismus und Relativismus in der Rechtsphilosophie

Westdeutscher Verlag

Die Deutsche Bibliothek – CIP-Einheitsaufnahme

Tönnies, Sibylle:
Der Dimorphismus der Wahrheit: Universalismus und Relativismus in der Rechtsphilosophie / Sibylle Tönnies. – Opladen: Westdt. Verl., 1992
ISBN 978-3-531-12337-0 ISBN 978-3-322-93622-6 (eBook)
DOI 10.1007/978-3-322-93622-6

Der Westdeutsche Verlag ist ein Unternehmen der Verlagsgruppe Bertelsmann International.

Umschlaggestaltung: Horst Dieter Bürkle, Darmstadt

Gedruckt auf säurefreiem Papier

ISBN 978-3-531-12337-0

Für Heiko

Deus ordinem saeculorum tanquam pulcherrimum carmen ex quibusdam quasi antithetis honestavit.

Augustin. civ. D. XI. 18;
Motto des 1. Buches von »Gemeinschaft und Gesellschaft«

Inhaltsverzeichnis

* Die so gekennzeichneten Teile befassen sich mit der Methode.

Einleitung

1. Bekanntlich ist das Leben selber bedroht; aber nur bei naiver Betrachtung ist die Wahrung der Lebensmöglichkeit selbstverständliche Aufgabe des Rechts. Nicht nur praktisches Unvermögen, sondern auch philosophische Haltung steht dem entgegen. Die philosophische Betrachtung des Rechts teilt sich auf in eine solche, deren Gegenstand das geltende Recht ist, und eine solche, die sich mit einem möglichst guten, richtigen Recht beschäftigt. Diese beiden Richtungen haben ihr Feld nicht aufgeteilt, sondern kämpfen um Terrain. Die erste, die wir Relativismus nennen, bestreitet der zweiten, die hier unter der Bezeichnung Universalismus oder dem alten Wort Naturrecht erscheint, den Anspruch auf Wissenschaftlichkeit und hat sich hiermit auch durchgesetzt. Es hat sich eine Hierarchie gebildet, nach der der kontextbezogene Relativismus stichhaltiger, abgesicherter, zuverlässiger ist als das universalistische Naturrecht. Mit dieser Hierarchie wird der Einsatz des Rechts zugunsten der Lebenserhaltung behindert. Wir wollen dieser Rangordnung die Idee entgegensetzen, daß Relativismus und Universalismus zwei korrespondierende geistige Gestalten sind, von denen die eine nicht ohne Schaden für das Ganze vernachlässigt werden darf. Wir werden die beiden Auffassungen in zwei Hemisphären des Geistes einordnen, die nur bei Ausgeglichenheit das Ganze repräsentieren und deren einseitige Bevorzugung die notwendige Polarität ignoriert und ein Irrweg ist.

Wenn wir die eine Auffassung »Relativismus« nennen, könnten wir die zweite entsprechend als »Absolutismus« bezeichnen, was aber zu Mißverständnissen einladen würde. Stattdessen werden wir von Universalismus sprechen - oder synonym das Wort Naturrecht benutzen, obwohl in diesem viele Unschärfen liegen. Um diese werden wir uns aber meistens nicht kümmern, denn dem Gang der Untersuchung wird es entsprechen, die Positionen nicht an ihren Rändern, sondern auf ihrem Klimax aufzusuchen, und diesen hat das Naturrecht in seiner von Naturbetrachtung losgelösten, eben »absolutistischen« Form, dem rationalen Naturrecht der Aufklärung, dessen Ideen - Freiheit, Gleichheit, Gerechtigkeit - Epoche gemacht haben. Auf diese Universalien sind wir damit nicht festgelegt; es hat inzwischen eine Fokusverschiebung gegeben auf das Leben selbst, die Lebensmöglichkeit ist in den Vordergrund gerückt. Wichtig ist die Denk*form*: Naturrecht bezeichnet nicht das, was ist, sondern das, was sein soll.

Diese Denkform ist philosophisch erledigt. Die Erledigung des Naturrechts betrifft nicht nur seine theologisch fundierte Variante, sondern auch das rationale Naturrecht der Aufklärung, das das Recht an den Universalideen Freiheit, Gleichheit und Gerechtigkeit orientieren wollte. Diese Ideen haben sich zwar praktisch-politisch insofern durchgesetzt, als sie unser Grundgesetz formen; in der heutigen Rechtsphilosophie finden sie aber Anerkennung nur wegen dieser 1949 erfolgten

Rechtssetzung und der sie tragenden öffentlichen Meinung. Als davon losgelöste Ideen haben sie keine Bedeutung; soweit sie nicht »positiv« oder Bestandteil der demoskopisch zu ermittelnden Werthaltung sind, genießen sie nicht mehr Anerkennung als die Idee von Sklaverei, Unterdrückung und Willkür. Ihre moralischen Vorzüge geben ihnen keinen philosophischen Status, sie sind »nur moralisch« und werden dem Bereich der Werturteile, des Beliebigen zugewiesen, das wissenschaftliche Betrachtung auszuklammern hat.

Naturrecht ist Bewertung und kann insofern der Wissenschaftskritik nicht standhalten. Diese behauptet, daß der Wert eines Gegenstandes nicht dessen Eigenschaft ist, diesem nicht anhaftet, sondern einer ganz anderen Sphäre angehört: dem Auge des Betrachters. Der Wert hängt nach dieser Auffassung von dem mehr oder weniger angenehmen Empfinden dessen ab, der sich mit dem Gegenstand befaßt; ein Empfinden, das an den Betrachter gebunden ist und mit ihm wechselt. Der Wert ist bei der Untersuchung des Gegenstandes selbst nicht von Interesse, seine Spiegelung in den Köpfen der Menschen ist von wissenschaftlichem Belang nur unter psychologisch-soziologischem Gesichtspunkt und ein anderes Thema als der Gegenstand selbst. Bewertung ist keine Aussage darüber, wie eine Sache ist, sondern darüber, wie sie sein soll. Bewertung betrifft nicht das Sein, sondern das Sollen, und dieses ist nicht Thema von Wissenschaft. Diese hat die bekannte Sein-Sollen-Grenze gezogen und ihre Überschreitung mit einem Tabu versehen. Unter dieses Tabu fällt das Naturrecht. Seine Behauptung, daß man mit Fug und Recht die geltende Ordnung an einer vollkommeneren messen könne, ja, daß die Konzeption einer solchen überhaupt die vornehmste Aufgabe der Rechtsphilosophie sei, ist seit 150 Jahren obsolet. Diese Haltung geht durch alle politischen Lager - wenn man das theologische ausnimmt: sie kennzeichnet das bürgerlich-positivistische ebenso wie das kritische, noch von den Nachwirkungen des Marxismus beeinflußte. Der Rang, den die Ideen Freiheit, Gleichheit und Gerechtigkeit auf der linken Seite hatten, kam ihnen nicht als Ideen zu. Auf dieser Seite genossen sie Anerkennung zwar unabhängig von ihrer Positivität, aber nicht unabhängig vom realen Geschichtsablauf. Sie waren »richtig« deshalb, weil sie als Annex, als Überbau der wirklichen, ökonomisch bewegten Entwicklung angesehen wurden und in dieser eine Funktion auf dem Weg zum Kommunismus hatten, der sie dann überflüssig machen sollte. Sie erschienen als Epiphänomen materieller Vorgänge, und dieser Status relativierte sie ebenso wie der, den sie im Positivismus genießen.

Nun könnte man sich mit diesem relativen Status begnügen, da zugunsten des rationalen Naturrechts auf der rechten Seite die Verfassungsgebung, auf der linken die ökonomische Basis der bürgerlichen Gesellschaft als Träger anerkannt ist. Dieses Ergebnis ist aber angesichts der Zeitfragen unbefriedigend; es bleibt hinter dem zurück, was ein freischwebendes, nicht epiphänomenal, sondern als unabhängige Idee wirkendes Naturrecht leisten könnte: dem Recht die Aufgabe zuzuweisen, an der Erhaltung der Lebensmöglichkeit auf diesem Planeten mitzuwirken. Die Ausbeutung und Zerstörung der Natur erfolgt sowohl im Einklang mit dem positiven Recht als auch im Einklang mit ökonomischen Gesetzmäßigkeiten. Sie läßt sich nur unterbinden von einer Position aus, die reine Idee ist; dem Seienden wird eine

Gesolltes gegenübergestellt ohne Anknüpfung an Empirie - gerade deren Überwindung wird gefordert. Das ist nicht dem Inhalt, wohl aber der Form nach rationales Naturrecht. Dieses hatte Naturschutz noch nicht im Auge, wohl aber die Überwindung eines schlechten Zustandes (feudaler Willkür, Leibeigenschaft und Folter) kraft der Idee von einem besseren, heileren. Diese Denkform soll durch unsere Überlegungen wieder einen wissenschaftlichen Status erhalten, allerdings ohne daß die Fortschritte rückgängig zu machen sind, die durch den Relativismus be-gründet wurden. Beide Denkformen sollen als sich ergänzend und bedingend dargestellt werden.

2. Immer, wenn rechtliche Veränderung gefordert wird, stellt sich das Problem des Naturrechts - auch wenn der Begriff in der Auseinandersetzung nicht benutzt wird. Wer immer einer Gesellschaftsordnung neue Ziele setzt und diese rechtlich erreichen will, behauptet Naturrecht - auch wenn er den Begriff nicht verwendet. Die konservativen Argumente gegen seine Position haben deshalb auch immer eine ähnliche Struktur, sie sind Variationen um das Thema, das in klassischer Weise vom Historismus gegen die Universalien des rationalen Naturrechts vorgetragen wurde. Die neuen umweltpolitischen Forderungen eines »richtigen Rechts« stoßen sich an denselben Argumenten, die vor zweihundert Jahren zuerst der Engländer Edmund Burke gegen die naturrechtlichen Ideen der Französischen Revolution vorgetragen hat und die in der deutschen Romantik weitergeführt wurden zum Historismus, aus dem sich dann Positivismus und Wertnihilismus entfalteten und neuerdings die Systemtheorie. Meine Absicht ist nicht, die von dieser Seite vorgetragenen Argumente zu widerlegen. Meine Absicht ist, ihre Verbindungslinien so deutlich zu machen, daß eine Gestalt hervortritt, die sich von der des Naturrechts abhebt; wie bei einem Vexierbild sollen sich die Figuren gegenseitig abwechselnd Gestalt und Feld sein, eine Seite abhängig vom Kontrast durch die andere. Naturrecht und Historismus (bzw. dessen moderne Ausformungen) erscheinen bei dieser Betrachtung als Komplemente, als sich nicht ausschließende, sondern bedingende Wahrheiten.

Die Möglichkeit solcher Betrachtung ist dem westlichen Denken ungewohnt, dem asiatischen aber Programm: im Taoismus ist es die Komplementarität von Yin und Yang, die das Gegensätzliche verbindet. Es zeigt sich jedoch, daß auch im Abendland immer wieder die Aufteilung des Geistigen in zwei Hemisphären festgestellt wird, zwischen denen Partei genommen werden darf nur um den Preis der halben Wahrheit. Der Gewinn, den der Universalismus aus dieser Betrachtungsweise zieht, ist der, daß es seine Daseinsberechtigung in der einen Hälfte dieser beiden Hemisphären behaupten kann, daß der relativistische Ansatz ihm gegenüber zwar nicht falsch, wohl aber halb und unvollständig erscheint.

Aus dieser Sicht stellt sich das Verhältnis so dar: Der Universalismus ist nicht weise, weil es eifert; der Relativismus ist nicht weise, weil er resigniert. Der Universalismus springt nach vorn, der Relativismus weicht zurück; beide Auffassungen sind Bewegungen, die in ihrer eigenen Richtung zu weit getrieben Verlust bedeuten: im Falle des Universalismus Verlust durch Expansion, im Falle des Relativismus Verlust durch Kontraktion. Zur Zeit herrscht der Relativismus vor, die Folge ist Erstickungsgefahr; in anderen Zeiten führte die Naturrechtsherrschaft zu Bodenlosigkeit und Verflüchtigung.

Die im westlichen Denken angelegte Möglichkeit der Synthese versagt. Universalismus und Relativismus sind Polaritäten, die sich nicht auf der Mitte treffen können. Wohl kann der Universalismus relativistische Konzessionen machen; partikulare Rechtsbildungen anerkennen, die nicht nach der Idee des Guten geformt sind, sondern historisch-zufällig entstanden; das kann er aber nur in gewissen Grenzen, die von der Idee des Guten diktiert werden - und insofern liegt keine wirkliche Konzession vor, sondern eine ununterbrochene Beurteilung und Bewertung. Der Relativismus verträgt andererseits keine naturrechtlichen Elemente: sowie er Grenzen steckt für das, was ihm als Recht noch akzeptabel ist, schlägt er in Naturrecht um.

In Universalismus und Relativismus verbergen sich auseinanderstrebende Positionen, die sich nicht vermischen lassen. Es handelt sich mit Schillers Worten (der den Idealisten mit dem Realisten vergleicht[1] um

> »einen Gegensatz, welcher schuld ist, daß kein Werk des Geistes und keine Handlung des Herzens bei einer Klasse ein entscheidendes Glück machen kann, ohne eben dadurch bei der anderen sich einen Verdammungsspruch zuzuziehen. Dieser Gegensatz ist ohne Zweifel so alt als der Anfang der Kultur und dürfte vor dem Ende derselben schwerlich anders als in einzelnen seltenen Subjekten, deren es hoffentlich immer gab und immer geben wird, beigelegt werden.«

Da Synthese nicht gelingt, kann diese Beilegung nur durch ein Opfer erreicht werden: durch das Opfer der europäischen Idee, daß gegensätzliche Positionen nicht in einem Subjekt nebeneinander bestehen dürfen. »Die einzelnen seltenen Subjekte« können Schillers Ziel nur erreichen, wenn sie sich von dieser Fessel freimachen und die Positionen unvermischt und nebeneinander pflegen. Lassen sie sich nicht gleichzeitig einnehmen, so doch abwechselnd wie Voranschreiten und Zurückweichen - Kontraktion und Expansion im Rhythmus wie Systole und Diastole im Herzrhythmus und in der Atmung. »Alternativo« - mit dieser musikalischen Anordnung für gewisse zweigliedrige Tanzsätze, die immer abwechselnd zu spielen sind, könnte man unser Vorgehen überschreiben.

Die Erlaubnis zu solcher Behandlung des Widersprüchlichen findet sich auch in der europäischen Kultur an versteckten Stellen, die wir aufsuchen werden. Der dort verlangte Ausgleich der »Unendlichen Entzweiung« bedeutet auf die Naturrechts-Relativismus-Kontroverse angewandt eine balancierte Bejahung beider Positionen, die Besetzung einer Seite allein erscheint als zerstörerischer Eingriff in die Ausgewogenheit des geistigen Kosmos.

Zur Zeit gilt es deshalb, dem Naturrecht das Wort zu reden und dadurch die Balance zum Relativismus herzustellen. Dessen einseitige Wendung nach innen, zur

[1] Friedrich Schiller, Über naive und sentimentalische Dichtung.

Realität, zum Sein, seine Vernachlässigung der guten Idee, des Sollens bringt den obersten Wert in Gefahr: das Leben.

3. Die komplementäre Auffassung der rechtsphilosophischen Polarität kann anknüpfen an die Gedankengänge, mit denen in der Nachkriegszeit versucht wurde, zwischen der Skylla positivistischer Beliebigkeit der Rechtsinhalte und der Charybdis ungehaltener naturrechtlicher Festlegungen hindurchzuschiffen. Damals entwickelte sich das Gespür für die Polarität der beiden Positionen, für ihre notwendige Wechselbezüglichkeit. Als roter Faden zieht sich dieses Motiv durch das Werk Arthur Kaufmanns, in dem wechselnde Begriffe denselben Grundgedanken zum Ausdruck bringen: Rechtsbetrachtung hat zwei Pole, den des Vorgegebenen und den des zu Findenden. An diese Überlegungen können wir anknüpfen; sie ermutigen, »ein paar Schritte jenseits des von der Zunft abgesteckten Geheges zu wagen« [2], nämlich die Relationalität in den Mittelpunkt zu stellen. Wir können sie noch überschreiten und uns dabei die inzwischen veränderte Disposition des Zeitgeistes zunutzemachen, die darin besteht, daß die Toleranz gegenüber Disparitäten gewachsen ist. Im weitesten Sinne ist es der Postmoderne zuzuschreiben, wenn sich heute der Blick geöffnet hat für das Gegensätzliche, sich Ausschließende, »Le Differend«[3], und das Bedürfnis nachgelassen hat, Widersprüche aufzulösen. Die Postmoderne ist der Parteinahme müde und würdigt die geistigen Gestalten ästhetisch als »Mimesis«. Von anderer, naturwissenschaftlicher Seite kommt ebenfalls Unterstützung für die Anerkennung des Gegensätzlichen als gleichberechtigt: Niels Bohrs Behauptung, widersprüchliche Ergebnisse in der Mikrophysik seien als »komplementär« zu akzeptieren, hat über ihren Anwendungsbereich hinaus Einfluß gehabt. Deshalb kann heute mit Verständnis für das Wagnis gerechnet werden, die Pole in ihrem unaufgehobenen Spannungszustand nebeneinander stehen zu lassen. Die in den fünfziger Jahren vorgenommenen Brückenschläge zwischen den beiden Polen werden deshalb in unsere Arbeit nicht aufgenommen. Darin liegt ein Rationalitätsverlust: Wenn Kaufmann zum Schluß seiner Betrachtungen über »Recht und Rationalität«[4] als (das dritte) Merkmal aller Rationalität und Vernünftigkeit mit Kants Worten den Grundsatz benennt: »Jederzeit mit sich selbst einstimmig zu denken«, dann haben wir dieses Stück Rationalität aufgegeben und versuchen, Zweistimmigkeit zuzulassen und zu pflegen.

Andererseits liegt darin aber auch ein Rationalitätsgewinn, nämlich die Zurückhaltung gegenüber ontologischen Aussagen. Kaufmann sagt selbstkritisch zu der »Naturrechtsrenaissance« nach dem Zweiten Weltkrieg, daß sie aus der Rechtsnot jener Jahre geboren und nicht »gerade eine Ausgeburt der Rationalität und Ver-

---

2 Arthur Kaufmann, Das Recht im Spannungsfeld von Identität und Differenz, in: Beiträge zur juristischen Hermeneutik, Köln, Berlin, Bonn, München 1984 S.163.

3 Jean-Francois Lyotard, Le Differend, Paris 1983; deutsch: Der Widerstreit, München 1987.

4 Arthur Kaufmann, Recht und Rationalität, in: Festschrift für Werner Maihofer Frankfurt a.M. 1988 S.39.

nünftigkeit« war[5]; sie war der verzweifelte Versuch, die Idee des Guten ontologisch abzusichern und dadurch der Verfügbarkeit zu entziehen. In dem Verzicht auf solche Anstrengungen liegt eine Bescheidung, die der Rationalität zugutekommt.

In der Ordnung des rechtsphilosophischen Stoffes nach Polaritäten liegt aber andererseits eine Abgrenzung gegenüber der postmodernen Vielstimmigkeit: die asiatische Aufteilung in die beiden Hemisphären Yin und Yang ist eine ordnungsstiftende Struktur, die den geistigen Kosmos nicht diffus atomisiert, sondern im Gegenteil klar gegliedert sieht.

4. Naturrecht und Relativismus, das Bekenntnis zu einer dem Recht vorgegebenen Ethik und deren Leugnung, sind Positionen, die als geschlossene Gestalten erst erkennbar werden, wenn sie in Zusammenhang gebracht werden mit Polaritäten, die andere Themen haben, sich auf anderen logischen Ebenen befinden und doch homolog sind. Das Verfahren, solchen geistigen Gestalten Kontur zu geben, werden wir in der Goetheschen Tradition »Morphologie« nennen. Wir werden die homologen Positionen vorführen und dabei beginnen mit naheliegenden und enden mit entfernten, mit dem Ergebnis, daß um Naturrecht einerseits und Relativismus andererseits sich kongeniale Positionen gruppieren, die mit ihnen zusammen einheitliche Gestalten ausprägen; in der höchsten Abstraktion ordnen sie sich zu so großen Gestalten zusammen, daß nebeneinander lediglich zwei Hemisphären des Geistes erscheinen, unter die sich *alles* rechts oder links einordnet.

Dieses Erscheinungsbild ist die Rechtfertigung dafür, daß die hier vorgelegten Gedanken unter die Überschrift »Dimorphismus der Wahrheit« gestellt sind. Als »Dimorphismus«, speziell als sexuellen Dimorphismus bezeichnet man in der Biologie die Tatsache, daß alles höherentwickelte Leben in einer Doppelgestalt, weiblich und männlich, erscheint, und auf diese Doppelgestalt werden unsere Überlegungen letzten Endes hinführen.

Wir werden uns mit der *Methode* unseres Vorgehens erst befassen, nachdem wir eine *Anwendung* vorgenommen haben, nämlich die Polarität zwischen Organismus und Artefakt in morphologischen Zusammenhang mit der rechtsphilosophischen Antithetik gestellt haben. Auf das Kapitel »Organismus-Artefakt« wird das methodisches Kapitel »Die Unendliche Entzweiung« folgen, wobei aber die methodischen Fragen nur insoweit behandelt werden, als es dem Weiterlesen dient, der Beschäftigung mit weiteren, in Verwandtschaftsverhältnis stehenden Polaritäten. Erst nachdem sich die morphologische, komplementäre Gestalten formende Auffassung als fruchtbar erwiesen hat, wird sie wieder aufgegriffen und ausführlich behandelt werden.

---

5 Arthur Kaufmann a.a.O. S.13; vgl. auch ders., Vorüberlegungen zu einer juristischen Logik und Ontologie der Relationen, Grundlegung einer personalen Rechtstheorie, in: Rechtstheorie 17 (1986) S.258.

1. Kapitel
Organismus-Artefakt

I. Die Bekämpfung des Naturrechts durch die Idee des Organischen

Zwei polare Gestalten, die imstande sind, eine Fülle von Elementen der großen archetypischen Dichotomie aufzunehmen, sind Organismus und Artefakt, das Lebendige und das Mechanische. Sie nehmen auch Relativismus und Universalismus jeweils in sich auf und stellen sie in eine komplementäre Anordnung.

1. Die Bevorzugung des Organismischen gegenüber dem Artifiziellen bildet die bereits angekündigte Verbindungslinie zwischen den naturrechtsfeindlichen Positionen. Sie bildet das Motiv, das schon im 18.Jahrhundert gegen den Rationalismus aufkam: die Entgegensetzung des Natürlichen gegen das Künstliche; Naturrecht wurde mit dem Argument der Natur bekämpft.

Edmund Burke hatte schon 1756, also weit vor der Französischen Revolution, die diese dann tragenden Ideen von England aus angegriffen in einer Schrift, deren Titel gleich die entscheidenden Stichworte angab:

> »A Vindication of *Natural* society or, a View of the Miseries and Evils arising to Mankind from every species of *artificial* society«.[1]

»Natürlich« war für Burke die uralte, angeblich von selbst gewachsene Adelsherrschaft, die niemand absichtlich eingeführt hatte, sondern die das Produkt von jahrhundertelangen Werdeprozessen war; »künstlich« war demgegenüber ein Unternehmen, bei dem unter der Leitlinie einer Vorstellung eine Gesellschaft absichtsvoll in einer bestimmten Weise »gemacht« - etwa entsprechend der Idee der Gleichheit organisiert wurde. Diese Widerlegung des Naturrechts durch Natur fand in Deutschland einen begeisterten Widerhall und wurde ein Grundmotiv der Romantik.

Das Gemachte und Artifizielle der rationalistischen Naturrechtskonzeptionen war in diesen auch nie geleugnet, sondern im Gegenteil herausgestellt worden. Auch soweit ihnen Natur Bezugspunkt war, so war doch die Einführung einer naturgemäßeren, etwa Freiheit und Gleichheit herstellenden Verfassung eine durchaus künstliche Sache, etwas, das nicht von allein geschieht, sondern ein Subjekt braucht, das es wollend einführt; vornehmste Aufgabe des von der Natur emanzi-

---

[1] Hervorhebungen von mir.

pierten Menschen. »By Art is created that Great Leviathan«[2] sagte Hobbes für sein Staatskonzept. Pufendorf setzte durch die Künstlichkeit des Staatsvertrags den menschlichen Staat vom Bienenstaat ab, sprach vom künstlichen Willen[3]; Rousseau unterschied: »La constitution de l'homme est l'ouvrage de la nature; celle de l'Etat est l'ouvrage de l'art.«[4]

Gegenüber den rationalistischen Machenschaften griff der Romantiker Adam Müller die Ideen Edmund Burkes auf und schrieb:

> »Ich halte also das Geschäft der Gesetzgebung nicht für ein Sortieren und Rangieren aller auf der Erde an irgend einem Orte und zu irgend einer Zeit gegebenen Gesetze, für ein bloßes Auswählen und *künstliches* Kombinieren dessen, was sich hier und dort heilsam bewiesen hat, ... sondern die Hauptsache ist für mich, daß das Gesetz auf eine *naturgemäße* Weise aus freier, vollständiger Wechselwirkung der Freiheit und der Kraft ... entsprungen sei - und daß es, dieser Entstehung gemäß, nun auch fortlebe, sich immer mehr entwickele und reinige.«[5]

Der Staat sei nicht

> »eine bloße Manufaktur, Meierei, Assekuranzanstalt oder merkantilistische Sozietät«,

sondern

> »die innige Verbindung der gesamten physischen und geistigen Bedürfnisse, des gesamten inneren und äußeren Lebens einer Nation zu einem großen, energischen, unendlich bewegten und lebendigen Ganzen. Von diesem Ganzen kann die Wissenschaft kein totes, stillstehendes Bild, keinen Begriff geben; denn der Tod kann das Leben, der Stillstand die Bewegung nicht abbilden.« [6]

Das ist eine intelligente Verdrehung: die revolutionäre Bewegung als Tod und Stillstand hinzustellen. Nun - Adam Müller war »ein hochtalentierter Windhund und selbstgefälliger Schönredner«[7], der Karriere machte mit seiner restaurativen

---

2 Thomas Hobbes, Leviathan, Author's Introduction.
3 Samuel Pufendorf, De Officiis Hominis et Civis . . . , Ausgabe Leyden 1769 S. 662.
4 Jean-Jaques Rousseau, Du Contrat Social (1762), Buch III Kapitel 11.
5 Adam Müller, Die Elemente der Staatskunst, Berlin 1809, I, S. XIII. , Hervorhebungen von mir.
6 Adam Müller a.a.O. 1. T. Kapitel 1 und 2, Hervorhebungen von mir.
7 Alexander Rüstow, Ortsbestimmung der Gegenwart 2. Band Weg der Freiheit, Erlenbach-Zürich 1952, S. 439. Diesem zu wenig gelesenen Werk verdanken die vorliegenden Überlegungen entscheidende Impulse.

Staatsidee; wir finden sie aber auch bei so unangefochtenen und edlen Geistern wie Novalis und Eichendorff, sie kennzeichnet das vom Ausgang der Französischen Revolution enttäuschte Denken der gesamten deutschen Intelligenz der Zeit.

»Am lächerlichsten ist mir daher immer die Wut vorgekommen, Verfassungen zu *machen*. Wahrlich lieber Freund, es gibt einen Despotismus der Liberalität, der so unleidlich ist, wie jede andere Tyrannei, indem er das frische Leben fanatisch mit eitel Garantien, Vor und Rücksichten umbaut, daß man vor lauter Anstalten zur Freiheit nicht zu dieser selbst gelangen kann. Denn *Willkür* bleibt Willkür, sie komme, woher sie wolle; es ist aber gleich willkürlich, ob man den Leuten sagt: ihr sollt nicht frei sein, oder : ihr sollt und müßt grade auf diese und keine andere Weise frei sein! Mit dem Einrammen eines dürren Freiheitsbaumes ist gar nichts abgemacht. Mit und in der Geschichte der Nation muß die Verfassung, wenn sie nicht eine bloße Komödie bleiben soll, organisch *emporwachsen* wie ein *lebendiger* Baum, der das innerste Mark in immergrünen Kronen dem Himmel zuwendend, sich selber stützt und hält und den Boden beschirmt, in dem er wurzelt.«[8]

Novalis sagte:

»Meinethalben mag jetzt der Buchstabe an der Zeit sein. Es ist kein großes Lob für die Zeit, daß sie weit von der *Natur* entfernt, so sinnlos für Familienleben, so abgeneigt der schönsten poetischen Gesellschaftsform ist. Wie würden unsre Kosmopoliten erstaunen, wenn ihnen die Zeit des ewigen Friedens erschiene und sie die höchste, gebildetste Menschheit in monarchischer Form erblickten? Zerstäubt wird dann der papierne Kitt sein, der jetzt die Menschen zusammenkleistert, und der Geist wird die Gespenster, die statt seiner in Buchstaben erschienen und von Federn und Pressen zerstückelt ausgingen, verscheuchen, und alle Menschen wie ein paar Liebende zusammenschmelzen.«[9]

So unterschiedliche Ideen die Romantiker auch darüber hatten, was die letzte Bewegungsursache war - Madre natura, Gott Vater, der Volksgeist oder welcher Urgrund auch immer, - jedenfalls der Mensch durfte es nicht sein. Er konnte nur wie der Zauberlehrling durch Entfesselung der Kräfte Unheil anrichten, und Eichendorff hat in einem Sonett mit diesem Vergleich auch 1848 die Wirren der Zeit erklärt.[10]

---

[8] Josef von Eichendorff, Politischer Brief, in: Josef Baxa, Gesellschaft und Staat im Spiegel der deutschen Romantik, Jena 1924, S. 531; Hervorhebungen von mir.
[9] Novalis, Glauben und Liebe oder Der König und die Königin, bei Baxa a.a.O. S. 154.
[10] Novalis bei Baxa a.a.O. S. 532.

Die Altliberalen

Die wilden Wasser, sagt man, hat entbunden
Ein Lehrling einst, vorwitzig und vermessen,
Doch hinterdrein den Zauberspruch vergessen,
Der streng die Elemente hielt gebunden.

Ein tödlich Pulver, sagt man, zu erkunden
Hat einst ein Mönch sich überklug vermessen,
Und als im tiefen Grübeln er gesessen,
Im Zauberdampf den eignen Tod gefunden.

So habt den Zeitgeist ihr gebraut, gemodelt,
und wie so lustig dann der Brei gebrodelt,
Ihm eure Zaubersprüche zugejodelt.

Und da's nun gärt und schwillt und quillt - was Wunder,
Wenn platzend dieser Hexentopf jetztunder
Euch in die Lüfte sprengt mit allem Plunder!

Die politische Ausnutzung dieser Haltung führte zum Quietismus und bedeutete die beste Abschirmung gegen die Französische Revolution und deren Forderung nach einem Gleichheit herstellenden Bürgerlichen Gesetzbuch, die im Code Civil eingelöst war und nach Deutschland drängte. »Als der Code in Deutschland eindrang und krebsartig immer weiter fraß«[11], konnte Savigny auf dem Boden der Romantik eine Auffassung gründen, die alles willkürliche Verändern des Rechts ablehnte, seine ideengeleitete Konzeption verwarf: die Historische Rechtsschule. Ihr Erfolg bereitete dem Naturrecht den Garaus, und dieser Erfolg beruhte auf der Verwendung der Organismusmetapher, dem Lieblingskind des Zeitgeistes; der Aufweisung der Überlegenheit der organischen Kräfte gegenüber dem Mechanisch-Artifiziellen, das allem Gebilde von Menschenhand anhaftet.

2. Der Erfolg der Organismusmetapher beruht darauf, daß sie eine den Dingen immanente Tendenz zur Heilheit suggeriert. Diese Tendenz, diese vis medicatrix hat das Artifizielle nicht; selbst wenn es aus guter Idee, zu gutem Zweck eingerichtet wird, kann die Wirkung destruktiv sein - wofür die Französische Revolution denn auch Paradebeispiel war. Gerade in dem Anstreben der guten Idee wird die wirkliche Entwicklung von ihrer inneren Tendenz abgerissen und unabsehbaren Abläufen ausgeliefert.

Die Wirklichkeit ist der Stoff, die Idee die Form, und das Auseinandertreten von Stoff und Form ist es, was das Artificium ausmacht im Gegensatz zum Organismus, in dem beides verschmolzen ist und sich synchron entfaltet. Der Vorwurf der

---

11 Friedrich Carl v. Savigny, Vom Beruf unserer Zeit für Gesetzgebung und Rechtswissenschaft, Einleitung. Über die Wirkung dieses Werkes sollte man sich nicht in der offiziellen Rechtsgeschichte, sondern bei Heinrich Heine informieren.

Romantik gegen die ideengeleiteten Neuerungen richtet sich gegen die Losgelöstheit und Willkürlichkeit der Sollenskonzepte, ihre Bodenlosigkeit durch mangelnde Verwurzelung im Wirklichen; ihre Liebe galt dem Organischen, weil dieses keine freigesetzte, sondern eine intrinsische, sich entelechetisch gemeinsam mit dem Stoff entfaltende Idee enthält.

Die von Aristoteles herkommende Unterscheidung zwischen Organismus und Artefakt faßt Windelband[12] in die Worte:

> »In dem Fall des organischen Geschehens ... sind Stoff und Form in der Tat die beiden, nur durch die Abstraktion trennbaren Seiten einer und derselben von Anfang bis zu Ende miteinander identischen Wirklichkeit: schon im Keim, dessen Entwicklung das Wesen zur Entfaltung bringt, ist die Materie innerlich durch die Form gestaltet. Beim künstlichen Bilden dagegen besteht zunächst das Material, das die Möglichkeit enthält, für sich, und erst die zwecktätige Arbeit des Künstlers tritt hinzu, um durch die Bewegung daraus die Gestalten zu erzeugen ... Hiernach findet nun in der Anwendung auf die Welterkenntnis jene Grundbeziehung von Form und Stoff eine doppelte Ausführung: einerseits werden die Dinge als sich selbst realisierende Formen, andererseits werden die Dinge im Verhältnis zueinander das eine als Materie, das andere als Form betrachtet.«

Die Unterscheidung trifft einen für alle Philosophie wichtigen Scheitelpunkt, von dem aus die Konzepte in zwei Richtungen ausgehen; die eine, organische, wollen wir links, die andere rechts nennen, was nichts mit der politischen Bedeutung dieser Worte zu tun hat, dieser im Gegenteil oft zuwiderläuft, sondern mit einer Archetypik, die wir in einem besonderen Kapitel behandeln werden.[13]

3. Wir haben es bei der Unterscheidung zwischen Organismus und Artefakt nicht nur mit einem logisch bedeutsamen Vorgang zu tun, sondern auch mit einer morphologischen Trennung von großer Tragweite. Bei ihrer Anwendung fällt die Welt in zwei Hälften, schließen sich die mannigfaltigen Erscheinungen zu den beiden großen Gestalten des Lebendigen und des Mechanischen zusammen; Komplexe, denen jeweils ein geistiges Prinzip, eine Tendenz zur Einheitsbildung zugrundeliegt, die sie aufnahmefähig macht für eine Fülle von Elementen, von denen wir hier einige behandeln werden. In logischer Beziehung zu der Unterscheidung zwischen Organismus und Artefakt steht - wie wir sahen - die Frage nach Immanenz oder Transzendenz der formenden Idee, die Frage nach einer intrinsisch oder extrinsisch wirkenden Subjektivität; metalogisch, morphologisch ist die Beziehung

---

12 Wilhelm Windelband, Lehrbuch der Geschichte der Philosophie, 3. Aufl. Tübingen u. Leipzig 1903, S. 114.

13 Im Kapitel »Unten-Oben, Ost-West, Links-Rechts« III. Auf der linken Seite, und das heißt zuerst, werden in unserem Text normalerweise die dem Organischen isomorphen Elemente der Dichotomien genannt, wodurch sich auf jeder Seite ein roter Faden bildet, was aber bei »Weiblich-Männlich«, »Böse und Gut«, »Ohnmacht oder Macht der Subjekt der Subjektivität« z. B. zu einer sprachlich ungewohnten Reihenfolge führen wird.

zu anderen Polaritäten wie Vergangenheit-Zukunft, Warm und Kalt, Dunkel und Hell, Weiblich und Männlich, die wir letzten Endes heranziehen werden, um den Relativismus einerseits, das Naturrecht andererseits innerhalb ihrer morphologischen Hemisphäre zu erfassen.

II. Die Fortsetzung der Romantik im Positivismus

1. Wir sahen, daß die Romantik dem Werden gegenüber dem Machen den Vorzug gab. Darin liegt auch die Bevorzugung einer zeitlichen Dimension:

»Geworden« ist immer das aus der Vergangenheit Überlieferte, Gegebene - »Machen« ist die Veränderung in die Zukunft hinein, und was sich zunächst als »Machen«, als künstlich zeigt, erscheint in der Vergangenheit liegend - aus späterer Sicht - als ein Gewordenes, ein organisch entstandenes Faktum.[14] Als organisch konnte deshalb als nächster Schritt alles in der Vergangenheit Entstandene, als artifiziell alles in die Zukunft Projizierte aufgefaßt werden. An die Stelle von »Organismus« ließ sich denn »das Gewordene« in dem Sinne setzen, daß *alles Seiende* darunter fiel, während an die Stelle des Artefakts *alles Gesollte* trat. Wenn man als Spezifikum des Artefakts ansieht, daß es aufgrund einer formenden Idee entstanden ist, daß ihm, bevor es ein Sein wurde, ein Sollen voranging - im Gegensatz zum Organismus, bei dem Form und Materie sich synchron entfalten -, wird einem der bruchlose Übergang von politischer Romantik in Positivismus plausibel. In verwandelter Form findet sich das Schema Natur-Artefakt hier wieder: das Artefakt unterscheidet sich von seinem Gegenpol dadurch, daß ihm ein Konzept zugrundeliegt, daß sein Schöpfer sich zunächst ein Bild machte, eine Idee hatte, wie es sein soll. Das hat Natur nicht. Die Priorität der Idee ist es, was das Artefakt ausmacht, ihr Verschmelzen mit dem Stoff ist Merkmal des Organismus - und sein Vorzug in den Augen der Romantik. Es ließ sich diese Bevorzugung weiterführen in eine solche des Seins gegenüber dem Sollen, und diese Weiterführung hat der Positivismus vorgenommen. Die Anerkennung des Gegebenen, weil es »geworden« ist, genossen denn auch die neuen Kodifikationen, sobald sie positiv waren, und der Historismus erweiterte sich zum Rechtspositivismus, der das Motiv der Ablehnung aller vorgegebenen Ideen weitertrug.

Wenn wir den der Organismus-Artefakt-Polarität zugrundeliegenden Unterschied zur Kenntnis genommen haben, nämlich den zwischen Immanenz und Emanenz der Idee, können wir begreifen, wie sich aus der Bevorzugung des Organischen die Bevorzugung des Gegebenen, Positiven im Gegensatz zum Gesollten entwickelt hat: Wenn man den Vorzug des Organischen auf alles bereits »Ge-

---

14 Zu der Frage der historischen Berechtigung dieser Auffassung siehe unten im Kapitel »Kontingenz-Notwendigkeit« I. die Ausführungen zu Rüstows Überlagerungsaspekt; vgl. auch Herbert Krüger, Allgemeine Staatslehre, 2. Aufl. Stuttgart Berlin Köln Mainz 1966, S. 154 Anm. 16.

wordene« überträgt, die Ablehnung des Artifiziellen auf alles noch zu Machende, ist man im Positivismus.

2. Von der Ablehnung von Gesetzeswerk löste sich der Historismus bei seinem Übergang in den Positivismus, nicht aber von seinen naturrechtsfeindlichen Grundannahmen. Diese kamen im Positivismus erst richtig zum Zuge. Das Element des Relativismus war im romantischen Historismus noch unentwickelt gewesen; dort war das organisch Gewachsene als das Gute erschienen, als dessen Verkörperung, und darin hatte ein Rest Naturrecht gelegen. Befreit hat sich das relativistische Element erst im Positivismus. Hatte die politische Romantik noch die innige Verquickung von Wirklichkeit und Idee, ja, deren Selbstentfaltung durch Geschichte behauptet, erlosch das ideelle Element im Positivismus. An die Stelle der Liebe zu allem organisch Gewachsenen trat im Laufe des vorigen Jahrhunderts die Verehrung alles Gegebenen, die Ablehnung aller davon abweichenden Konzepte. Als Gegenstand von Wissenschaft anerkannt wurde nur das, was ist, ausgeschieden das, was sein soll.

Die Überlegenheit, die die rationalistischen Konzepte in ihrer Zeit - dem 17. und 18. Jahrhundert - gehabt hatten, weil sie sich mit dem Guten und Besseren, dem erst zu Machenden beschäftigten, kehrte sich in Inferiorität um. Zunächst mit dem Argument, daß absichtlich hergestellte Verhältnisse unorganisch seien, dann mit dem Argument, daß sie unter keinem logisch haltbaren Gesichtspunkt als *besser* angesehen werden könnten, wurde der Rationalismus in Deutschland begraben.

Die Verbindungslinie zwischen Romantik und Positivismus ist schon oft gezogen worden[15] und, wie mir scheint, unbestritten. Ich betone sie aber deshalb, weil sie im Bewußtsein der Rechtstheorie im Schwinden ist und durch die so unterschiedliche Gefühlstönung, die die Begriffe jeweils haben, heute auf Widerstand stößt. Das Verständnis für diese Verbindungslinie ist aber unerläßlich, nicht nur, um die folgenden Ausführungen, sondern um die deutsche Geschichte zu verstehen: die demoralisierende Wirkung des Historismus hat sich über den Positivismus im Faschismus ausgewirkt.

> »Die deutschen Juristen, ... die sich von Berufs wegen in erster Linie dazu hätten verpflichtet fühlen müssen, den rechtsförmigen Rechtsbeugungen und Rechtsbrüchen des Nationalsozialismus entgegenzutreten, ... waren ... durch den Rechtspositivismus, der seit der Historischen Schule in der deutschen Jurisprudenz

---

[15] z. B. Albert Schweitzer, Kultur und Ethik (1923), 7. Aufl. München 1948, Vorrede S. XVIII; Ernst Troeltsch, Deutscher Geist und Westeuropa, Tübingen 1925, S. 16 ff.; Karl Larenz, Methodenlehre der Rechtswissenschaft, Einleitung 2. Aufl. Berlin und Heidelberg 1969 S. 7; Eugen Paschukanis, Allgemeine Rechtslehre und Marxismus, 3. Aufl. Frankfurt a. M. 1970, S. 43; Alexander Rüstow a.a.O. S. 439; und am deutlichsten bei Ernst Bloch, Naturrecht und menschliche Würde, Frankfurt a. M. 1961, der immer die Verbindung der beiden Richtungen im Auge behält, die darin besteht, daß in beiden Europa das Naturrecht, »teils organistisch, teils faktizistisch« aufgibt (S. 109).

herrschte und ein unabdingbares Naturrecht über dem jeweiligen positiven Recht ausdrücklich leugnete, sozusagen methodisch entwaffnet und entmannt.«[16]

3. Betrachten wir wieder die Unterschiede zwischen Romantik und Positivismus, die daher rühren, daß in der Frontstellung zum Naturrecht nur die Romantik vom Organismusmodell ausgeht, der Positivismus hingegen das Recht als »gemacht« betrachtet - Unterschiede, die uns deshalb wichtig sind, weil neuerdings die Systemtheorie die romantisch-organismische Betrachtung wiederaufgreift und damit die positivistische Naturrechtskritik in ihrer destruktiven Wirkung übertrifft.

Die Erweiterung vom Organisch-Selbsttätigen zu allem in der Vergangenheit Gewordenen, die der Positivismus vorgenommen hat, brachte nicht nur eine Verstärkung des relativistischen Elements, sondern bedeutete andererseits eine Schwächung der Position gegenüber dem Rationalismus. Der organischen Auffassung gelang die Bekämpfung des ideellen Moments im Naturrecht insofern besser, als ihr Stoff und Idee identisch waren, verschmolzen in der realen Geschichte[17]. Die Vernachlässigung der Idee durch den Positivismus, die Leugnung ihrer Verkörperung im Realen, die Wendung zum Platt-Realen läßt dem Ideellen anderswo Raum, einen zwar außerwissenschaftlichen, unexakt-metaphysischen Raum, aber sie läßt diesen Raum immerhin frei, während die politische Romantik die Idee gebunden hatte in den Selbstentfaltungsprozessen der Geschichte. Das Vernünftige war wirklich für die Romantik und erstickte so im Stoff; im Positivismus ist es zwar außerwissenschaftlich und nur-politisch, genießt aber insofern zumindest Narrenfreiheit.

Vergleichen wir Historismus und Positivismus in ihrer Gegnerschaft zum Naturrecht, so stellen wir fest: Der Angriff der Romantik gegen den Rationalismus ist zwar insofern *schwächer*, als sie - in der Wirklichkeit, mit ihr identisch, durch sie verkörpert - Vernunftidee anerkannte; den Volksgeist beispielsweise, der doch immerhin ein guter Geist war, der gute Geist der Aufklärung, der sich niedergelassen hatte im Wirklichen. Der Angriff der Romantik gegen das Naturrecht ist aber insofern *vernichtender* als der positivistische, als er die von der Wirklichkeit losgelöste, körperlose Vernunftidee abtötet, ihr nicht einmal den Raum der Spekulation gibt, sondern sie in der realen Geschichte eingefangen hat. Dieses Spezifikum des organischen Denkens hat der Positivismus nicht. Er erkennt das artifizielle Moment in der Rechtsbildung wohl an; ja, er kommt teilweise zu einer Überspitzung dieses Moments in Voluntarismus und Dezisionismus. Der Positivist legitimiert das Recht nicht damit, daß es von selbst entstanden, sondern damit, daß es in der dafür vorgesehenen Weise gesetzt ist, daß es *da* ist. Demgegenüber hat zwar das Recht, das noch nicht da ist und lediglich nach Ansicht einiger Leute da sein soll,

---

16 Alexander Rüstow, Ortsbestimmung der Gegenwart, Bd. 3 Erlenbach-Zürich 1957 S. 692 Anm. 140. Die Verbindungslinie ist auch Thema bei Ferdinand Lion, Romantik als deutsches Schicksal, Stuttgart und Hamburg 1947, und in meinem Aufsatz: Sibylle Tönnies, Der Kater des Dionsos, in: Hundert Jahre »Gemeinschaft und Gesellschaft« (Hrsg. L. Clausen u. C. Schlüter), Opladen 1991.

17 vgl. dazu ausführlich Sibylle Tönnies a.a.O.

erhebliche Nachteile, einen bedeutend schwächeren ontologischen Status; aber es ist doch nicht eingewickelt in das, was tatsächlich passiert. Aus diesem Grunde sind Positivismus und Naturrecht keine echten Kontrahenten, was auch öfter festgestellt wird.[18]

In der Kelsenschen Ausformung zumal besteht gar kein Anlaß zu Rivalität.

> »Diese Rechtslehre kann deshalb *neben* einer Naturrechtslehre bestehen, da sie nur auf eine wertfreie Analyse des positiven Rechts zielt, während die Naturrechtslehre das Problem des Wertes des positiven Rechts, d.h. seiner Gerechtigkeit oder Ungerechtigkeit zu lösen sucht, ein Problem, das *außerhalb* der von Kelsen vertretenen Rechtslehre liegt«[19].

Für Kelsen »sind die letzten Sollenssätze unbeweisbar, axiomatisch, nicht der Erkenntnis, sondern nur des Bekenntnisses fähig« [20]; sein Konzept zwingt nicht zu Indifferenz, sondern läßt der Wertentscheidung die ihr zukommende Würde.

Die Nähe zwischen Naturrecht und Rechtspositivismus wurde auch von den nationalsozialistischen Rechtsphilosophen erkannt, und gemeinsam wurden die beiden Positionen denn auch abgelehnt als Auffassungen, die abgehobener Geist sind und sich zu wenig aus den Tiefen des vom Recht zu formenden Stoffes prägen lassen. Wir werden uns damit unter dem Titel »Deutsch-Okzidental« noch ausführlicher befassen.

Kaufmann bringt Naturrecht und Positivismus mit diesen Worten zusammen:

> »Aber liegt in der Verkündigung absoluter und daher von jedermann hinzunehmender sittlicher Werte nicht auch ein autoritäres Element? Es ist sehr bemerkenswert, daß man dort, wo man den Rechtspositivismus geradezu ad absurdum geführt hat, sich nicht zu ihm bekannt, sondern von einem 'völkischen' oder 'rassegesetzlichen' Naturrecht gesprochen hat. Und das geschah sogar mit einer gewissen inneren Berechtigung, denn ein absolutistischer Naturrechtsstandpunkt und ein absolutistischer Rechtspositivismus berühren sich im entscheidenden Punkt, wiewohl sie sich als unversöhnliche Feinde geben. Es ist ein allgemein zu beobachtendes, wenn auch viel mißachtetes Strukturgesetz unseres Seins, daß sich in unserer Welt der Bedingtheiten nichts auf die Spitze treiben läßt, ohne daß es sich in seinem Gegenteil wieder aufhebt und daß sich daher extreme Standpunkte, so sehr sie einander entgegengesetzt scheinen, als Komplementärtheorien

---

18 z. B. Arthur Kaufmann, Die Geschichtlichkeit des Rechts im Licht der Hermeneutik, in: ders. (Hrsg.), Rechtstheorie - Ansätze zu einem kritischen Rechtsverständnis, Karlsruhe 1971, S. 92. ; ders. , Vorüberlegungen zu einer juristischen Logik und Ontologie der Relationen. Grundlegung einer personalen Rechtstheorie, in Rechtstheorie 17 (1986) S. 259; Hiroshi Noguchi, Naturrecht und Rechtsontologie, in: Die ontologische Begründung des Rechts (Hrsg. A. Kaufmann) Darmstadt 1965, S. 448; Dennis Lloyd, The Idea of Law, 2. Aufl. Harmondsworth 1968, S. 90, 114.

19 Alfred Verdross, Abendländische Rechtsphilosophie, Wien 1958, S. 253.

20 Hans Kelsen, Reine Rechtslehre, 2. Aufl. Wien 1960, S. 5.

wieder begegnen.«[21]

Tatsächlich erfuhren Naturrecht und Rechtspositivismus im Nationalsozialismus eine gemeinsame Verurteilung, die man von Otto v. Gierke übernehmen konnte:

»Diese für das Naturrecht typischen Theorien offenbaren eine gewisse Übereinstimmung mit dem abstrakten Normativismus der positivistischen Jurisprudenz und seiner Lehre von der logischen Geschlossenheit der Rechtsordnung, die den Blick für die Einzigartigkeit einer konkreten geschichtlichen Situation trübt und, ohne Rücksicht auf völkische und staatliche Individualitäten, alle 'Fälle' unter bereits vorhandene generelle, grundsätzlich auf alle Menschen und Gemeinschaften anwendbare Normen subsumieren zu können vorgibt. Materiell ... ist das Recht an den Stoff, den es formt, gebunden«.[22]

III. Das Organische in der Systemtheorie

Neuerdings hat die Zurückweisung von Veränderung (speziell aller rechtlichen Eingriffe in profitträchtige, aber umweltschädliche Unternehmungen[23]) wieder ein Gesicht, das dem der Romantik ähnelt: in der *Systemtheorie* wird das Verharren im Gegebenen wieder mit dessen gewachsener Struktur gerechtfertigt, die Überlegenheit des Seienden gegenüber dem Gesollten wird wieder mit dessen tausendfältigen mikrobischen, störanfälligen Einzelbeziehungen gerechtfertigt, im Gesellschaftlichen wird Natur entdeckt und dem bewußten Machen entgegengehalten.

1. In dieser Auffassung trägt die Systemtheorie ihr funktionalistisches Erbe weiter. Denn das macht den Funktionalismus aus: er zeigt die - aller Rationalität überlegene - Verwobenheit alles Einzelnen in ein lebendiges Ganzes, an das man nicht rühren darf - eine moderne Form des romantischen Denkens[24].

Wenn auch die Systemtheorie zunächst kybernetische (und das hieß ursprünglich: mechanische) Metaphern verwendete, so ist doch deren Kern die Behauptung von Selbsttätigkeit, die mit Recht nur dem Organischen zukommt; es hat inzwi-

---

21 Recht und Sittlichkeit, in ders.: Rechtsphilosophie im Wandel, 2. Aufl. Köln usw. 1984, S. 202.

22 Otto v. Gierke, Deutsches Privatrechts I, München und Leipzig 1895, S. 252; zitiert bei Hans Kropa, Otto v. Gierke und die Probleme der Rechtsphilosophie, Breslau 1940, S. 27.

23 vgl. Niklas Luhmann, Ökologische Kommunikation, Opladen 1986.

24 vgl. dazu Sibylle Tönnies, Organismus und Freiheit - der Verlust der Subjektivität in Luhmanns Systemtheorie, in: Recht Justiz Kritik, Festschrift für Richard Schmid, Hrsg. H. E. Böttcher, Baden-Baden 1985, S. 375 ff; und dies.: Ist das Recht ein Biotop? in Rechtstheorie Heft 1 1987 S. 105 ff.

schen denn auch ein sogenannter Paradigmawechsel stattgefunden, der diesen Bezug auf Biologie nicht mehr verhüllt. Der Bezug liegt schon im Wesen des Begriffs »System«, so daß Herbert Krüger, ohne noch an Systemtheorie zu denken, sagen konnte:

> »Der staatstheoretischen *Organismus*vorstellung in ihrem allgemeinsten Sinne darf man die Absicht zuschreiben, den Staat als *System* zu deuten«[25];

ein Satz, der sich heute umkehren läßt in der Weise, daß man der staatstheoretischen Systemvorstellung in ihrem allgemeinsten Sinne die Absicht zuschreiben darf, den Staat als *Organismus* zu deuten.

Die Bekämpfung des Universalismus, die die Systemtheorie als ihre eigentliche Aufgabe ansieht, erfolgt unter dem Leitbegriff der Evolution[26], der seinen Stammsitz in der Biologie, bei den gewachsenen Strukturen hat, und die Voraussetzung, von der das Naturrecht ausgeht: daß eine Gesellschaft sich ihr Recht *macht*, wird mit dem alten Argument der stillwebenden Kräfte bestritten - wenn auch in stark verfremdeter Sprache. Der status civilis löst den status naturalis nicht, wie bei Hobbes, aufgrund vernünftiger Entscheidung ab, sondern in blindem evolutionärem Wirken:

> »Schon durch physische Differenzierung, erst recht aber durch Differenzierung organisch-lebender Systeme wird die Welt komplexer und als Umwelt aller Einzelsysteme problematischer. In diesen Einzelsystemen bewähren sich dann im Hinblick auf ihre jeweilige Umwelt höher generalisierte, voraussetzungvollere Formen der Anpassung, die 'zufällig' entstehen mögen, dann aber genutzt und erhalten werden ... . Durch Stabilisierung solcher evolutionärer Errungenschaften steigen die Möglichkeiten der Welt, die Umwelt aller anderen Systeme nimmt an Komplexität und an Kontingenz zu. Diese können durch verstärkte Anpassung und Selbsterhaltung reagieren; in jedem Fall hat ihr Zustand höhere Selektivität als zuvor, da er eine Auswahl aus mehr Möglichkeiten stabilisiert. Evolution setzt mithin eine für das Sozialsystem zunächst 'zufällige', dann aber zunehmend strukturabhängige und heute in sozialen Systemen zum Teil bereits planbare Überproduktion an Möglichkeiten voraus, im Hinblick auf die Systeme durch Strukturen selektiv erhalten werden können, und sie macht unter dieser Voraussetzung unwahrscheinliche Ordnungen wahrscheinlich. Antrieb und Regulativ der Evolution ist das Komplexitätsgefälle zwischen System und Umwelt. Diese Grundgedanken bieten ein Deutungsschema auch für gesellschaftliche Evolution.«[27]

---

[25] Herbert Krüger a.a.O. S. 147, Hervorhebungen von mir; auf S. 83 führt Krüger den Gedanken auf A. Hensler, Institutionen des Deutschen Privatrechts I (1885), S. 5, zurück.

[26] z. B. in: Niklas Luhmann, Rechtssoziologie, Reinbek 1972, S. 12, 95, 135f.

[27] Niklas Luhmann, Rechtssoziologie a.a.O. S. 135 f.

Eigentümlich fremdartig steht das Wörtchen »planbar« in diesem Text, ein von einem anderen Stern versprengtes Element. Aufgabe des Textes ist doch gerade, die Vorgänge nicht als Ergebnis individueller menschlicher Entscheidung zu erklären - eine Größe, die ihr fremd ist - sondern einen übergeordneten Standpunkt einzunehmen, in dem die vermeintlich freien Entscheidungen nur als Systembewegungen in Erscheinung treten, als Kontraktionen und Expansionen überindividueller Gebilde. Der Begriff der Planung, der aus einem Ablauf ein Artificium macht, schmuggelt sich in die Systemtheorie ein und kann sich dort auch als relativ unauffälliges Element des Artifiziellen, Gewollten aufhalten; unauffällig deshalb, weil »Planung« weniger als wirkliche Veränderung ist, nicht Strategie, die den blinden Mächten überlassen bleibt, sondern Taktik, lediglich eine Weise, die Systeme am Laufen zu halten.

> »In eine schon vorhandene Rechtsordnung können nicht irgendwelche Änderungen hineingesetzt werden, sondern nur solche, die für vorhandene Problemlösungen - realer oder auch rein dogmatischer Art - funktionale Äquivalente bieten.«[28]

Neuerdings nun ist der Systemtheorie Planung auch kein Thema mehr. Ihr sogenannter Paradigmawechsel betont die Wendung gegen das Artifizielle mit seinen Leitbegriffen »Autopoiesis« und »Selbstreferenz«. Er bewirkt

> »bemerkenswerte Umlagerungen - so von Interesse an Design und Kontrolle zu Interesse an Autonomie und Umweltsensibilität, von Planung zu Evolution, von struktureller Stabilität zu dynamischer Stabilität.«[29]

Allerdings gibt es auch bei dieser Sichtweise noch das Stichwort »Entscheidung«; die Definition (vom Autor hervorgehoben) gibt aber einen Eindruck von deren Tragweite:

> »Von *Entscheidung* soll immer dann gesprochen werden, *wenn und soweit die Sinngebung einer Handlung auf eine an sie selbst gerichtete Erwartung reagiert.*«[30]

---

28 Niklas Luhmann, Rechtssoziologie a.a.O. S. 349.
29 Niklas Luhmann, Soziale Systeme, Frankfurt am Main 1984, S. 26.
30 Niklas Luhmann a.a.O. S. 400.

Als Gegenpol zum Reagieren taucht Entscheidung nicht auf, sondern als dessen Unterfall. Die beiden Beispiele für Entscheidungen, die dieser Abschnitt anführt, sehen denn auch so aus:

> »Man unterläßt das Zähneputzen nach dem Essen, weil das Taxi schon vorgefahren ist und man es nicht warten lassen oder fürs Warten nicht bezahlen will«; »Soll ich die Suppe zurückgehen lassen oder nicht, weil sie zu salzig ist?«[31]

Die winzige Dimension dieser Entscheidungen macht es möglich, den Begriff ganz der Autopoiesis, der Selbsterhaltung unterzuordnen. Denn weiter geht der Beruf des Menschen in der Systemtheorie nicht, als daß er sich gegenüber seiner Umwelt stabil halte. Nicht etwa blendet Luhmann das Individuum, den handelnden Menschen ganz aus.

> »Im Gegenteil: eine Theorie selbstreferentieller autopoietischer Sozialsysteme provoziert geradezu die Frage nach der selbstreferentiellen Autopoiesis psychischer Systeme und mit ihr die Frage, wie psychische Systeme ihre Selbstreproduktion von Moment zu Moment, den 'Strom' ihres 'Bewußtseinslebens' so einrichten können, daß ihre Geschlossenheit mit einer Umwelt sozialer Systeme kompatibel ist.«[32]

Solche Fragestellung erfaßt den Menschen auf dem Niveau einer evolutionären Frühform, dort, wo er noch reine Natur ist und der Geist sich nicht emanzipiert hat - dort, wo er sich noch nicht in selbstverschuldeter Verantwortung gegenüber seinem Planeten befindet.

2. Auch für die Systemtheorie, deren Pflanzenhaftigkeit wir im vorigen Abschnitt feststellten, gilt, was wir schon von der Romantik sagten: sie steht in krasserer Gegenüberstellung zum Naturrecht als der Positivismus. Das organisch-funktionalistische Element läßt vernünftige Entscheidung nicht außen vor, sondern absorbiert sie, vernichtet sie durch Aufsaugen.

Wir sahen schon, daß die Kelsensche Position vergleichsweise naturrechtsfreundlich ist; sie läßt anders als die Systemtheorie der Politik Raum, sich an Vernunft zu orientieren; ihre Heraushebung eines durch die Grundnorm legitimierten souveränen Willens erkennt einen Entscheidungsträger an, an den vernünftige Appelle zu richten sind, während der Systemtheorie »alles ohne herrschende Stimme gleichsam unendlich vielstimmig ist.«[33]

---

31 Niklas Luhmann a.a.O. S. 401.
32 Niklas Luhmann a.a.O. S. 348.
33 vgl. Ernst Bloch, Erbschaft dieser Zeit, Erweiterte Ausgabe, Frankfurt a. M. 1962, S. 124.

Anders und näher zur Systemtheorie steht in dieser Frage der Positivismus Theodor Geigers. Als Mischform erweist sich seine Rechtssoziologie, wenn man sie unter die Unterscheidung Organisch-Artifiziell bringt. Sie bedeutet eine deutliche Distanzierung von der Betrachtung des Rechts als Willensprodukt, d.h. Artificium. Geiger lehnt den Positivismus der Reinen Rechtslehre insofern ab, als diese

> »nur den einfachen Gegensatz von Macht und Ohnmacht, Machthabern und Machtlosen, nicht aber das unendlich verwickelte Spiel von Machtfaktoren verschiedener Stärke, das hinter der Fassade des integralen Machtstatus vor sich geht, (sieht). Damit verwischt man aber auch die Pluralität der rechtsbestimmenden Willen.«[34]

Dadurch, daß Geiger unerkennbar viele Willen am Werke sieht, hebt er sich deutlich von der Kelsenschen Richtung ab, die das Recht als Werk eines durch die Grundnorm legitimierten Souveräns betrachtet; seine Interdependenzidee trägt gewisse romantische Züge, wie wir sie auch in der Systemtheorie entdecken, die romantischen Züge des Historismus, der in allem Geschehen ein »acting in concert« sah, wie Edmund Burke sich ausdrückte[35] - was Bloch mit den eben zitierten Worten gekennzeichnet hat:

> »Alles Vergangene ohne herrschende Stimme gleichsam unendlich vielstimmig zu haben.«

Dennoch ist die Konfrontation zum Naturrecht auch bei Geiger nicht so scharf wie bei denjenigen, die Gesellschaft nach immanenter Zweckmäßigkeit organisch auffassen. Wenn auch in Form von Inkonsequenz, läßt er sein Engagement für das Gute und Richtige immer wieder durchleuchten, weiß auch, daß dieses sich nicht funktionalistisch-evolutionär von selbst herstellt, sondern *gemacht* werden muß - letzten Endes auch ein Bekenntnis zum artifiziellen Rechtsverständnis des Rationalismus. Die Funktionalisten (die von organischer Selbsttätigkeit ausgehen) sieht er als die

> »gefährlichsten praktischen Förderer und Behüter des Irrationellen in der Gesellschaft: allenthalben tiefverborgene Zweckmäßigkeiten entdeckend, wecken sie geradezu Mißtrauen gegenüber planmäßigen Bestrebungen, das soziale Leben doch wenigstens einigermaßen zu rationalisieren. Im Verhältnis zur vermeintlich dem Geschehen selbst immanenten Zweckmäßigkeit wirken Versuche künst-

---

34 Theodor Geiger, Rechtssoziologie, Neuwied und Berlin 1964, S. 366.
35 nach Hannah Arendt, Elemente und Ursprünge totaler Herrschaft, München Zürich 1986, S. 713.

> licher Zweckgestaltung kurzsichtig, tölpisch und der 'höheren Zweckmäßigkeit' des Entwicklungsverlaufs zuwiderlaufend.«[36]

Die heilen Kräfte der Evolution kann Geiger nicht entdecken.

> »Wäre soziale Zweckmäßigkeit der für die Gestaltung der gesellschaftlichen Institutionen entscheidende selektive Faktor, müßte man wohl erwarten, daß die irrationalen Momente eine etwas geringere Rolle im Leben der menschlichen Gesellschaften spielten. Statt dessen sehen wir, welch unendliche Mühe es im Lauf der letzten Jahrhunderte gekostet hat und noch kostet, Vernunft- und Zweckrücksichten auch nur in bescheidenem Umfang innerhalb der abendländischen Gesellschaft Geltung zu verschaffen.«[37]

Hier leuchtet Geigers rationalistisches Grundverständnis durch. Die sonst von ihm an den Tag gelegte Zurückweisung des Wert-vollen geschieht bei Geiger - wie oft im Positivismus - aus Anstand, aus Widerstand gegen die falschen Werte der Zeit, gegen Patriotismus, Rassismus, Gemeinschaftstümelei; bei den Juden unter den Positivisten aus berechtigter Ablehnung der herrschenden Werte, von denen sie ausgeschlossen waren. Die ihnen traditionell bedeutenden Werte, wie Liberalität, Bildung, Urbanität, Weltbürgertum, Pazifismus hatten in ihrer Zeit so wenig Chance, daß ein Ausweichen in das naturwissenschaftlich-wertfreie Weltbild noch die beste Aussicht bot, den Irrationalismus aufzuhalten. Wir finden deshalb unter den Positivisten oft engagierte Idealisten, deren Position eine Reinhaltung von falschen Idealen bedeutete.[38]

Wir fassen zusammen: Viel schroffer als diejenige von Naturrecht und Positivismus ist die Entgegenstellung von Naturrecht und Systemtheorie, da diese der moralischen Betrachtung keinen Raum läßt, kein zweites Reich des Sollens anerkennt, sondern den Egoismus der Systeme, zu denen auch der einzelne Mensch gehört, zur obersten Leitidee erklärt. Vernünftige Idee ist dem untergeordnet, taucht als Begriff gar nicht auf.

3. Vernünftige Idee spielt als Begriff seit dem Ende des Rationalismus ohnehin keine Rolle mehr, ist eliminiert worden, führte aber ein verstecktes Weiterleben im Kleide des *Zweck*begriffs. Der Unterschied zwischen Organismus und Artefakt läßt sich auch mithilfe der Begriffe Mittel und Zweck bestimmen. Da der Organismus seinen Entstehungsgrund in sich hat und keines transzendenten Schöpfers bedarf, ist ihm sein Zweck immanent; das organische Produkt ist dasjenige, in dem »alles

---

36 Theodor Geiger a.a.O. S. 106.
37 Theodor Geiger a.a.O. S. 366.
38 Ähnlich finden wir heute unter den Anhängern der Postmoderne tapfere Demokraten, die - im Bewußtseins ihres »Ethnozentrismus« - zu den rationalistischen Ideen stehen, vgl. z. B. Richard Rorty, Der Vorrang der Demokratie vor der Philosophie, in: Solidarität oder Objektivität, Stuttgart 1988, S. 82.

Zweck und wechselseitig auch Mittel«[39] ist. Die Leugnung objektiver äußerer Zwecke ist deshalb wesentlicher Bestandteil einer organismischen Rechtsauffassung und gehört heute zu den Elementen der Systemtheorie.

Als »Zweck im Recht« konnte die Naturrechtsidee Ende des vorigen Jahrhunderts durch Jhering noch einmal eine gewisse Reetablierung erfahren[40].

> »Jhering spielte gegen den dumpfen Irrtum des Gewachsenseins den helleren aus, daß Recht eine absichtsvolle, planmäßig gemachte Erfindung sei«[41],

sagte Ernst Bloch und ließ dabei weise offen, wo denn die Wahrheit liegt. Jedenfalls ist ein Bekenntnis zur zweiten Alternative implizit naturrechtlich, die Anerkennung von die Selbsterhaltung übergreifenden Zwecken eine Position, die der Relativismus nicht dulden kann und die deshalb auch in der Systemtheorie zentral bekämpft wird. Ihre organismischen Metaphern machen die Frage nach dem Zweck hinfällig; der Zweckbegriff hat seine Berechtigung nur dort, wo ein Artificium angenommen wird; er bezeichnet eine emanente Bestimmung, die dem Organismus fehlt, der immanent sinnvoll ist.[42] Anders als im Positivismus und ebenso wie in der Romantik besteht deshalb in der Systemtheorie kein Freiraum für vernünftige Idee, für rationale Zwecke; so, wie der Geist der Romantik seine Verkörperung und damit Einbindung in der Wirklichkeit fand, so sind Zwecke heute eingefangen und gebunden in den blinden Zuckungen der sich selbst erhaltenden Einzelsysteme. Genau wie die Restauration um 1800 kann die Systemtheorie heute nachweisen, daß rationale Zwecksetzung, Orientierung an vernünftiger Idee, lediglich Chaos schaffen kann: Aufhebung von Rassendiskrimininierung, soziale Gerechtigkeit gegenüber Kinderreichen zum Beispiel - das sind Störungen von bewährten System-Umwelt-Beziehungen, die keine Chance haben, ihr Ziel zu erreichen.[43]

---

39 G. W. F. Hegel, zitiert bei Gisela v. Busse, Die Lehre vom Staat als Organismus, Berlin 1928, S. 24, deren Arbeit diese Überlegungen viel Anregung verdanken.

40 Rudolf v. Jhering, Der Zweck im Recht, 2 Bd. Leipzig 1877 u. 1883.

41 Ernst Bloch a.a.O. S. 154.

42 Es gibt auf beiden Seiten Grenzüberschreitungen, was das Vorhandensein oder Fehlen von Zweckbestimmung angeht. Auf der Seite der Organismusbetrachtung ist es der Entelechiegedanke, der Zwecklosigkeit nicht hinnimmt, auf der Seite des Artifiziellen ist es die Kybernetik, die umgekehrt die Zweckbestimmtheit und -begrenztheit des Mechanischen leugnet und diesem Selbsttätigkeit zuschreibt; vgl. zu letzterem Hans Jonas, Kybernetik und Zweck. Eine Kritik. In: Organismus und Freiheit, Göttingen 1973, S. 154 ff.

43 Niklas Luhmann, Rechtssoziologie a.a.O. S. 22O.

»Zwecke sind für uns orientierende Vorstellungen, die nicht wahrheitsfähig sind«[44]

— das ist noch eine positivistische Aussage, die den Zwecken immerhin den Raum der Ideologie läßt. Aber die Systemtheorie geht weiter und holt das romantische Konzept der Identität von Idee und Realität in seiner anti-rationalistischen Wirkung ein, indem sie Zwecke nicht außen vor läßt, sondern einbezieht als die befriedigenden Zustände, die die autopoietischen Systeme avisieren, und damit das aufbraucht, was als »vernünftige Idee« sonst zumindest wissenschaftsexternen Spielraum hätte.

4. Natürlich ist die systemtheoretische Inkorporierung von Idee ganz anders eingetönt als die romantische. Sie ist nicht wie diese schwärmerisch, von *guter* Idee beseelt, sondern zynische Botschaft von einem ubiquitären Egotismus. Wenn der Romantik das Vernünfige wirklich und das Wirkliche vernünftig war, so war das in ihren edlen Geistern ein glühendes Wunschdenken, daß alles *gut* sei.[45] Davon ist die Systemtheorie weit entfernt. Wenn sie dem Vernünftigen keinen Freiraum läßt, geschieht das nicht in der Überzeugung, daß dieses im Stoff seine Kraft entfalte, sondern in der Überzeugung, daß es sich in der Selbstreferenz in den Einzelsystemen sinnlos verbrauche. Kaufmann/Hassemer[46] drücken diesen Sachverhalt so aus, daß der Systembegriff Wahrheits- und Gerechtigkeitsprinzipien *ein*bezieht, während in der klassischen Rechtsphilosophie diese Kriterien dem Gesetzessystem *gegenüber*stehen, nicht integriert, nicht seine Teile sind. Unter der Überschrift »Monismus-Dualismus« werden wir uns mit diesen beiden Möglichkeiten noch näher befassen. In der Systemtheorie

»wird die Rechtsordnung als ein umfassendes System begriffen, in das auch alle Wahrheits- und Gerechtigkeitsvorstellungen integriert sind. Diese verlieren dadurch ihren Maßstabcharakter, denn sie sind vom System immer schon eingeholt, sie haben keine kritische, innovative Funktion mehr, sondern nur noch eine Symbolfunktion, indem sie gute Absichten beteuern, an guten Willen appelieren, vorausgesetzten Konsens ausdrücken und Verständigungsmöglichkeiten postulieren.«[47]

---

44 Niklas Luhmann, Soziologische Aufklärung, Opladen 2. Aufl. 1971 S. 57.

45 Zu der infolge optimistischen Fortschrittsglaubens eintretenden Vernachlässigung der Ethik durch und nach Hegel vgl. Albert Schweitzer a.a.O. S. 144.

46 Arthur Kaufmann/Winfried Hassemer, Grundprobleme der zeitgenössischen Rechtstheorie und Rechtsphilosophie, Frankfurt a. M. 1977, S. 28 f.

47 Arthur Kaufmann, Ontologische Grundlegung juristischer Hermeneutik, in: Gedächtnisschrift für René Marcic, Berlin 1983 S. 605.

Wir halten fest: im Gegensatz zum Positivismus, der eine dualistische Spannung zwischen dem Sein und dem Sollen noch kennt, fallen - ebenso wie in der Romantik - diese beiden Ebenen in der Systemtheorie zu einem Monismus zusammen. Damit bleibt für naturrechtliche Überlegungen kein Raum mehr. Die Systemtheorie und nicht der Positivismus ist deshalb der moderne Antipode zum Universalismus.

IV. Die Rehabilitierung des Zweckgerichteten durch Hans Jonas

Auf der dualistischen Seite ist äußerster Antipode das universalistische Naturrecht des Rationalismus, nicht etwa das phänomenologische Naturrecht mit seinen »Vorfindlichkeiten« wie Geschlechtsdifferenz (Welzel, Stratenwerth). Dieses Konzept ist, um für die polare Gegenüberstellung geeignet zu sein, zu organisch, will den artifiziellen Charakter von Naturrecht nicht anerkennen, sondern sieht dieses als Ausfluß von Natur an, natürliche Folge aus der Natur der Sache.[48] Auf der Suche nach einem modernen Vertreter eines dualistischen Systems verlassen wir die Rechtsphilosophie und stoßen in der Ethik auf Hans Jonas.

Es zeigt sich: je mehr die gesellschaftlichen Beziehungen als Artefakt angesehen werden, desto größer ist die Neigung, Werte anzuerkennen; je mehr die gesellschaftlichen Beziehungen wie ein Naturzusammenhang aufgefaßt werden, desto geringer ist die Neigung, Werte walten zu sehen. Im Artefakt läßt sich problemlos ein Wert unterbringen, nämlich der, der in der Erreichung der Zweckbestimmung durch seinen Schöpfer liegt. Denn wie wir sahen, unterscheidet sich das Artefakt vom Organismus dadurch, daß es seinen Zweck außerhalb seiner selbst hat, während die Gegenstände der Natur zwar in sich zweckmäßig eingerichtet sind, aber eben »in sich«; kein äußeres Subjekt hat sie absichtsvoll, um eines Zwecks willen, geschaffen. Darum stellt sich ihnen gegenüber die Wertfrage nicht. Denn Wert heißt ja: einem Zweck dienlich. Zweck wiederum setzt eine Setzung und damit Subjektivität voraus.

Mit Recht geht deshalb Jonas in seinem »Prinzip Verantwortung«[49] bei der Frage danach, ob es begründbare Werte gibt, insbesondere, ob *Leben* sein soll, so vor, daß er ihr die Frage voranschiebt, ob es Zwecke gibt. Offensichtlich zweckmäßig sind Artefakte, sie haben den Zweck, den ihnen ihr Hersteller gibt, sie haben in diesem Rahmen auch Wert. Wenn man - wie Jonas - ohne die Prämisse eines transzendentalen Schöpfers für das Leben auskommen will[50], muß man dessen

---

48 vgl. dazu unten »Monistisch-Dualistisch« III.

49 Hans Jonas, Das Prinzip Verantwortung, 5. Aufl. 1984, 3. Kap. S. 105 ff.

50 Jedenfalls nimmt er diese wissenschaftliche Haltung ein; daß seine persönliche Beziehung eine andere ist, stellt er manchmal fest, kann auch nicht verhindern, daß sie überall durch sein Werk durchschimmert.

Wert begründen aus einem Zweck, den die Natur aus sich selbst heraus in sich trägt. Jonas legt in dieser Absicht ein modernes, naturwissenschaftlich informiertes Entelechiekonzept vor. Zweckhaftigkeit und damit die Möglichkeit, wertvoll zu sein, setzt Subjektivität voraus, ein Subjekt nämlich, das etwas will, ein Bewußtsein. Jonas behauptet das Vorhandensein von Subjektivität schon in der vormenschlichen Natur; das erlaubt ihm, den Soll-Zustand, nämlich daß Leben sei, als den menschlichen Entscheidungen vorgegeben zu begründen. Dieser Versuch einer Wertbehauptung ohne Metaphysik, ohne Inanspruchnahme eines transzendenten Willens, ist Naturrecht im antiken Sinne, die Begründung von Sollenszuständen aus dem Sein der Natur. In dieser ist nach Jonas' Auffassung ein Sollen angelegt; den Hiatus zwischen Sein und Sollen bestreitet er. Wenn es Subjektivität und damit die Möglichkeit für ein Sollen in der hochentwickeltsten Ausprägung der Natur, im menschlichen Geist, gibt - so argumentiert er -, muß sie schon in der vormenschliche Natur angelegt sein. Denn: natura non facit saltus, ihr Prinzip ist Kontinuität. Alle Versuche, die Beseelung der Materie im Menschen als qualitativen Sprung darzustellen, müssen metaphysische Grundannahmen machen, ein zweites Reich behaupten, aus dem die Seele von außen eindringt, denn: ex nihilo nihil. Will man - wie Jonas - ohne solche Grundannahmen auskommen, muß man den Keim der Subjektivität schon in der unbeseelten Natur suchen. Geht man in der Evolution von Kontinuität aus, so muß man sich

> »vom Obersten, Reichsten über alles Untere belehren lassen.«[51]

Dieser Satz ist das Herzstück von Jonas' Verantwortungslehre.

> »Dies ist aber keineswegs eine Korrektur am Rande, sondern eine am Kern der Sache: Wie man weiß, besagt 'Kontinuität' heute, daß man sich umgekehrt vom Untersten über alles Obere belehren läßt!«

Jonas benutzt den Kontinuitätsgedanken so, daß er aus ihm eine Anlage von Subjektivität, Zweckhaftigkeit und Wertfähigkeit in der unbeseelten Materie entnimmt.

> »Das Sein, oder die Natur, ist *eines* und legt Zeugnis von sich ab in allem, was es aus sich hervorgehen läßt. Was das Sein ist, muß daher seinem Zeugnis entnommen werden, und natürlich dem, das am meisten sagt, dem offenbarsten, nicht dem verborgensten, dem vollsten, nicht dem ärmsten - also dem uns zugänglich 'höchsten'«.

---

[51] Das Prinzip Verantwortung a.a.O. S. 135.

Die Ausstattung der Natur mit Subjektivität und Zweckgerichtetheit gibt dieser ein Merkmal des Artefakts, löst die Grenze zwischen Artefakt und Natur auf. Das geschah auch schon in der aristotelischen Teleologie, an die Jonas sich anschließt.[52]

Jonas bietet uns einen Beleg dafür, daß Wertbegründung durch extensive Auslegung des Subjektivitätsmerkmals, durch eine Ausdehnung des Denkschemas »Artefakt« möglich wird; dem steht antipodisch die Wertleugnung durch dessen restriktive Anwendung gegenüber, durch eine Extension des organismischen Modells, das keine Subjektivität, nicht einmal im gesellschaftlichen Artefakt, kennt.

Das eine Unternehmen ist so fragwürdig wie das andere; die Wahrheit liegt andererseits auch nicht in der Mitte, sondern in der Anerkennung der Janusköpfigkeit der Problemstellung.

Wenn heute das »Prinzip Verantwortung« und das Prinzip »Autopoiesis« miteinander rivalisieren, so stehen sich wie in Aufklärung und Romantik wieder die Gestalten von Artefakt und Organismus gegenüber.

---

52 vgl. dazu ausführlich Sibylle Tönnies, Hans Jonas zwischen Sein und Sollen, Rechtstheorie 3/91.

2. Kapitel
Die Unendliche Entzweiung*

I. Das Ergänzungsverhältnis von Romantik und Aufklärung

Wir haben die Begriffe Relativismus, Positivismus, Systemtheorie, Romantik, Natur, Organismus, Sein, Wirklichkeit, Vergangenheit einerseits und Universalismus, Aufklärung, Rationalismus, Veränderung, Artefakt, Sollen, Idee, Zukunft andererseits zusammengefügt. Dabei entsteht schon andeutungsweise die dimorphe Struktur, die Thema dieser Betrachtungen sein wird; es trennen sich zwei Hemisphären des Geistes, die sich nicht in einem logischen Konflikt-, sondern einem morphologischen Ergänzungsverhältnis befinden. Wenn wir intuitiv der einen und der anderen Seite weitere Begriffe hinzufügen, wie Ruhe und Bewegung, rückwärts und vorwärts, dunkel und hell, weiblich und männlich, haben wir die Ebene, auf der üblicherweise der Positionsstreit ausgetragen wird, vollends verlassen und diesen eingeordnet in eine viel größere, umfassendere Dichotomie, die nicht mehr das Bedürfnis nach Entscheidung für die eine oder andere Seite, sondern nach Balance weckt.

Romantik und Aufklärung - die Kraft des Spannungsverhältnisses zwischen diesen beiden Antipoden liegt darin, daß es so viele Elemente der umfassenden Dichotomie zusammenfaßt; aus diesem Grunde tauchen die Motive dieser Auseinandersetzung immer wieder auf; aus diesem Grunde ist auch aller Streit, dem diese Motive zugrundeliegen, unentscheidbar - auch der zwischen Naturrecht und Relativismus.

Als die beiden Positionen sich 1799 auf der Spitze gegenüberstanden, jede auf ihrem Klimax, jede im Rahmen der deutsch-französischen Auseinandersetzungen national eingebunden und sogar waffenbewehrt, sagte Novalis über die zugrundeliegende geistige Spaltung:

> »Unter den streitenden Mächten kann kein Friede geschlossen werden, aller Friede ist nur Illusion, nur Waffenstillstand; auf dem Standpunkt der Kabinetter, des gemeinen Bewußtseins ist keine Vereinigung denkbar. Beide Teile haben große, notwendige Ansprüche und müssen sie machen, getrieben vom Geiste der Welt und der Menschheit. Beide sind unvertilgbare Mächte der Menschenbrust: hier die Andacht zum Altertum, die Anhänglichkeit an die geschichtliche Verfassung, die Liebe zu den Denkmalen der Altväter und der alten glorreichen Staatsfamilie und Freude des Gehorsams; dort das entzückende Gefühl der Freiheit, die unbedingte Erwartung mächtiger Wirkungskreise, die Lust am Neuen und Jungen, die zwanglose Berührung mit allen Staatsgenossen, der Stolz auf menschliche Allgemeingültigkeit, die Freude am persönlichen Recht und am Eigentum des Ganzen und das kraftvolle Bürgergefühl. Keine hoffe die andre zu

vernichten, alle Eroberungen wollen hier nichts sagen, denn die innerste Hauptstadt jedes Reichs liegt nicht hinter Erdwällen und läßt sich nicht erstürmen.«[1]

Neben den unterschiedlich angestrebten zeitlichen Dimension sind in diesem Zitat schon die wesentlichen anderen Motive zusammengefaßt, die die beiden Pole in einem Bündel von Ausrichtungen konstituieren: mit dem Bezug auf Vergangenheit und Zukunft geht einher die Gabelung von Ruhe und Bewegung, Hierarchie und Gleichheit, Partikularität und Universalität, Ohnmacht oder Macht der Subjektivität.

Die Jahre um 1800 sind deshalb ein unüberschrittener kultureller Höhepunkt, weil der damals ausgetragene Zwiespalt, die Polarität, in der die Zeit stand, nichts Zufälliges hatte, sondern alle Elemente einer umfassenden und grundsätzlichen Antithetik in sich aufnahm; weil diffuse Einzelmotive sich zu zwei gültigen Gestalten zusammenschlossen.

Karl Mannheim, in seinem Bedürfnis, nicht »nur den Wandel der Denkinhalte zu erforschen, sondern jene, oft latenten, systematischen Zentren (herauszuheben), in denen Gedanken ursprünglich auftraten und aus denen sie später herausgehoben wurden, um in neuen systematischen Zusammenhängen weiterzuleben« - auf seiner Suche nach solchen »dynamisch sich ablösenden Systematisierungszentren« - stößt denn auch als erstes auf diese Polarität:[2]

»Unterscheidet man z.B. 'Aufklärung', 'Romantik' usw., so meint man ja bereits verschiedene Lebenszentren, aus denen Gedanken erwachsen, und es wäre nur ein konsequentes Zu-Ende-Führen solcher Bestrebungen, wenn man historisch-systematisch die letzte Axiomatik dieses 'aufklärerischen' bzw. 'romantischen' Denkens klar heraushöbe und den Systematisierungstypus, in dem diese Gedanken erwuchsen, mit jener logischen Schärfe herausarbeiten würde, die sich unser Zeitalter in logisch-methodologischen Untersuchungen erarbeitet hat.«

Damit ist unser Programm gekennzeichnet, nicht aber unsere Methode.

Mannheim wird auf seinem logisch-methodologischen Weg auf die Frage geführt,

»ob denn zwischen den immanent herausgearbeiteten Denkstandorten und den sozialen Strömungen (sozialen Standorten) eine Korrelation, eine Entsprechung besteht«;

---

[1] Novalis, Die Christenheit oder Europa (1799), bei Josef Baxa, Gesellschaft und Staat im Spiegel deutscher Romantik, Jena 1924, S. 212.

[2] Karl Mannheim, Das Problem einer Soziologie des Wissens, in: Archiv für Sozialwissenschaft und Sozialpolitik, 53. Band, Tübingen 1925, S. 639 ff.

eine Frage, die schon oft und mit Recht bejaht wurde und in diesem Fall keineswegs hinter die Dinge führt. Denn die Dichotomie Rationalismus-Romantik trägt ja als Revolution und Gegenrevolution ihren sozialen Antagonismus auf der Stirn geschrieben. Die Konturierung der von Mannheim so genannten »Systematisierungszentren« gelingt mit morphologischer Unschärfe besser, und statt einer »letzten Axiomatik« wird vor unseren Augen die Gestalt einer den geistigen Kosmos teilenden Trennlinie stehen.

Allerdings hat Mannheim offenbar auch Sinn für materialistisch nicht erfaßbare morphologische Rhythmen:

> »Wenn nichts anderes, so muß der eigentümliche Rhythmus, in dem in der letzten Epoche der europäischen Entwicklung gerade Rationalismus (Aufklärung) und Romantik in einem sich immer erneuernden Wellenschlage einander ablösen, daran erinnern, daß hier offenbar ein schicksalsmäßiges Getrennt-sich-Entfalten der Bewußtsein- und Denkrichtungen gegeben ist. Aber nicht nur die Erkenntnis dieses Getrennt-sich-Entfaltens, sondern auch die des steten Aneinanderorientiert-Seins der verschiedenen Hauptströmungen ist es, was zur Aufgabe einer systematischen Ideengeschichte, als erster Etappe einer Denksoziologie, gemacht werden muß. Man kann nämlich nicht übersehen, daß z.B. ein jeder erneuerte Vorstoß der Romantik orientiert ist am Zustande der gleichzeitig vorhandenen und dominierenden rationalen Strömung und ... ein gegenseitiges Voneinander-Lernen der beiden Richtungen gegeben ist«.

Mit dieser Erscheinung haben wir es auch bei unserer Streitfrage zu tun, deren Positionen Ausformungen von Aufklärung und Romantik sind: bei der ewigen Wiederkehr des Naturrechts und der ewigen Wiederkehr des Relativismus.[3] Beide Richtungen brauchen sich gegenseitig, zur Zeit braucht der herrschende Relativismus den unterlegenen Rationalismus, um zu einer Aussage zu kommen. Ungeachtet seiner logischen Inferiorität ist das Naturrecht Hauptthema des Relativismus. Soweit dieser sich nicht mit empirischen Einzelstudien befaßt, haben seine Aussagen immer nur den einen Tenor: daß es kein Naturrecht geben kann. Ob Savigny die organischen Werdekräfte des Volksgeistes entdeckt oder Luhmann dem Recht den Charakter eines autopoietischen Systems gibt - in allen Fällen ist Naturrecht der Antipode, seine ewige Wiederkehr die Rechfertigung für alle intellektuelle Anstrengung; Rechtsrelativismus ist Absetzung vom Naturrecht. Das Naturrecht ist das Feld, vor dem der Relativismus als Figur erscheint, und je mehr sich der Relativismus in seiner Aussage steigert, desto mehr steigert er unwillkürlich seinen Gegenpol.

---

3 Arthur Kaufmann, Die ontologische Struktur des Rechts, in ders.: Die ontologische Begründung des Rechts, Darmstadt 1965, S. 471; Heinrich Rommen, Die ewige Wiederkehr des Naturrechts, München 1947.

II. Schleiermachers »Unendliche Entzweiung«

1. Wenn man sich diesen Sachverhalt bewußt macht, hat man einen anderen Blickwinkel als den erkenntnistheoretischen, unter dem das Naturrecht »out« ist; unter diesem Blickwinkel, den wir morphologisch nennen wollen, ist das Naturrecht gleichberechtigt, ist es der unverzichtbare Gegenpol zum Relativismus, nimmt es zu diesem eine horizontale Position ein und würde ihn selbst zum Verschwinden bringen, wenn es wirklich »out« wäre.

Obwohl dieser Sachverhalt jedem Kenner der alten Diskussion vertraut ist, bewirkt er keine Anerkennung der Gleichberechtigung des Naturrechts, weil dem abendländischen Denken der »Ausschluß des Gegensätzlichen« Gesetz ist. Als Abendländer glaubt man sich zwischen zwei gegensätzlichen Positionen entscheiden oder aber eine Synthese bilden zu müssen. Solche Synthesen zwischen Rechtsrelativismus und Naturrecht sind auch immer wieder versucht worden; sie gelingen nur nicht. Der relativistische (historistische, positivistische, funktionalistische, systemtheoretische, postmoderne) Ansatz verträgt nicht die geringste Verwässerung - schon schlägt er in Naturrecht um[4]. Es zeigt sich gerade an dieser Unmöglichkeit, den Weg der Mitte zu gehen, daß es sich um Polaritäten handelt, die nicht zu vermischen sind, sondern im Gegenteil jeweils in ihre Richtung gesteigert, auf ihrem Klimax artikuliert und als Dimorphismus nebeneinander vorgeführt werden müssen, wenn die Wahrheit deutlich werden soll.

2. Die zu Eingang dieses Kapitels erfolgte Aneinanderreihung von Paarhälften war nicht zufällig, sondern so beabsichtigt. Es könnte also nicht genausogut der Relativismus mit Zukunft, Freiheit, Universalität, Kälte, Licht usw. in Verbindung gebracht werden. Diese Gegenpole teilen sich nämlich das Reich mit dem rationalen Naturrecht. Es sollen hier vertikale Symbolketten, Homologien, verbindende Muster[5] behauptet werden, die sich auf zwei Seiten einer unendlichen Dichotomie befinden und deren Elemente nicht beliebig ausgetauscht werden können.

Die Logik, der diese Zuordnungen folgen, ist nur intuitiv, nämlich morphologisch erfaßbar. Einige dieser Zuordnungen werden nicht mehr überzeugen als die Sitte, kleine Knaben blau und Mädchen rosa zu kleiden. Sie sind, obwohl nicht rational, so doch auch nicht irrational: sie folgen der eigenen Logik der Archetypen, der Konfigurationen des kollektiven Unbewußten. Deren Konnotationen sind wohlerforscht und wohlbelegt; ungewohnt jedoch ist es, eine sonst als Widersprüchlichkeit behandelte, zu einer Entscheidung zwingende Dichotomie in der Wissenschaft in eine archetypische Zweiteilung aufzunehmen.

Die Sichtweise, *alles* - also auch die wissenschaftlichen Meinungen - als notwendig polar und zweigeteilt aufzufassen, ist aber nicht neu. Spätestens die Romantik hat sie entdeckt, und ich will sie mit Schleiermachers Worten beschreiben:

---

4 vgl. dazu das Kapitel »Monistisch-Dualistisch«, IV.

5 Gregory Bateson, Geist und Natur, 4. Aufl., Frankfurt a. M. 1984, S. 15.

»Ihr wißt, daß die Gottheit durch ein unabänderliches Gesetz sich selbst genötigt hat, ihr großes Werk bis ins Unendliche hin zu entzweien, jedes bestimmte Dasein nur aus zwei entgegengesetzten Kräften zusammenzuschmelzen und jeden ihrer ewigen Gedanken in zwei einander feindseligen und doch nur durcheinander bestehenden und unzertrennlichen Zwillingsgestalten zur Wirklichkeit zu bringen. Diese ganze körperliche Welt, in deren Inneres einzudringen das höchste Ziel eueres Forschens ist, erscheint den Unterrichtetsten und Denkendsten unter Euch nur als ein ewig fortgesetztes Spiel entgegengesetzter Kräfte. Jedes Leben ist nur das Resultat eines beständigen Aneignens und Abstoßens; jedes Ding hat nur dadurch sein bestimmtes Dasein, daß es die beiden Urkräfte der Natur, das durstige Ansichziehen und das rege und lebendige Sichverbreiten, auf eine eigentümliche Art vereinigt und festhält. Es scheint mir, als ob auch die Geister, sobald sie auf diese Welt verpflanzt werden, einem solchen Gesetz folgen müßten. Jede menschliche Seele - ihre vorübergehenden Handlungen sowohl als die inneren Eigentümlichkeiten ihres Daseins führen uns darauf - ist nur ein Produkt zweier entgegengesetzter Triebe. Der eine ist das Bestreben, alles, was sie umgibt, an sich zu ziehen, in ihr eigenes Leben zu verstricken und womöglich in ihr innerstes Wesen ganz einzusaugen. Der andere ist die Sehnsucht, ihr eigenes inneres Selbst von innen heraus immer weiter auszudehnen, alles damit zu durchdringen, allen davon mitzuteilen und selbst nie erschöpft zu werden. Jener ist auf den Genuß gerichtet, er strebt die einzelnen Dinge an, die sich zu ihm hinbeugen, er ist gestillt, so oft er eines von ihnen ergriffen hat, und wirkt nur mechanisch immer auf das Nächste. Dieser verachtet den Genuß und geht nur auf immer wachsende und erhöhte Tätigkeit; er übersieht die einzelnen Dinge und Erscheinungen, eben weil er sie durchdringt, und findet überall nur die Kräfte und Wesenheiten, an denen sich seine Kraft bricht; alles will er durchdringen, alles mit Vernunft und Freiheit erfüllen, und so geht er gerade aufs Unendliche und sucht und wirkt überall Freiheit und Zusammenhang, Macht und Gesetz, Recht und Schicklichkeit.«[6]

Schleiermachers auseinanderstrebende Tendenzen lassen sich als *Kontraktion* und *Expansion* fassen, Begriffe, die er nicht benutzt, die aber bei Schelling - in Nachfolge von Jakob Böhme - dieselbe Aufgabe erfüllen, den geistigen Kosmos unter zwei polare Kraftfelder zu stellen.[7] Auf den Dimorphismus angewandt, der unser Thema ist, ergibt die »Unendliche Entzweiung« die Zusammenordnung von Kontraktion und Relativismus auf der einen Seite und Expansion und Universalismus auf der anderen Seite:

Besonders, wenn wir den modernen Relativismus in der Gestalt des Autopoiesiskonzepts vor Augen haben, empfinden wir dessen Haupttendenz von Schleiermacher dargestellt in den Worten: »Das Bestreben, alles was sie umgibt, an sich zu ziehen, in ihr eigenes Leben zu verstricken und womöglich in ihr eigenes Wesen ganz einzusaugen.« Wir finden darin aber auch gekennzeichnet die anderen Spiel-

---

[6] Friedrich Schleiermacher, Über die Religion. Reden an die Gebildeten unter ihren Verächtern, hrsg. von Rade, Berlin o. J. S. 4 ff.

[7] F. W. J. Schelling, Über das Wesen der menschlichen Freiheit (1809), Stuttgart 1983.

arten des Relativismus, die seit der Romantik herrschend waren: Historismus, Positivismus, Funktionalismus; sie alle lassen sich mit Schleiermacher zusammenfassen durch einen Trieb: »Er ist auf den Genuß gerichtet, er strebt die einzelnen Dinge an, die sich zu ihm hinbeugen, er ist gestillt, so oft er eines von ihnen ergriffen hat, und wirkt nur mechanisch immer auf das Nächste.« Man kann das Motiv des Genusses oberflächlich auffassen und trifft damit auch etwas Richtiges, z.B. das Bestreben Savignys, des Vaters des Historismus, durch das Festhalten am Gegebenen im Genuß seiner Adelsprivilegien zu bleiben[8]; man kann und sollte das Motiv des Genusses, des Einziehens aber auch subtil verstehen und anwenden auf die Wissenschaftsauffassung, die lediglich die bestehende Realität konsumiert und sich weigert, eine neue zu projizieren.

Die andere Hemisphäre seiner Unendlichen Entzweiung - die, in der die Sehnsucht herrscht, das eigene innere Selbst »von innen heraus immer weiter auszudehnen, alles damit zu durchdringen, allen davon mitzuteilen und selbst nie erschöpft zu werden« - kennzeichnet Schleiermacher - erkennbar mit dem Naturrecht dabei im Auge - durch einen Trieb:

> »Er übersieht die einzelnen Dinge und Erscheinungen, eben weil er sie durchdringt, und findet überall nur die Kräfte und Wesenheiten, an denen sich seine Kraft bricht; alles will er durchdringen, alles mit Vernunft und Freiheit erfüllen, und so geht er gerade aufs Unendliche und sucht und wirkt überall Freiheit und Zusammenhang, Macht und Gesetz, Recht und Schicklichkeit.«[9]

Erkennbar beschreibt Schleiermacher die Ideale der Französischen Revolution, des Rationalismus; die Richtung nach vorn, die Wendung nach außen, von der er und seine Freunde als Romantiker sich gerade abwandten und nach innen gingen.

Er verbindet mit seiner Darstellung die Forderung, die »beiden ursprünglichen Funktionen der geistigen Welt« miteinander in Verbindung zu bringen, er hat offensichtlich ein Bewußtsein für die Einseitigkeit der eigenen romantischen Ausrichtung, genau wie Novalis, bei dem wir schon eine ausgewogene Würdigung des Rationalismus fanden. Romantisches Ideal war, »über den Gegensätzen zu stehen«[10]; Schleiermacher drückt das so aus:

> »So wie aber von den körperlichen Dingen kein einziges allein durch eine von den beiden Kräften der materiellen Natur besteht, so hat auch jede Seele einen Teil an den beiden ursprünglichen Funktionen der geistigen Natur, und die Voll-

[8] Savigny schrieb 1830 an Eichhorn: »Man muß auf den Untergang aller Verhältnisse, die uns erfreulich sind und Sicherheit gewähren, gefaßt sein und alles, was sich erhält, als ein Geschenk betrachten . . . Aus mehreren Dörfern, gegen welche ich Weide-servituten habe, sind Deputierte zu meinem Geschäftsführer gekommen und haben Verzichtleistungen auf meine Rechte gefordert mit der Drohung, sonst mein Gut zu demolieren. « Stinzing/Landsberg, Geschichte der deutschen Rechtswissenschaft III 2. Halbband, Anmerkungsband, München und Leipzig 1898, S. 109.

[9] Friedrich Schleiermacher a.a.O. S. 5.

[10] Ricarda Huch, Die Romantik. Tübingen o. J.; z. B. S. 187 ff. (Androgynität).

kommenheit der intellektuellen Welt besteht darin, daß alle möglichen Verbindungen dieser beiden Kräfte zwischen den beiden entgegengesetzten Enden, da hier die eine, dort die andere fast ausschließlich alles ist und der Gegnerin nur einen unendlich kleinen Teil übrig läßt, nicht nur wirklich in der Menschheit vorhanden seien, sondern auch ein allgemeines Band des Bewußtseins sie alle umschlinge, so daß jeder Einzelne, ohnerachtet er nichts anderes sein kann, als er sein muß, dennoch jeden Anderen ebenso deutlich erkenne als sich selbst, und alle einzelnen Darstellungen der Menschheit vollkommen begreife.«[11]

III. Schillers Unterscheidung zwischen dem Realisten und dem Idealisten

Auch Schiller - selbst noch Rationalist - sah schon den relativistischen Gegenpol, der sich in der Romantik andeutete, und verband mit dem Bewußtsein für die grundsätzliche Antithetik das Ideal, daß in einem Bewußtsein beide Pole ausgeprägt seien.

Wir finden den Antagonismus bei ihm dargestellt in einem Werk, in dem man nur ästhetische Ausführungen vermutet: »Über naive und sentimentalische Dichtung«.

Schiller teilt dort aber nicht nur die Kunstarten, sondern die Weltauffassungen überhaupt in zwei grundsätzlich verschiedene Hälften.

Die eine - die in der Kunst die naive ist (repräsentiert durch Homer) - ist noch Natur, befindet sich in Einklang mit dem Wirklichen, Stofflichen, ist auf unreflektierte Weise gut durch Befolgung der Sitte. In der anderen ist dieser unschuldige Zustand verlassen, zerrissen ist das Band zur Natur, und durch vernunftgemäße Moralgesetze muß ein gedeihlicher Zustand künstlich hergestellt werden (in der Dichtung geschieht das durch das Sentimentalische, zu Schillers Zeit ausgeprägt in der »Idylle«, die in allzu absichtvoller Weise eine »heile Welt« zeichnete).

Wir finden hier die auch von uns in den Mittelpunkt gestellte Unterscheidung von Organismus und Artefakt, zwischen dem, was von selbst ist, und dem, was gemacht werden muß. In dieser Spannung stehen, wie wir sahen, auch Relativismus und Universalismus: der Relativismus nimmt die Dinge als von selbst gegeben, der Universalismus nimmt sie als solche, die einem Ideal entsprechend einzurichten sind. Wir finden die dieser Polarität assoziierten weiteren Gegenüberstellungen »Erfahrung und Vernunft«, »Notwendigkeit und Freiheit«, die uns im folgenden beschäftigen werden, bei Schiller schon vor; auch in ihren übertriebenen Ausformungen, wenn von »Schlaffheit und Überspannung« die Rede ist - diese Entgegensetzung führt uns zurück auf die beiden grundsätzlichen Begriffe, die bei Jakob Böhme und Schelling die beiden rivalisierenden und dabei harmonierenden Urkräfte bezeichnen: Kontraktion und Expansion.

---

11 Friedrich Schleiermacher a.a.O. S. 5 f.

Die Entfernung von seinen ästhetischen Kategorien, die Abstraktion ins Grundsätzliche nimmt Schiller selbst vor in einem Anhang, wo er »sowohl von dem naiven als von dem sentimentalischen Charakter absondert, was beide Poetisches haben.«[12]

> »Dieses führt mich auf einen sehr merkwürdigen psychologischen Antagonismus unter den Menschen in einem sich kultivierenden Jahrhundert: einen Antagonismus, der weil er radikal und in der innern Gemütsform gegründet ist, eine schlimmere Trennung unter den Menschen anrichtet, als der zufällige Streit der Interessen je hervorbringen könnte, der dem Künstler und Dichter alle Hoffnung benimmt, allgemein zu gefallen und zu rühren, was doch seine Aufgabe ist: der es dem Philosophen, auch wenn er alles getan hat, unmöglich macht, allgemein zu überzeugen, was doch der Begriff der Philosophie mit sich bringt; der es endlich dem Menschen im praktischen Leben niemals vergönnen wird, seine Handlungsweise allgemein gebilligt zu sehen, kurz, einen Gegensatz, welcher schuld ist, daß kein Werk des Geistes und keine Handlung des Herzens bei *einer* Klasse ein entscheidendes Glück machen kann, ohne eben dadurch bei der andern sich einen Verdammungsspruch zuzuziehen.«

Die Klarheit, mit der Schiller den Antagonismus sieht, war schon Anlaß, seine Worte in der Einleitung zu zitieren. Keineswegs handelt es sich bei der Übernahme der Schillerschen Unterscheidung um eine analoge Anwendung; Universalismus und Relativismus standen ihm dabei deutlich vor Augen. Die Französische Revolution war schon in Greuel versunken, und die romantische Hingabe an die Verhältnisse war im Entstehen. Der Neuerungsschwung des Marquis Posa befand sich schon in einem Konkurrenzverhältnis zu dem nach innen, auf die konkreten Dinge gerichteten Forschungsdrang Fausts, und mit Recht ist in dem »Antagonismus« auch immer der zwischen Schiller und Goethe gesehen worden; bei der Unterscheidung zwischen dem »was durch sich selbst, und dem, was durch Kunst und durch den menschlichen Willen ist«, ist das erste durch Goethe vertreten und das zweite durch Schiller. [13]

Der Bezug auf Natur einerseits und auf Artifizielles andererseits, auf Sein oder auf Machen unterscheidet bei Schiller die Charaktere, die er Realist und Idealist nennt. Er stellt bei dem ersten fest:

> »in Rücksicht auf das Theoretische ein nüchterner Beobachtungsgeist und eine feste Anhänglichkeit an das gleichförmige Zeugnis der Sinne, in Rücksicht auf das Praktische eine resignierte Unterwerfung unter die Notwendigkeit (nicht aber

---

[12] Friedrich Schiller, Über naive und sentimentalische Dichtung, in: Werke, Hrsg. A. Kutscher, Berlin Leipzig o. J., 8. Teil S. 181 f.

[13] Thomas Mann hat die Schillersche Unterscheidung weitergezogen in die Anipodik zwischen Tolstoi und Dostojewski, Goethe und Tolstoi, in: Adel des Geistes, Stockholm 1945, S. 180 ff.

die blinde Nötigung) der Natur: eine Ergebung also in das, was ist und was sein muß«.

Wir übernehmen dieses Urteil für den Relativismus und beziehen auf das Naturrecht, was Schiller vom zweiten Charakter sagt:

»Ein unruhiger Spekulationsgeist, der auf das Unbedingte in allen Erkenntnissen dringt, im Praktischen ein moralischer Rigorismus, der auf dem Unbedingten in Willenshandlungen bestehet. Wer sich zu der ersten Klasse zählt, kann ein Realist, und wer zur anderen, ein Idealist genannt werden ... Da der Realist durch die Notwendigkeit der Natur sich bestimmen läßt, der Idealist durch die Notwendigkeit der Vernunft sich bestimmt, so muß zwischen beiden dasselbe Verhältnis stattfinden, welches zwischen den Wirkungen der Natur und den Handlungen der Vernunft angetroffen wird.«

In der Polarität zwischen Natur und Artefakt steckt die grundsätzlichere zwischen Wirklichkeit und Vernunft, zwischen Stoff und Geist, zwischen Materie und Bewußtsein, und ordnen wir dort wieder Relativismus und Naturrecht unter, so zeichnet sich schon ab, daß jede dieser Positionen allein unvollkommen sein, die eine als Schlaffheit, die andere als Überspanntheit sich äußern muß.

»Das sentimentalische Genie ... ist der Gefahr ausgesetzt, über dem Bestreben, alle Schranken von ihr zu entfernen, die menschliche Natur ganz und gar aufzuheben und sich nicht bloß, was es darf und soll, über jede bestimmte und begrenzte Wirklichkeit hinweg zu der absoluten Möglichkeit zu erheben - oder zu *idealisieren*, sondern über die Möglichkeit selbst noch hinauszugehen oder zu *schwärmen*. Dieser Fehler der *Überspannung* ist ebenso in der spezifischen Eigentümlichkeit seines Verfahrens, wie der entgegengesetzte der *Schlaffheit* in der eigentümlichen Handlungsweise des Naiven gegründet. Das naive Genie läßt die *Natur* in sich unumschränkt walten, und da die Natur in ihren einzelnen zeitlichen Äußerungen immer abhängig und bedürftig ist, so wird das naive Gefühl nicht immer exaltiert genug bleiben, um den zufälligen Bestimmungen des Augenblicks widerstehen zu können. Das sentimentalische Genie hingegen verläßt die Wirklichkeit, um zu Ideen aufzusteigen und mit freier Selbsttätigkeit seinen Stoff zu beherrschen; da aber die Vernunft ihrem Gesetze nach immer zum Unbedingten strebt, so wird das sentimentalische Genie nicht immer *nüchtern* genug bleiben, um sich ununterbrochen und gleichförmig innerhalb der Bedingungen zu halten, welche der Begriff einer menschlichen Natur mit sich führt und an welche die Vernunft auch in ihrem freiesten Wirken hier immer gebunden bleiben muß.«[14]

---

[14] Friedrich Schiller a.a.O. S. 172.

IV. Entweder - Oder

1. Schiller stand unter dem Einfluß von Kant, dessen Unterscheidung zwischen dem empirischen und dem intelligiblen Charakter durch seine Ausführungen durchschimmert. Bei Kant formt sich die Unendliche Entzweiung so aus, daß zwei Bereiche innerhalb des menschlichen Geistes getrennt sind: der eine (empirisch genannte), in dem dieser in der unendlichen Kausalkette allen Naturgeschehens steht und insofern unfrei, der Notwendigkeit unterworfen ist; der andere (intelligibel genannte), in dem der Mensch sich gegen das, wozu er kausal angestoßen wurde, also auch gegen seine Bedürfnisse und Triebe, entscheiden kann. Das intelligible Wesen des Menschen kommt in der sittlichen Entscheidung zum Ausdruck, die das einzig Freie im Kosmos ist und sich so aus dem Naturzusammenhang herauslöst.

> »Und da würden wir an einem Subjekt der Sinnenwelt erstlich einen empirischen Charakter haben, wodurch seine Handlungen als Erscheinungen nach beständigen Naturgesetzen im Zusammenhange stünden, und von ihnen, als ihren Bedingungen, abgeleitet werden könnten, und also mit diesen in Verbindung, Glieder einer einzigen Reihe der Naturordnung ausmachten. Zweitens würde man ihm noch einen intelligiblen Charakter einräumen müssen, dadurch es zwar die Ursache jener Handlungen als Erscheinungen ist, der aber selbst unter keinen Bedingungen der Sinnlichkeit steht, und selbst nicht Erscheinung ist.«[15]

2. In klassischer Form finden wir die Unendliche Entzweiung in Kierkegaards Dichotomie zwischen dem Ästhetischen und dem Ethischen.

Kants Unterscheidung zwischen dem empirischen und dem intelligiblen Wesen des Menschen klingt durch, wenn Kierkegaard mit seinen Kategorien die Grenze zwischen Notwendigkeit und Freiheit bestimmt:

> »Das Ästhetische ... ist dasjenige in einem Menschen, wodurch er unmittelbar der ist, der er ist; das Ethische ist dasjenige, wodurch ein Mensch das wird, was er wird. Hiermit soll nun keineswegs gesagt sein, daß derjenige, der ästhetisch lebt, sich nicht entwickelte; aber er entwickelt sich mit Notwendigkeit, nicht mit Freiheit.«[16]

Ebenso wie Kant kann Kierkegaard die beiden Möglichkeiten als Doppelcharakter jedes Individuums sehen: insofern es ästhetisch ist, unterliegt es der Notwendigkeit, insofern es ethisch ist, ist es frei.

---

15 Immanuel Kant, Kritik der reinen Vernunft (Hrsg. R. Schmidt), Leipzig 1930, S. 527f.
16 Sören Kierkegaard a.a.O. S. 785.

»Selbst das geringste Individuum hat somit eine Doppelexistenz. Es hat wie jeder Mensch eine Geschichte, und zwar ist diese nicht nur ein Produkt seiner eigenen freien Handlungen. Die innere Tat hingegen gehört ihm selbst und wird ihm in alle Ewigkeit gehören; diese Tat kann die Geschichte oder die Weltgeschichte ihm nicht nehmen, sie folgt ihm nach entweder zur Freude oder zur Trübsal. In dieser Welt herrscht ein absolutes Entweder-Oder.«[17]

»Entweder-Oder« bedeutet bei Kierkegaard die Entscheidung zwischen beiden Existenzformen: der einen, die sich vor die Wahl zwischen Gut und Böse stellt, und einer solchen, die nicht wertet.

»Die ästhetische Anschauung betrachtet auch die Persönlichkeit im Verhältnis zur Umwelt, und der Ausdruck für dieses in seiner Rückkehr in die Persönlichkeit ist Genuß. Der ästhetische Ausdruck für den Genuß in dessen Verhältnis zur Persönlichkeit aber ist Stimmung. In der Stimmung nämlich ist die Persönlichkeit zugegen, aber sie ist dämmernd zugegen. Wer ästhetisch lebt, sucht nämlich so weit wie möglich ganz und gar in der Stimmung aufzugehen, er sucht sich ganz in ihr zu verbergen, daß nichts in ihm bleibe, was nicht mit in sie eingebogen[18] werden könnte, denn ein solcher Rest wirkt immer störend, er ist eine Kontinuierlichkeit, die ihn zurückhalten möchte. Je mehr also die Persönlichkeit in der Stimmung hindämmert, um so mehr ist das Individuum im Moment, und dies ist wiederum der adäquateste Ausdruck für die äthetische Existenz: sie ist im Moment. Daher die ungeheuren Oszillationen, denen der, welcher ästhetisch lebt, ausgesetzt ist. Wer ethisch lebt, kennt die Stimmung auch, aber sie ist ihm nicht das Höchste: weil er sich selbst unendlich gewählt hat, sieht er die Stimmung unter sich. Das Mehr, das also in Stimmung nicht aufgehen will, das eben ist die Kontinuierlichkeit, die ihm das Höchste ist.«[19]

An den modernen Relativismus der Systemtheorie, die Wert darauf legt, an die Stelle von Zielvorstellung und Zweckrichtung »funktionale Äquivalente« zu setzen, erinnert Kierkegaards Satz:

»Wer ästhetisch lebt, sieht ... überall nur Möglichkeiten, diese bilden für ihn den Inhalt der Zukunft, wohingegen derjenige, welcher ethisch lebt, überall Aufgaben sieht.«[20]

---

17 Sören Kierkegaard a.a.O. S. 725.

18 Wir finden hier die Metapher der Reflexivität, die die Systemtheorie prägt, vgl. dazu das Kapitel »Unten-Oben . . . Kreis-Linie« IV. 1.

19 Sören Kierkegaard, Entweder-Oder, Teil II (Hrsg. H. Diem u. W. Rest) München 1988, S. 790.

20 Sören Kierkegaard a.a.O. S. 817.

Ebenso wie Kant und deutlicher als Schiller, dessen Würdigung des ästhetisch - naiven Charakters eine Konzession an Goethe sein sollte, nimmt Kierkegaard Partei. Die intelligible, idealistische, ethische Seite ist ihm die höherwertige. Die empirische, realistische, ästhetische führt in die Auflösung der Persönlichkeit, weil diese sich nur in der Entscheidung, in der Freiheit konstituiert. Die mangelnde Orientierung des ästhetisch lebenden Menschen an der einen Idee der Allgemeinheit, seine Hingabe an das Zufällige führt dazu, daß sein Wesen sich in eine Vielfalt auflöst, daß er »gleich jenen unglücklichen Dämonischen eine Legion wird« und damit das Innerste, Heiligste in einem Menschen verliert, die bindende Macht der Persönlichkeit.

Eine lange Kette von in Unendlicher Entzweiung antipodisch gegenübergestellten Charakteren läßt sich hier aus der Literatur anführen - und zu solcher Kettenbildung soll ausdrücklich angeregt werden. Ein Beispiel gibt David Riesman in seiner - ebenfalls eindeutig einzureihenden - Darstellung des außen- und des innen-geleiteten Menschen[21]. Er erinnert an Stepan Arkadjewitsch Oblonskj in »Anna Karenina«, dessen zwar opportunistisches, aber doch sehr angenehmes Wesen abgehoben wird von Lewin, einem schwerblütigen, moralisierenden, innen-geleiteten Menschen. Riesman ordnet die Charaktere soziologisch ein - mit der Folge, daß unsere Dichotomie zwar zum Ausdruck kommt, aber in keinem dieser Fälle von Freiheit die Rede ist, ebensowenig wie in Helmut Schelskys Einführung zu Riesmans Buch, wo Schelsky die Typen so zusammenfaßt:

> »Die 'innen-geleitete' Gesellschaft bestimmt die Individuen durch persönliche, verinnerlichte Werthaltungen prinzipieller Art, die dem dynamischen Wechsel der sozialen Situationen gegenüber durch ihre Abstraktheit anwendbar bleiben; in einer »außen-geleiteten« Gesellschaft wird die Anerkennung der 'anderen', das Sich-Richten nach der öffentlichen Meinung und ihren 'Signalen', d.h. den Informationen der Massenpublizistik, nach Kollegen, Alters- und Standesgenossen usw. zum entscheidenden Maßstab, mit dem die einzelnen ihre Handlungen messen und bewerten. Für die beiden letzten Typen hat Riesman ein einprägsames Bild gefunden: der 'innen-geleitete' Mensch handle so, als ob er ein moralisches Gyroskop oder einen Kreiselkompaß in sich eingebaut habe, während der 'außen-geleitete' Mensch sein Verhalten sozusagen durch ein Meinungs-Radargerät dauernd orientiere.«[22]

3. In theologischer Einkleidung erscheint die Unendliche Entzweiung in Dietrich Bonhoeffers 'Widerstand und Ergebung' (1942)[23], wobei für uns 'Widerstand' für Universalismus steht und 'Ergebung' für Relativismus. Wie man weiß, hat sich

---

21 David Riesman, Die einsame Masse, Reinbek 1967, S. 39.
22 Helmut Schelsky, Einführung zu David Riesman a.a.O. S. 9.
23 in: Dietrich Bonhoeffer, Lesebuch, 2. Aufl. München 1987, S. 80.

Bonhoeffer für das erstere entschieden, für die idealistische, naturrechtliche Seite des Widerstands, und dabei den Tod gefunden; er hat aber deren Gefährdung in der Einseitigkeit wohl erkannt, bezeichnet sie in dieser Steigerung als 'Radikalismus', das andere Extrem als »Kompromiß« und sagt dazu:

»Das Verhältnis von Vorletztem und Letztem im christlichen Leben kann in zwei extremen Formen gelöst werden, 'radikal' und als Kompromiß, wobei gleich zu bemerken ist, daß auch die Kompromißlösung eine extreme Lösung ist. Die *radikale* Lösung sieht nur das Letzte und in ihm nur den völligen Abbruch des Vorletzten. Letztes und Vorletztes stehen in ausschließlichem Gegensatz. Christus ist der Zerstörer und Feind alles Vorletzten und alles Vorletzte ist Feindschaft gegen Christus. Christus, das ist das Zeichen, daß die Welt reif ist, dem Feuer überantwortet zu werden. Hier gibt es keine Unterscheidungen, es muß alles ins Gericht; es gibt nur eine Scheidung: für Christus oder gegen ihn. 'Wer nicht mit mir ist, der ist wider mich' (Matth.12,30). Alles Vorletzte im menschlichen Verhalten ist Sünde und Verleugnung. Angesichts des kommenden Endes gibt es für den Christen nur noch letztes Wort und letztes Verhalten. Was dadurch aus der Welt wird, fällt nicht mehr ins Gewicht, der Christ trägt keine Verantwortung dafür, und die Welt muß doch verkommen. Mag unter dem Wort Christi alle Ordnung der Welt zerbrechen, es gilt hier Alles oder Nichts. Aus dem letzen Wort Gottes, das ein Gnadenwort ist, wird hier die eisige Härte des allen Widerstand zerbrechenden und verachtenden Gesetzes (vgl. die Gestalt des Brand bei Ibsen).
Die andere Lösung ist der *Kompromiß*. Hier wird das letzte Wort von allen vorletzten prinzipiell getrennt. Das Vorletzte behält sein Recht in sich, wird aber von dem Letzten nicht bedroht oder gefährdet. Noch steht die Welt, noch ist das Ende nicht da, doch müssen vorletzte Dinge getan werden in der Verantwortung für diese Welt, die Gott schuf. Noch muß mit den Menschen gerechnet werden, wie sie sind. (Der Großinquisitor bei Dostojewski). Das Letzte bleibt gänzlich jenseits des Täglichen und damit schließlich als ewige Rechtfertigung für alles Bestehende, als die metaphysische Reinigung von der Anklage, die auf allem Bestehenden lastet. Aus dem freien Gnadenwort wird das Gnadengesetz, das über allem Vorletzten, es rechtfertigend und bewahrend, waltet ...«

Beide Haltungen sind für Bonhoeffer in ihrer Steigerung »Formen des Hasses«:

»Der Radikalismus haßt die Zeit, der Kompromiß haßt die Ewigkeit; der Radikalismus haßt die Geduld, der Kompromiß haßt die Entscheidung; der Radikalismus haßt die Klugheit, der Kompromiß haßt die Einfalt; der Radikalismus haßt das Maß, der Kompromiß haßt das Unermeßliche; der Radikalismus haßt das Wirkliche, der Kompromiß haßt das Wort.«[24]

---

24 Dietrich Bonhoeffer a.a.O. S. 82.

Die Forderung, die Gegensätze zu übergreifen, begründet Bonhoeffer christlich; wir können das Argument metaphorisch auffassen und so auch für die rechtsphilosophische Dichotomie gewinnbringend einsetzen:

> »Es wird aus diesem Gegenüber deutlich genug, daß beide Haltungen in gleicher Weise christuswidrig sind; denn was sich hier gegeneinander in Feindschaft aufrichtet, ist in Jesus Christus eins. Die Frage nach dem christlichen Leben wird also weder am Radikalismus noch am Kompromiß, sondern an Jesus Christus selbst entschieden und beantwortet. Nur in ihm löst sich das Verhältnis vom Letzten und Vorletzten. In Jesus Christus glauben wir den menschgewordenen, gekreuzigten und auferstandenen Gott. In der Menschwerdung erkennen wir die Liebe Gottes zu seiner Kreatur, in der Kreuzigung das Gericht Gottes über alles Fleisch, in der Auferstehung den Willen Gottes zu einer neuen Welt. Nichts wäre nun verkehrter, als diese drei Stücke auseinanderzureißen; denn in jedem von ihnen ist das Ganze enthalten. So unsachgemäß es ist, eine Theologie der Menschwerdung, eine Theologie des Kreuzes oder eine Theologie der Auferstehung gegeneinander aufzurichten durch falsche Absolutsetzung eines dieser Teile, so falsch ist dieses Vorgehen auch für das Denken über das christliche Leben. Eine allein auf der Menschwerdung aufgebaute christliche Ethik würde leicht zu der Kompromißlösung führen, eine allein auf Kreuz oder Auferstehung Jesu aufgebaute Ethik würde dem Radikalismus und der Schwärmerei verfallen. Nur in der Einheit löst sich der Widerstreit.«

In der Hoffnung, daß die charakteristischen Züge des Widerstreits im vergangenen Kapitel deutlich geworden sind, wenden wir uns in den drei folgenden seinen weiteren Ausformungen zu, um dann im Kapitel »Polarität« wieder an die »Unendliche Entzweiung« anknüpfen.

3. Kapitel
Vergangenheit - Zukunft

I. Das Charakteristikum der morphologischen Betrachtungsweise*

Das Verhältnis der Komplementarität, in dem Universalismus und Relativismus zueinander stehen, ist nicht so offensichtlich wie das zwischen anderen Polaritäten, die man als Begriffspaare zu ordnen gewohnt ist: Freiheit und Notwendigkeit, Universalität und Partikularität, Zukunft und Vergangenheit zum Beispiel. Und doch stehen die beiden philosophischen Rechtsauffassungen in genau demselben Verhältnis zueinander wie diese gewohnten Polaritäten, ja: sie teilen sich mit diesen eine gemeinsame größere Polarität. Naturrecht, Freiheit, Universalität, Zukunft sind miteinander verschwistert und stehen auf dem Gegenpol zu Relativismus, Notwendigkeit, Partikularität und Vergangenheit: Alles ist richtig, so wie es ist, sagt der Relativismus - alles soll *eine*, nämlich die richtige, Form haben, sagt der Universalismus. Die verschiedenen Einzelformen, das Jeweilige, Individuelle, wird vom Relativismus akzeptiert, vom Universalismus zu überwinden und durch das Ewige, Generelle zu ersetzen gesucht. Alles ist so gekommen, wie es kommen mußte, rechtfertigt der Relativismus die partikularen Rechtsausprägungen - wir müssen eine allgemeine, richtige Ordnung etablieren, fordert der Universalismus. Der Relativismus betrachtet eine zu einem Zustand geronnene Vergangenheit, der Universalismus eine zu gestaltende, offene Zukunft.

Die beiden Auffassungen sind sich nicht so sehr im Weg, wie es den Anschein hat. Sie können sich das Feld teilen wie Vergangenheit und Zukunft es tun, die ja auch nicht miteinander rivalisieren. Sie sind allerdings nicht so überzeugend gleichberechtigt wie diese zeitlichen Dimensionen, die - abgegrenzt durch die logische Sekunde der Gegenwart - in friedlichem Nebeneinander ihre Geltungsbereiche haben. Sie sind schon ihrer Intention nach »competitive«, jede dieser Auffassungen will die andere ersetzen und nicht ergänzen.

Mit solcher Beziehung haben wir es aber auch bei den beiden Zeitbegriffen zu tun, wenn wir diese nicht physikalisch, sondern als Prinzipien, als Symbole auffassen. Als Idee, als Rückwärtsgewandtheit kann die Vergangenheit sehr wohl Rivalin der Zukunft sein und damit den Mut zum Fortschritt lähmen; in den verschiedenen Geschichtsepochen hat mal die eine, mal die andere Richtung Oberhand (prototypisch in Aufklärung und Romantik); in jeder Einzelseele spielt sich dieser Kampf ab: beide Prinzipien können durch ihr einseitiges Dominieren Schaden anrichten. Obwohl die ontologische Beziehung zwischen Vergangenheit und Zukunft natürlich ganz anders ist als die zwischen Rechtsrelativismus und -absolutismus, läßt sich diese Beziehung als *Analogie* herstellen, nämlich dann, wenn man die zeitlichen Dimensionen und die rechtstheoretischen Positionsbezeichnungen in gleicher Weise in ihrem Symbolcharakter erfaßt, auf dem die logischen Ebenen verschwimmen. Diese Fähigkeit, die logische Struktur einer Entgegensetzung verschwimmen zu lassen, hat der Polaritätsbegriff; die Betrachtungsweise, die er damit prägt, heißt »morphologisch« und wird uns in einem besonderen Kapitel noch weiter beschäftigen.

Er sagt nicht mehr, als daß sich zwei geistige Gestalten auf einer Achse gegenüberliegen, daß die eine als Gegenbild erscheint, wenn die andere genannt wird. Was diesem Sachverhalt zugrundeliegt, ob es ein Nebeneinander in der Realität oder ein Gegensatz in der Metaebene ist, spielt für die Morphologie, der alles Erscheinung und Symbol zugleich ist, keine Rolle.

Ebenso sind Wärme und Kälte morphologische Entgegensetzungen, Dimorphismen, die die Physik nicht akzeptiert, der alles - nur mehr oder weniger - warm ist, genau wie hell und dunkel, laut und leise nicht physikalische, sondern morphologische Größen sind. Physikalisch gibt es nur verschiedene Helligkeitsgrade, verschiedene Lautstärken. Die Entgegensetzung von warm und kalt, hell und dunkel, laut und leise wird man aber deshalb nicht als »falsch« einstufen wollen. Für die menschliche Wahrnehmung, für das Begreifen der Wirklichkeit, für alle Gefühls- und Stimmungswerte sind diese physikalisch irrelevanten Entgegensetzungen unentbehrlich, konstitutiv. Das Gestalterfassen, das auf der Grundlage von Polarität erfolgt, interessiert sich nicht für deren naturwissenschaftlichen Status und verarbeitet auch eine Dualität wie »männlich-weiblich«, die wiederum eine andere ontologische Qualität hat, genauso wie die bisher genannten Paarbildungen: als Polarität. Deshalb wird der Rechtsrelativismus, so total er sich auch gerieren mag, immer nur eine halbe Wahrheit abdecken können; bei morphologischer Betrachtung ist er so halb wie Vergangenheit, Notwendigkeit, Partikularität, Wärme, Dunkelheit, Stille, Weiblichkeit usw.

II. Die Vergangenheitsbezogenheit des Relativismus

1. Vergangenheit und Zukunft sind nicht nur Beispiele für morphologisches Nebeneinanderstehen von sich scheinbar Ausschließendem; sie sind auch eng verschwistert mit »Organismus« und »Romantik« bzw. »Artefakt« und »Aufklärung« und prägen die linke bzw. rechte Hemisphäre und damit auch die durch dieselbe Trennlinie geschiedenen antipodischen Auffassungen vom Recht.

Universalismus und Relativismus lassen sich auch deshalb nicht zum Ausgleich bringen, nicht synthetisieren, weil die eine Auffassung nach vorn gerichtet ist, die andere nach hinten, die eine Zukunft gestalten, die andere Gegenwart aus Vergangenheit erklären will. Normativität einerseits und Deskriptivität andererseits sind die Folge; sie sind nicht gegeneinander auszustechen, weil sie das Ergebnis von unvereinbaren Tendenzen sind, dem geistigen Hineinlangen in verschiedene zeitliche Dimensionen. Die Rückbezüglichkeit des Relativismus ist in seiner Ausprägung als romantischer Historismus bereits plausibel, das romantische Motiv soll aber noch einmal authentisch anklingen mit den Worten Heinrich v. Kleists, der die rationalistische Fortschrittsauffassung zurückwies:[1]

»Es gibt Leute, die sich die Epochen, in welchen die Bildung einer Nation fortschreitet, in einer gar wunderlichen Ordnung vorstellen. Sie bilden sich ein, daß ein Volk zuerst in tierischer Rohheit und Wildheit darniederläge, daß man nach Verlauf einiger Zeit das Bedürfnis nach Sittenverbesserung empfinden und somit die Wissenschaft von der Tugend aufstellen müsse; daß man, um den Lehren derselben Eingang zu verschaffen, daran denken würde, sie in schönen Beispielen zu versinnlichen, und daß somit die Ästhetik erfunden werden würde; daß man nunmehr, nach den Vorschriften derselben, schöne Versinnlichungen verfertigen und somit die Kunst selbst ihren Ursprung nehmen würde; und daß vermittels der Kunst endlich das Volk auf die höchste Stufe menschlicher Kultur hinaufgeführt werden würde. Diesen Leuten dient zur Nachricht, daß alles, wenigstens bei den Griechen und Römern, in ganz umgekehrter Ordnung erfolgt ist. Diese Völker machten mit der heroischen Epoche, welche ohne Zweifel die höchste ist, die erschwungen werden kann, den Anfang; als sie in keiner menschlichen und bürgerlichen Tugend mehr Helden hatten, dichteten sie welche; als sie keine mehr dichten konnten, erfanden sie dafür die Regeln; als sie sich in den Regeln verwirrten, abstrahierten sie die Weltweisheit selbst; und als sie damit fertig waren, wurden sie schlecht.«

Mit der »abstrahierten Weltweisheit« ist das Naturrecht gemeint; hinter sie wollte die Romantik wieder zurückgehen.

Der letzte tapfere Kämpfer für ein Naturrecht, Rudolf v.Jhering, der (im Gewand der Zweckbezogenheit) Ende des vorigen Jahrhunderts als dessen Don Quichote auftrat, knüpfte denn auch an die aufklärerische Fortschrittsauffassung an und entgegnete der historistischen Position:

»Es ist eine wahrhaft romantische, d.h auf einer falschen Idealisierung vergangener Zustände beruhende Vorstellung, daß das Recht sich schmerzlos, mühelos, tatenlos bilde gleich der Pflanze des Feldes; die rauhe Wirklichkeit lehrt uns das Gegenteil. Und nicht bloß das kleine Stück derselben, das wir selber vor Augen haben, und das uns fast überall das Bild des gewaltsamen Ringens der heutigen Völker vorführt - der Eindruck bleibt derselbe, wohin immerhin wir unsere Blicke in die Vergangenheit zurückschweifen lassen. So erübrigt für die Savignysche Theorie lediglich die vorgeschichtliche Zeit, über die uns alle Nachrichten fehlen. Aber, wenn es einmal verstattet sein soll, über sie Vermutungen zu äußern, so setze ich der Savignyschen, welche sie zum Schauplatz jener harmlosen, friedlichen Bildung des Rechts aus dem Innern der Volksüberzeugung heraus gestempelt hat, die meinige, ihr diametral entgegengesetzte gegenüber, und man wird mir zugestehen müssen, daß sie wenigstens die Analogie der sichtbaren historischen Entwicklung des Rechts für sich hat und, wie ich meinerseits glaube, auch den Vorzug größerer psychologischer Wahrscheinlichkeit. Die Urzeit! Es

[1] Heinrich von Kleist, Sämtliche Werke (Hrsg. H. Sembdner), München 1961, Bd. 2, S. 326/327, 1810

war einmal Mode, sie auszustatten mit allen schönen Eigenschaften: Wahrheit, Offenheit, Treue, kindlichem Sinn, frommem Glauben, und auf solchem Boden würde sicherlich auch ein Recht haben gedeihen können ohne eine weitere Triebkraft als die Macht der rechtlichen Überzeugung; der Faust und des Schwertes hätte es nicht bedurft. Aber heutzutage weiß jeder, daß die fromme Urzeit die gerade entgegengesetzten Züge der Rohheit, Grausamkeit, Unmenschlichkeit, Verschlagenheit und Tücke an sich trug, und die Unterstellung, daß sie auf leichtere Weise zu ihrem Recht gekommen sei als alle späteren Zeitalter, dürfte schwerlich noch auf Glauben rechnen können.«[2]

Jhering konnte 1872 nicht sehen, daß eine Zeit bevorstand, die zu einer machtvollen Renaissance der romantischen Ideen führen sollte. Etwa zwanzig Jahre Jahre später entstanden die Keime der Jugendbewegung, die das Wahre und Richtige wieder rückwärtsgewandt in Urtiefen suchte.

»So glaubst du aber doch an ein Paradies in der Urzeit der Menschheit?«

- auf diese Frage antwortet Martin Buber[3]:

»- Mag sie eine Hölle gewesen sein - und sicherlich war die, auf die ich im geschichtlichen Denken zurückzugehen vermag, voll Grimm und Angst und Qual und Grausamkeit -: unwirklich war sie nicht.
Die Begegnungserlebnisse des Urmenschen waren gewiß nicht zahmes Wohlgefallen; aber besser noch Gewalt am real erlebten Wesen, als die gespenstische Fürsorge an antlitzlosen Nummern! Von jener führt ein Weg zu Gott, von dieser nur der ins Nichts.«

Die Jugend der Zeit um den ersten Weltkrieg herum versuchte der durch die industriellen Revolution bewirkten Vermassung und Anonymisierung durch eine Wendung nach innen, rückwärts, durch den »Gang zu den Müttern« zu entgehen; mit Blick auf diese Zeit sagt Schelsky:

»So ist nichts falscher als die These Blochs, 'Jugend und Bewegung nach vorwärts sind ... Synonyme'. Im Gegenteil: Die Jugend träumt nach rückwärts.«[4]

---

in den »Berliner Abendblättern veröffentlicht.

[2] Rudolf v. Jhering, Der Kampf ums Recht (1872), Leipzig o. J., S. 30.

[3] Martin Buber, Ich und Du, in: Das dialogische Prinzip 4. Aufl. Heidelberg 1979 S. 28.

[4] In einer Arbeit, die im übrigen der Jugendbewegung nicht gerecht wird: Helmut Schelsky, Die Hoffnung Blochs, Stuttgart 1979, S. 114.

In diese Zeit fällt auch die Entdeckung des »wilden Denkens« durch Lévy-Bruhl[5], die Wertschätzung des noch in ungeschiedener Einheit mit der Umwelt lebenden Bewußtseins der sogenannten Wilden, die Haltung, die »Participation mystique« genannt und auch beim Kind entdeckt und gewürdigt wurde.

Die Rückwärtswendung betraf also die Phylo- und Ontogenese zugleich, was sich in Bubers Worten ausdrückt:

> »Das vorgeburtliche Leben des Kindes ist eine reine naturhafte Verbundenheit, Zueinanderfließen, leibliche Wechselwirkung; wobei der Lebenshorizont des werdenden Wesens in eigenartiger Weise in den des tragenden eingezeichnet und und doch auch wieder nicht eigezeichnet erscheint; denn es ruht nicht im Schoß der Menschenmutter allein. Diese Verbundenheit ist so welthaft, daß es wie das unvollkommene Ablesen einer urzeitlichen Inschrift anmutet, wenn es in der jüdischen Mythensprache heißt, im Mutterleib wisse der Mensch das All, in der Geburt vergesse er es. Und sie bleibt ihm ja als geheimes Wunschbild eingetan.«[6]

Diese Tendenz in die rückwärtsgelegene, heile Welt war auch schon Gegenstand von Schillers Betrachtungen; sie kennzeichnet das Sentimentalische im Gegensatz zum Naiven, das in diese Welt nicht zurücksehnt, sondern ihr angehört. Schiller charakterisiert seine Zeit als sentimentalisch, was sich in ihrer Literatur in der Neigung zum Ausmalen von Idyllen niederschlägt. Er erklärt diesen Zeitgeschmack so:

> »Nicht unsere größere Naturmäßigkeit, ganz im Gegenteil die Naturwidrigkeit unsrer Verhältnisse, Zustände und Sitten treibt uns an, dem erwachenden Triebe nach Wahrheit und Simplizität, der, wie die moralische Anlage, aus welcher er fließet, unbestechlich und unaustilgbar in allen menschlichen Herzen liegt, in der physischen Welt eine Befriedigung zu verschaffen, die in der moralischen nicht zu hoffen ist. Deswegen ist das Gefühl, womit wir an der Natur hangen, dem Gefühle so nah verwandt, womit wir das entflohene Alter der Kindheit und der kindlichen Unschuld beklagen. Unsere Kindheit ist die einzige unverstümmelte Natur, die wir in der kultivierten Menschheit noch antreffen; daher es kein Wunder ist, wenn uns jeder Fußstapfe der Natur außer uns auf unsre Kindheit zurückführt.«[7]

2. Diese Rückwärtsträume bilden wieder einen wesentlichen Bestandteil in der heutigen Postmoderne. Man sieht dort mit Nietzsche schon den Umschlag der vor-

---

[5] Lucien Lévy-Bruhl, La mentale primitive, Paris 1912.

[6] Martin Buber a.a.O. S. 28 f.

[7] Schiller, Über naive und sentimentalische Dichtung, in: Werke (Hrsg. A. Kutscher) Berlin-Leipzig o. J., Teil 8 S. 129.

sokratischen in die sokratische Epoche als Sündenfall an, als das Ende des dionysischen und den Anfang des apollinischen Zeitalters[8]. Lyotard zum Beispiel geht zurück auf die »wilden Erzählungen«, für die ihm die Mythen eines »Cashinana« genannten Stammes Vorbild sind, Erzählungen, die nach seiner Ansicht hinter den heutigen rational-analytischen Diskursformen keineswegs zurückstehen, ihnen im Gegenteil vorzuziehen sind.[9] Damals wie heute ist mit der Rückwärtswendung verbunden eine Suche nach dem weiblichen Prinzip, die wir für die Jugendbewegung schon mit dem Goetheschen Wort »Gang zu den Müttern« gekennzeichnet haben und die heute als Idealisierung des Matriarchats in Erscheinung tritt - womit wir uns unter der Polarität Männlich-Weiblich befassen werden. Die Verehrung der Participation mystique verweist auf die morphologische Verkettung von Vergangenheitsliebe und Subjektivitätsschwund, die in der Polarität zwischen der Hervorhebung und Leugnung von Subjektivität behandelt werden wird.

3. Mit diesem Rückwärtssehnen zum Lebensgefühl der Primitiven hat Niklas Luhmann, dessen Auffassung wir in gewisser Weise als Ausprägung der Postmoderne ansehen[10], allerdings nichts im Sinn. Die Einmütigkeit, mit der die primitive Denkweise heute aufgewertet wird, kommt ihm vor,

> »als ob es darum ginge, europäischen Hochmut zu verbieten, der den Kolonialvölkern die Fähigkeit richtigen Denkens abspreche. Europäische Selbstreinigungsrituale sind nun aber kaum ein geeigneter Ausgangspunkt für die Klärung der Strukturen primitiven Denkens.«[11]

Die Systemtheorie ist keineswegs nostalgisch und teilt nicht die Rückwärtswendung der Postmoderne, sie sieht die Gegenwart durchaus als Fortschritt an gegenüber Epochen, die weniger Komplexität und Kontingenz gebändigt haben; sie suggeriert Zufriedenheit mit der jetzigen Verfassung der Systeme, deren Unzulänglichkeiten mit der nötigen Einsicht in die Dynamik der Selbstreferenz noch abgestellt werden können. Luhmanns Überlegungen zu »Temporalstrukturen« empfehlen eine Umstellung der zeitlichen Orientierung in der Weise, daß die von »Subjekt«,[12] »Vernunft«, »Zielerreichen«, »Zweck/Mittel-Schema«[13] ausgehenden Denkformen eliminiert werden können.

---

8 s. u. »Gemeinschaft — Gesellschaft« II.

9 vgl. meinen Aufsatz: Sibylle Tönnies, Der Kater des Dionysos, in: Hundert Jahre »Gemeinschaft und Gesellschaft« (Hrsg. L. Clausen u. C. Schlüter), Opladen 1991, S. 215 ff.

10 vgl. in diesem Kapitel unten III. 1.

11 Niklas Luhmann, Soziale Systeme, Frankfurt a. M. 1984, S. 514 Anm. 35.

12 Niklas Luhmann, Temporalstrukturen des Handlungssystems, Zum Zusammenhang von Handlungs- und Systemtheorie, in: Verhalten, Handeln und System, Hrsg. W. Schluchter, Frankfurt/M 1979, S. 32 ff. (32).

13 Niklas Luhmann a.a.O. S. 61.

Eher Verlust der Zeitdimension als Vergangenheitsorientierung bringt die systemtheoretische Analyse mit sich.

»Die Bezugnahme auf Komplexität (sprich: die Anwendung der funktional vergleichenden Methode) bedeutet eine Umorientierung des Erkenntnisinteresses vom *Vorhersagen* und Erklären faktischer Vorgänge auf die Feststellung 'anderer Möglichkeiten', funktionaler Äquivalente.«[14]

Was der Systemtheorie aber fehlt, ist die Dimension der Zukunft. Sie läßt diese Dimension nicht herein, weil sie in Verantwortung zwingt; weil sie nicht das Selbsttätige, sondern das zu Machende ins Blickfeld bringt. Ihr erscheint Zukunft als Störfaktor des gegenwärtigen Selbstgenusses der Systeme, als Menetekel, von unberufener Hand an die Wand geschrieben: von politischen Unruhestiftern, die drohenden Untergang sehen, statt sich in gewisse Folgen funktionaler Differenzierung einzufügen.

»Die Zukunft dient, aber jetzt nicht mit Verfallssemantik, sondern mit Katastrophensemantik, der Mobilisierung und Kommunikation von Widerspruch gegen das Gegenwärtige.«

»In solchen Lagen wird die Zukunft in die Gegenwart hineingedrückt; man kommt nicht umhin, den Zukunfts*horizont* zu aktualisieren, ganz unabhängig vom konkret absehbaren Verlauf der Ereignisse. In diesem Sinne ist die Zerstörung der Lebensmöglichkeiten auf dem Erdball unsere Zukunft - ganz unabhängig davon, ob sie je wirkliche Gegenwart werden wird; und sie fordert zum kontinuierlichen Widerspruch heraus.«

Nur gut ist deshalb, daß Widerspruch so wenig ausrichtet:

»Wenn gälte, daß Widerspruch mehr oder weniger zwangsläufig die Verhältnisse ändert, wären katastrophale Reaktionen auf die Gefahr von Katastrophen abzusehen.«

Weil er Zukunft impliziert, wird der Zweckbegriff von Luhmann diskreditiert. Er behauptet:

»Zwecke werden schon seit langem nicht mehr als wahrer Endzustand der Handlungsbewegung begriffen, sondern als subjektives Engagement. Denn nur als subjektive Vorstellung können Zwecke aus der Zukunft in die Gegenwart hineinverlegt ... werden ... Weil Zwecke als künftige Zustände nicht mehr wahrheits-

---

[14] Renate Mayntz, in Schmollers Jahrbuch, 91. Jahrg., 1971, S. 57 f., Rezension zu: Niklas Luhmann, Zweckbegriff und Systemrationalität, Tübingen 1968, S. 135. Hervorhebung von mir.

fähig sind, haben sie den Charakter eines subjektiven Gesichtspunkt angenommen.«[15]

4. Bei Luhmann darf Zukunft nicht erscheinen, weil sie Sorge ist. Diese Haltung teilt er mit seinem Lehrer Heidegger, nur wird sie bei ihm nicht wirklich thematisiert, sondern verdrängt; sie ist lediglich das, was die Protagonisten des Widerspruchs »in die Gegenwart hineindrücken«. Anders ist es bei Heidegger, der sich seiner Zukunftsangst gestellt und der Sorge einen zentralen Platz in seinem Werk zugewiesen hat. Allerdings ist auch er unfähig, Zukunft als Sorge in *dem* Sinne des Wortes zu erfassen, der Sorge *für* etwas bedeutet; im Vordergrund steht die Besorgnis *gegenüber* der Zukunft, die Angst: »Die Sorge ist Sein zum Tode.«[16]

Den Gegenpol zu diesen zukunftsausblendenden bzw. -dämonisierenden Auffassungen bildet Ernst Blochs Zukunftsfreudigkeit, in der oft ein Chiliasmus, die Messias-Hoffnung, gesehen wurde.

Fixierung auf den status quo und politischer Konformismus ist den Spielarten des Relativismus stets zum Vorwurf gemacht worden; wir wollen diese Haltungen hier als Unausgewogenheit der zeitlichen Dimensionen behandeln.

Die Beschränkung auf Deskriptivität blendet Zukunft prinzipiell aus. Deshalb ist Novalis' schon zitierte Beschreibung der um 1800 kulminierenden Polarität grundsätzlich auf alle Spielarten des Relativismus anwendbar:

> »Hier die Andacht zum Altertum, die Anhänglichkeit an die geschichtliche Verfassung, die Liebe zu den Denkmalen der Altväter und der alten glorreichen Staatsfamilie und Freude des Gehorsams; dort das entzückende Gefühl der Freiheit, die unbedingte Erwartung mächtiger Wirkungskreise, die Lust am Neuen und Jungen, die zwanglose Berührung mit allen Staatsgenossen, der Stolz auf mächtige Allgemeingültigkeit, die Freude am persönlichen Recht und am Eigentum des Ganzen und das kraftvolle Bürgergefühl.«

III. Die Zukunftsbezogenheit des Universalismus

1. Die Zukunftsbezogenheit des universalistischen, naturrechtlichen Standpunkts wird dadurch manchmal verdeckt, daß das Naturrecht seine Argumente aus vergangenen Epochen bezieht, aus einer Zeit, »als die Menschen frei und gleich waren«, aus rückwärtsgewandter Utopie. Die manchmal verwendete atavistische

---

15 Niklas Luhmann, Zweckbegriff und Systemrationalität, Frankfurt a. M. 1973, S. 12.

16 Martin Heidegger, Sein und Zeit, 16. Auflage Tübingen 1986 S. 329; die Auslegung der auf S. 197 wiedergegebenen Cura-Fabel trägt denselben Mangel, daß die Cura nicht als mütterlich-hegende Figur erfaßt wird, sondern als Zukunftsangst.

Argumentation darf aber nicht darüber hinwegtäuschen, daß das Naturrecht nach vorne denkt, auf das Neue, das sein soll, gerichtet ist und lediglich die Legitimation für seine nach vorne gerichteten Konzepte von hinten holt. Einsichtige Theoretiker haben an der Modernität des Naturrechts aber nie Zweifel gehabt:

»Es ist selbstverständlich, daß diese abstraktesten und einfachsten juristischen Begriffe Resultate einer logischen Bearbeitung der Normen des positiven Rechts sind und im Vergleich zu den spontan entstehenden Rechtsverhältnissen und den diese ausdrückenden Normen die späte und höchste Frucht eines bewußten Schaffens darstellen.«[17]

Das Denkklischee, Naturrecht sei die Rechtsform, in der in seligen Urzeiten unsere Vorfahren friedlich miteinander gelebt haben, richtet große Verwirrung an und trägt dem Naturrechtsgedanken immer wieder falsche Widerlegungen ein. Er erweist sich in historischer und ethnologischer Forschung in der Tat als falsch, und die Folge ist resignativer Abschied von Ideen, deren wahre Heimat doch erst in der Zukunft liegt. Tatsächlich ist das Naturrecht, zumal seine Gleichheitsbehauptung, keine frühe, sondern eine zivilisatorisch späte Form, und je entwickelter und durchmischter eine Gesellschaft ist, desto mehr bedarf sie dieses Gedankens.

Henry Maine hat das in seinem »Ancient Law« in klassischer Weise dargelegt. Er schildert (1864), wie der von Fremden übervölkerte römische Stadtstaat - keineswegs aus ethischer Motivation - ein von Aequitas ausgehendes Recht entwickelte, das zunächst nur für die Fremden untereinander galt. Um der Rechtsvielfalt der versammelten Stämme zu entgehen, schufen die römischen Juristen unter dem für diese Angelegenheiten zuständigen Praetor Peregrinus ein von der Mannigfaltigkeit abhebendes, abstraktes Recht, das Jus Gentium:

»Jus Gentium was, in fact, the sum of the common ingredients in the customs of the old Italian tribes, for they were *all the nations* whom the Romans had the means of observing, and who sent successive swarms of immigrants to Roman soil. Whenever a particular usage was seen to be practised by a large number of seperate races in common it was set down as part of the law common to all nations or Jus Gentium.«[18]

Dieses Fremdenrecht genoß bei den Römern zunächst keineswegs besondere Wertschätzung, seine Abstraktionsleistung, die der Einfachheit halber postulierte Gleichheit, wurde allein als nützlich empfunden. Der Römer zog sein eigenes Stammesrecht vor:

---

17 Eugen Paschukanis, Allgemeine Rechtslehre und Marxismus, Frankfurt a. M. 1966, S. 19.

18 Henry Maine, Ancient Law (1864), Tucson 1986, S. 47; dieses klassische Werk ist erstaunlicherweise noch nicht ins Deutsche übersetzt.

»The parts of jurisprudence which he looked upon with affection were exactly those which a modern theorist leaves out of consideration as accidental and transitory; the solemn gestures of the mancipation; the nicely adjustet questions and answers of the verbal contract; the endless formalities of pleading and procedure. The Jus Gentium was merely a system forced on his attention by a political necessity. He loved it as little as he loved the foreigners from whose institutions it was derived and for whose benefit it was intended.«[19]

Erst die aus Griechenland einströmende philosophische Haltung der Stoa ermöglichte den Römern den angemessenen Respekt vor ihrem Jus Gentium und führte zu dessen allmählicher Universalität, indem es das eingeborene Jus civile verdrängte. Die Stoa brachte eine Verehrung des Schlicht-Natürlichen mit sich, der einfachen Grundformeln, die man als »Natur« verstand.

»After Nature had become a household word in the mouths of the Romans the belief gradually prevailed among the Roman lawyers that the old Jus Gentium was in fact the lost code of Nature, and that the Praetor in framing an Edictal jurisprudence on the principles of the Jus Gentium was gradually restoring a type from which law had only departed to deteriorate.«

Mit diesem Vorgang verbunden war zugleich die Verkehrung der zeitlichen Reihenfolge, die für die Beschäftigung mit Naturrecht bis heute charakteristisch geblieben ist: die Entstehung des Denkklischees, nach dem Naturrecht das Einheitlich-Uralt-Wahre ist, von dem sich die Partikularbildungen fortentwickelt haben und zu dem es zurückzugehen gelte. Für den ethnologisch Informierten bedeuten alle Versuche, das Naturrecht »finden« zu wollen, dessen Ende. Ihm schadet seine Behauptung, vorgegeben, also findbar zu sein. In der Wirklichkeit greifbar wird das Naturrecht erst, wenn man verstanden hat, daß es nicht da ist, solange es nicht gedacht wird, daß es ein Geistesprodukt, ein ideologischer Überbau ist in dem besten Sinne, den dieses Wort annehmen kann.

So sagt Giorgio del Vecchio sehr richtig über die Naturrechtsschule des 17. und 18. Jahrhundert:

»Ihre methodologische Unsicherheit drückt sich vor allen Dingen darin aus, daß sie die *philosophische* Aufdeckung in der Form *geschichtlicher* Erzählung darbrachten: das *logische* Vorgehen wurde mit dem *zeitlichen* verwechselt«[20],

und Mitteis[21] findet für den Sachverhalt die zusammenfassende Formel:

---

19 Henry Maine a.a.O. S. 49.

20 Giorgio del Vecchio, Vom Wesen des Naturrechts, in: Naturrecht oder Rechtspositivismus (Hrsg. W. Maihofer), Darmstadt 1962, S. 303 ff., 305. Hervorhebungen von mir.

»Das Naturrecht müßte zutreffender 'Kulturrecht' heißen.«

Die Möglichkeit für diese Verkehrung hat das Naturrecht in solchen Ausformungen geboten, die eine rückwärtsgewandte Idylle malten und Freiheit und Gleichheit als paradiesische Urzustände vorführten. Als Kunstform wurde diese Idylle im 18.Jahrhundert gepflegt, bukolische Landschaft, heitere Hirtengesellschaft, aufgezeichnet zu erzieherischem Zweck, arkadischer Zustand (»als die Menschen noch gut waren«) als Vorbild. Diese Rückwärtswendung ist mit der Bevorzugung der Natur gegenüber der Vernunft verbunden, die sich in Rousseaus Bild vom »Guten Wilden« ausdrückte, dem »Zurück zur Natur«, das Ende des 18. Jahrhunderts die Auflösung des Rationalismus vorbereitete. Vor diesem Gebrauch von der Idee der Natur warnt Schiller:

»Sie liegt hinter dir, sie muß ewig hinter dir liegen. Verlassen von der Leiter, die dich trug, bleibt dir jetzt keine andere Wahl mehr, als mit freiem Bewußtsein und Willen das Gesetz zu ergreifen oder rettungslos in eine bodenlose Tiefe zu fallen.«

Das ist ein prophetisches Wort, denn in der Tat ist die deutsche Kultur, als sie »das Gesetz« fallenließ, in bodenlose Tiefe gefallen. Den Rückzug in den Naturzustand verbietet Schiller mit den Worten:

»Die Gesetze des Anstands sind der unschuldigen Natur fremd; nur die Erfahrung der Verderbnis hat ihnen den Ursprung gegeben. Sobald aber jene Erfahrung einmal gemacht worden ist, so sind es heilige Gesetze, die ein sittliches Gefühl nicht verletzen darf. Sie gelten in einer künstlichen Welt mit demselben Rechte, als die Gesetze der Natur in der Unschuldwelt regieren.«

Das begrenzt auch den Wert der Idyllen:

»Vor den Anfang der Kultur gepflanzt, schließen sie mit den Nachteilen zugleich alle Vorteile derselben aus und befinden sich ihrem Wesen nach in einem notwendigen Streit mit derselben. Sie führen uns also *theoretisch* rückwärts, indem sie uns *praktisch* vorwärts führen und veredeln. Sie stellen unglücklicherweise das Ziel hinter uns«

- unglücklicherweise für den Rationalismus, der nur nach vorn gerichtet eine Chance hat, nach hinten verlegt aber einen legitimerweise vom Relativismus besiedelten Raum vorfindet.

---

[21] Heinrich Mitteis, Über das Naturrecht, Berlin 1948 S. 7; vgl. auch Ferdinand Tönnies, Gemeinschaft und Gesellschaft, 3. Buch §16; dazu: Sibylle Tönnies, Die Erneuerung des Naturrechts durch die Unterscheidung zwischen Gemeinschaft und Gesellschaft, in Rechtstheorie Heft 3, 1987, S. 393 ff.

Solange man den Idealzustand hinter sich, in der Vergangenheit sieht, meint man, ihn durch Nachlassen aller vernunftgeleiteten Anstrengungen zurückzuerobern, erklärt man sich seinen Verlust, die Vertreibung aus dem Paradies überhaupt daraus, daß solche Anstrengungen schon gemacht wurden, und gibt dem Rationalismus die Schuld daran, daß die ursprüngliche Harmonie gestört wurde. Diese Haltung ist typisch für die heutige Postmoderne, in der Rechtstheorie durch die Systemtheorie vertreten[22]; sie kennzeichnet aber den Zeitgeist insgesamt. Die Frauenbewegung pflegt sie in der Rückwärtswendung auf den matriarchalischen Urzustand. Der Unterschied zum zukunftsgerichteten Rationalismus, der das 18. Jahrhundert kennzeichnete, ist folgenreich. Die innere Haltung, die diesem entsprach, war die Anspannung, die Expansion, Diastole, das Ausgreifen und Ausschreiten. Die innere Haltung, die der Vergangenheitsverehrung entspricht, ist Abschlaffen, Kontraktion, Rückzug, nach innen Gehen, Systole.

Diese Begriffe führen uns wieder zurück zu unserer »Unendlichen Entzweiung« und dem mit dieser Vorstellung verbundenen Ideal der Ausgewogenheit der Bewegungsrichtungen. Die Assoziierung von Naturrecht und Zukunft einerseits und Relativismus und Vergangenheit andererseits bedeutet auch eine Würdigung des Relativismus in seiner Angemessenheit für die Geschichtsbetrachtung, die Zurückweisung einer Vergangenheitsbetrachtung, die ihre eigenen Ziele vertreten sehen will und Geschichte danach beurteilt, wie weit sie diesen gedient hat. Die großen Fortschritte, die die Geschichtswissenschaft im vorigen Jahrhundert gemacht hat, beruhen darauf, daß der Rationalismus zu dieser Zeit schon fallengelassen war und der Historismus die getreue Aufzeichnung des Geschehenen zuließ ohne Bewertung, ohne Überprüfung daraufhin, inwieweit es dem Fortschritt diente. Die Sucht, alles zu bewerten und zu beurteilen, nach dem Kriterium Gut-Böse zwei Lager einzurichten, verstellt den Blick für das, was tatsächlich geschehen ist, und ist fruchtbar nur eingesetzt, insoweit es die Zukunft zu gestalten gilt.

2. Während der Relativismus der Romantik seine Vergangenheitsbezogenheit offen trug, verbirgt der heutige in Gestalt der Systemtheorie sie sorgfältig. Er gibt sich modern und weist das Naturrecht als »alteuropäisch« zurück, die gestelzten Züge des Rationalismus nutzend. Dessen Rekurs auf ein von jeher bestehendes Urrecht widerlegt er ethnologisch mit der Heterogenität und Kontingenz primitiver Rechtsformen. In Verkehrung des wirklichen Bezugs zu den Zeitdimensionen gibt

---

22 Arthur Kaufmann, Rechtsstaat und Menschenwürde, in: Festschrift für Werner Maihofer, Frankfurt 1988 S. 12, schreibt die Systemtheorie noch einem ins Extrem gesteigerten Rationalismus zu, also der Vorstufe zur Postmoderne. »Und in ihren Extremen berühren sie sich!« Die Abweichung ist durch die Doppeldeutigkeit des Begriffs ratio bewirkt, dazu Kaufmann a.a.O. S. 20. Wir betonen das Kriterium, ob in einem Konzept Subjekte als Agenten vorkommen (vgl. das Kap. »Ohnmacht oder Macht der Subjektivität«), und nach diesem Kriterium müssen wir die Systemtheorie als im weitesten Sinne postmodern auffassen. Das bewußtlose Kreisen der Systeme, die nicht-zerebrale Auffassung der Abläufe gehört der postmodernen Grunddisposition an. Ein Bekenntnis dazu findet sich ausdrücklich bei Karl-Heinz Ladeur, Perspektiven einer post-modernen Rechtstheorie, Zur Auseinandersetzung mit Luhmanns Konzept der »Einheit des Rechtssystems«, in Rechtstheorie 16 (1985), S. 383-427.

er sich als reifere Form, als zukunftsweisend und der modernen Gesellschaft angepaßt.

Deren gewachsene Komplexität wird im systemtheoretischen Ansatz als Anlaß genommen, den universalistischen Ausgangspunkt für obsolet zu erklären, in Unterdrückung der Tatsache, daß er genau dieses Problem betraf und einer Lösung zuführte. »Gesellschaftliche Kontingenz« wird in der Systemtheorie als Argument verwendet für

> »die Ablösung vom Naturrecht, die Befreiung von der Vorgabe bestimmter allgemeingültiger Rechtsnormen und damit eine distanziertere Perspektive auf das Recht selbst ... Aus dem Bestehen von Gesellschaft überhaupt kann nicht mehr auf die Geltung bestimmter Normen geschlossen werden, vielmehr müssen Recht und Gesellschaft in vollem Umfange als empirisch erforschbare Variable erfaßt werden, die sich in bestimmter Weise aufeinander einspielen.«[23]

Das den Universalismus kennzeichnende Anstreben von abstrakten Werten wird vom heutigen Relativismus als Ausdruck von Unterentwicklung diskreditiert. Frieden und Gerechtigkeit z.B. erweisen sich als altmodische Zielvorstellungen:

> »Ein solcher Denkansatz ist kein Fehler, auch kein Mangel, der im Sinne eines Fortschritts zu besserer Erkenntnis zu beheben wäre. Er ist Symptom einer Gesellschaft mit unvollständiger funktionaler Ausdifferenzierung ihrer Teilsysteme und war für eine solche Gesellschaft adäquat.«[24]

Ein Beispiel für die Verkennung des von Maine in klassischer Weise beschriebenen Sachverhalts[25] finden wir in folgendem Luhmann-Zitat:

> »Für neuzeitliche Rechtskulturen ist mithin bezeichnend, daß sie im Bereich des Rechts in engen Grenzen schon operativen Spielraum institutionalisiert haben und daß Selektionsmöglichkeiten sichtbar werden. Vor allem erweitert sich der Verkehr zwischen verschiedenen Gesellschaften so stark, daß fremde Völker nicht mehr einfach als seltsam und rechtlos lebend behandelt werden können. Die Erkenntnis drängt sich auf, daß es andere Rechtsformen gibt, deren Rechtsqualität nicht einfach negiert werden kann. Im Vergleich damit wird das eigene Recht als eine gesellschaftlich und historisch bedingte Ausprägung unter anderen bewußt. Und doch kann die reine Willkür der Rechtsentstehung nicht konzediert werden, hieße das doch die Herstellung des Rechts in vollem Umfange den poli-

---

23 Niklas Luhmann, Rechtssoziologie, Reinbek 1972, S. 11. Es gibt bei Luhmann allerdings auch verstreute gegenteilige Aussagen, sehr zutreffende Darstellungen der Modernität des Naturrechts, z. B. a.a.O. S. 187 f. , die dem Grundtenor nicht angepaßt wurden.

24 Niklas Luhmann, Soziologische Aufklärung, 2. Aufl. Opladen 1971, S. 142.

25 die nicht Unkenntnis ist, wie sich z. B. in Rechtssoziologie a.a.O. S. 338 zeigt.

tischen Gewalten überlassen und die Rechtsbefolgung dem Belieben oder dem Zwang anheimgeben. Keine der vorneuzeitlichen Gesellschaften geht so weit. Dafür sind sie als System noch zu einfach organisiert.«

Hier wird in dem Vorgang ganz übersehen, daß die Begegnung verschiedener Rechtskulturen folgenreich ist, daß sie sich nicht statisch gegenüberstehen, sondern dynamisch zueinander verhalten: Es entwickeln sich die Abstraktionen, die letzten Endes den Rationalismus ausmachen; es entstehen die modernen Auffassungen von Freiheit und Gleichheit, die keineswegs reine Willkür sind, sondern notwendiges Merkmal einer Weltgesellschaft. Die von Luhmann mit Recht festgestellte Korrelation: je einfacher die Organisation eines Systems, desto weniger, je komplizierter, desto mehr Kontingenzbewußtsein - darf nicht von der Meta- auf die objektive Ebene übertragen werden: je einfacher die Organisation, desto weniger Kontingenz, je komplizierter, desto mehr. Im Gegenteil: Kontingenz, Akzidentialität der Rechtsentstehung ist ein Merkmal der frühen, heterogenen Stammeskulturen, begleitet allerdings von dem falschen Bewußtsein der Notwendigkeit und Heiligkeit der eigenen - und nur der eigenen! - Rechtsgestaltung. Je später und entwickelter, je mehr die Frucht von Begegnung und Durchmischung eine Rechtskultur ist, desto sensibler ist sie für die eigenen verbliebenen kontingenten Elemente, desto notwendiger, genereller und universaler ist ihre Ordnung. Ziehen wir diese Linie in die Zukunft aus, so wird - idealerweise - eine Weltgesellschaft von den Maximen des Rationalismus regiert.

IV. Der Symbolcharakter der Zeitdimensionen

1. Die Assoziierung von Naturrecht und Zukunft einerseits und Relativismus und Vergangenheit andererseits habe ich schon andernorts betont[26]; im Rahmen unserer jetzigen Gedankengänge ist sie erst dann wertvoll, wenn sie die Grundlage für weitere Assoziationen ist, für Bündelungen von geistigen Gestalten in der Weise, daß sie sich nach rechts und links trennen und zu zwei Hemisphären zusammenschließen, die sich in einer großen gemeinsamen Polarität gegenüberstehen.

Will man diesen Dimorphismus erkennen, muß man sich öffnen für zwei jeweils verschiedene Grundstimmungen, die zu erfassen uns wichtig ist. Das gelingt nur, wenn man sich auf solche ihnen jeweils zugehörige Antipoden einläßt, die rechtsphilosophischer Betrachtung fernliegen. Vergangenheit und Zukunft lenken hinüber zu Passivität und Aktivität, zu Tod und Leben.

---

26 Sibylle Tönnies, Die Erneuerung des Naturrechts durch die Unterscheidung zwischen Gemeinschaft und Gesellschaft, a.a.O.

In einer sehr grundsätzlichen Weise, die unserem morphologischen Vorgehen verwandt ist, sieht Toynbee[27] ein Schisma zwischen vorwärts und rückwärtsgerichteter Haltung, die er »archaism« und »futurism« nennt. Er assoziiert die beiden Haltungen mit Passivität und Aktivität. »Archaism« kennzeichnet er so:

> »The passive attempt consists in an abandon (akrateia) in which the soul 'lets itself go' in the belief that by giving free rein to its own spontaneous appetites and aversions, it will be 'living according to nature' and will automatically receive back from that mysterious goddess the precious gift of creativity which it has been conscious of losing.«

»Futurism« auf der anderen Seite bedeutet:

> »The active alternative is an effort at self-control (egkrateia) in which the soul 'takes itself in hand' and seeks to discipline its 'natural passions' in the opposite belief that nature is the bane of creativity and not its source and that to 'gain the mastery over nature' is the only way of recovering the lost creative faculty«.

Beide Möglichkeiten, beide Richtungen - Toynbee nennt sie élan - sind ihm gleichermaßen Verfallserscheinungen, Unfähigkeit zu Gegenwart, zum »Now and Here«, wie man heute sagen würde. Für Archaism und Futurism gilt insofern dasselbe:

> »In both the effort to live in the microcosm instead of the macrocosm is abandoned for the pursuit of a Utopia which would be reached - supposing it could actually be found (in real life) - without any challenge to face the arduous change of spiritual climate ... The soul proposes to perform what is required of it by making its move from the present disintegrating state of society to a goal which is simply the same society as it may once have been in the past or as it may sometime come to be in the future.«

2. Vergangenheits- ebenso wie Zukunftsbezug sind auch nach Jonas' Auffassung Mangel an Gegenwart; er beklagt das an Heidegger, bei dem nach seiner Ansicht Gegenwart zu kurz kommt und allein Vergangenheit und Zukunft die existentialen Dimensionen bilden. Jonas hat gleich nach dem Erscheinen von »Sein und Zeit« ein Diagramm aufgestellt, in dem er in drei Kolonnen Heideggers Aussagen über Vergangenheit, Gegenwart und Zukunft sammelte, und in der mittleren Kolonne Leere festgestellt. Ob sich das nicht aus der von Jonas andererseits konzedierten Flüchtigkeit des Augenblicks hinreichend rechtfertigt, lassen wir offen; wir brauchen für unser dichotomisches Vorgehen die dritte Kategorie der Gegenwart

---

27 Arnold J. Toynbee, A Study of History, Oxford 1947 S. 429.

ohnehin nicht. Nach unserer von Polarität ausgehenden Auffassung verfehlt Heidegger nicht Gegenwart, sondern Zukunft. Gegenwart gibt es in der Tat nicht als geistige Gestalt, sondern nur als Wirklichkeit; sie *ist* die Wirklichkeit, während Vergangenheit und Zukunft Ideen sind, Erinnerung beziehungsweise Erwartung, aber insofern symbolfähig und für unsere Betrachtung als geistige Gestalten von größter Bedeutung, polaritätsfähig und insofern morphologisch verwertbar.

Trotz dieses Unterschiedes in der Betrachtung knüpfen wir aber an das Jonas'sche Vorgehen an insofern, als er in eine Kategorientafel, unter Kolonnen, Einordnungen vornimmt, die geleitet sind von den Antipoden Vergangenheit und Zukunft. Jonas stellt fest:

> »Alle wesentlichen Kategorien der Existenz, die ihr Eigentlichseinkönnen begründen, fallen in korrelaten Paaren unter die Titel von Vergangenheit und Zukunft. Faktizität, Gewesenheit, Geworfenheit, Notwendigkeit, Schuld sind wesentliche Modi der Vergangenheit; Existenz, Sichvorwegsein, Sorge, Entwurf, Entschlossenheit, Vorlaufen zum Tode sind existentiale Modi der Zukunft.«[28]

Eine ähnliche Tafel hat sich bei der Konzeption der hier vorgelegten Gedankengänge gebildet; einen Eindruck von ihrer Struktur geben noch die Kapitelüberschriften. Inhaltlich liegen allerdings erhebliche Abweichungen vor. Insbesondere die für Heidegger so kennzeichnende Verknüpfung von Tod und Zukunft teilen wir nicht, obwohl zweifellos die menschliche Existenz durch ihren in der Zukunft liegenden Tod gekennzeichnet ist.

Heidegger legt Tod und Zukunft deshalb zusammen, weil in jedem Einzelleben der Tod das in der Zukunft liegende Ereignis ist. Zukunft ist für Heidegger deshalb mit Sorge verbunden, mit der Sorge, diesen Tod zu vermeiden, und der Einsicht, daß das auf Dauer nicht gelingen wird. Auf der ontologischen Ebene ist das richtig, nicht aber auf der morphologischen. Die Gestalten von Tod und Vergangenheit gehören so zusammen wie die von Zukunft und Leben. Die Besetzung durch den Gedanken an den anstehenden Tod ist keineswegs nach vorn gerichtet, sondern rückwärts. Die Dominanz, die das Motiv der Sorge bei Heidegger hat, kommt nicht aus Zukunftsorientiertheit, sondern gibt Nachwirkungen vergangener traumatischer Erfahrung wieder, Verletzung des kindlichen Urvertrauens. Im gesunden Erleben ist Zukunft nicht von Todesangst durchsetzt, diese ist vielmehr der Versuch, dem mütterlichen Urgrund das abzugewinnen, was er in der Vergangenheit nicht geboten hat. Zukunft ist im Gegenteil die Dimension von Hoffnung und Freudigkeit, wie man selbst bei Todkranken oft feststellen kann - eine Erfahrung, die der lateinische Satz zusammenfaßt: »Spero, spiro«, so lange ich atme, hoffe ich. Ernst Bloch hat die Zusammenordnung zum Thema seines großen Werkes gemacht.[29]

---

[28] Hans Jonas: Gnosis, Existentialismus und Nihilismus, in: Organismus und Freiheit, Göttingen 1973 S. 312 f.

[29] Ernst Bloch, Das Prinzip Hoffnung, Frankfurt a. M. 1959.

Die Paarung von Zukunft und Tod hat pathologischen Charakter. Zukunft gehört auf der Symbolebene unter das Prinzip von Yang[30], dem in der Sonne flatternden Banner. Sie hat tausend Möglichkeiten, ist voller Chancen und deshalb frei. Vergangenheit hingegen liegt fest, ist eingeschnürt in Notwendigkeit, assoziiert mit Nacht, Vergänglichkeit und Tod. Die Bereitschaft, sich von diesem Reich dominieren zu lassen, die Zuwendung zu den Nachtseiten, kennzeichnet die Romantik mit ihrer Vergangenheitsfreude; sie kennzeichnet auch wieder den Anfang unseres Jahrhunderts, die Jugendbewegung, mit ihrem Wiederaufgreifen der romantischen Motive.

Tod ist Vergangenheit, denn wir erfahren den Tod ja zunächst - und das ist lebenslang - nicht als den eigenen, sondern als den der anderen. Sein Grauen liegt darin, daß er deren Gegenwart Vergangenheit werden läßt. Wir fürchten ihn, weil er Vergänglichkeit bewirkt.

Warum unser Interesse an der Korrektur von Heidegger, warum die Betonung der Assoziation von Vergangenheit und Tod ? Tod ist ein zentraler Bestandteil des »Reiches linkerhand«[31], als dessen vergleichsweise peripheren Bestandteil wir - über den Konnex mit Organismus und Vergangenheit - den Relativismus ansehen. Die Einfärbung, die das Motiv des Todes diesem Reich gibt, sein dunkler Ton ist unentbehrlich zu dessen Kennzeichnung. Der Quietismus, die Indifferenz, die Neigung zum status quo, die dem Relativismus immer angelastet werden, sind in dem Motiv des Todes zum Klimax gesteigert. Nicht Unrichtigkeit - denn der Tod ist wahr -, wohl aber die Kompensationsbedürftigkeit durch sein Gegenmotiv, das Leben, wird damit begründet. Auch auf die rechtsphilosophische Fragestellung läßt sich der Goethe-Satz anwenden: »... denn alles muß im Nichts zerfallen, wenn es im Sein beharren will.«[32]

In seinem Extrem führt der Relativismus zum Tod; umgekehrt bringt der Tod den Relativismus mit sich, da er alles unabänderlich macht. »De mortuis nihil nisi bene« ist nicht unbedingt die Unterdrückung dessen, was nicht gut war, sondern seine Umwandlung in Indifferenz. Die unguten Züge des Toten haben nun, wo sie vergangen sind, ihre Bedrohlichkeit verloren, sie sind nicht gut noch böse, sondern in das legitime Reich des Relativismus hinabgesunken.

3. Das Beharren im Alten, das man dem Relativismus - und heute der Systemtheorie - vorwirft, ist nur vorwerfbar, wenn das Alte das Schlechtere und das Neue das Bessere ist. Umsturz und Reform sind erfahrungsgemäß nicht immer Verbesserungen. Vorwerfbar ist daher nur, daß der Relativismus die Struktur der Vergangenheit auf die Zukunft überträgt, die Struktur nämlich, daß alles so ist, wie es geschehen ist, daß alles unveränderlich im Schoße der Notwendigkeit ruht und die Frage, ob es gut oder schlecht war, müßig ist; eine von außen herangetragene An-

---

30 vgl. dazu Kap. »Polarität« II.
31 vgl. dazu Kap. »Unten-Oben, Ost-West, Links-Rechts« I. 1.
32 Johann Wolfgang v. Goethe, Eins und Alles (Im Grenzenlosen . . .).

schauungsweise ohne Konsequenz für das, was nun einmal so geschehen ist, wie es geschah. Als Gabelung tritt die Polarität »gut-schlecht« für die Vergangenheit nicht auf, als Wegscheide, sondern lediglich als nachträgliche Bewertung, aus der Folgerungen nur für die Zukunft gezogen werden können. Die Vergangenheit ist verfallen in Notwendigkeit, sie strahlt die Ruhe des Todes aus, ihr gegenüber sind Pietät und Quietismus angemessen.

So wie der Relativismus nicht die Grenzen des Organismischen achtet und dessen Struktur auf Artifizielles überträgt, so achtet er nicht die Grenzen des Vergangenen und überträgt dessen Struktur auf Zukünftiges. Der Hauch der Erstarrung liegt unter seinem Auge auf dem, was noch zu machen ist und was sich in Bewegung befindet. Nicht die Bindung an den status quo ist ihm vorzuwerfen, soweit diese Bindung Ergebnis von Freiheit und Entscheidung ist, sondern die Bindung, die den Handlungsspielraum, den Zukunft prinzipiell hat, nicht erfaßt. So ist die Systemtheorie nicht konservativ im Sinne einer gewollten bewahrenden Haltung, sondern indolent infolge der nicht erfaßten Andersartigkeit von Zukunft und Vergangenheit. Genau wie die Romantik erstickt sie im Dunkel des bewahrenden Prinzips, in den kontrahierenden Kräften des Yin[33], versäumt sie die Ausgleichsbewegung nach vorn, in die Zukunft, ins Helle, ins Yang.

Das Motiv von Ruhe und Erschlaffen, gegen Disziplin und Überspannung gestellt, fand sich schon bei Schiller, bei seiner Kennzeichnung des Realisten, dem, der der Natur näher ist als der Vernunft, dem von selbst Seienden näher als dem bewußt Gemachten, dem Gewesenen näher als dem noch Ausstehenden.

Wir finden dieses Motiv der Ruhe, das der Vergangenheitsbezug in sich trägt, und auch das noch weitergehende des Todes in Thomas Manns »Unruhe und frühes Leid«, in seiner Kennzeichnung eines Geschichtsprofessors in der frühen Weimarer Republik:

> »Er weiß, daß Professoren der Geschichte die Geschichte nicht lieben, sofern sie geschieht, sondern sofern sie geschehen ist, daß sie die gegenwärtige Umwälzung hassen, weil sie sie als gesetzlos, unzusammenhängend, frech, mit einem Worte als 'unhistorisch' empfinden, und daß ihr Herz der zusammenhängenden, frommen und historischen Vergangenheit angehört. Denn über dem Vergangenen, so gesteht sich der Universitätsgelehrte, wenn er vor dem Abendessen am Flusse spazierengeht, liegt die Stimmung des Zeitlosen und Ewigen, und das ist eine Stimmung, die den Nerven eines Geschichtsprofessors weit mehr zusagt als die Frechheiten der Gegenwart. Das Vergangene ist verewigt, das heißt: es ist tot, und der Tod ist die Quelle aller Frömmigkeit und alles erhaltenden Sinnes.«[34]

---

33 vgl. dazu Kap. »Polarität« II.

34 Thomas Mann, Unruhe und frühes Leid, in: Sämtliche Erzählungen, Frankfurt a. M. 1963, S. 498.

Niemand hat die Verbindungslinie, die zwischen Tod, Vergangenheitsliebe und Relativismus besteht, so stark und schmerzhaft erlebt wie Thomas Mann, der sie als Erbe der Romantik und Hypothek der deutschen Geschichte ansah[35]:

> »Romantik ist wesentlich Versenkung, besonders Versenkung in die Vergangenheit; sie ist die Sehnsucht nach dieser, und zugleich der realistisch anerkennende Sinn für alles wirklich Gewesene in seinem Eigenrecht, mit seiner Lokalfarbe und Atmosphäre - kein Wunder, daß sie der Geschichtsschreibung außerordentlich zustatten kam, sie in ihrer modernen Form eigentlich erst inaugurierte.«

> »Dies ist ihr (der Romantik / S. T.) verwirrendes Paradox, daß sie, die die irrationalen Lebenskräfte revolutionär gegen die abstrakte Vernunft, den flachen Humanitarismus vertritt, eben durch ihre Hingabe an das Irrationale und die Vergangenheit, eine tiefe Affinität zum Tode besitzt.«

4. Der Universalismus umgekehrt hat seine Problematik in seiner einseitigen Zukunftsorientiertheit, in seiner Neigung zum utopischen Denken, das keinen Anschluß an die Vergangenheit hat und damit auch die Gegenwart verpaßt. Es ist dies die Denkhaltung, die man immer wieder dem Marxismus vorgeworfen hat, das geistige Nach-Vorne-Springen, das man gleichgesetzt hat mit religiöser Endzeithoffnung, Chiliasmus, und oft als Spezifikum des jüdischen Denkens angesehen hat, das so seine Messias-Erwartung säkularisiert. Bloch hat in seinem »Prinzip Hoffnung« dieser nach Vorn-Orientiertheit ein Denkmal gesetzt.[36] Dabei ist diese Bodenlosigkeit weniger ein Merkmal des Marxismus als des Rationalismus, denn der Marxismus legte ja im Gegensatz zu diesem Wert auf die organische Entwicklung aus der Basis heraus, während der Rationalismus aus reiner Idee heraus in eine andere Zukunft springen will. Wie wir von Zeit zu Zeit wieder feststellen werden, enthielt der Marxismus aber unterschwellig eine Weiterführung des Rationalismus, war er dessen Fortsetzung von der bürgerlichen in die proletarische Epoche, und deshalb trug er auch trotz gegenteiliger Beteuerungen dessen Schwäche in der Frage der Kontinuität weiter.

Prototypisch hat sich das Verhängnis der mangelnden Kontinuität, die Tragödie der einseitigen Zukunftsbezogenheit, im Scheitern der praktischen Umsetzung des Rationalismus in der Französischen Revolution gezeigt. Dieses Ereignis hatte traumatische Folgen und ist für das gegenteilige, romantische Denken verantwortlich. Es ist auch dafür verantwortlich, daß die nächste Revolution, die angestrebt wurde, nämlich die kommunistische, nicht wieder in die unverbundene Zukunft zu springen plante, sondern sich mit der Hegelschen eine Ideologie schaffte, die eine evolutionäre Zwangsläufigkeit der Veränderung behauptete. Damit konnte aber

---

[35] Rede über Deutschland und die Deutschen, Berlin 1947, S. 29 und 27.

[36] vgl. dazu Sibylle Tönnies, Die unendliche Entzweiung, in: Lokalkultur und Weltgesellschaft, Hrsg. A. Deichsel und R. Fechner, Hamburg 1987, S. 94.

doch die Problematik der einseitigen Zukunftsausrichtung nur überdeckt werden: wo immer in der Welt der Kommunismus sich durchsetzte, bedeutete er einen Abriß von Kontinuität; er war nicht organische Entwicklung, sondern Überlagerung - womit ich einen Terminus gebrauche, der uns im Kapitel »Kontingenz-Notwendigkeit« beschäftigen wird -. Das rastlose Treiben in die Zukunft haben auch die gespürt, die in der Studentenbewegung die marxistischen Ideen in die Tat umzusetzen trachteten, und ihr Ablassen von diesem Vorhaben hat auch damit zu tun, daß in dieser Vorwärtsrichtung eine Überspannung lag, eine diastolische Überanstrengung, von der sie sich jetzt in postmoderner oder funktionalistischer Gelassenheit entspannen.

Die marxistische Zukunftsfreudigkeit wird von Max Scheler mit der Tatsache in Zusammenhang gebracht, daß sie der Gedankenwelt der Unterklassen angehört. Auch Scheler geht von einer »Unendlichen Entzweiung« aus, deren Diskrimen allerdings (weniger abstrakt) die Klassenzugehörigkeit ist. An 8. Stelle seiner Tafel läßt Scheler die Zeitperspektiven erscheinen:

> »Optimistische Zukunftsansicht und pessimistische Retrospektion = Unterklasse; pessimistische Zukunftsaussicht und optimistische Retrospektion (»die gute alte Zeit«) = Oberklasse.«
>
> »Die Unterklasse muß stets dazu neigen, die vergangene Geschichte anzuklagen und anzuschwärzen, da diese sie in ihre Lage versetzte; ... dagegen - formal 'messianistisch' eingestellt - das oder 'ihr' summum bonum in die *Zukunftssphäre* verlegen, sei es, daß sie es in gläubigen Zeiten durch eine Wundertat Gottes erhofft und erharrt (Eschatologie), sei es, daß es ihre Aufgabe des 'Sollens' ist, wie den utopischen Sozialisten, sei es, daß es, wie vom marxistischen Sozialismus, als notwendig eintretendes Ereignis, als 'Sprung in die Freiheit' der klassenlosen Gesellschaft angeschaut wird ... Andrerseits neigt die Oberklasse, insbesondere auf dem Gipfel ihres Aufstiegs, zur genau entgegengesetzten Einstellung: Dankbar und ehrerbietig blickt sie auf die *Vergangenheit*, nicht sehend, was die Geschichte der Menschheit *schuldig* geblieben ist - und angstvoll ist ihr Blick auf die Zukunft.«[37]

Mit Schelers Tafel gibt es über die Scheidung »Vergangenheit-Zukunft« hinaus andere Übereinstimmungen in der vertikalen Zusammenordnung von Ansichten; die Klassenbezogenheit spielt bei unseren Überlegungen aber keine Rolle, wird nur kurz aufleuchten.[38]

Unsere Betrachtung bewirkte eine Relativierung des Relativismus, eine Relativierung auf eine Zeitdimension hin. Der Relativismus ist relativ zur Zeit insofern, als er die Vergangenheit betrifft. Ebenso relativ zur Zeit ist der Universalismus, er betrifft Zukunft. Dieselbe Relativierung auf eine Zeitdimension hin werden die

---

37 Max Scheler, Die Wissensformen und die Gesellschaft, 2. Aufl. Bern und München 1960, S. 170 ff.

38 mit Theodor Lessing unter »Polarität« II. 2. und, mit gegenteiliger Aussage, in »Unten-Oben« usw. III. 2.

unserer rechtsphilosophischen Streitfrage zugrundeliegenden Polaritäten »Macht oder Ohnmacht der Subjektivität«, »Anerkennung oder Leugnung des liberum arbitrium« in den folgenden Kapiteln erfahren.

4.Kapitel
Partikular-Universal

I. Die Bevorzugung des Partikularen in Romantik und Postmoderne

Naturrecht ist nicht nur das Neue, sondern auch das Universale. Das Universale im Recht ist seine zeitlich späte, umfassende, Heterogenes überwölbende Ausformung; seine reife Stufe. Es ist anwendbar auf Menschen überhaupt und sieht von ihren Unterschiedlichkeiten ab. Im römischen Recht hat sich diese Form herausgebildet, als es darum ging, die unterworfenen fremden Völkerschaften, die sich auf dem römischen Forum trafen, unabhängig von ihrer Stammeszugehörigkeit einem gemeinsamen Recht unterzuordnen. Dazu war nötig, daß ihre Übereinkünfte unabhängig von ihrer Form abstrakt als Verträge verstanden wurden. Diese Idee ist die erste und grundlegende Überwindung des Rechtspartikularismus. Die in ihr angelegte Idee der Gleichheit der Kontrahenten ist der Keim für all die anderen ubiquitären, den Globus umlaufenden Ideen, die wir als menschliche Grundrechte ansehen, deren Pflege nie von einem relativistischen, an Partikularität interessierten Zustand aus möglich ist.

Das Bedürfnis nach Abschleifung führte - längst bevor sie politisches Postulat wurde - zur Idee der Gleichheit. Wie schon gezeigt wurde[1], war Gleichbehandlung zunächst kein ethisches Prinzip, sondern aus praktischen Gründen erfolgende Nivellierung, die auch zunächst nur Fremde untereinander und im Austausch mit Römern betraf, nicht aber Römer selbst. Die Gleichsetzung, das Absehen von partikularer Verschiedenheit bewährte sich aber so sehr, daß das Fremdenrecht mit der Zeit römisches Recht wurde; der universale Gedanke hatte den partikularen besiegt. Diesem Prozeß kam zuhilfe, daß sich eine Philosophie herausgebildet hatte, die Stoa, die ebenso wie das dann einfließende Christentum einen Begriff von allgemeinem Menschentum hatte, der der andere Mensch Bruder war unabhängig von seiner Herkunft.

Naturrecht ist das reife Konzept einer Hochzivilisation, deren Leistung darin bestand, daß sie Partikulares überbrücken und zu Universalem zusammenschließen konnte; es ist eine Art Esperanto des Rechts, wenn wir Savignys Analogie zwischen Recht und Sprache fortführen. Sein Antagonist Feuerbach brachte den »raffinierten« Charakter des Naturrechts in dem Wort zum Ausdruck, es sei ein »auf eine geistige Retorte gebrachtes römisches Recht.«[2]

---

[1] unter dem Titel »Vergangenheit - Zukunft«, III. 1.

[2] Paul Anselm Feuerbach, zitiert bei Ernst Bloch, Naturrecht und menschliche Würde, Frankfurt a. M. 1964, S. 108.

Relativismus ist eine Parteinahme für das Partikulare, ist Kontraktion, Yin. Wann immer der Zeitgeist der universalen Ideen überdrüssig wird, aus der in ihnen liegenden Überspannung in Erschlaffung übergeht, wird er relativistisch. So war die Lage am Ende der Aufklärungszeit in Deutschland. Die Romantik bedeutete die Kontraktion nach der Anstrengung der geistigen Expansion in die rationalistischen Universalien. Gegen deren Einführung durch eine Konstitution richtete Eichendorff die Worte[3]:

»Am allerwenigsten aber, lieber Freund, dürfte es gelingen, jeden Staat ohne weiteres unter *einen* konstitutionellen Allerweltshut zu bringen, der für alle Köpfe, dicke und dünne, passen soll und daher keinem bequem sitzt, zumal in Deutschland, wo noch eine frische Eigentümlichkeit der verschiedenen Stämme sich lebendig erhalten hat. Nimmermehr werden z.B. Tiroler und Friesen, oder Ostpreußen und Rheinländer in Affekten, Gewohnheiten, Neigungen und Abneigungen miteinander sympathisieren. Es sind nicht bloß die Alpen dort und die Sandflächen hier, nicht hier der Schnaps und dort der Wein, nicht die Verschiedenheit des Dialekts, des Klimas, der Religion, oder der historischen Erinnerung allein, sondern eben alles das zusammen in seiner geheimnisvollen, jahrhundertlangen Wechselwirkung. Welcher also ist nun hier der Normaldeutsche, dem sich alle andern akkomodieren müssen?«

Es gab allerdings auch in dieser Polarität das romantische Bestreben, »über den Gegensätzen« zu stehen; von Schlegel[4] so bezeichnet:

»Ein gewisser gesetzlich organisierter Wechsel zwischen Individualität und Universalität«; »je vollständiger man ein *Individuum* lieben und bilden kann, je mehr Harmonie findet man in der *Welt*; je mehr man von der Organisation des Universums versteht, je reicher, unendlicher und weltnäher wird uns jeder Gegenstand.«

Durchgesetzt hat sich in Deutschland aber die Neigung zum Partikularen. Der Provinzialismus wurde auch dann nicht aufgegeben, als politisch schon Einigung erreicht und universalistisches, kosmopolitisches Denken angesagt war. Diese Borniertheit machte den »deutschen Sonderweg« aus, die Isolation vom okzidentalen Rationalismus, mit dem Ergebnis, daß das Wort »international« zum Schimpfwort wurde und ein »dünkelhafter Provinzialismus die Atmosphäre verdorben und stockig« machte.[5]

---

3 Josef von Eichendorff, Politischer Brief, in: Josef Baxa, Gesellschaft und Staat im Spiegel deutscher Romantik, Jena 1924, S. 515 ff. (521).

4 Worte aus den Fragmenten Schlegels, zitiert bei Karl Larenz, Die Rechts-und Staatsphilosophie des deutschen Idealismus und ihre Gegenwartsbedeutung, Handbuch der Philosophie (Hrsg. A. Baeumler und M. Schröter) 4 B 2, München und Berlin 1934, S. 30.

5 Thomas Mann in seiner Rede vom 6. Juni 1945: Deutschland und die Deutschen, Berlin 1947, S. 8.

Eine Wiederholung dieser Wendung haben alle die vollzogen, die in den siebziger Jahren nach dem Abklingen der Studentenbewegung zu deren allumfassenden Maximen Abstand gewannen und den Sinn für die heterogenen Einzelbildungen wiederentdeckten. Es ist dies ein wesentlicher Zug der Postmoderne und deren Zurückweisung der Aufklärung; ein Zug, der weit über die Denker hinausgreift, die sich selbst der Postmoderne zuordnen. Der Relativismus, der direkte Bezug zu den Einzelerscheinungen, die Anerkennung des individuell Gegebenen ist eine Bereicherung für unsere Generation, die darin in sozialistischem Ideenüberschwang für einige Jahre nur »bürgerliche Libertinage« gesehen hatte. Er äußert sich jetzt in dem weiten Interesse an individuellen Lebensbildern, biographischen Einzelaufnahmen, den nur noch im Plural auftauchenden Lebenswelten[6], wie es bei Habermas heißt, und dem Überdruß gegenüber Generalmaximen. Mikrohistorische Situationen und Lebensverhältnisse verdrängen makrohistorische Strukturen[7]; das Anekdotische, Genrehafte wird allem »Großen«, Klassischen vorgezogen, man ist am »Kontext« orientiert[8].

Die Toleranz gegenüber Erscheinungen, die dem Gleichheitssatz widersprechen, aber ihre Würde in ihrer individuellen Gestaltung haben, hat zugenommen, die Einsicht, daß die schönsten Blüten im Verborgenen, in Nischen blühen und nicht in Monokultur. »Small is beautiful«[9], nicht wegen seiner Kleinheit, sondern wegen seiner Partikularität, wegen seiner nur dort sich entfaltenden Originalität. Zur Zeit kann man mit mehr wissenschaftlichem Interesse an den komplizierten, absurd erscheinenden Ritualen eines Appenninstammes beim Abschluß einer bindenden Übereinkunft rechnen, an dem, was akzidentell und vergänglich ist, als an der nivellierenden, ubiquitär brauchbaren, unvergänglichen römischen Idee des rein geistig aufgefaßten Kontrakts.

So bedauert ein postmoderner Autor die Herausbildung des Naturrechts als Unterdrückung von Partikularität:

> »Jedes Wesen des orbis romanus ist römischer Bürger, jedes Wesen gehört, als Anwärter des himmlischen Reichs, auch zum irdischen Imperium. Die Bürgerschaft ... findet keine prinzipielle (ideelle) Grenze, sondern nur eine faktische. Die Nationen, ihre Sprachen, ihre Gebräuche und ihre Namen werden als Gegenstände, auf die sich der ideelle Diskurs nur negativ beziehen kann, ins 'Empirische' zurückgedrängt: sie genügen der ideellen Legitimation nicht.«[10]

---

6 Jürgen Habermas, Untiefen der Rationalitätskritik, in: Die neue Unübersichtlichkeit, Frankfurt a. M. 1985, S. 134.
7 Jörn Rüsen in: Programmboek Congres »Balans en Perspectiv, Utrecht 1986, S. 50.
8 z. B. Richard Rorty, Solidarität oder Objektivität, Stuttgart 1988, S. 9.
9 Ernst Friedrich Schumacher, Small is beautiful, London 1973.
10 Jean-Francois Lyotard, Der Widerstreit, München 1987, S. 241.

Man muß dazu wissen, daß der postmoderne Relativismus die Vorstellung hat, daß Ideengebäude lediglich »Diskursarten« sind, irgendwie eingefärbte Redeweisen ohne Wahrheitsfähigkeit, deren Universalität einzig darin bestehen kann, daß sie alle »gewinnen« wollen. Wenn die Expansion des römischen Geistes ins Allgemeine als Diskursart bezeichnet wird, soll damit verleugnet werden, daß es sich um keinen akzidentellen, kontingenten Vorgang handelt, sondern um die Begründung von dessen Gegenpol.[11] Die im römischen Recht aufkommende Gleichheitsidee ist nicht irgendeine Redeweise, sondern die Überwölbung heterogener, partikularer Verständigungsformen; die Herausbildung einer einzigen, notwendigen Diskursart.

Allerdings darf man an der neuen Hinwendung zur Partikularität ein verstecktes universalistisches Motiv nicht übersehen: Die Anerkennung der Selbstbestimmung der Völker. Die Parteinahme für das Heterogene und Akzidentelle, die Behauptung der »Inkommensurabilität«[12] ist eine Lehre aus der Geschichte des Imperialismus, der von römischer Zeit bis heute im Namen der rationalistischen Universalien Unterdrückung und Ausbeutung betreibt und formale Gleichheit herstellt, um seine Profitchancen zu suchen. Wie früher das Christentum wird heute oft das Banner der Menschenrechte vorweggetragen, wenn gleiche Menschen gleichmäßig ausgebeutet werden sollen. Die Würdigung partikularer, z.B. patriarchalischer Rechtsstrukturen in anderen Kulturen bietet dem Einhalt und führt von dem westlichen Ethnozentrismus in einer Weise ab, die dann doch universalistischen Ideen dient: Anerkennung von Autonomie, Toleranz und Gerechtigkeit.

II. Partikularität und Universalität als Merkmale von Gemeinschaft und Gesellschaft

1. Die Ambivalenz von Universalität und Partikularität, ihre mangelnde Eignung, durch Parteinahme einseitig besetzt zu werden, kommt zum Ausdruck in Tönnies' Überlegungen zu »Gemeinschaft und Gesellschaft« - der Polarität, die der soziologische Ausdruck der »Unendlichen Entzweiung« ist und noch in einem besonderen Kapitel dargestellt werden wird. Universalität ist das Prinzip der Gesellschaft, Partikularität das der Gemeinschaft - entsprechend ist das universal angelegte Naturrecht jener, der Partikulares würdigende Relativismus dieser angemessen. Die Ordnung der Gemeinschaft ist zufällig, die der Gesellschaft, die im Idealfall die Weltgesellschaft ist, notwendig:

> »*Zufällig* ist jede besondere Ordnung; *notwendig* ist nur eine Ordnung überhaupt, eine Weltordnung, auch diese aber nicht notwendig als Wirklichkeit, sondern als ein Mittel zum vernünftigen Leben, welches der Denkende setzen und bejahen

---

[11] dazu ausführlicher in dem Kapitel »Morphologie« II.

[12] vgl. dazu Hilary Putnam: Vernunft, Wahrheit und Geschichte, Frankfurt a. M. 1982, S. 156.

> muß. Je mehr daher die Menschen als 'Menschen schlechthin' zusammenkommen oder, was dasselbe ist, je mehr Menschen allerlei Art zusammenkommen und einander als vernünftige Menschen oder als Gleiche anerkennen, desto wahrscheinlicher, und endlich notwendig, wird unter ihnen die Darstellung und Errichtung einer universalen Gesellschaft und Ordnung. Diese Vermischung geschieht in Wirklichkeit durch Handel und Wandel; die Herrschaft Roms über den Orbis Terrarum, welche selber im Handel und Wandel ihre materielle Basis hat, nähert alle Städte der einen Stadt, bringt alle bewußten, feilschenden, reichen Individuen, den ganzen Herrenstand des unermeßlichen Reiches auf dem forum zusammen, schleift ihre Unterschiede und Unebenheiten gegeneinander ab, gibt allen die gleichen Mienen, die gleiche Habsucht, gleiche Neugier - *der abstrakte Mensch*, die künstlichste, regelmäßigste, raffinierteste aller Maschinen, ist konstruiert und erfunden, und ist anzuschauen wie ein Gespenst in nüchterner, heller Tageswahrheit.«[13]

In dieser Ambivalenz der realen Entwicklung hätte die Postmoderne reichlich Nahrung für ihre Ablehnung nivellierender Ideen; sie ist aber blind für diese objektive Tendenz der Geschichte und hält die Ideen für ohnmächtig, sie will nicht wahrhaben, wie weit sie sich schon verkörpert haben und weiterhin verkörpern wollen. Sie behandelt die rationalistischen Ideen, die das Gesicht der Erde so deutlich verwandelt haben, als Träume:

> »Im Mittelpunkt der liberalen Gesellschaftstheorie steht seitdem immer der Gedanke einer durch objektive Erkenntnis der Beschaffenheit des Menschen ermöglichten Sozialreform, wobei es nicht um die Erkenntnis der Eigenschaften von Griechen, Franzosen oder Chinesen geht, sondern um die Erkenntnis der Eigenschaften der Menschheit an sich. Wir sind die Erben dieser objektivistischen Tradition, in deren Zentrum die Voraussetzung steht, wir müßten lange genug aus unserer Gemeinschaft heraustreten, um sie im Hinblick auf etwas sie Transzendierendes zu untersuchen, nämlich im Hinblick auf das, worin sie und jede andere wirkliche und mögliche menschliche Gemeinschaft übereinstimmen. Der von dieser Tradition gehegte Traum ist eine letzte Gemeinschaft, die die Unterscheidung zwischen dem Natürlichen und dem Gesellschaftlichen überwunden hat und eine Solidarität an den Tag legt, die nicht gruppengebunden ist, weil sie eine ahistorische menschliche Natur zum Ausdruck bringt.«[14]

Diese Betrachtung ignoriert, daß der Traum weitgehend Wirklichkeit - und zum Teil bittere Wirklichkeit - geworden ist und der abstrakte Mensch, das »Gespenst in nüchterner, heller Tageswahrheit«, lebt - zu sehen heute in der Business-Class der Flugzeuge: alle im gleichen Anzug, mit gleichem Flachkoffer unter dem Sitz und der gleichen Ausgabe der Financial Times auf den Knien.

---

[13] Gemeinschaft und Gesellschaft 3. Buch § 18 a. E.

[14] Richard Rorty, Solidarität oder Objektivität, a.a.O. S. 14.

Der Prototyp des Gemeinschaftsmenschen läßt sich nicht so bestimmen, eben weil das Prinzip der Gemeinschaft die Konkretheit ist. Ein Prototyp aber ist immer eine Abstraktion, die im Falle der Gesellschaft von der Wirklichkeit selbst geleistet, von der Gemeinschaft aber verweigert wird - daran eben erkennt man Gemeinschaft, daß diese Abstraktion fehlt.[15]

2. Die Polarität zwischen Universalität und Partikularität läßt sich auf die Auseinandersetzung zwischen Habermas und der postmodernen Richtung anwenden. Das geschieht in einem Aufsatz mit dem Titel »Postmoderne: Relativismus und Partikularisierung«[16]. Sein Autor Menke-Eggers unterscheidet so:

> »Als 'universalistisch' verstehe ich dabei die Ansicht, daß wir die Diskurse, von deren Geltung wir überzeugt sind, nicht in einem bloßen ununterscheidbaren Nebeneinander mit Alternativen betrachten müssen, 'partikularistisch' ist dagegen die Ansicht, daß wir genau dies können und in einigen Fällen auch sollen.«

Menke-Eggers weiß mit der Antithetik umzugehen: Er extrapoliert sie in der Weise, daß er die von Habermas vorgenommene »Letztbegründung des Konsenses« (daß Gegensätze zwischen Überzeugungen sich auflösen lassen, wenn nur die nötige Offenheit da ist) dem Gedanken der Universalität, hingegen die von Lyotard vorgenommene »Letztbegründung des Dissenses« (daß die Gegensätze zwischen Überzeugungen so tief wurzeln, daß keine Argumentation sie jemals überbrücken wird) dem Gedanken der Partikularität zuordnet. In Ahnung der Komplementaritätsidee sagt er[17]:

> »Ich halte beide Ansichten für Übertreibungen: ... In ihrem Gegensatz wiederholt sich nichts anderes als der zweier Gestalten des Reduktionismus: der Versuch einer universalistischen Letztbegründung des Konsenses wird fundamentalistisch, der Versuch einer partikularistischen Letztbegründung des Dissenses relativistisch. Nimmt die Letztbegründung des Konsenses ein *absolut* begründetes Kriterium für die Stringenz von Argumentationen in Anspruch, das ihre Bewertung von jeder Zustimmung zu trennen erlaubt, so umgekehrt die Letztbegründung des Dissenses ein *lokal* beschränktes Kriterium, das die Stringenz mit dem objektiv vorhersehbaren Erfolg von Argumentationen identifiziert. Das legt die Vermutung nahe, daß es für Situationen unauflösbarer Gegensätze zwischen Über-

15 Die Behauptung der Befreiung der Individualität in der Neuzeit, in der Gesellschaftsstruktur, wird in diesem Lichte fragwürdig. Der Mann auf dem Geldschein setzt sich in selbstbewußte, autonome Pose - ist aber ununterscheidbar von den anderen Holbein-Typen - i. G. zu den Stifter-Figuren in Naumburg, die man einzeln zu kennen glaubt; vgl. Herbert Krüger, Allgemeine Staatslehre, 2. Aufl. Stuttgart u.a. 1966, S. 649.

16 Christoph Menke-Eggers, Postmoderne: Relativismus und Partikularisierung - Zu einigen Überlegungen bei R. Rorty, Phil. Rundschau 36. Jahrg. (1989) Heft 1-2, S. 25 ff.

17 Christoph Menke-Eggers a.a.O. S. 39 f.

> zeugungen kein einheitliches Modell gibt. Es gibt Fälle, in denen wir die Unauflösbarkeit von Gegensätzen aus der Irrationalität eines der Beteiligten erklären, und andere, in denen wir sie hinnehmen und unser Urteil suspendieren. Den unauflösbaren Gegensatz zu den Überzeugungen der Nazis - so Rortys Beispiel - versuchen wir aus seiner Irrationalität zu erklären; der unauflösbare Gegensatz zu (zeitlich und räumlich) entfernten Alternativen veranlaßt uns dagegen zu einer Suspension unserer Urteile. Aber auch die Idee, daß wir jeder Situation unmittelbar entnehmen könnten, welche von beiden Betrachtungsweisen ihr angemessen ist, macht keinen Sinn. Es gibt kein objektives Kriterium; auch hier herrscht eine Pragmatik, keine Systematik der Interpretationen.«

Menke-Eggers sagt, die Idee mache keinen Sinn, »daß wir jeder Situation unmittelbar entnehmen könnten, welche von beiden Betrachtungsweisen ihr angemessen ist.« Nun, die Idee macht schon Sinn - sie ist die Grundidee der Hermeneutik; unter unserem - auf Antipoden bezogenen - Blickwinkel handelt es sich aber nicht um ein die Gegensätze übergreifendes, sondern ein partikular-relativistisch vorgehendes Verfahren, nämlich das auf die linke Seite unserer Hemisphäre gehörende intuitiv-individualisierende Vorgehen. Im Unterschied dazu werden wir hier versuchen, ein äußeres Kriterium für die Angemessenheit der universal-rationalistischen bzw. partikular-postmodernen Sichtweise zu bestimmen: die Zugehörigkeit der Situation zu Gesellschaft oder Gemeinschaft, zur Makro- oder zur Mikrosphäre. Auf diese Weise können wir an dem »unauflösbaren Gegensatz zu den Überzeugungen der Nazis« festhalten, denn diese sind kein partikulares, gemeinschaftliches Phänomen, sondern ein gesellschaftliches; mit den »(zeitlich und räumlich entfernten) Alternativen«, die »zu einer Suspension unserer Urteile« veranlassen, ist offenbar dasselbe gemeint, was wir Gemeinschaft nennen werden. Irrationalität besitzen auch (und gerade) die Abläufe in dieser partikularen Sphäre; daß man sie dort zu dulden und bei den Nazis zu verurteilen geneigt ist, ist das prinzipielle Problem.

Ganz so resignativ braucht man die Begründbarkeit einer Verurteilung von Naziüberzeugungen einerseits und die Suspendierung des Urteilens bei zeitlich und räumlich entfernten Abweichungen andererseits nicht zu betrachten. Diese Differenzierung hat durchaus ihre Berechtigung, wenn man das universalistische Bewerten der fortgeschrittenen, modernen Gesellschaft zuordnet und das partikularistische Relativieren dem früheren, weniger entwickelten (heute räumlich entfernteren) Gemeinschaftszustand. Wir werden uns mit dieser Differenzierung im Kapitel »Gemeinschaft-Gesellschaft« noch befassen und sie im Kapitel »Böse-Gut«[18] im »Historikerstreit« einsetzen.

---

[18] unter II. 1.

III. Relativismus und asiatischer Despotismus

1. Eine harte Probe liefert dem postmodernen Relativismus zur Zeit der Islam. An der Toleranz gegenüber seinen restaurativen Zügen erweist sich die Tragfähigkeit dieser Position; meistens: die mangelnde Tragfähigkeit. Speziell das Problem der Frau im Islam[19] ist nicht geeignet, den Relativismus zu unterstützen. Die stark im Vormarsch befindliche Idee von der Gleichstellung der Frau ist ohnehin eine deutliche Gegenbewegung zu postmoderner Partikularitätsverehrung. Sie ist eine Bewegung in Richtung des Universalen, andererseits aber antirationalistisch, da sie im Rationalismus die Grundlage für Männerherrschaft sieht. Ein- und dieselbe Geistesrichtung kann expansive, transzendierende Züge haben und gleichzeitig kontrahierende. Diese Ambivalenz hat auch der Islam. Es zeigen sich bei näherem Hinsehen im Islam universale Züge; diese können so in den Vordergrund treten, daß sie die Attraktivität des Islam ausmachen: sein rein durchgeführter Monotheismus, die darin liegende Abstraktionsleistung. Es gibt viele Menschen, die deshalb auf den Islam Hoffnungen richten und vorwärts blicken

> »bis zu jener Zeit, da er wie andere religiöse Traditionen von einer pluralistischen internationalen Kultur der Zukunft absorbiert wird. Dann - so kann man vermuten - wird er wieder in die weitläufigeren und weniger strengen Bahnen des Hoch-Sufitums einfließen und weitreichende theosophische Anschauung ihn mit einem Universalismus ausstatten, der weniger engstirnig ist als das Judentum und weniger anthropozentrisch als das Christentum. Befreit von jener pharisäerhaften Strenge, die die zeitgenössischen islamischen Aktivitäten kulturell so sehr steril erscheinen lassen, könnte sich der Islam als äußerst angemessener Glauben für ein wissenschaftliches Zeitalter erweisen, mit einer wichtigen Botschaft, ... die die Männer und Frauen dazu aufruft, Dankbarkeit für die Gaben der Erde zu zeigen, sie weise zu nutzen und gerecht zu verteilen.«[20]

So schnell hat der Gedankengang von einer Kontraktion in Richtung auf Partikularität zu einer Expansion ins Universale geführt; vom Islam als Paradigma für Besonderes zum Repräsentanten des Allgemeinen. Wir sehen, daß die Polaritäten keine letzten Positionsbestimmungen erlauben, sondern Bewegungsrichtungen sind, die schnell in die Gegenbewegung umschlagen können, da jeder Pol in sich auch seinen Gegenpol enthält und die rhythmische wechselweise Zuwendung die Fehler vermeidet, die die einseitige Besetzung eines Pols notwendig mit sich bringt.

---

19 vgl. dazu Ulla Pasero, Familienkonflikte in der Migration, Eine rechtssoziologische Studie anhand von Gerichtsakten, Wiesbaden 1990.

20 Malise Ruthuven: Seid Wächter der Erde. Die Gedankenwelt des Islam, Frankfurt a. M. u. Berlin 1987, S. 412.

2. Zurück zum »orientalischen Despotismus«: Dieser ist in dem Spannungsfeld zwischen Universalität und Partikularität schon lange ein Prüfstein. Das Bekenntnis zu den von aufklärerischen Generalmaximen abweichenden Einzelbildungen, das später die Romantik prägte, wurde anfänglich von Herder vorgetragen, und er wählte gerade den orientalischen Despotismus als Beispiel für eine in sich selbst zu würdigende Besonderheit:

> »Mags sein, daß im Zelte des Patriarchen allein Ansehen, Vorbild, Autorität herrschte, und daß also, nach der aufgefädelten Sprache unserer Politik, Furcht die Triebfeder dieses Regiments war - laß dich doch, o Mensch, vom Worte des Fachphilosophen nicht irren, sondern siehe erst, was es für ein Ansehen, was für eine Furcht sei? Gibts nicht in jedem Menschenleben ein Alter, wo wir durch trockene und kalte Vernunft nichts, aber durch Neigung, Bildung nach Autorität alles lernen? wo wir für Grübelei und Raisonnement des Guten, Wahren und Schönen kein Ohr, keinen Sinn, keine Seele; aber für die sogenannten Vorurteile und Eindrücke der Erziehung alles haben - siehe! diese sogenannten Vorurteile, ohne Barbara celarent aufgefaßt und von keiner Demonstration des Naturrechts begleitet, wie stark, wie tief, wie nützlich und ewig!«[21]

Wir sehen, wie Herder sich selbst noch im Geiste der Aufklärung befand, wenn er den Despotismus als Kindheitsstufe hinstellt; der Gedanke einer »Erziehung des Menschengeschlechts« liegt dem zugrunde, der noch ganz rationalistisch und fortschrittsgläubig ist. Dennoch sind Herders Ideen ein Ausbruch und begründeten durch ihren großen, durch Goethe vermittelten Einfluß den Relativismus und damit das Ende des Rationalismus.

> »Sei's, mein Freund, daß jene kindliche orientalische Anhänglichkeit an das weichste Gefühl des menschlichen Lebens auf der andern Seite Schwächen gebe, die du nach dem Muster andrer Zeiten verdammest. Ein Patriarch kann kein römischer Held, kein griechischer Wettläufer, kein Kaufmann von der Küste sein; und ebensowenig, wozu ihn das Ideal deines Katheders oder deiner Laune hinaufschraubte, um ihn falsch zu loben oder bitter zu verdammen. Sei's, daß er nach spätern Vorbildern dir furchtsam, todscheu, weichlich, unwissend, müßig, abergläubisch, wenn du Galle im Auge hast abscheulich vorkäme: er ist, wozu ihn Gott, Klima, Zeit und Stufe des Weltalters bilden konnte, Patriarch!-«[22]

Herder besaß schon alle Einsichten, die Anlaß unserer heutigen postmodernen Skepsis gegenüber den rationalistischen Universalien sind. Voll bitterer Ironie schreibt er über seine Zeit:

---

21 Johann Gottfried Herder, Auch eine Philosophie der Geschichte zur Bildung der Menschheit, in: ders. : Von deutscher Art und Kunst und andere Schriften (Hrsg. K.-G. Gerold) Berlin o. J. , S. 183.

22 Johann Gottfried Herder a.a.O. S. 201.

»Wahrlich ein großes Jahrhundert als Mittel und Zweck: ohne Zweifel der höchste Gipfel des Baums in Betracht aller vorigen, auf denen wir stehen! Wir haben uns so vielen Saft aus Wurzel, Stamm und Ästen zunutz gemacht, als unsre dünnen Gipfelzweige nur fassen können! sehen hoch über Morgenländer, Griechen, Römer, zumal über den mittleren gotischen Barbaren! hoch sehen wir also über die Erde! gewissermaßen alle Völker und Weltteile unter unserm Schatten, und wenn ein Sturm zwei kleine Zweige in Europa schüttelt, wie bebt und blutet die ganze Welt! Wenn ist je die ganze Erde an so wenig vereinigten Fäden zusammengegangen als jetzt? Wann hat man mehr Macht und Maschinen gehabt, mit einem Druck, mit einem Fingerregen ganze Nationen zu erschüttern? Alles schwebt an der Spitze zweier oder dreier Gedanken!
Zu gleicher Zeit - wenn ist die Erde so allgemein erleuchtet gewesen als nun? und fährt immer fort mehr erleuchtet zu werden. Wenn voraus die Weisheit nur immer enge national war und also auch tiefer grub und fest anzog - wie weit gehen jetzt ihre Strahlen! wo wird nicht, was Voltaire schreibt, gelesen! Die ganze Erde leuchtet beinahe schon von Voltaires Klarheit!
Und wie scheint das immer fortzugehen! Wo kommen nicht europäische Kolonien hin und werden hinkommen! Überall werden die Wilden, je mehr sie unsern Branntwein und Üppigkeit liebgewinnen, auch unsrer Bekehrung reif! Nähern sich, zumal durch Branntwein und Üppigkeit, überall unserer Kultur - werden bald - hilf Gott! alle Menschen wie wir sein! gute starke glückliche Menschen!
Handel und Pabsttum, wieviel habt ihr schon zu diesem großen Geschäfte beigetragen! Spanier, Jesuiten und Holländer: ihr menschenfreundlichen Nationen! wieviel hat euch in allen Weltteilen die Bildung der Menschheit nicht schon zu danken?«[23]

Der schon von Herder so scharf gesehene Kulturimperialismus, die Überdeckung und Unterdrückung des Partikularen durch das Universale hat zu so beschämenden Ergebnissen geführt, daß die Idee des Allgemeinen heute einen schweren Stand hat. Dabei wird das Kind mit dem Bade ausgeschüttet. In Vergessenheit geraten ist, daß die großen rationalistischen Konzepte die Leibeigenschaft, Folter und Hexenverfolgung abgeschafft haben, und wer ihnen Undank entgegenbringt, sollte sich fragen, in welcher sozialen Position er sich wohl selbst befände, wenn nicht im 18.Jahrhundert die Gleichheitsmaxime zum Durchbruch gekommen wäre. Die Rationalismus-Müdigkeit nimmt dessen Errungenschaften als von selbst geworden hin, übersieht, wieviel ihm noch zu tun übriggeblieben ist und konzentriert sich allein auf die Schattenseiten. Diese Haltung ist auch blind dafür, in welch verhängnisvoller Weise sich die Eliminierung der rationalistischen Universalien schon ausgewirkt hat, und ist nicht bereit, Auschwitz in diesen Zusammenhang zu stellen.

23 Johann Gottfried Herder a.a.O. S. 233 f.

IV. Das Versagen des Universalismus im Thermidor und in Auschwitz

1. In der Systemtheorie erscheint die Universalität als Idee von gestern, als Gott sei Dank erschlaffte Denkgeste:

> »Die gesellschaftlichen Voraussetzungen und die Wissengrundlagen dieses Konzepts haben sich im Übergang zur modernen Gesellschaft tiefgreifend gewandelt. Die zuletzt gefundene, im 18.Jahrhundert ausgearbeitete Fassung hatte die Kategorie des Allgemeinen benutzt. Das Weltganze bzw. das Ganze der Menschheit habe als Allgemeines im Menschen präsent zu sein. Die daran anschließende Diskussion hatte es dann mit der *Form* zu tun, in der Welt oder Menschheit im Menschen präsent zu sein haben. Darauf suchte man mit dem Vernunftbegriff, dem Sittengesetz oder ähnlichen Aphorismen, mit dem Begriff der Bildung oder auch mit dem Begriff des Staates eine Antwort zu finden. Der alte Sinn für Unzulänglichkeit, für Korruptubilität der Verhältnisse unter dem Mond wurde durch Idealisierung überwunden. So konnte denn auch von gesellschaftlichen Verhältnissen weitestgehend abstrahiert, schließlich sogar 'Herrschaftsfreiheit' postuliert werden als Grundbedingung der unbedingten Präsenz des Allgemeinen im Menschen. Das Allgemeine wurde als makellos und risikolos, als kompensationsunbedürftig gedacht, so sehr die Französische Revolution dagegen sprach; und es konnte so mit Realitätsanspruch auftreten.«[24]

Betrachten wir Luhmanns Text im einzelnen, seine Betrachtung des Thermidor, des Umschlagens der Französischen Revolution in Blut und Terror. Was er übersieht, ist: kein Ereignis, auch nicht Versailles oder Auschwitz, hat wieder so umwälzende Wirkung gehabt. Mit dem Thermidor war in Deutschland die Aufklärung beendet, und die Romantik begann. Sie leistete die Trauerarbeit, die Verarbeitung der Trauer um die in herrlicher Morgenröte geschaute Utopie von der Herrschaft vernünftiger Ideen, unter denen die Menschen als Gleiche in freier Assoziation in Frieden miteinander leben sollten. Sie fand ihren Trost darin, daß sie nach der Abwendung vom Allgemeinen im Besonderen Schätze entdeckte, die man vorher übersehen hatte, »die Blüte der Individualität«.

> »Weh denen, die dem Ewigblinden
> Des Lichtes Himmelsfackel leihn!
> Sie strahlt ihm nicht, sie kann nur zünden,
> Und äschert Städt und Länder ein.«

Das ist ein ausdrücklicher Fluch[25], den Schiller, der Ehrenbürger der französischen Republik, gegen die Aufklärung schleudert; »der alte Sinn für Unzulänglichkeit,

---

[24] Niklas Luhmann, Soziale Systeme, Frankfurt a. M. 1984, S. 21.

für Korruptubilität der Verhältnisse unter dem Mond« ist in der Aufklärung keineswegs endgültig untergegangen, sondern durch die Korruption der Französischen Revolution so schrill geweckt worden, daß er in Deutschland bis heute wach blieb und ein Wiedererstehen der Idee des Allgemeinen nicht wieder zugelassen hat. Nur in gebrochener Form, in seiner Verkörperung im Besonderen, durfte das Allgemeine nach 1800 weiterleben. Nicht das Vernünftige für sich, sondern nur das Wirkliche - und das ist immer das Besondere - war danach noch vernünftig. Die von den Verhältnissen abgehobene Idee der Vernunft wird seitdem für äußerst unvernünftig gehalten.

Die Verkennung des rationalistischen Scheiterns am Ende des 18. Jahrhunderts ist ein Mangel, den nicht nur die Systemtheorie, sondern die Postmoderne überhaupt trägt. Man meint heute eine epochale Leistung zu vollbringen, wenn man den rationalistischen Universalismus diskreditiert, und ist dabei blind für das Werk der Romantik, die diese Arbeit gründlich und mit verheerenden Wirkungen für die deutsche Geschichte vollbracht hat.[26] Im Bewußtsein dieses Vorgangs schrieb zu Anfang des ersten Weltkrieges Albert Schweitzer im afrikanischen Urwald:

> »Der Rationalismus ist mehr als eine zu Ausgang des achtzehnten und zu Beginn des neunzehnten Jahrhunderts erledigte Denkbewegung. Er ist eine notwendige Erscheinung jeglichen normalen Geisteslebens. Aller wirklicher Fortschritt in der Welt ist im letzten Grunde durch Rationalismus bewirkt.«

Aber:

> »Unsere Zeit hat ein fast ästhetisches Vorurteil gegen denkende Weltanschauung. Mehr als wir ahnen, sind wir Wirklichkeitsmenschen noch Kinder der Romantik. Was diese gegen die Aufklärung und gegen den Rationalismus vorgebracht hat, scheint uns für alle Zeiten gegen eine rein aus dem Denken sich begründen wollende Weltanschauung aktuell. Zum Voraus sehen wir in einer solchen öden Intellektualismus, flache Nützlichkeitsgesinnung und seichten Optimismus zur Herrschaft kommen und die Menschheit um Genie und Enthusiasmus bringen.«

Auch auf das Recht bezogen beschreibt Schweitzer diesen Vorgang:

> »Das Elend unserer politischen und sozialen Zustände besteht ja zum großen Teile darin, daß weder die Juristen noch die Laien einen lebendigen und unmittelbaren Begriff des Rechts gegenwärtig haben. Im Zeitalter des Vernunftdenkens suchte man nach einem solchen. Man mühte sich ab, in dem Wesen des Menschen gegebene Grundrechte aufzustellen und zur Anerkennung zu bringen. Nachher gab man dies auf. Das historisch begründete Recht löste das natürliche

25 Alexander Rüstow, Ortsbestimmung der Gegenwart, Bd. 2: Wege der Freiheit, Erlenbach-Zürich 1952, S. 436, dessen Darstellung des Vorgangs unübertroffen ist.

ab. Zuletzt kamen wir dahin, an einem rein technischen Recht Genüge zu finden. Dies war auf dem Gebiet des Rechts das Intermezzo, das auf das Vernunftdenken folgte. Eine trostlose Entkräftung, Entseelung und Entsittlichung des Rechtsbewußtseins ist eingetreten. Wir leben in einer Periode der Rechtlosigkeit. Leichtfertig produzieren die Parlamente rechtswidrige Gesetze. Die Staaten gehen mit ihren Untertanen mit Willkür um, ohne Rücksicht auf Erhaltung irgendeines Rechtsempfindens. Menschen gar, die in die Macht eines fremden Volkes geraten, sind vogelfrei. Man achtet weder ihr natürliches Anrecht auf Heimat, noch auf Freiheit, noch auf Wohnung, noch auf Besitz, noch auf Erwerb, noch auf Nahrung, noch auf irgend etwas. So ist bei uns der Glaube an Recht vollständig verwüstet. In Vorbereitung war dies von dem Augenblick an, als das Suchen nach der natürlichen, in dem Vernunftdenken begründeten Rechtsvorstellung aufgegeben wurde. Es bleibt also nichts anderes übrig, als auch im Recht da wieder anzuknüpfen, wo dem Vernunftdenken des achtzehnten Jahrhunderts der Faden riß. Wir müssen einen Rechtsbegriff suchen, der in einer unmittelbaren, aus Weltanschauung sich ergebenden Idee begründet ist. Unverletzbare Menschenrechte, die dem Einzelnen die höchstmögliche Freiheit seiner Individualität in dem eignen Volksganzen gewährleisten, Menschenrechte, die seine Existenz und seine Menschenwürde gegen alle fremde Gewalt schützen, der er unterworfen werden kann.«[27]

Albert Schweitzer konnte damals noch nicht sehen, daß die Universalmaximen noch nicht den Tiefpunkt ihrer Geltung erreicht hatten und der Irrationalismus sein größtes Fest noch vor sich hatte. Wir zitieren ihn so ausführlich, um zu zeigen, daß zu Anfang dieses Jahrhunderts auch ein Mensch, der bekanntlich ganz andere Schwerpunkte hatte und in dieser Frage Laie war, das selbstverständliche Bewußtsein vom Untergang der allgemeinen Vernunftideen um 1800 hatte. Dieses Geschichtsbewußtsein ist wahrscheinlich 1945 in die allgemeine Verdrängungsleistung gefallen; als der Niedergang der ethischen Maximen vergessen werden mußte und der Stolz auf diese spezifisch deutsche Kulturleistung peinlich geworden war, gerieten auch seine noch unschuldigen Anfänge aus dem Blickfeld. In der Zeit nach 1945, als eine die Grundrechte garantierende Verfassung in Deutschland installiert wurde, gab es eine kurzfristige Zuflucht unter die schützenden Universalideen des Westens, die von den Intellektuellen in den sechziger Jahren schon wieder verlassen wurde.

Luhmann irrt. Im Gegenteil: In Deutschland wurde das Allgemeine immer als makelbehaftet und riskant, als kompensationsbedürftig angesehen, und zwar seit »die Französische Revolution dagegensprach«. Fraglich ist vielmehr, ob diese Skepsis gegenüber dem Allgemeinen weitergezogen werden soll, oder ob nicht inzwischen Auschwitz wiederum dagegenspricht.

---

26 Ich habe das ausführlicher in meinem Aufsatz: Sibylle Tönnies, Der Kater des Dionysos, in: Hundert Jahre »Gemeinschaft und Gesellschaft« (Hrsg. L. Clausen u. C. Schlüter), Opladen 1991, S. 215 ff. , dargestellt.

27 Albert Schweitzer, Kultur und Ethik, München 1981, S. 68,67,92.

Anknüpfen wollen wir aber an den von Luhmann in diesem Zusammenhang verwendeten Begriff der Kompensationsbedürftigkeit: sie liegt bei beiden Richtungen vor, beim Rationalismus ebenso wie beim Relativismus. Nur hat die Romantik ihr gewaltiges Gewicht in die Waagschale des Relativismus gelegt, das diese bis heute hinunterzieht.

2. Wenn wir die Neigung zum Partikularen und die zum Universalen wieder in unsere »Unendliche Entzweiung« einordnen wollen, kommt uns Toynbee zuhilfe, der die beiden von uns unterschiedenen Bewegungsrichtungen in ähnlich prinzipieller Weise als »active« und »passive response« unterscheidet (wir haben sie schon in ihrer Ausformung als »futurism« and »archaism« kennengelernt). Wir können seine Charakterisierung des »active response« auf das Naturrecht beziehen:

> »The active response takes the loss of a style of living which has been local and ephemeral as an opportunity, and a call, to adopt another style which partakes of what is universal and eternal 'quod ubique, quod semper, quod ab omnibus'. This active response ist an awakening of a sense of unity which broadens and deepens as the vision expands from the unity of mankind, through the unity of the cosmos, to embrace the unity of God.«[28]

Auch an Kierkegaard können wir wieder anknüpfen, der die Neigung entweder zum Allgemeinen oder zum Einzelnen in Verbindung mit seiner Unterscheidung zwischen dem Ästhetischen und dem Ethischen bringt:

> »Wer das Leben ethisch betrachtet, der sieht das Allgemeine, und wer ethisch lebt, der drückt in seinem Leben das Allgemeine aus ... . Der allgemeine Mensch ist nämlich kein Phantom, sondern jeder Mensch ist der allgemeine Mensch, das heißt, jedem Menschen ist der Weg vorgezeichnet, auf dem er der allgemeine Mensch wird. Wer ästhetisch lebt,ist der zufällige Mensch, er glaubt der vollkommene Mensch dadurch zu sein, daß er der einzige Mensch ist.«[29]

---

28 Arnold J. Toynbee, A Study of History, Oxford 1947, S. 431.
29 Sören Kierkegaard, Entweder-Oder, Teil II (Hrsg. H. Diem u. W. Rest), München 1988, S. 822.

5. Kapitel
Kontingenz-Notwendigkeit[1]

I. Notwendigkeit durch Überlagerung

Wir haben die Naturrechtsentwicklung im Kapitel »Vergangenheit-Zukunft« als relativ späte Kulturleistung herausgestellt und sind damit der immer wiederkehrenden Diskreditierung der naturrechtlichen Universalien als altmodisch, als unentwickelten Verhältnissen angepaßt, begegnet. Leitend war uns dabei Henry Maines »Ancient Law«, das Werk, in dem die für die Soziologie bahnbrechende Antinomie »Status and Contract« etabliert wurde, die als zeitliche Abfolge gezeigt wird, als sich immer mehr verbreiternde Ersetzung der statusgebundenen Privilegien durch kontraktuell gewonnene Rechtspositionen, womit die Einführung formaler Rechtsgleichheit einhergeht. Henry Maine schildert den Ablauf für das Römische Reich so, daß der neue Zustand zunächst bei den unterworfenen Stämmen gewaltsam durchgesetzt, daß Gleichheit also oktroyiert wird und sich nicht organisch entwickelt, sondern artifiziell eingeführt wird.

1. Diese Auffassung der Naturrechtsentstehung ist uns nicht nur wichtig für eine Richtigstellung der zeitlichen Abfolge und für die im ersten Kapitel vorgenommene Assoziierung von Naturrecht und Artificium. Sie bedeutet auch eine Richtigstellung der von Seiten des Relativismus behaupteten Unterworfenheit des Naturrechts unter die Kontingenz. Wenn das rationale Naturrecht eine moderne und absichtsvoll eingeführte Neuerung ist, hat es eine ganz andere Qualität als die der in der Tat kontingenten, von jeweils lokal verschiedenen Bedingungen abhängenden Partikularbildungen. Es hat dann ein *bestimmtes* Gesicht, in dem sich die Absicht der Eroberer ausdrückt, die ihnen unterworfenen Stämme als (untereinander) Gleiche zu behandeln. Henry Maine geht dabei nur von dem historischen Sachverhalt aus, daß Rom viele heterogene Völkerschaften unterworfen hatte und diese in ihren Unterschieden gegeneinander abzuschleifen waren. Hinzu kommt aber der zweite, über Rom hinausweisende Aspekt, daß Eroberer auch Interesse daran haben, die Statusunterschiede *innerhalb* des unterworfenen Stammes zu beseitigen. Die Oktroyierung einer besonderen Ordnung für die Unterworfenen ging noch in diesem Jahrhundert von deutschem Boden als »Polenrechtspflege« aus, die in erster Linie bedeutete, daß für Bagatellen der Kopf abgeschlagen wurde, die aber

---

[1] Der Begriff »Notwendigkeit« ist doppeldeutig. Er taucht auf unserer Tafel noch einmal auf, das andere Mal aber auf der linken Seite, gegenüberliegend zur Freiheit. Stellen wir Notwendigkeit gegen Kontingenz, so bedeutet sie Gezieltheit, Gebundenheit im Gegensatz zu Zufälligkeit und Beliebigkeit. Stellen wir sie gegen Freiheit, so bedeutet sie Determiniertheit.

auch eine Beseitigung von innerpolnischen Privilegien mit sich brachte und »Gleichheit« schuf. Dieser Aspekt greift über die Römische Rechtsentwicklung hinaus, die sich durch die »Pazifizierung« eines Riesen-Reiches auszeichnete. Er erfaßt die Rechtsentwicklung schlechthin, die immer und überall darin bestand, daß einem unterworfenen Stamm eine neue, dem Eroberer passende Ordnung gegeben wurde. Die vorgefundene, in dem Stamm endogen entstandene Privilegienverteilung ist nämlich sinnvollerweise nicht als Recht, sondern als intrinsische Ordnung zu verstehen, in der das für das Recht kennzeichnende Spannungsverhältnis zwischen Machthabern und Unterworfenen noch fehlt.

Wir nehmen mit dieser Auffassung Partei in dem alten Streit zwischen der Behauptung endogener und exogener Rechtsentwicklung und schließen uns der Auffassung an, die die exogene, d.h. von außen erfolgende gewaltsame Entstehung für den Normalfall hält.[2] Theodor Geiger erkennt in seiner Rechtssoziologie Recht erst da, wo der Anfang staatlicher Ordnung besteht, und diese entsteht in der Regel exogen; Geiger betont, daß auch bei endogener Entstehung eine Machtübernahme, ein Coup von innen vorausgeht, der zu derselben Struktur führt wie die exogene Form.[3] Diese Auffassung steht aber in Widerspruch zu der vom Relativismus und gerade von Geiger so dezidiert vorgetragenen Kontingenzbehauptung.[4] Die Machtkonstellation zwischen Usurpatoren und Unterworfenen, als Anfang der Rechtsgenese akzeptiert, führt zu einer notwendigen Einengung dessen, was der Inhalt des so entstandenen Systems sein kann; sie hat eine Tendenz in Richtung auf Naturrecht zur Folge. Darin liegt eine Ironie, die schon von Maine gesehen wurde, aber erst von einem Kultursoziologen in den Mittelpunkt der Betrachtung gerückt wurde, dessen Gedankengänge viel Klarheit in die Rechtssoziologie bringen könnten, von dieser aber noch nicht aufgenommen wurden: von Alexander Rüstow, der das Phänomen der »Überlagerung« in den Mittelpunkt einer großangelegten Kulturgeschichte rückt. In seiner im türkischen Exil entworfenen »Ortsbestimmung der Gegenwart« macht Rüstow klar, daß alle organisch-evolutionären Erklärungsversuche des Rechtsentstehens falsch sind; er zitiert dabei Nietzsches Worte:

> »... daß jene Veränderung keine allmähliche, keine freiwillige war und sich nicht als organisches Hineinwachsen in neue Bindungen darstellte, sondern als ein Bruch, ein Sprung, ein Zwang, ein unabweisbares Verhängnis, gegen das es keinen Kampf und nicht einmal ein Ressentiment gab. Zweitens aber, daß die Einfügung einer bisher ungehemmten ungestalteten Bevölkerung in eine feste Form, wie sie mit einem Gewaltakt ihren Anfang nahm, nur mit lauter Gewaltakten zu Ende geführt wurde, - daß der älteste Staat demgemäß als eine furchtbare Ty-

2 Alexander Rüstow, Ortsbestimmung der Gegenwart, 1. Band: Ursprung der Herrschaft, Erlenbach-Zürich 1950, S. 84 ff.; dieser Auffassung kann man Oppenheimer, Vierkandt, A. Weber, Thurnwald zurechnen, dagegen stehen Mühlmann und Schumpeter.

3 Theodor Geiger, Vorstudien zu einer Soziologie des Rechts, Neuwied und Berlin 1964, S. 137.

4 die er mit der berühmten Ignoramus-Formel vorträgt, vgl. dazu die Ausführungen hier in dem Kapitel »Subjektivität« IV. 1.

rannei, als eine zerdrückende und rücksichtlose Maschinerie auftritt und fortarbeitet, bis ein solcher Rohstoff von Volk und Halbtier endlich nicht nur durchgeknetet und gefügig, sondern auch geformt war. Ich gebrauche das Wort 'Staat': es versteht sich von selbst, wer damit gemeint ist - irgend ein Rudel blonder Raubtiere, eine Eroberer- und Herrenrasse, welche, kriegerisch organisiert und mit der Kraft zu organisieren, unbedenklich ihre furchtbaren Tatzen auf eine der Zahl nach vielleicht ungeheuer überlegene aber noch gestaltlose ... Bevölkerung legt.«[5]

Rüstow zieht im Unterschied zu Geiger und anderen, die von exogener Rechtsgenese ausgehen, aus dieser Feststellung den richtigen Schluß, daß mit dieser Genese gewisse inhaltliche Präjudizierungen verbunden sind. Wenn man von Recht erst spricht, wo auch Staat ist, und der Ansicht folgt, daß staatliche Ordnung diejenige ist, die nach erfolgreicher kriegerischer Auseinandersetzung einem unterworfenen Volk oktroyiert wird, ist die Rechtsgenese der Kontingenz entzogen; sie ist Artificium und damit von einer leitenden Idee bestimmt; sie ist determiniert durch die Interessen der Überlagerer.

Rüstow verallgemeinert den Gesichtspunkt, den wir schon bei Henry Maine am Beispiel Roms kennengelernt haben: daß der Gleichheitsgedanke zweckmäßiger Politik gegenüber den unterworfenen Ausländern entsprang.[6] In einem noch nicht überlagerten Sozialwesen (das Rüstow mit Ferdinand Tönnies »Gemeinschaft« nennt) herrscht keine Gleichheit. Diese ist - ironischerweise - erst das Ergebnis von Unterordnung, sie ist die Gleichheit der Unterworfenen untereinander. Hannah Arendt sagt:

»Tyrannen und Despoten haben immer gewußt, daß Gleichheit ihrer Untertanen, Ausschaltung von Rangunterschieden und Verhinderung jeder gesicherten, gesellschaftlichen und politischen Hierarchie die unabdingbare Voraussetzung ihrer Herrschaft bildet. Der griechische Tyrann, der, wie uns eine Geschichte berichtet, seine Herrschaftsmethoden an einem Kornfeld illustriert, auf dem er die Ähren mit einem Schlag alle auf die gleiche Höhe herunterschlägt, zeigte nur, was aller tyrannischen und despotischen Weisheit letzter Schluß ist.«[7]

Dieser Betrachtungsweise steht die andere, gleichermaßen berechtigte gegenüber, die die revolutionäre Herkunft des Naturrechts betont.

»Das Naturrecht ist daher die spezifische Legitimationsform der *revolutionär* geschaffenen Ordnungen. Berufung auf 'Naturrecht' ist immer wieder die Form ge-

[5] Friedrich Nietzsche, Zur Genealogie der Moral (1887), Musarion-Ausgabe, Bd. XV, S. 385; zitiert bei Alexander Rüstow a.a.O. S. 96; von der »ungehemmten, ungestalteten Bevölkerung« distanziert sich Rüstow.

[6] Alexander Rüstow a.a.O. S. 220 ff.

[7] Hannah Arendt, Elemente und Ursprünge totaler Herrschaft, München Zürich 1986, S. 522.

> wesen, in welcher Klassen, die sich gegen die bestehende Ordnung auflehnten, ihrem Verlangen nach Rechtsschöpfung Legitimität verliehen...«[8]

Jedoch liegt kein Widerspruch vor: Auch in diesem Fall - und gerade in diesem Fall - liegt artifizielle Bildung vor, die angestrebte Neuordnung ist nicht in organischem Wachstumsprozeß, sondern absichtlich, ideengeleitet zu erreichen, insofern also um so mehr der Kontingenz entzogen.

Der Ironie, die in dem Sachverhalt »Gleichheit durch Überlagerung« liegt, widmet Rüstow weitreichende Überlegungen. Einerseits sieht er die destruktiven Wirkungen der Überlagerung, andererseits ihre fortschrittsbegründenden.

> »Die blutige Gewalttat der Überlagerung spielt ... die Rolle des eigentlichen sozialen Sündenfalles: als Erbfluch und Ursünde lastet sie, und sei es auch noch so verborgen, auf allem, was aus ihr entsprang. 'So bekommt man', wie Sigmund Freud einmal sagt, 'den Eindruck, daß die Kultur etwas ist, was einer widerstrebenden Mehrheit von einer Minderzahl auferlegt wurde, die es verstanden hat, sich in den Besitz von Macht und Zwangsmitteln zu setzen.' Wir alle, ohne Ausnahme, tragen dieses ererbte Gift in uns, an den verschiedensten, oft ganz unerwarteten Stellen und in den mannigfachsten, oft schwer erkennbaren Formen. Keiner ist davon frei, wir alle, sämtlich und sonderlich, sind Mitschuldige dieser großen Schuld der Zeit, dieser wahren Erbsünde. Eine Erbschuld, die nur schwer und langsam, durch Krankheitseinsicht und Gesundungswillen, durch tätige Reue Alles und Jedes, abgetragen und getilgt werden kann.
>
> Dem steht als weltgeschichtliche Rechtfertigung gegenüber die Schaffung der Hochkulturen und ihres gesamten Inhaltes, der seitdem den Stolz und die eigentliche Leistung der Menschheit bildet. Auch ist es bisher nicht gelungen, Kräfte ausfindig zu machen, die auf friedlich-rechtlichem Wege das gleiche hätten zustandebringen können. Eine hinreichend starke Triebkraft zum freiwilligen genossenschaftlichen Zusammenschluß gewachsener naturvölkischer Kleingebilde hat sich nicht gezeigt. Selbst da, wo bei nachträglicher Aufspaltung eines einheitlichen Stammes in Einzelstämme die ursprüngliche Einheitlichkeit in Sprache, Kultur, Sitte und religiösen Begehungen noch eine Zeitlang lebendig blieb, und über die Stammesgrenzen hinaus verbindend wirkte, scheint das natürliche Gefälle der von außen nicht beeinflußten Entwicklung auf die Dauer überwiegend auseinander, auf Spaltung und Trennung, gerichtet zu sein. Vereinzelte scheinbare Gegenbeispiele erweisen sich bei näherer Untersuchung als, durch Eroberungsdruck oder Eroberungsdrohung von außen, mittelbar gleichfalls von Überlagerung abhängig. Der Gedanke vom 'Segen der Sünde' scheint hier in der weltgeschichtlichen Rolle der Überlagerung seine schärfste Ausprägung zu finden, ein tragischer Tatbestand, wie ihn vorschneller masochistischer Quietismus als unabänderlich zu verehren liebt.«[9]

---

[8] Max Weber, Rechtssoziologie, Neuwied 1960, S. 265.

[9] Alexander Rüstow a.a.O. S. 98.

Rüstow ist imstande, trotz dieser unedlen Herkunft das edle Prinzip zu würdigen und ihm auch Naturrechtsqualität, Ewigkeitswert zu geben. Dieser Aspekt soll aber in diesem Kapitel außer acht bleiben. Es kommt uns hier darauf an zu zeigen, daß auch *ohne* moralische Sympathie für die grundlegenden naturrechtlichen Prinzipien diese als nicht zufällig und beliebig, sondern notwendig erscheinen, notwendig für eine Rechtsordnung, die wegen ihrer Größe und Unübersichtlichkeit auf Vereinfachungsleistungen angewiesen ist.

2. Wenn wir das Gewicht wieder in die andere Waagschale werfen wollen, in die des Relativismus, der Betonung von Partikularität und Kontingenz, der Bevorzugung von Mannigfaltigkeit, so bietet uns der Überlagerungsaspekt auch dafür die Argumente. Der Imperialismus, der einerseits rechtliche Ordnung, formale Gleichheit der Unterworfenen untereinander mit sich bringt, wirkt andererseits kulturvernichtend, gleichmachend in einer Weise, die die gewachsene Heterogenität zertrampelt, aus der Blüte des Besonderen die Wüste des Allgemeinen macht. Dies ist nicht etwa ein historisch abgeschlossener Vorgang, sondern ein in der Gegenwart mit großer Macht weiterlaufender. Noch sind auf der Welt nicht alle Partikularbildungen erloschen, noch gibt es soziale Strukturen, die zwar den rationalistischen Maximen spotten, trotzdem und gerade deshalb aber ihr Lebensrecht haben. Sie werden Jahr für Jahr weniger, gemeinsam mit der ihnen verbundenen Natur aus Profitgier unterworfen und dann den Segnungen des Rationalismus zugeführt, der Gleichheit, die es den Armen wie den Reichen verbietet, um Brot zu betteln und unter Brücken zu schlafen.

Wenn wir uns auch der Schattenseiten der »égalité« bewußt sind, so legen wir doch Wert darauf, daß dieses Prinzip eine Qualität hat, die es aus der Zufälligkeit und Beliebigkeit der Rechtsauffassungen heraushebt und Bestandteil einer in einem fortgeschrittenen Gesellschaftszustand *notwendigen* Ordnung ist, was wir mit den schon zitierten Worten sagen wollen:

> »*Zufällig* ist jede besondere Ordnung; *notwendig* ist nur eine Ordnung überhaupt, eine Weltordnung, auch diese aber nicht notwendig als Wirklichkeit, sondern als ein Mittel zum vernünftigen Leben, welches der Denkende setzen und bejahen muß. Je mehr daher die Menschen als 'Menschen schlechthin' zusammenkommen oder, was dasselbe ist, je mehr Menschen von allerlei Art zusammenkommen und einander als vernünftige Menschen oder als Gleiche anerkennen, desto wahrscheinlicher, und endlich notwendig, wird unter ihnen die Darstellung und Errichtung einer universalen Gesellschaft und Ordnung.«[10]

10 Ferdinand Tönnies, Gemeinschaft und Gesellschaft 3. Buch § 18 a. E.

II. Simplex sigillum veri

Das Naturrecht hat Abstraktionsleistungen hervorgebracht, die nicht nur moralischen Wert haben, sondern als solche zu würdigen sind. Das soll jetzt unter dem Motto »simplex sigillum veri« geschehen.

Der Positivismus geht davon aus, daß Rechtsnormen generalisierte und mit Sanktion versehene Verhaltenserwartungen sind. Das läßt sich nicht bestreiten; die Aufgabe solcher Formulierung besteht aber darin, daß sie als nächsten Gedankenschritt den der Kontingenz vorbereitet, der Willkürlichkeit und Unerklärlichkeit der Selektion dessen, was aus dem unendlichen Meer der denkbaren Verhaltensweisen geschöpft und auf diese Weise ausgestattet wird.

Der Relativismus behauptet, die Auswahl von solchen Verhaltensweisen, die rechtlich ge- bzw. verboten sind, erfolge in der Rechtsevolution nicht unter vernünftig nachvollziehbaren Kriterien, sondern sei zufällig - Kontingenz ist das Stichwort, mit dem diese Position sich versehen hat. Angeführt werden in solchem Zusammenhang die sehr heterogenen, mannigfaltigen partikularen Rechtsausprägungen, die keine Verallgemeinerungen zulassen. Wir haben schon in den beiden vorangegangenen Kapiteln (»Vergangenheit-Zukunft«, »Partikular-Universal«) Anlaß gehabt, diese Sicht zeitlich und räumlich zu relativieren, in Bezug zu setzen zu Alter und Größe einer Kultur. Je älter und weitreichender ein Herrschaftsbereich ist, desto mehr neigt er zu *bestimmten* Rechtsformen, desto mehr schleift sich die Mannigfaltigkeit ab und wird ersetzt durch einfache, ubiquitär praktikable Formen. Genau wie in der Naturwissenschaft, wo sich die einfachen Erklärungen auch als die richtigen erweisen, gibt es in der Rechtsentwicklung Lösungen, die durch ihre Einfachheit bestechen und sich als dauerhaft erweisen. Voran geht das Prinzip der Gleichheit, die Egalität, oder besser noch »mit dem schönen Terminus Isonomie«[11] bezeichnet. Ihre moralischen Vorzüge verführen dazu, sie nicht nur als dauerhaft, sondern als ewig anzusehen, sie mit metaphysischen Qualitäten zu versehen. Diese - naturrechtliche - Einschätzung soll hier nicht zur Diskussion stehen, sondern die nicht zu übersehende Tatsache einer, wenn auch zeitlich überschaubaren, so doch sehr langanhaltenden Geltung eines Prinzips; die globale Durchsetzungsfähigkeit einer Idee, die zwar immer wieder unterdrückt, aber doch nicht wieder vergessen werden kann.[12] Gegenüber einer Ordnung, die differenziert nach »Kaiser, König, Edelmann - Bürger, Bauer, Bettelmann«, erscheint eine solche, die formale Rechtsgleichheit herstellt, nicht als kontingent, sondern als notwendig. Diese Notwendigkeit wollen wir mit ihrer *Einfachheit* zu begründen versuchen und dazu den Status betrachten, den das Prinzip der Einfachheit in den Naturwissenschaften hat.

---

11 Alexander Rüstow a.a.O. S. 228.

12 »Denn ein solches Phänomen in der Menschengeschichte vergißt sich nicht mehr«; Immanuel Kant, Der Streit der Fakultäten, 2. Abschn. 7.

Simplex sigillum veri - in diesem alten Wort, das in großen Lettern an der Wand des Physik-Hörsaals der Universität Göttingen steht, steckt die Behauptung, daß das Wahre und Richtige erkennbar ist an der Einfachheit der Formel, in der es sich ausdrückt. Man erinnert sich an seine Rechenaufgaben: wenn eine natürliche Zahl, d.h. eine einfache und ungebrochene, herauskam, so war die Lösung glatt und sprach für sich. Die Aufgaben waren allerdings menschengemacht und auf die Lösungen zugeschnitten. Offen ist, ob die Natur auch so eine Präferenz für einfache Lösungen hat, und offen ist auch, ob man diese Überlegungen für eine soziologische Fragestellung übernehmen kann. Vorweg läßt sich aber sagen: wenn das Prinzip der Einfachheit schon in der Natur Geltung hat, dann um so mehr bei dem Gebilde von Menschenhand, als welches gesellschaftliche Ordnung mehr oder weniger - die großräumige fortgeschrittene mehr und die kleinförmige archaische weniger - anzusehen ist.

In den exakten Naturwissenschaften kam das Prinzip der Einfachheit zu Rang und Namen, als die größere Einfachheit in dem klassischen Streit über die Bewegung der Himmelskörper für Galilei und gegen Ptolemäus entschied. Kepler erschien es als absolutes Gesetz (»amat natura simplicitatem«), und auch in diesem Jahrhundert finden wir bei den großen Physikern, die in dessen erstem Drittel ihre bahnbrechenden Entdeckungen machten, deutliche Bekenntnisse zum Prinzip der Einfachheit, das von Heisenberg[13] bezeichnet wird als »das wichtigste Wahrheitskriterium, die am Schlusse stets aufleuchtende Einfachheit der Naturgesetze«. Als erste Berührung mit diesem Prinzip betrachtet Heisenberg

> »die pythagoreische Entdeckung, daß gleichgespannte schwingende Saiten dann harmonisch zusammenklingen, wenn ihre Längen in einem einfachen rationalen Zahlenverhältnis stehen. Die mathematische Struktur, nämlich das rationale Zahlenverhältnis als Quelle der Harmonie - das war sicher eine der folgenschwersten Entdeckungen, die in der Geschichte der Menschheit überhaupt gemacht wurden.«[14]

Einstein, der die Forderung der Einfachheit für sein Arbeitsgebiet so präzisierte, daß die Wechselwirkung zwischen Materie und metrischem Feld durch Differentialgleichungen möglichst niedriger (d.h. zweiter) Ordnung zu beschreiben sei, sagte[15]:

> »Freilich ist der Begriff der Einfachheit schwer zu präzisieren. Er hat vermutlich weniger einen logischen als einen ästhetischen Charakter. Wenn gute wissen-

---

[13] Werner Heisenberg, Der Teil und das Ganze, München 1969, S. 138.
[14] C. F. v. Weizsäcker, Wahrnehmung der Neuzeit, München Wien 4. Aufl. 1983 S. 152.
[15] In der Wiedergabe durch C. F. v. Weizsäcker, Aufbau der Physik, 2. Aufl. München 1983, S. 271; Hervorhebungen von mir.

schaftliche Einfälle ursprünglich als *Gestalt*wahrnehmungen gelten dürfen, so ist das 'Einfache' eben eine dem wahrnehmungsbegabten Forscher auffallende *Gestalt*.«

Als eine solche Gestaltwahrnehmung wollen wir die den römischen Juristen aufgehende Idee der Gleichheit auffassen. Uns Heutigen, die wir in einer mittlerweile langen Tradition stehen, die von dieser Idee beherrscht ist, fällt es schwer, darin eine geistige Leistung, eine Entdeckung zu sehen. Wir müssen uns dazu in die Selbstverständlichkeit der sozialen Stratifizierung hineinversetzen, in die unbezweifelte Ausgangslage von Hierarchie; die Leistung, dahinter das Prinzip der Isonomie zu erkennen, kann wohl bezeichnet werden

»als das unglaubliche Wunder, daß der Fortschritt der Wissenschaft immer einmal wieder zu jenen ganz einfachen Grundgesetzen führt, die mit einer einzigen Regel Milliarden von Einzelfällen richtig beschreiben«[16]

Die Tatsache, daß uns diese Entdeckung denn auch erreicht hat, ist dem Christentum zu verdanken, mit dem die Stoa und das römische jus gentium zusammenliefen. In diesen Traditionen gelang es, alles, was Menschenantlitz trägt, als gleichberechtigt anzusehen.

Den Reduktionsvorgang in den Naturwissenschaften beschreibt Einstein so:

»Wir versuchen, die Phänomene einheitlich zu ordnen, sie in irgendeiner Weise auf *Einfaches* zurückzuführen, bis wir mit Hilfe einiger Begriffe eine vielleicht sehr reichhaltige Gruppe von Erscheinungen verstehen können; und 'verstehen' heißt dann wohl nichts anderes als sie eben mit diesen einfachen Begriffen in dieser Vielheit ergreifen zu können.«[17]

Dabei kommt Einstein zu einer Überlegung, die für die Rechtsphilosophie genauso wichtig ist wie für die Physik:

»Das klingt nun alles recht plausibel, aber man muß doch fragen, wie dieses Prinzip der Denkökonomie hier eigentlich gemeint ist. Handelt es sich um eine *psychologische* oder um eine *logische* Ökonomie, oder anders gefragt, handelt es sich um die subjektive oder um die objektive Seite der Erscheinung. Wenn das Kind den Begriff 'Ball' bildet, wird damit nur psychologisch eine Vereinfachung erreicht, oder gibt es den Ball wirklich ? ...(Da Mach) glaubt, sich an dieser Stelle um die Entscheidung 'objektiv oder subjektiv' drücken zu können, erhält sein Begriff der Einfachheit einen so verdächtig kommerziellen Charakter: Denkökono-

16 Heisenberg, in: C. F. v. Weizsäcker und Bartel Leendert van der Waerden: Werner Heisenberg, München Wien 1977, S. 79.

17 wiedergegeben durch Werner Heisenberg, Die Quantenmechanik und ein Gespräch mit Einstein, in: C. F. v. Weizsäcker und Bartel Leendert van der Waerden a.a.O. S. 96.

mie. Dieser Begriff hat eine viel zu subjektive Färbung. In Wirklichkeit ist die Einfachheit der Naturgesetze auch ein *objektives Faktum*, und es käme darauf an, in einer richtigen Begriffsbildung die subjektive und die objektive Seite der Einfachheit ins rechte Gleichgewicht zu bringen. Das ist halt sehr schwer.«[18]

Gibt es den Ball wirklich, oder auf die Einsteinsche Vereinfachungsleistung übertragen: ist die Zeit wirklich relativ zum Ort? Oder sind beides nur denkökonomische Formulierungen; diese Frage stellt sich natürlich auch für die naturrechtlich-universalistische Simplifizierung, nach der die Menschen vor dem Recht gleich sind. Liegt dem eine Realität zugrunde oder handelt es sich um eine Setzung? Wenn Einstein diese Frage schon »halt sehr schwer« fand, wollen wir sie zunächst fallen lassen; sie tritt aber immer wieder auf in unseren Überlegungen.[19] Hier genügt uns das Ergebnis: ob objektiv oder subjektiv gesehen, ob als Eigenschaft der Realität betrachtet oder als Ergebnis von Denkökonomie: der Gleichheitssatz ist in jedem Fall nicht Bestandteil der Kontingenz, sondern im Gegenteil deren Überwindung.

III. Die Verkennung der Notwendigkeit durch die Systemtheorie

Als »Reduktion von Komplexität« - mit diesem Begriff der Systemtheorie könnte man den Vorgang gut beschreiben, und rätselhaft bleibt, warum diese dem richtigerweise so bezeichneten Vorgang nicht den Charakter von Fortschritt, von Entdeckung geben kann, sondern ihn im Meer des Zufälligen und Beliebigen treiben sieht. Es liegt eine folgenreiche Ungereimtheit der Systemtheorie darin, daß sie einerseits die Vereinfachungsleistung des Rechts in den Vordergrund gerückt hat, indem sie dessen Funktion als Reduktion von Komplexität und Kontingenz beschrieben hat, andererseits aber ihre Botschaft darin sah, das Recht selbst als kontingent hinzustellen und einen zynischen Relativismus zu befestigen. Konsequent wäre doch gewesen, auf der Grundlage des Gedankens der Komplexitäts- und Kontingenzreduktion diejenige Rechtsform hervorzuheben, die diese Leistung am vollkommensten vollbringt, und das ist das rationale Naturrecht. Dessen Prämisse der in gleicher Weise mit Rechtssubjektivität ausgestatteten Individuen, die in keinen anderen Bindungen zueinander stehen als den im engsten Rahmen verwandtschaftlichen, ansonsten aber kontraktuell, d.h. freiwillig eingegangenen, hat die vielfältigen, in historisch heterogener Entwicklung entstandenen, komplexen Beziehungen durch eine einfache Formel ersetzt. Das Naturrecht erhält aber in der Systemtheorie nur Schmähworte, gilt zumindest als veraltet, als Gesellschaften mit geringer Komplexität adäquat - wo doch das Gegenteil auf der Hand

---

18 wiedergegeben in: Werner Heisenberg a.a.O. S. 96.
19 im Kapitel »Polarität« II,2 und IV. 3.

liegt. Je komplexer eine Gesellschaft ist - und das entsteht, wie wir gezeigt haben, durch Zusammenfassung heterogener Partikulargesellschaften -, desto mehr treten die Universalien des Naturrecht auf den Plan.

Das Rätsel, das dieser Widerspruch in der Systemtheorie stellt, löst sich so: Auf den ersten Blick erscheint die Beschreibung der Rechtsfunktion als Reduktion von Komplexität der von der Systemtheorie beabsichtigten Naturrechtseliminierung dienlich, ihrem Ziel, »die moralische und ideologische Begründung des Rechts zu ersetzen durch funktionale Kritik«[20]; denn der aus der elektronischen Datenverarbeitung entnommene Begriff ist moralisch streng neutral und befreit die Rechtsbetrachtung von allen Gerechtigkeitsvorstellungen. Erst auf den zweiten Blick zeigt sich, daß die Komplexitätsreduktion eine Funktion ist, die nicht *jedes* Recht wahrnimmt, die nicht in zufälliger und beliebiger Ausgestaltung gelingt, sondern eine notwendige Form hat, nämlich die naturrechtlich-universale. Die Aequitas-Gerechtigkeit ist nicht nur eine moralische Leistung, sondern auch eine vereinfachende.

Diese Gerechtigkeit hat ihren Ausgangspunkt - wie gezeigt wurde - in zynischer Gleichbehandlung Unterworfener und besitzt damit eine außermoralische Qualität. Wer den Schwerpunkt der Rechtsbetrachtung auf dessen Reduktionsleistung, auf dessen Abstraktion vom Besonderen und Bündelung in Allgemeinbegriffen legt, wie es die Systemtheorie tut, stützt damit ungewollt den Universalismus in seinen außermoralischen Qualitäten. Je besser nämlich Recht die Funktion der Komplexitäts- und Kontingenzreduktion erfüllt, desto deutlicher ist es universalistisches, rationales Naturrecht.

Man kann annehmen, daß diese naheliegenden Schlußfolgerungen mit dazu beitragen haben, daß in der Systemtheorie ein »Paradigmawechsel« stattgefunden hat und nicht mehr von Komplexitätsreduktion, sondern von »Autopoiesis« und »Selbstreferenz« die Rede ist; daß mit Begriffen gearbeitet wird, die - sowie sie ihren angestammten Platz in der Mikrobiologie verlassen haben - moralisch nicht indifferent sind, sondern Egoismus »als das Natürlichste von der Welt« erscheinen lassen.

»Je komplexer die Gesellschaft, desto kontingenter das Recht« - diese falsche These wird aber weitergeführt; dem widerspricht mit Recht Rombach.[21] Er beschreibt die Entwicklung (die er Strukturgenese nennt) im Gegenteil als einen Vorgang der »Vernötigung«, durch den »aus kontingenten Anfängen ein nezessives Gesamt« wird.

Die von Luhmann stets, wenn auch in wechselnder Terminologie, wiederholte Behauptung, das Naturrecht scheitere an der gestiegenen gesellschaftlichen Komplexität, Ausdifferenzierung, funktionalen Spezifikation,

---

20 Niklas Luhmann, Rechtssoziologie, Reinbek 1972, S. 342.

21 Niklas Luhmann, Systemansatz und Strukturkonzept, in: Philosophisches Jahrbuch Freiburg/München 96. Jahrg., 1. Halbband 1989, S. 97 ff.; Heinrich Rombach, Strukturanthropologie, Der menschliche Mensch, Philosophisches Jahrbuch a.a.O. S. 102.

(»Daran zerbricht das Naturrecht. Und 'Gerechtigkeit' steht als ein ethisches Prinzip jetzt außerhalb des Rechts.«[22])

ist unzutreffend. Im Gegenteil: Durch Aufzählung der unübersehbar gewordenen Einzelfälle lassen sich heutzutage schwieriger Tafeln bilden als früher; Generalklauseln, die auf »gute Sitten«, »Treu und Glauben« usw. rekurrieren, sind Ergebnis einer hochkomplex gewordenen Rechtswirklichkeit. Moses konnte noch hoffen, die begrenzte Komplexität der Rechtsprobleme seines Wandervolkes erfaßt zu haben in 300 Geboten, und das hohe Abstraktionsniveau, die naturrechtliche Ebene seiner außerdem gegebenen 10 Gebote war seiner Zeit voraus, überstieg bei weitem die Komplexität und Kontingenz der Abläufe und zeugt deshalb, weil sie noch heute Gültigkeit haben, von dem Genie ihres Schöpfers.[23] Es ist also umgekehrt: je unübersehbarer und unberechenbarer die Verhaltenserwartungen werden, je weniger das positive Recht sie erfassen kann, desto nötiger ist Naturrecht, die Idee von Gerechtigkeit. Das zeigte sich in der Inflationszeit und wieder in den Jahren nach dem 2. Weltkrieg, als der Wegfall von ordnungsstiftenden Strukturen die Verläßlichkeit der Erwartungen ruinierte, Komplexität und Kontingenz deshalb unerträglich hoch waren. In beiden Fällen wirkten sich die Abläufe destruktiv am Positivismus aus und erzeugten das Bedürfnis nach Naturrecht.

Die Komplexität einer Gesellschaft ist umgekehrt proportional zu der Kontingenz ihres Rechts.

Richtig ist die Luhmannschen Konnotation von gestiegener Komplexität und Kontingenz nur, wenn es um die Frage des Kontingenz*bewußtseins* geht.[24] Allerdings ist erst der moderne Mensch imstande, die zufälligen und vergänglichen Elemente, die auch die Ordnung enthält, in der er sich befindet, zu erkennen. Im Schwinden ist andererseits im Zuge der Postmoderne das Bewußtsein für die notwendigen Anteile, für das, »quod ubique, quod semper, quod ab omnibus«.

IV. Die geschichtliche Tendenz vom Kontingenten zum Notwendigen

1. Der Vormarsch des okzidental-rationalen Naturrechts als Ergebnis von Modernisierung ist - wie schon betont wurde - in der Gegenwart keineswegs abgeschlossen, und wir haben von ihm täglich Kunde aus der ganzen Welt. Universalismus wird sich um so mehr entfalten, als eine Weltgesellschaft entsteht. Ob das der Fall ist, bleibt zwar offen - wir haben die starken gegenläufigen Tendenzen des Islam

---

22 Niklas Luhmann, Rechtssoziologie a.a.O. S. 226; ähnlich in: Grundrechte als Institution, Berlin 1965, 9. Kapitel.

23 vgl. auch das Kapitel »Deutsch-Okzidental« I.

24 vgl. oben »Vergangenheit-Zukunft« III. 2.

vor Augen -; soweit es der Fall ist, setzt sich aber der okzidentale Rationalismus durch, dessen Abschleifung des Mannigfaltigen zugunsten der einfachen Formel der Gleichheit. Symbol für diesen ideellen Weltzusammenschluß ist die Kleidung: auf der ganzen Welt werden die gleichen blauen Hosen getragen, oft unter großen Opfern angeschafft: die Blue Jeans, die den westlichen Geist von Freiheit und Gleichheit verkörpern; die Kleidung, die in der geographischen Verschiebung des Abendlandes nach Westen von den Cowboys vorangetragen wurde[25]. Auf der ganzen Welt werden die Zigarettenmarken am besten verkauft, die diesen Geist auszuströmen behaupten. »Test the West« zeigt sich derzeit an den Litfaßsäulen: zwei offenbar vollkommen verschiedenen Lebenskreisen angehörende Menschen werden verbunden durch das Anbieten der West-Zigarette; als Himmelsrichtung der Freiheit erscheint der Westen, ein Symbol, das Max Weber ja auch in seiner Bezeichnung »okzidentaler Rationalismus« verwendet.

2. Unter dem uns leitenden Gedanken der Komplementarität muß allerdings wieder auf die andere Seite hingewiesen und das Opfer, das dieser Prozeß kostet, in Erinnerung gerufen werden. Von diesem Opfer war schon unter dem Titel »Universalität-Partikularität« die Rede: dem Untergehen von Lokalkultur, farbiger Vielfalt und Originalität; ob »der Fortschritt« die Opfer wert ist, lassen wir offen, wollen aber zeigen, daß es ihn gibt, daß es eine Entwicklung gibt, die keineswegs kontingent ist, sondern Kontingenz gerade beseitigt.

Die Ambivalenz des Vorganges wollen wir uns wieder klarmachen an einer Textstelle aus »Gemeinschaft und Gesellschaft«[26], die die Entwicklung als die sich bis heute fortsetzende Durchsetzung des römischen Rechts darstellt:

> »Innerhalb der christlichen Kultur wiederholt sich ein dem antiken analoger Prozeß der Auflösung von Leben und Recht (wodurch aber das Recht seine *systematische* Vollkommenheit erhält) als einer Vermischung und Verallgemeinerung, Nivellierung und Mobilisierung in vergrößerten Dimensionen; nach dem Verhältnisse, wie die Gebiete selber weiter sind, der ozeanische Handel mannigfacher, als der des Mittelmeeres, die industrielle Technik komplizierter, die Wissenschaft mächtiger ... So hat denn auch die Aufnahme des fertigen römischen Weltrechtes dazu gedient, und dient ferner, die Entwickung der Gesellschaft in einem großen Teile dieser christlich-germanischen Welt zu befördern. Als wissenschaftlich erforschtes System, von großer Klarheit, Einfachheit und logischer Konsequenz, schien es die 'geschriebene Vernunft' selber zu sein. Diese Vernunft war allen Vermögenden und Mächtigen günstig, um ihr Vermögen und ihre Macht absolut zu machen; wie den Kaufleuten so allen Großen, die ihre Natural- und Dienstrenten in steigende Geldeinkünfte zu verwandeln trachteten, ebenso notwendig war, als den Fürsten, die durch neue Finanzen die Kosten eines

25 S. dazu das Kapitel »Unten-Oben, Ost-West, Links-Rechts, Kreis-Linie« II.
26 Ferdinand Tönnies, Gemeinschaft und Gesellschaft, III. Buch § 20.

größeren und stehenden Heeres, und einer wachsenden Hofhaltung zu decken versuchten.«

3. Die Hinwendung zum Kontingenten, die Abwendung vom Notwendigen ist die Richtung, die die Postmoderne genommen hat[27]; darin wiederholt sich, wie wir schon oft betont haben, die Richtung der romantischen Wissenschaft, des Historismus. Schon Hegel hatte Anlaß, diese Einseitigkeit zu beklagen[28]. In seiner Berliner Antrittsvorlesung (1818)[29] kritisierte er die Ansicht der herrschenden Philosophie,

»das Erkennen betreffe nicht die Natur des Absoluten, Gottes, und dessen, was in Natur und Geist wahr und absolut ist, sondern vielmehr allein teils nur das Negative, daß nichts Wahres erkannt, sondern daß allein Unwahres, Zeitliches und Vergängliches gleichsam den Vorzug genieße, erkannt zu werden, - teils was eigentlich darunter gehört, das Äußerliche, nämlich das Historische, die zufälligen Umstände, unter denen das angebliche, vermeintliche Erkennen erschienen ist; und ebensolche Erkenntnis sei nur als etwas Historisches zu nehmen und nach jenen äußerlichen Seiten kritisch und gelehrt zu untersuchen, aus seinem Inhalt könne kein Ernst gemacht werden.«

Dem hält er die pathetischen Worte entgegen, die sich unsere Epoche wieder hinter die Ohren schreiben muß:

»Sie sind soweit gekommen als Pilatus, der römische Prokonsul: wie er Christus das Wort *Wahrheit* nennen hörte, erwiderte er mit der Frage: was ist Wahrheit? in dem Sinne als einer, der mit solchem Worte fertig sei und wisse, daß es keine Erkenntnis der Wahrheit gebe. So ist das, was von jeher für das Schmählichste, Unwürdigste gegolten hat, der Erkenntnis der Wahrheit entsagen, von unsern Zeiten zum höchsten Triumph des Geistes erhoben worden.«

---

27 vgl. Richard Rorty, »The Contingency of Language«, in: Consequences of Pragmatism. Essays, 1972-1980, Minneapolis 1982, S. 139 ff; ders. : Spiegel der Natur, Eine Kritik der Philosophie, Frankfurt/M. 1981 S. 176 f. : für Rorty ist die Annahme notwendiger Einsichten die mit Platon beginnende unzulässige Analogisierung von Wahrnehmen und Denken. So, wie wir uns in der Wahrnehmung eines Gegenstandes den Eindruck aufzwingen lassen, er sei rot, so nehmen wir eine Idee als von einem Gegenstand kausal veranlaßt hin und verkennen deshalb ihre Kontingenz, a.a.O. S. 176 f.

28 Daß sein System nicht geeignet war, ein wirkliches Gegengewicht zu bilden, steht auf einem anderen Blatt; vgl. meinen Aufsatz: Sibylle Tönnies, Der Kater des Dionysos, in: Hundert Jahre »Gemeinschaft und Gesellschaft« (Hrsg. L. Clausen u. C. Schlüter), Opladen 1991, S. 215 ff.

29 in: G. W. F. Hegel, Recht, Staat, Geschichte - Eine Auswahl aus seinen Werken, Hrsg. F. Bülow, Stuttgart 1964, S. 255 ff. (258).

6. Kapitel
Polarität*

Nach den Anwendungen des Polaritätsgedankens in den vorigen Kapiteln kann wieder mit Interesse an dem Gedanken selbst gerechnet werden.

Friedrich Paulsen gibt im Vorwort zu seinem »System der Ethik«[1] eine Anekdote wieder, die der englische Philosoph H. Sidgwick erzählt:

> »Ein Student wurde in einem Examen gefragt, wovon die Einwohner der Hebriden lebten. Er antwortete: sie erwerben sich ihren kümmerlichen Lebensunterhalt dadurch, daß sie einander die Kleider waschen, 'by washing one another's clothes'«,

und sagt dazu:

> »Sidgwick macht Anwendung von der Geschichte auf die Metaphysiker. Sie scheint mir auch auf manche Moralphilosophen zu passen.«

Wir können dieses Abhängigkeitsverhältnis auch zwischen Naturrecht und Relativismus erkennen; Hiroshi Noguchi z.B. sagt[2],

> »daß im Grunde jede dieser entgegengesetzten Strömungen die eigene Stellung im Kampfe mit dem Gegner und innerhalb der Problematik, welche die Konstellation der jeweiligen Zeit aufgab, entwickelt.«

Er bezieht sich dabei auf Erik Wolf[3], der differenziert dargestellt hat, welche spezielle Ausformung der einen Richtung welche spezielle Ausformung der anderen geprägt hat.

Mit diesem gegenseitigen Abhängigkeitsverhältnis muß nicht unbedingt der pathologische Zustand einer Wissenschaft gekennzeichnet sein; es kann sich auch um den ganz natürlichen der Polarität handeln.

---

[1] Friedrich Paulsen, System der Ethik, 7. und 8. Aufl. Stuttgart 1906.
[2] Hiroshi Noguchi, Naturrecht und Rechtsontologie, in: Die ontologische Begründung des Rechts (Hrsg. A. Kaufmann), Darmstadt 1965, S. 443.
[3] Erik Wolf, Das Problem der Naturrechtslehre, 2. Aufl., Karlsruhe 1959, S. 11.

I. Die Polaritätsidee bei Arthur Kaufmann

Das Bewußtsein für die Polarität ihrer Fragestellungen entwickelte die Rechtsphilosophie in den fünfziger Jahren, das Bewußtsein für eine Konstellation, die Kaufmann so beschrieb:

> »weder Identität noch Disparität, sondern Polarität, d.h. das Verhältnis eines nur relativen Gegensatzes, der einen engen sachlichen Zusammenhang nicht aus-, sondern einschließt, eine Gegensätzlichkeit bei wesensmäßiger Zusammengehörigkeit.«[4]

Rechtsabsolutismus und -relativismus vertragen sich deshalb in Kaufmanns Augen. Als »die ontologische Struktur des Rechts« beschrieb er etwas,

> »was sich ... in der Geschichte allenthalben zeigt und was allgemeine Gültigkeit hat: daß nämlich sowohl ein einseitiger und absoluter Naturrechtsstandpunkt als auch ein einseitiger und absoluter Rechtspositivismus die ontologische Struktur des Rechts verfehlen und daher in ihrer Einseitigkeit und Absolutheit wissenschaftlich unhaltbar sind, so daß sie sich eben auch tatsächlich auf die Dauer nicht halten können. Es ist sehr bezeichnend, daß man, wie von einer 'ewigen Wiederkehr des Naturrechts' so auch von einer 'ewigen Wiederkehr des Rechtspositivismus' gesprochen hat. Besser wohl als theoretische Argumente kann dieses beharrliche Wechselspiel zwischen Naturrecht und Positivismus deutlich machen, daß jede der beiden Auffassungen zwar einen richtigen Aspekt enthält, aber eben auch nur einen Aspekt, den man ohne Schaden für die Sache nicht verallgemeinern darf.«[5]

> »Es hat sich also gezeigt, daß beide Standpunkte: Rechtspositivismus und (idealistische) Naturrechtslehre etwas Richtiges über das Recht aussagen, daß sie aber insofern die ontologische Struktur des Rechts verfehlen, als sie jeweils *eine* Seite des Rechts für das Ganze ausgeben. Man muß daher endlich damit Schluß machen, Naturrecht und positives Recht einander als Entweder-Oder gegenüberzustellen .... Erst die Doppelheit von Rechtswesen und Rechtsexistenz, von Naturrechtlichkeit und Positivität, macht die realontologische Struktur des Rechts aus. Die einseitigen, monistischen Rechtsauffassungen müssen daher einer dualistischen oder genauer: einer polaren Rechtsauffassung weichen.«[6]

---

[4] Arthur Kaufmann, Recht und Sittlichkeit, in: Rechtsphilosophie im Wandel, 2. Aufl. Köln usw. 1984, S. 201 (202).

[5] Arthur Kaufmann, Die ontologische Struktur des Rechts, in ders. (Hrsg.): Die ontologische Begründung des Rechts a.a.O. S. 471.

[6] Arthur Kaufmann a.a.O. S. 477, S. 149; dieses Polaritätsbewußtsein hat Kaufmann bis heute behalten; in diesem Sinne hat er gegen die ihm antagonistisch gegenüberstehende funktionale Betrachtungsweise nichts einzuwenden, erklärt sie für notwendig, aber *einseitig*. Arthur Kaufmann, Vorüberlegungen a.a.O. S. 257 ff. (258).

Hinter den beiden Standpunkten entdeckt Kaufmann die Antipoden »Essenz und Existenz«[7], an anderer Stelle »Sein und Sollen«[8]; als polare Kräfte sieht er Absolutheit und Relativität, Beständigkeit und Entwicklung, Ewigkeit und Geschichtlichkeit wirksam.[9] Wir können die einzelnen Positionen so ordnen, daß Existenz, Sein, Relativität, Entwicklung, Geschichtlichkeit auf der einen Seite zusammengehören und auf der anderen Seite Essenz, Sollen, Absolutheit, Beständigkeit, Ewigkeit. Nehmen wir noch hinzu, was Kaufmann als die konstituierenden Pole der »Person« kennzeichnet: Relata und Relatio, Was und Wie, Geworfensein und Entwurf, Bedingtheit und Unbedingtheit, Selbstentfremdung und Selbstverwirklichung[10], so können wir mit diesen Polaritätselementen eine Tafel zusammenstellen.

Es gibt aber schon eine von Kaufmann selbst zusammengestellte Tafel, die er unter die Oberbegriffe Sein und Sollen gebracht hat[11]:

Sein	*Sollen*
Mundus sensibilis	Mundus intelligibilis
Homo phainomenon	Homo noumenon
a posteriori	a priori
Anschauung	Begriff
Wahrnehmbare Erscheinung	Wesen
empirisch	überempirisch (metaphysisch)
Erfahrung	Denken
immanent	transzendent
offenes System	geschlossenes System
Topik (Aporetik)	Axiomatik
Lebenssachverhalt	Norm
konkret-positiv	abstrakt-allgemein
Gewalt (faktisch)	Macht (geistig)
Wirksamkeit	Gültigkeit

---

7 Arthur Kaufmann: Die Geschichtlichkeit des Rechts im Licht der Hermeneutik, S. 81 ff. in ders. (Hrsg.): Rechtstheorie - Ansätze zu einem kritischen Rechtsverständnis, Karlsruhe 1971.

8 Arthur Kaufmann, Das Recht im Spannungsfeld von Identität und Differenz, in: Beiträge zur juristischen Hermeneutik, Köln, Berlin, Bonn, München 1984, S. 169.

9 Arthur Kaufmann, Naturrecht und Geschichtlichkeit, Tübingen 1957, S. 25.

10 Arthur Kaufmann, Vorüberlegungen zu einer juristischen Logik und Ontologie der Relationen; Grundlegung einer personalen Rechtstheorie, in Rechtstheorie 17 (1986) S. 257 (276).

11 Arthur Kaufmann, Recht und Gerechtigkeit in schematischer Darstellung, in: Kaufmann/Hassemer (Hrsg.) Einführung in die Rechtsphilosophie und Rechtstheorie der Gegenwart, 1. Aufl. Heidelberg/ Karlsruhe 1977, S. 273 (277). Ähnlich könnte man eine Tafel aufbauen aus der Systematik von Günther Ellscheid, Das Problem von Sein und Sollen in der Philosophie Immanuel Kants, Köln usw., 1968: Bedingtheit-Unbedingtheit, Mannigfaltigkeit-Einheit, Realität-Negation, Stoff-Formung, Erfolg-Gesinnung, Einzelnes-Allgemeinheit.

Heteronomie	Autonomie
Zwang	Freiheit
Kausalität	Finalität
	(Teleologik)
Interessenjurisprudenz	Begriffsjurisprudenz
Rechtssoziologie	
(Psychologie)	Normtheorie
»Sache«	»Natur«
»Basis«	»Überbau«
dynamisch	statisch
....	....

In dieser Tafel treten die Spannungsverhältnisse der von uns als »Unendliche Entzweiung« oder im folgenden auch als »Yin/Yang« bezeichneten Urpolarität auf; wir finden in ihr viele von den in den vergangenen Kapiteln erörterten Elementen. Als übergeordneten Trennungsgesichtspunkt kann man die (von Jonas so formulierte) Frage: »Macht oder Ohnmacht der Subjektivität« auffassen, die Anerkennung oder Leugnung der Autonomie des Geistes, seiner Fähigkeit, die Kausalität zu durchbrechen und sich eine eigene Welt aufzubauen, von der er sich dann seine Diktate geben läßt.

Bilden wir aus den in diesem Text verwendeten Dichotomien im Geiste eine Tafel, so ist sie von der rechtsphilosophischen Fragestellung weiter entfernt und nicht den Gesichtspunkten Sein und Sollen unterstellt. Sie enthält diese nur als ihre Elemente und ist stattdessen unter die Polarität zwischen Yin und Yang zu bringen, die im folgenden eingeführt werden wird. Sie ist stärker von der Organismus-Artefakt-Dichotomie durchgeprägt als diejenige von Kaufmann; das Ergebnis wäre in seinem Grundtenor aber dasselbe, denn das Natürliche und das Künstliche trennen sich unter demselben Kriterium der immanenten oder emanenten Subjektivität.[12]

Die Neigung zu der Auffassung, daß es sich nicht um viele, sondern letzten Endes um ein und dieselbe große Polarität, die mit Schleiermacher so genannte Unendliche Entzweiung, handelt, deutet sich bei Kaufmann an, wenn er das Verhältnis zwischen Naturrechtlichkeit und Positivität des Rechts als das »einer gegenseitigen Beziehung, Ergänzung und Unterstützung« versteht, das er so erläutert:

> »Man könnte es als eine 'Harmonie aus Gegensätzen' bezeichnen, so etwa wie sich die Pole der Erde oder wie Mann und Frau sich gegenseitig fordern und ergänzen. Oder ein anderer Vergleich: So wie der Mensch überhaupt erst Mensch ist, wenn Seele *und* Leib zusammenwirken, so kommt auch reales Recht erst

12 vgl. »Organismus-Artefakt« I. 2.

> durch das Ineinander und Miteinander von Naturrechtlichkeit und Positivität zustande.«[13]

Vom Dimorphismus Mann-Frau ist nicht nur die Idee der Polarität zu übernehmen, nicht nur die Struktur der Beziehung also: daß die Beteiligten sich gegenseitig fordern und ergänzen; sondern auch der Charakter der Elemente ist von Bedeutung, sie sind nicht etwa austauschbar, sondern: das Naturrecht steht auf der Seite, wo »Mann« steht, der Relativismus auf der Seite von »Frau«; ebenso ist es mit Leib und Seele: diese gehören auf die Seite von Relativismus und Frau bzw. Naturrecht und Mann. Wenn man als Sein und Sollen ebenso wie Organismus und Artefakt trennendes Kriterium die Frage ansieht, ob sich der Geist vom Stoff emanzipiert hat, so trennt dieses Kriterium im archetypischen Klischee Mann und Frau.[14] »Mann und Weib - ist doch Polarität nichts anderes als Geschlecht«, mit diesen Worten kennzeichnet Ricarda Huch den Ursprung des polaren Denkens[15], und sie sind der Grund dafür, daß die hier vorgelegten Gedanken unter den Begriff gestellt sind, der in der Biologie die sexuelle Differenzierung bezeichnet: Dimorphismus.

II. Die Polarität von Yin und Yang

1. Wir wollen die polaritätsbezogene Rechtsphilosophie in die ostasiatische Auffassung von Yin und Yang überführen, weil diese im Gegensatz zu den abendländischen These-Antithese-Konzepten nicht die Tendenz zur Synthese enthält.

Tendenziell asiatisch ist der Gedanke Kaufmanns, daß Vollkommenheit nicht einen Bezugspunkt hat, sondern zwei:

> »Sie gleicht nicht dem Kreis, sondern der Ellipse - oder körperlich betrachtet: nicht der Kugel, sondern dem Ellipsoid. Das Leben ruht nicht in einem einzigen Mittelpunkt, vielmehr bewegt es sich in einer Bahn, die zu zwei Polen in der Summe den gleichen Abstand hat. Die Ellipse hat polaren, nicht konzentrischen Charakter, sie ist nicht allseits symmetrisch, aber auch nicht völlig asymmetrisch, sie kann, anders als der Kreis, die mannigfaltigsten Formen aufweisen. Und so ist

---

[13] Arthur Kaufmann, Die ontologische Struktur des Rechts a.a.O. S. 470 (478). Die Analogie zum Leib-Seele-Verhältnis findet sich auch an anderer Stelle a.a.O. S. 483 und derS. : Recht im Spannungsfeld von Identität und Differenz a.a.O. S. 162.

[14] vgl. dazu das Kapitel »Weiblich-Männlich«.

[15] Ricarda Huch, Die Romantik, Tübingen o. J., S. 435; das vollständige Zitat findet sich im Kapitel »Weiblich-Männlich«, I. 1.

es wohl auch mit dem Leben, wenn es 'rund' sein soll: nicht auf einen einzigen Mittelpunkt gerichtet, sondern vielseitig in seinem Beziehungsgefüge.«[16]

Diese Sichtweise entspricht dem ostasiatischen Denken:

Wir wissen:
Schönheit wird als Schönheit nur erkannt,
wenn Nichtschönheit bewußt wird.
Das Gute wird als Gutes nur erkannt,
wenn Nichtgutes bewußt wird.
Sein und Nichtsein erzeugen einander;
Schweres kann nur sein, wo auch Leichtes ist;
Grosses nur, wo Kleines ist;
Hohes dort, wo Tiefes ist.[17]

Ähnliche Gedanken hatte auch Erich Fechner, der in der rechtstheoretischen Auseinandersetzung die Pole zwischen Determiniertheit und Freiheit ausmachte[18]:

»Der Mensch ist vielmehr das Lebendige zwischen Erde und Himmel, dessen Wesen in Polarität besteht. Aus Körper und Geist, aus Freiheit und Gebundenheit, aus Recht und Unrecht, aus Gut und Böse baut es sich auf. In diesem Brennpunkt zu verharren, erfordert Kraft. Vielleicht ist der Mensch nur in seinen Hochzeiten fähig, diese Spannung zu ertragen und zu leben. In Zeiten des Niederganges verfällt er der Schwäche und vergißt, wozu er ausersehen ist und wessen er vermag. Dann entgleitet ihm sein eigentliches Bild und es tauchen jene vor ihm auf, die ihm als die seiner Schwäche entsprechenden angeboten werden: Der Mensch als das determinierte und damit aller Eigenverantwortung und Anstrengung enthobene, weil nun von außen angetriebene Insekt eines kollektiven Termitenstaates oder - in der Kompensation - der 'Übermensch', der aus eigener Vollkommenheit und Willkür meint, mit den Sachen nach Belieben schalten zu können.«[19]

2. Wenn wir diese Polaritätsidee im ostasiatischen Denken suchen, steht uns dort im Zen-Buddhismus die Polarität zwischen Yin und Yang zur Verfügung, die die von Kaufmann und Fechner herangezogenen Symbole Mann und Frau, Körper und Seele, Himmel und Erde verallgemeinert und Oberbegriffe zur Verfügung stellt, unter denen weitere Elemente etwa in dieser Tafel erscheinen:

---

16 Arthur Kaufmann, Das Recht im Spannungsfeld von Identität und Differenz a.a.O. S. 166.
17 Laotse, Tao-Te-King Kap. 26.
18 was unser Gegenstand unter der Überschrift »Ohnmacht oder Macht der Subjektivität« sein wird.
19 Erich Fechner, Rechtsphilosophie, Tübingen 1956 S. 215 f.

Yin	*Yang*
weiblich	männlich
links	rechts
Mond	Sonne
Nacht	Tag
Tod	Leben
böse	gut
unbewußt	bewußt
Wasser	Feuer
passiv	aktiv
Körper	Geist
fühlen	denken
spiralförmig	zielgerichtet
empfangend	befruchtend
Spontaneität	Planung
Raum	Zeit
Kontext	Individualität
Demut	Hochmut

Mit den Begriffen Yin und Yang ist dem ostasiatischen Denken eine Leistung gelungen, die der Westen nicht erbracht hat: Oberbegriffe für eine Dichotomie zu finden, die auch hier erfühlt, aber nicht adäquat ausgedrückt werden kann. Yin ist im ursprünglichen Bildsymbol das Wolkig-Trübe, Yang das in der Sonne flatternde Banner.

Die Yin-Yang-Polarität teilt das Ganze auf in zwei rivalisierende Urpolaritäten, die sich ausschließen, aber dennoch ergänzen müssen, um ein gedeihliches Ganzes zu bilden. Die ostasiatische Kultur lebt von ihren Symbolen in allen ihren Erscheinungsformen: im Blumengesteck (Ikebana) stehen spannungsvoll und doch harmonisch zusammen das Hohe, Harte, Übergreifende und das Geduckte, Weiche, Unterkriechende; in der Teezeremonie wie im Tai Chi begegnen sich in den verwendeten Stoffen bzw. in den Bewegungsabläufen die beiden Urprinzipien; auch der Kampf muß sich aus Yin und Yang zusammensetzen, denn er darf nicht nur zuschlagend nach vorn stürmen, sondern muß immer das Nachgeben, Zurückgehen und Ausweichen umfassen. Die Staatskunst besteht ebenso darin, daß sie Sanftheit, Zurückhaltung, Nicht-Intervention einflicht. Jede Mahlzeit muß, wenn sie salzig ist, auch süß, wenn sie sauer ist, auch bitter sein. So bedeuten die Symbole Yin und Yang für alle Lebensverhältnisse Orientierung in der Weise, daß da, wo das eine sich zeigt, der Bedarf an dem anderen bewußt wird.

Die Informationstheorie hat den Vorsprung, den der Osten in der Abstraktion auf zwei Pole, in der konsequent durchgeführte Binarität gegenüber dem Westen seit Jahrtausenden hat, anerkannt. Das binäre Denken, eingesetzt zunächst zur Orakellesung, hat in China ein kompliziertes, nur auf zwei Symbole aufgebautes System ergeben, das I Ging, in dem Yin und Yang dargestellt sind als durchbrochene bzw. durchgehende Linie, deren Sechserkombinationen 64 verschiedene Sinnzusammenhänge ergeben. Ausgehend von den beiden Möglichkeiten Ja - Nein, die im archaischen Orakel durch im Feuer gesprungene bzw. intakt gebliebene Knochen repräsentiert wurden, ergab sich im Laufe der Jahrhunderte ein differenziertes Binärsystem, das von Leibnitz, dem ein in China tätiger Jesuit davon Kenntnis gab, in das westliche Denken und letzten Endes in die Computertechnologie geführt wurde.

Nicht technisch genutzt wurde die Zweiteilung in Ostasien. Ihre Aufgabe ist aber andererseits seit langem auch nicht mehr abergläubisch-orakelhafter Art, sondern besteht darin, eine einseitige Ausprägung entweder von Yin oder Yang zu vermeiden. In jeder Menschenseele sollen die beiden Prinzipien sich so ausgewogen verhalten wie in der Natur, wo sie das kosmische Gleichgewicht bilden. Symbolisiert wird diese Verwobenheit durch das bekannte Zeichen:

Eine einseitige Ausprägung zum Beispiel des Männlichen ist von Schaden; der Mann soll seine weiblichen Anteile zulassen und pflegen; dieses Motiv finden wir in der westlichen Psychologie bei C.G.Jung, der den Mann anweist, sich zu seiner »Anima« zu bekennen, genauso wie umgekehrt die Frau zu ihrem »Animus«. Ebenso verhält es sich mit dem Dunklen und Bösen:

> »Man wird aber nicht hell dadurch, daß man sich Helles vorstellt, sondern dadurch, daß man Dunkles bewußt macht. Letzteres ist unangenehm und darum nicht populär.«[20]

Der Versuch, einen Pol auszublenden und nur den Gegenpol einseitig zu steigern, muß scheitern, denn bei dem Versuch, einseitig einen Pol zu steigern, wächst der Gegenpol ungesehen proportional mit. Wo das ignoriert wird, bildet sich ein »Schatten« heraus, in dem die verdrängten Elemente sich konstituieren.

---

20 C. G. Jung, Gesammelte Werke (Hrsg. M. Niehus-Jung u. L. Hurwitz-Elsner), Olten u. Freiburg 1978, XIII. S. 215.

Bei genauerem Hinsehen erweist sich unser westliches Denken als genährt von derselben Polarität - ihr fehlen nur die universellen Oberbegriffe. Immer aber sind Versuche gemacht worden, weltanschauliche, philosophische, politische Parteiungen mit ihrer Hilfe zu erfassen - wie wir schon in dem Kapitel über die Unendliche Entzweiung am Beispiel von Schiller, Schleiermacher, Kierkegaard und Bonhoeffer sahen. Theodor Lessing zum Beispiel wendet die Polarität in offenbarer Anknüpfung an Kierkegaard auf die - auch durch diese Arbeit stillschweigend mitlaufende - Antipodik »Ästhetisch-Religiöses contra Moralisch-Soziales« an[21]:

> »... hier handelt es sich um letztes Erlebnis. Dieser Zwiespalt liegt eben im Element des Lebens selbst, inwofern dieses (wohlgemerkt) nicht mehr unbewußtes Element, sondern in Bewußtheit getretenes Leben ist .... Hier tritt uns wieder einmal vor Augen die große Spannung, dank deren eine bewußte Welt eben da ist; die große Spannung, deren Ausgleichung das Leben dieser Welt ausmacht. Die Spannung: Pflanze-Tier, Asien-Europa, Wille-Vorstellung, Mann-Weib, bis hinab in das tagtägliche Spiel aktueller Parteien und Antriebe, deren Spannung und Entspannung unsere Gegenwart unterheizt.«

Eine deutliche Abgrenzung zu der Vorstellung von kosmischen Urkräften, die Betonung, daß es um Polarität im *Bewußtsein* und nicht in der Wirklichkeit geht, liegt in dem Wort »wohlgemerkt«; eine Abgrenzung, die wir hier mitvollziehen werden, weil wir den Dimorphismus, die Unendliche Entzweiung nicht in den Dingen selbst, sondern nur in den über sie bestehenden Ansichten behaupten wollen.[22]

Theodor Lessing wendet die Begriffe »rechts« und »links« umgekehrt zu der asiatischen Auffassung an, nämlich politisch, wenn er fortfährt:

> »Haben wir denn nicht Nietzsches Doppelmoral von Sein und Leisten überall vor Augen, wo eine Gruppe Menschen nach rechts oder nach links auseinandertritt? Immer zeigt die Rechte die schönere Gestalt, die bessere Haltung, das Haben, den Besitz und die Muße. Immer die Linke die bewegtere Seele, das höher gesteckte Ziel, die Leistung, die Opferkraft und die Arbeit.«

Wir werden hingegen die Begriffe links und rechts so zuordnen, wie der Zen-Buddhismus es tut, was oft in Konflikt stehen wird zu dem Gebrauch in der Politik. Die ältere Archetypik von links und rechts[23] ist aber so überzeugend, daß wir den

---

21 Theodor Lessing, Wortmeldungen eines Unerschrockenen, Leipzig und Weimar 1987, S. 155 f.

22 Mitsuyoshi Saigusa, Über »Relationalität«, in Dieter Henrich, All-einheit, Stuttgart 1985, S. 109, spricht von der überragenden Bedeutung des »abhängigen Entstehens« im Buddhismus, wobei Relation nichts Substantielles ist; wir haben die Frage im Kapitel »Kontingent-Notwendig«, II. berührt und kommen hier im Abschnitt IV. 3. darauf zurück.

23 vgl. dazu das Kapitel »Oben-Unten, Ost-West, Links Rechts«, III.

Widerspruch hinnehmen, der immer dann auftaucht, wenn die politisch linke Richtung in ihrem rationalistischen, universalistisch gesonnenen (Yang-) Anteil angesprochen ist.

3. Eingang in eine rechtsphilosophische Arbeit hat der Taoismus genommen bei Gong Xiaugrui[24]. Dort wird hauptsächlich die Übereinstimmung mit der abendländischen (stoischen) Naturrechtsidee festgestellt, belegt durch das Laotse-Zitat:

> »Men follow the law of earth; the earth follows the law of heaven; heaven follows the law of 'Tao'; 'Tao' follows the law of nature.«[25]

Jedoch wird auch das Spezifikum des Taoismus berücksichtigt: die Konstituierung des Kosmos durch eine Polarität, die in dem auch von uns schon beanspruchten Laotse-Zitat zum Ausdruck kommt:[26]

> »Being and not-being produce each other just as difficulty and ease complement each other.«

Für die Rechtsphilosophie schließt Gong daraus,

> »that right and wrong are comparative and only Tao is absolute«.[27]

Er sieht dabei das Problem, daß es sich nur um »a real common place« handelt, nämlich eine Formulierung des Relativismus, und kann ihm nicht wirklich entgehen. Mir scheint, eine schärfere Durchführung der taoistischen Komplementaritätsidee, als er vorgenommen hat, führt von dem Gemeinplatz ab. In dieser werden nicht in pluralistischer Manier Meinungen als gleich gut nebeneinanderstellt, sondern Positionen gebündelt zu Yin und Yang und sich gegenüberliegend gesehen, als Zwillingsgestalten, die sich gegenseitig brauchen. Polares Spannungsverhältnis ist nicht Relativismus, d.h. Kontingenz, sondern eine gezielte Orientierung auf Ausgleich hin. Der Taoismus ist allerdings nicht vorgedrungen bis zur Polarisierung der abendländischen rechtsphilosophischen Meinungen; das konnte vom Osten aus auch nicht geschehen, sondern setzte die Öffnung von unserer Seite aus voraus. Es liegt ein Stück New Age darin, daß es heute möglich ist, vom Westen

---

24 World View and Natural Law in Taoism, Gedächtnisschrift für René Marcic, Berlin 1983, S. 255 ff.
25 Gong Xiaugrui a.a.O. S. 261.
26 Gong Xiaugrui a.a.O. 259; Laotse, Tao-Te-King Kap. 2.
27 Gong Xiaugrui a.a.O. S. 259.

aus die taoistische Komplementaritätsauffassung weiterzubilden durch ihre Anwendung auf eine klassische abendländische Polarität.

III. Selbstbezug der Methode

1. Die auf Polarität aufbauende morphologische Methode muß sich behaupten gegen den Vorwurf der Unwissenschaftlichkeit. Damit geht es unserer Methode genauso wie dem Gegenstand, um dessentwillen wir sie anwenden: dem Universalismus, dessen Behauptungsschwierigkeiten schon beschrieben wurden.

Das Ironische an unserem Vorhaben ist, daß die hier angewandte, unter rationalem Gesichtspunkt suspekte Methode eher Aussicht hat, von den Gegnern der Universalien akzeptiert zu werden, also von relativistischer Seite aus, als von ihren Befürwortern, den Rationalisten. Die relativistische Position aber soll mit unserer Anwendung des Komplementäritätsprinzips gerade auf ihre Hemisphäre begrenzt werden; unsere Absicht ist ja, dem Universalismus den Glanz der - wenn auch halben - Wahrheit zu geben. Die morphologische Neigung, die logische Analyse zu ignorieren und stattdessen in intuitiver Erfassung Gestalten auszubilden, kennzeichnet die Romantik und heute die Postmoderne, die diese Gestalten »Diskursarten«[28] nennt, die Träger des Relativismus[29] also.

Mit diesen Überlegungen haben wir unser eigenes Vorgehen relativiert, einen Selbstbezug vorgenommen[30], indem wir unsere Methode auf die linke Seite der von ihr selbst begründeten Entzweiung geordnet haben. Wir haben uns also nicht indifferent gestellt, nicht den neutralen Ausgangspunkt von Einheit in Anspruch genommen, über den die polarisierenden Weltanschauungen verfügen. Im Zen-Buddhismus heißt er Tao, bei den Kabbalisten ainSepu, bei den Indern Neti-Neti, in der deutschen Mystik Urgrund oder auch Ungrund. Schelling schrieb unter dem Einfluß Jakob Böhmes:

> »Es muß *vor* allem Grund und vor allem Existierenden, also überhaupt vor aller Dualität, ein Wesen sein; wie können wir es anders nennen als den Urgrund oder

---

[28] vgl. dazu die Ausführungen im Kapitel »Morphologie« II. Von »innerer Morphologie«, von »Isomorphismen« spricht Michel Foucault (mit Bezug auf Dumézil), wenn er die Diskurse einer Epoche auf ein gemeinsames theoretisches Modell zurückführt: Michel Foucault, Über die verschiedenen Arten, Geschichte zu schreiben. Ein Gespräch mit R. Bellour (1967), in: Antworten der Strukturalisten (Hrsg. A. Reif), Hamburg 1973, S. 164.

[29] Es zeigt sich diese Verbindung zwischen Polaritätsbewußtsein und Relativismus schon im Mittelalter, wo die Occamisten eine Lehre von der Diskrepanz vertraten: Über jede theologische Grundfrage: Sündenfall und jüngstes Gericht, Inkarnation und jungfräuliche Geburt, Abendmahl und Auferstehung gebe es zwei widerstreitende Ansichten, die nur gemeinsam die höchste Wahrheit ergeben; vgl. Egon Friedell, Kulturgeschichte der Neuzeit, München 1984, S. 157, der in dem am Ende des Mittelalters sich öffnenden dualistischen Denken eine Analogie zu der Aufspaltung zwischen Stadt- und Landkultur sieht und insofern unsere im Kapitel »Gemeinschaft-Gesellschaft« zu ziehenden morphologischen Verbindungslinien unterstützt.

[30] Das geschieht ebenso in dem Kapitel »Deutsch-Okzidental«, III.

vielmehr *Ungrund*? Da es vor allen Gegensätzen vorhergeht, so können diese in ihm nicht unterscheidbar noch auf irgendeine Weise vorhanden sein. Es kann daher nicht als die Identität, es kann nur als absolute *Indifferenz* beider bezeichnet werden.«[31]

Auf diesen Urgrund wollen wir uns nicht begeben.

»Reales und Ideales, Finsternis und Licht, oder wie wir die beiden Prinzipien sonst bezeichnen wollen, können von dem Ungrund niemals *als Gegensätze* prädiziert werden. Aber es hindert nichts, daß sie nicht als Nichtgegensätze, d.h. in der Disjunktion und jedes *für sich* von ihm prädiziert werden, womit aber eben die Dualität (die wirkliche Zweiheit der Prinzipien) gesetzt ist. In dem Ungrund selbst ist nichts, wodurch dies verhindert würde. Denn eben weil er sich gegen beide als totale Indifferenz verhält, ist er gegen beide gleichgültig. Wäre er absolute Identität von beiden, so könnte er nur beide *zugleich* sein, d.h. beide müßten *als Gegensätze* von ihm prädiziert werden, und wären dadurch selber wieder eins. Unmittelbar aus dem Weder-Noch oder der Indifferenz bricht also die Dualität hervor (die etwas ganz andres ist als Gegensatz, wenn wir auch bisher, da wir noch nicht zu diesem Punkt der Untersuchung gelangt waren, beides als gleichbedeutend gebraucht haben sollten), und *ohne* Indifferenz, d.h. *ohne* einen Urgrund, gäbe es keine Zweiheit der Prinzipien. Anstatt also, daß dieser die Unterscheidung wieder aufhöbe, wie gemeint wurde, setzt und bestätigt er sie vielmehr.«

Diese unergründliche Indifferenz wollen wir nicht als unsere Position beanspruchen, sondern bekennen, daß wir uns mit all unseren Behauptungen notwendigerweise immer nur auf der einen oder anderen Seite des Dimorphismus befinden; davon ist auch die Methode nicht ausgeschlossen. Schelling aber legt Wert darauf, daß diese Indifferenz absolut ist, daß sie also nicht wiederum den Gegenpol zu einer differenzierenden Auffassung ausprägt, sondern wirklich das letzte Wort hat. Wir hingegen teilen die Auffassung, die Schelling im folgenden verwirft:

»Die meisten, wenn sie bis zum Punkt der Betrachtung kommen, wo sie ein Verschwinden aller Gegensätze erkennen müssen, vergessen, daß diese nun wirklich verschwunden sind, und prädizieren sie wieder als solche von der Indifferenz, die ihnen doch eben durch ein gänzliches Aufhören derselben entstanden war.«

Zu diesen »meisten« rechnen wir uns selbst und auch Adam Müller, wenn dieser sagt:

»Der *Gegensatz* selbst, den wir für jetzt das Objekt dieser Schrift nennen wollen, ist etwas, das heißt kein absolutes Nichts, nur insofern ihm als Subjekt der *Anti-*

---

[31] Friedrich Wilhelm Joseph Schelling, Über das Wesen der menschlichen Freiheit, Stuttgart 1983, S. 127 ff.

gegensatz, den wir uns für diesen Fall unter dem Bilde des Entgegenstellenden, der vereinigenden Einheit verinnerlichen wollen, entgegensteht.«[32]

Dem tritt Schelling entgegen:

»Die Indifferenz ist nicht ein Produkt der Gegensätze, noch sind sie implicite in ihr enthalten, sondern sie ist ein eignes von allem Gegensatz geschiednes Wesen, an dem alle Gegensätze sich brechen, das nichts anderes ist als eben das Nichtsein derselben, und das darum auch kein Prädikat hat als eben das der Prädikatlosigkeit, ohne daß es deswegen ein Nichts oder ein Unding wäre.«[33]

Zu der Behauptung eines solchen »Wesens« wollen wir uns nicht versteigen, es auch andererseits nicht leugnen, sondern außer Betracht lassen. Wir betreten die ontologische Ebene nicht und befassen uns nur mit *Ansichten*, die wir in morphologische Komplementarität bringen, und bei diesem Vorgehen auf der Meta-Ebene der Meinungen erweist sich die ostasiatisch-mystisch-romantisch-dimorphistische Auffassung nicht als indifferent, sondern Yin, nämlich ent-spannt, ausgleichend, weiblich.[34]

2. Diese Einordnung nach links muß noch begründet werden. Denn es könnte der Irrtum entstehen, als handele es sich um ein dualistisches Weltbild, wenn die Unendliche Entzweiung oder die Dualität Yin-Yang entfaltet wird, und dualistische Positionen nehmen wir[35] in unserem Schema nach rechts.

Aber: ebenso wie Mystik und Romantik, die Kontraktion und Expansion als kosmische Kräfte unterscheiden, macht der Taoismus sein Gegensatzpaar um der Vereinigung willen bewußt, um seiner Zielvorstellung der Ausgeglichenheit willen: Hinter beiden Bewegungsrichtungen steht der Urgrund bzw. das Tao, das Unbenennbare. Diese Position schwebt hinter Yin und Yang - wenn wir sie auch nicht einnehmen wollen (wie eben dargelegt). Man kann sie gar nicht einnehmen nach asiatischer Ansicht, sondern nur (andeutungsweise) erfahren. Erfahren wird das Tao in einem nur kurz anhaltenden Bewußtseinszustand, der in Japan Satori heißt und sich dadurch auszeichnet, daß nur Wirklichkeit und Gegenwart erlebt wird unter Wegfall jeder Reflektionsebene. Wasser, Schilf und Wildgänse werden allein gesehen und gewußt - ohne ihre Begriffe. Die Frage nach Woher und Wohin ist versunken, das Sein allein entfaltet seine Wirklichkeit. Das Sein wird in seiner Einheitlichkeit gespürt, jede Dualität, auch die von Subjekt und Objekt, ist abwe-

---

32 Adam Müller, Lehre von den Gegensätzen, in: Kritische, ästhetische und philosophische Schriften 2, Neuwied und Berlin 1967 S. 219.

33 F. W. J. Schelling a.a.O. S. 127.

34 vgl. dazu im Kap. »Weiblich-Männlich« I. 1. u. 2.

35 im Kapitel »Monistisch-Dualistisch«.

send. Dualität, wie wir sie in den westlichen Dualismen kennen, zum Beispiel in dem zwischen Idee und Wirklichkeit, erzeugt einen Spannungszustand, der zur Auflösung drängt, ist eine Aufforderung, das Eine zugunsten des Anderen zu verlassen, zumindest das Eine an dem Anderen zu messen, das Eine im Lichte des Anderen zu sehen, das Eine aus seiner Unterschiedlichkeit zum Anderen zu verstehen. Dualität baut ein elektrisches Feld auf zwischen zwei Polen, erzeugt eine Potenz, eine Energie; Dualität will wirksam werden. Im dialektischen Schema ist sie die treibende Kraft, die zur Synthese und Herausbildung einer neuen Antithese drängt, sie bewirkt Progression, Transition - und gehört deshalb auf die Seite des männlichen Yang.

Wir denken deshalb, wenn wir von Dualismus sprechen, nicht an die Yin-Yang-Gegenüberstellung, sondern an eine Ausrichtung, die in der Tafel auf die rechte Seite gehört, dorthin, wo außengerichtete Aktivität erfolgt. Als Beispiel für eine dualistische Weltsicht dient uns ja die Konfrontation der gesellschaftlichen Wirklichkeit mit einer gedachten idealen Wirklichkeit - eine Spannung, die Motor für revolutionäre Veränderung ist. Prototyp für diese Situation ist die Französische Revolution, die geistig vorbereitet war durch den Dualismus, den das Naturrecht der Aufklärung durch seine Ausarbeitung des idealen Zustandes schuf. Die Gebildeten empfanden die gesellschaftliche Wirklichkeit als eine Abweichung von einem richtigen Anderen und leiteten so ihre Zerstörung ein.

Monismus ist demgegenüber die Treue zum Gegebenen, die genügsame Erforschung des Vorhandenen, die Versenkung ins Detail, die Verehrung des Einen, zu dem alles gehört, unter Ablehnung externer Kriterien; er ist Grundhaltung der Romantik und des Historismus, weiblich, versponnen, nach innen weisend - Yin. Die morphologische Betrachtungsweise gehört - da auch sie nicht über den Gegensätzen stehen kann, sondern der Großen Polarität untergeordnet ist - eher auf diese Seite, weil sie nicht zur Parteinahme drängt und auch nicht zur Synthese, die ein Vorwärtstreiben ist, sondern die polaren Gestalten ruhig beschaut.

3. Wir haben festgestellt, daß sich eine der morphologischen Betrachtung günstige Neigung am ehesten im relativistischen Lager findet. Am Ausgeprägtesten zeigt sich das außerhalb der Wissenschaften, in der Esoterik, in Auffassungen also, von denen in der Sache erst recht keine Unterstützung des rationalen Naturrechts erwartet werden darf; Aufassungen, die dessen Denkweise im Gegenteil bekämpfen als linear-kausal, unorganisch-mechanistisch. Morphologie als Methode und Relativismus als Inhalt gehören demselben Milieu an, sind aus einem Geiste: sie teilen die Bereitschaft, am Gegebenen ihr Genüge zu finden, dieses dafür in seiner Fülle zu erfassen und auszuschöpfen, Finalität gering zu achten, die Suche nach einem vernünftigen Kern hinter den Dingen zu verlachen und eudämonistisches Besserungsstreben als Jagd nach einer Schimäre zu diskreditieren.

Esoterisch ausgedrückt, folgen die morphologische Methode und der Relativismus demselben *Urprinzip*, und es ist dasselbe Urprinzip - oder wie wir sagen: dieselbe Hemisphäre - in dem sich die Esoterik selbst befindet. In ihr finden wir deshalb auch die ausgeprägtesten relativistischen Positionen.

Das Komplementaritätsprinzip findet seine Würdigung bisher außerhalb der strengen Wissenschaften[36] oder höchstens in einem Randbereich, der Psychologie. Die Erfassung der Polarität, der gleichzeitigen oder abwechselnden Geltung des Gegensätzlichen mit dem Ziel, Einheit herzustellen durch Zulassung beider polarer Ausformungen, ist der Weg, auf dem heute psychotherapeutisch gearbeitet wird. Man hat erkannt, daß dem Heilsein des Menschen seine Neigung entgegensteht, von zwei Polen nur den einen zu akzeptieren und anzustreben: nur das Männliche beispielsweise in sich zu pflegen (oder nur das Weibliche), nur das Gute zu ertragen, nur das Helle zu lieben, nur Gesundheit zu schätzen. Vervollkommung und Heilung tritt bei diesen Ansätzen ein, wenn das gleichmäßige Schwingen zwischen den Polen erfahren und auch der weibliche Anteil der Seele, auch das Böse, das Dunkle, die Krankheit integriert wird. Den Zugang zu dieser Haltung hat die Begegnung mit asiatischer Weltanschauung eröffnet, die anstelle einer Gottesanbetung das Bewußtsein der Komplementarität mit dem Ziel der Ganzheit pflegt.

Der Geist, in dem diese Haltung heute kultiviert wird, läßt sich am besten mit dem Begriff »New Age« bezeichnen, weil dieser nicht auf eine bestimmte Religion festgelegt ist und östliches und westliches Traditionsgut übergreift.

Nicht, weil diese Bezeichnung eine gewisse Anrüchigkeit besitzt, sondern aus sachlichen Gründen ist für uns aber eine Abgrenzung nötig: wir sind uns der Halbheit und Linkslastigkeit dieser Position bewußt. Wie wir gesehen haben, ist die Parteinahme für den einen oder anderen Pol unentrinnbar, solange jedenfalls der Schleier der Maja uns letzte Einsicht verhüllt und wir nicht den Urgrund alles Seins schauen. Unser Erkennen ist zwangsläufig an Polaritäten gebunden, und selbst, wenn wir komplementäre Denkhaltungen fördern, nehmen wir Partei; denn wir schließen damit eine andere Haltung, unseren Gegenpol aus, der in der bewußten Parteinahme zugunsten eines bestimmten Ziels, in der Bevorzugung des Guten, in dem Fortschrittsstreben, kurz: in der abendländischen, rationalistischen Werthaltung besteht. Diese Position grenzen wir aus, wenn wir konsequent östlich denken. Wir wollen diese Position aber nicht ausgrenzen, sondern ihr im Gegenteil Platz verschaffen gegenüber dem totalitären Anspruch des Relativismus. Deshalb übernehmen wir nicht die Konsequenzen, die in der Psychologie aus der Polaritätsidee gezogen werden:

> »Der einzige Schritt, der aus dem Dilemma herausführt, ist die Ein-Sicht, daß es innerhalb der Polarität kein absolutes, d.h. objektives Gut oder Böse, Richtig oder Falsch gibt ... Die Welt läßt sich nicht aufteilen in das, was eigentlich sein darf und daher richtig und gut ist, und in das, was eigentlich nicht sein sollte und deshalb bekämpft und ausgerottet werden muß. Dieser Dualismus unversöhnlicher

---

36 wenn man von der Mikrophysik absieht, die wir in einem besonderen Kapitel behandeln: »Komplementarität«.

Gegensätze zwischen Richtig-Falsch, Gut-Böse, Gott und Teufel führt aus der Polarität nicht heraus, sondern nur tiefer in sie hinein.«[37]

So richtig dieser Standpunkt ist, ist er doch nicht der unsere, denn wir finden in der Rechtsphilosophie eine ganz andere Situation vor als der Autor auf seinem Gebiet, der menschlichen Seele, die aus dem ethischen Dualismus oft nicht herausfindet. In der Rechtsphilosophie befindet man sich schon seit fast zweihundert Jahren auf der relativistischen Position, bezieht seit dem Ende der Aufklärung jedenfalls in Deutschland nicht mehr die Stellung des Guten und Richtigen, hält Frieden nicht für besser als Krieg und Leben nicht für besser als Tod; man streitet nicht mehr für die Freiheit und bekämpft nicht mehr die Unterdrückung, sondern hat stoische Einsicht in die Begrenztheit und Relativität solcher Strebungen. Die darin liegende Zerstörung des Rationalismus wurde um die Wende zum 19. Jahrhundert schon von Strömungen ausgelöst, die man heute als »New Age« bezeichnen würde: der maßgebliche Einfluß Schellings beispielsweise enthielt wesentliche Elemente der Mystik Jakob Böhmes, die von dem großen Zauberer Franz Baader wiederentdeckt worden war. Wir haben auf diese, dem Yin-Yang-Denken sehr verwandte Strömung schon an mancher Stelle hingewiesen. Wenn wir uns jetzt der in diese Richtung gehenden Ideen bedienen, um dem Rationalismus seine Yang-Sphäre zu sichern, hat das Vorgehen eine Ironie, wie sie der Romantik so vertraut war. Sie wird durch ein konsequentes Zuende-Denken des Komplementaritätsgedankens bewirkt: Die gleichzeitige Zulassung verschiedener Präferenzen ist nicht wirkliche Neutralität, Tao, sondern läuft auf Wertrelativismus hinaus, auf die Position also, der wir ihr Gegenteil als Supplement beiordnen wollen. In der Rechtsphilosophie führt die Anwendung des Komplementaritätsgedankens zu der gegenteiligen Konsequenz wie in der Psychotherapie. In der Rechtsphilosophie herrscht seit 1800 »New Age«, und wenn man Gleichgewicht herstellen will, dann muß das durch Etablierung eines ethischen Bezugssystems geschehen, durch die Rehabilitierung der Werte Leben, Freiheit, Gleichheit, Frieden.

Der Wertrelativismus ist deshalb keineswegs eine konsequente Anwendung des Polaritätsgedankens. Er ist im Gegenteil nur eine Hälfte, die einer Ergänzung bedarf. Er ist eine einseitige Bevorzugung des Yin, des Weiblichen, Partikularen, Weichen, Dunklen, Zirkulären, Passiven. Der Wertrelativismus - wir haben seine modernen Ausformungen: Systemtheorie, Postmoderne im Auge - blendet all das aus, was er nicht will: Verantwortung, ethische Entscheidung, linear-kausale Wertverwirklichung. Er läßt seinen Gegenpol vor der Tür.

Psychologisch gesehen würde man diesen Vorgang als die Herausbildung eines »Schatten« ansehen. So hat C. G. Jung[38] die Summe aller abgelehnten Bereiche bezeichnet, die dem Menschen, wenn sie nicht integriert werden, zur Gefahr

---

[37] Thorwald Detlevsen, Polarität und Einheit, in: Ausgewählte Texte, München 1988, S. 37.
[38] S. o. in diesem Kapitel II. 2.

werden. Der abgelehnte Bereich in der Rechtsbetrachtung ist die Notwendigkeit ethischer Entscheidung: sie ist ihr Schatten.

Wenn hier gezeigt wurde, daß der Komplementaritätsgedanke keineswegs zuende gedacht ist, wenn man die polaren Positionen in indifferenter Haltung hinnimmt, daß diese Haltung wiederum die einseitige Besetzung des weiblichen Pols ist, stellt sich die Frage, welche Haltung dann dem Komplementaritätsprinzip gerecht wird. Es stellt sich heraus, daß der Paradoxie nicht zu entrinnen ist und nur ein unerreichbares Ideal ins Auge zu fassen ist: Ideal wäre, bei einer Polarität beide Pole gleichzeitig zu sehen, so daß sich die Bilder übereinanderschieben[39] und die Dimension der Tiefe gewonnen würde. Diesseits von diesem unerreichbaren Ideal ist es aber möglich, den Positionen abwechselnd gerecht zu werden und darauf zu achten, daß keine allein herrschend wird.

IV. Abkehr von Synthese

1. Das Bedeutende an dem in den 50er Jahren aufgenommenen polaritätsbezogenen Ansatz ist, daß er die Möglichkeit aufzeigt, gegenüber den großen Antinomien, die die Rechtsphilosophie prägen, indifferent zu bleiben, daß ihm der eine wie der andere Antipode für sich genommen gleich problematisch ist. Die Zeit war damals aber offenbar noch nicht reif dafür, daß diese Ansätze weitergeführt wurden. Andere Arbeit war erst zu tun: die 1933 gewaltsam unterdrückten marxistischen Richtungen mußten in den sechziger Jahren wieder aufgegriffen und zuendegedacht werden; nachdem ein Bewußtsein für den abgründigen Orientierungsverlust im Faschismus entstanden war, bestand ein dringendes Bedürfnis nach einem festen Standpunkt, nach Parteinahme, und dieses Bedürfnis befriedigten die marxistischen Positionen. Der Versuch, über die Einordnung in ein festes Denkschema den Stein der Weisen zu finden und dadurch die Irrungen der Väter zu vermeiden, mußte gemacht werden, bevor eine Öffnung für Ambivalenzen möglich war. Als »bürgerliche Libertinage« im Extrem erschien damals eine Denkhaltung, die die beiden Antipoden einer Auffassung gleichermaßen zu schätzen wußte.

Das Bedürfnis, nach dem rechtlich-moralischen Zusammenbruch nicht bei Ambivalenz stehenzubleiben, war nun zwar auch für die Schöpfer des Polaritätskonzepts leitend gewesen, und sie suchten zwischen den Polen eine zuverlässige Mitte. Die polare Konstellation wurde so aufgefaßt, als ob sie einen objektiven Zwang zur Auflösung in der Synthese hätte; etwa in der Weise, daß auf der einen Seite der Polarität die Idealform des Rechts steht - seine Essenz, sein Wesen genannt - auf der anderen Seite das wirkliche Recht, das Sein, die Existenz, und beide Seiten sich treffen in einem Recht, das einerseits wirklich und andererseits ideal, d.h. gut und gerecht ist. Man setzte sich ein für eine

---

[39] vgl. Martin Buber unten im Kapitel »Ohnmacht oder Macht der Subjektivität« IV. 5.

> »'mittlere Richtung', die dafür sorgt, daß Wirklichkeit und Wert zwar nicht ineins gesetzt werden, daß aber eine Brücke zwischen ihnen geschlagen wird, so daß sie nicht mehr beziehungslos nebeneinanderstehen. Diese Brücke ist das *Sein*, das freilich nicht empirisch-faktisch, sondern ontologisch aufzufassen ist als das, was allem Seienden zukommt.«[40]

Solche Vorstellungen dienten dem Ziel, nach dem faschistischen Orientierungsverlust Boden unter den Füßen zu gewinnen. Dem Zeitgeist der 60er Jahre waren sie wiederum zu blauäugig, zu fromm; er entnahm aus der Erfahrung des Faschismus' im Gegenteil die Lehre, daß das wirkliche und das gedachte richtige Recht gar keine Neigung zueinander haben und von einer Tendenz zur Synthese keine Rede sein kann. Darüber geriet aber auch das Polaritätskonzept selbst in den Hintergrund, und das durch dieses abgestützte Naturrecht unterlag wieder seiner Unterdrückung wegen seines erkenntnislogischen Mangels; es konnte nur ein apokryphes Dasein in einer Unterströmung der kritischen Theorie behaupten. Seitdem diese an Boden verloren hat, ist das Naturrecht ganz heimatlos geworden und kann bis heute nicht mit Aufnahmebereitschaft rechnen.[41]

2. Anders sind die Chancen für die Polaritätsidee. Heute kann man wieder mit mehr Verständnis für eine »Philosophie des Sowohl-als Auch« rechnen.[42] Die Bereitschaft zur Unterordnung unter *ein* geistiges Konzept besteht nicht mehr, oder höchstens ein solches, das konzeptuelle Permissivität predigt: Als Postmoderne[43] bezeichnet sich die Öffnung für die Vielfalt des Geistigen, die Lust an den verschiedenen Positionen als Gestalten, ihre ästhetische Würdigung als »Mimesis«, das Interesse an intellektuellem Kostümwechsel ohne Wahrheitsanspruch. Man betrachtet wieder mit Nietzsche die Wahrheit als

> »ein bewegliches Heer von Metaphern, Metonymien, Anthropomorphismen, kurz eine Summe von menschlichen Relationen, die poetisch und rhetorisch gesteigert, übertragen, geschmückt wurden und die nach langem Gebrauch einem Volke fest, kanonisch und verbindlich dünken.«[44]

---

40 Arthur Kaufmann, Recht und Sittlichkeit, in Rechtsphilosophie im Wandel, 2. Aufl. 1984, S. 223.

41 vgl. dazu Sibylle Tönnies, Linke Vergangenheitsbewältigung, in Rechtstheorie 21/1990, S. 259 ff.; dies., Auch der Neosozialismus tritt das Erbe der Aufklärung nicht an, in: Die Neue Gesellschaft/Frankfurter Hefte 10/1990 S. 938.; dies., Das Recht und die Linke, in: Die Neue Gesellschaft/Frankfurter Hefte 7/1991, S. 636.

42 Dies ist der Titel einer Arbeit von W. Hueck aus dem Jahre 1926, die mir leider nicht zugänglich ist.

43 mehr dazu im Kapitel »Morphologie« II.

44 Friedrich Nietzsche, Über Wahrheit und Lüge im außermoralischen Sinn (1873), in: Werke, Hrsg. K. Schlechta, Bd. 3, München 1966, S. 314; darauf bezieht sich Richard Rorty, Solidarität oder Objektivität, Stuttgart 1988 S. 30.

In diesem neuen Milieu mag die Polaritätsidee eher ihre Chance haben, weil sie die Mimesis der Ideen in ihren Kontrasten vorführt, so wie man es auch von einer guten Bühnendarstellung erwartet: Hell und Dunkel, Gut und Böse, Laut und Leise, Schnell und Langsam gegeneinander abgesetzt.

Allerdings unterscheidet sie sich prinzipiell von der Libertinage des Postmodernismus insofern, als ihr Wertorientierung, Parteinahme, Fortschrittsidee, Rationalismus nicht feind sind, sondern im Gegenteil der gesuchte und gepflegte Gegenpol zur Indifferenz.[45] Die Postmoderne erscheint in ihrem Schema links und insofern als halb, als nur dem halben Menschen, dem homo ludens, gerecht werdende Richtung, ergänzungsbedürftig durch den Rationalismus, der ihn in seiner anderen Hälfte, als homo faber, erfaßt. Die postmoderne Lockerung, die Fähigkeit, »hundert Blumen blühen zu lassen«, kann deshalb nur der Ausgangspunkt sein für komplementäres Denken, er wird aber verlassen und ersetzt durch die Fähigkeit, die ordnenden Strukturen der Polarität zu erkennen und ernstzunehmen. Komplementäres Denken führt nicht in Beliebigkeit, sondern in eine neue Notwendigkeit: es bündelt die Divergenzen nach zwei Richtungen hin, als Kontraktionen gegenüber Expansionen, als Wendung nach oben, außen, ins Helle, oder nach unten, innen, ins Dunkle, und begründet die Notwendigkeit der Kompensation einer Denkhaltung durch ihre Gegenrichtung. Postmodernismus erweist sich dabei als einseitig dem Relativen, Partikularen, Kontingenten zugewandt, als dem Weichen, Dunklen, von Auflösung Bedrohten, das es zu kompensieren gilt durch das Harte, Helle und Strukturierte der absolut zu nehmenden universalistischen Ideen, eine Richtung, die andererseits für sich genommen von Erstarrung bedroht ist. »Im Winde klirren die Fahnen« - mit dieser Hölderlin-Zeile kann man eine Position kennzeichnen, die zu einseitig »Yang« ist, denn das Bildzeichen für Yang stellt das im Winde flatternde Banner dar, und Yang ist das Kalte.

3. Die Polaritätsbildung, die in den 50er und 60er Jahren erfolgte, brauchte noch die Auflösung, die Synthese, um als wissenschaftliche Aussage akzeptiert zu werden. Der ontologische Anspruch erlaubte nicht, die Gegensätze einfach stehenzulassen. Heute ist die Skepsis gegen die Aussagekraft solcher logisch gebotener Lösungen vorherrschend, These und Antithese können ohne Synthese ertragen werden, nach diesen in sich geschlossenen Denkfiguren besteht kein Bedürfnis; das bedeutet die Chance, das Denken in Polaritäten umso besser pflegen zu können, als Versöhnungsleistungen nicht mehr erwartet werden. Der morphologische, assoziative, kreative Ansatz dieser Zeit kann jetzt befreit werden. Angedeutet ist er schon in Kaufmanns Tabelle, die am Ende sich freimacht von der Fragestellung und weiteren Assoziationen durch Pünktchenreihen freien Lauf läßt.

Der Verzicht auf Ontologie, die Verwendung der polaren Gegensätze im Bewußtsein der Tatsache, daß es sich um Metaphern handelt, erlaubt ein besseres Eingehen auf den symbolischen Inhalt und die Bildung von vertikalen Symbolket-

---

45 Wir werden uns damit unter dem Stichwort »Selbstbezug« im Kapitel »Morphologie »II. 3 noch beschäftigen.

ten. Das wäre bei ontologischem Begründungsanspruch ein gewagtes Unternehmen: das Seiende selbst als in zwei Abteilungen fallend hinzustellen und damit die Schöpfung auseinanderzudividieren. Vor diesem Unternehmen ist Schleiermacher allerdings nicht zurückgeschreckt, da nach seiner Behauptung die Gottheit sich selbst genötigt hat, ihr großes Werk bis ins Unendliche hin zu entzweien; wir finden dieses Wagnis auch beim jungen Kant und an ihn anschließend beim jungen Adam Müller - wie wir noch sehen werden[46]. Auch Goethe hatte sich von Kants frühen Ideen in diese Richtung beeinflussen lassen:

> »Ich hatte mir aus Kants Naturwissenschaft nicht entgehen lassen, daß Anziehungs- und Zurückstoßungskraft zum *Wesen der Materie* gehören ... daraus ging nun die *Urpolarität* aller Wesen hervor, welche die unendliche Mannigfaltigkeit der Erscheinungen durchdringt und belebt.«[47]

Die Reichweite unserer Aussage geht nicht so weit[48]; sie geht nur nur so weit wie die Trennung, die Schiller zwischen Idealisten und Realisten vorgenommen hat: das Herangehen an die Welt ist auf zwei prinzipiell verschiedene Weisen möglich, und in diese Weisen fallen auch universalistische und relativistische Auffassungen. In diese Richtung ist zunehmend auch Kaufmann gegangen:

> »Von einer Ontologie der Relation kann nach allem nicht in dem Sinne gesprochen werden, daß Relationen als solche real wären (und darum gewissermaßen 'Substanzen' darstellten, was widerspruchsvoll wäre), Relationenontologie bedeutet vielmehr, daß Relationen, weil sie im Seienden gründen, nicht beliebig verfügbar sind.«[49]

Er legt Wert darauf, daß Ontologie seit Kant und Hegel und insbesondere Pierce nicht mehr substantiell, sondern relational aufzufassen ist, und meint deshalb:

> »Die Frage ist nun, ob nicht Rechtsphilosophie und Rechtstheorie vorschnell resigniert haben, wenn sie wegen der Unfruchtbarkeit des substanzontologischen Denkens die ontologische Fragestellung überhaupt haben fallen lassen und Zuflucht im Funktionalismus suchen.«[50]

---

46 in diesem Kapitel unter IV.

47 Johann Wolfgang v. Goethe, Naturwissenschaftliche Schriften, in: Werke, Stuttgart, Bd. 11 1867, Bd. 11 S. 11, 165. f.; Hervorhebung von mir.

48 S. dazu auch oben unter II. 2 und im Kapitel »Kontingent-Notwendig« II.

49 Arthur Kaufmann, Vorüberlegungen a.a.O. S. 273.

50 Arthur Kaufmann a.a.O. S. 259.

Die Antwort auf diese Frage scheint mir die zu sein, daß der Begriff »Ontologie« nicht die von ihm erwartete Flexibilität besitzt und aus seinem philosophischen Kontext nicht zu lösen ist. Wenn Kaufmann sich von substanz-ontologischer Betrachtung distanziert und stattdessen relational-ontologisches Vorgehen empfiehlt, wenn er dabei (im Unterschied zu Bradley[51]) die Relationen nicht als Realität betrachtet wissen will, scheint mir die Zeit reif, den Begriff der Ontologie aufzugeben und damit die polare Denkweise von den Seins-Fragen zu befreien.

4. Die Komplementaritätsidee distanziert sich von der dialektischen Polaritätsbehandlung, die Hegel zum Höhepunkt gebracht und Marx - materialistisch umgewandelt - weitergeführt hat. Diese sucht das Tertium, die Synthese:

> »Polarität schränkt sich nur auf den Gegensatz ein; durch den Gegensatz ist aber auch die Rückkehr aus dem Gegensatz als Einheit gesetzt, und das ist das Dritte.«[52]

Die zentrale Rolle, die das Antithetische bei Hegel spielt, wollen wir deshalb nur am Rande streifen, weil uns die Triade, auf die es bei Hegel hinausläuft, nicht interessiert. Eine Abneigung gegen das vorwärtstreibende »Geklapper der Triplizität« zeigt sich auch bei Adorno, der die dialektische Polarität lieber statisch sieht und das aufgeregte Vorandrängen ablehnt, »die Form des unermüdlichen Rekurses, in dem etwas vom anpeitschenden Arbeitsethos wütet.«[53] Es wird die Bedeutung der Antithese damit aber nicht verringert:

> »Wo ein absolut Erstes gelehrt wird, ist allemal, als von seinem sinngemäßen Korrelat, von einem Unebenbürtigen, ihm absolut Heterogenen die Rede; prima philosophia und Dualismus gehen zusammen.«[54]

Adorno erläutert die Bedeutung, die das Nichtidentische für die Identität hat, wie der Begriff bestimmt wird

> »durch das, was außer ihm ist, weil er dem Eigenen nach nicht in sich selbst sich erschöpft. Als er selbst ist er gar nicht nur er selbst.«

---

51 vgl. Arthur Kaufmann, Vorüberlegungen a.a.O. S. 272.

52 Georg Wilhelm Friedrich Hegel, Naturphilosophie, in: Werke (Hrsg. E. Moldenhauer und K. H. Michel) Frankfurt a. M. 9. Bd. 1970 S. 31.

53 Theodor Adorno, Negative Dialektik, Frankfurt a. M. 1970, S. 156.; einen frühen Kritiker hat die dialektische Motorik in Trendelenburg gefunden, der in der Hegelschen Triade das Element der Bewegung ablehnte, weil er es als empirische Zufügung in ein apriorisch behauptetes Konzept ansah.

54 Theodor Adorno a.a.O. S. 140.

Synthesis wird von Adorno weniger in ihrer Bedeutung als Bewegungsmotor gesehen, als darin, daß sie zur Bestimmung der Identität der in Antithese stehenden Begriffe dient:

»Wo Hegel in der Wissenschaft der Logik die Synthesis der ersten Trias, das Werden behandelt, achtet er erst, nachdem er Sein und Nichts als ganz Leeres und Bestimmungsloses gleichgesetzt hat, auf die Differenz, welche die absolute Verschiedenheit des wörtlichen Sprachsinns beider Begriffe anmeldet. Er schärft seine frühe Lehre, Identität könne sinnvoll, also mehr denn tautologisch, überhaupt nur von Nichtidentischem geprägt werden: erst als miteinander identifizierte, vermöge ihrer Synthesis, würden die Momente zu Nichtidentischem.«

Wenig Neigung zur Synthesis hatte auch Mao-Tse-Tung. Das ostasiatische Denken, an das wir hier anknüpfen, um der Pflege einer nicht zur Synthesis drängenden Antithetik den Weg zu ebnen, hat dem dialektischen Materialismus unter Mao seine eigene Prägung gegeben, die von den sowjetischen Genossen denn auch auch als Abfall von der Linie angesehen wurde. Offenbar unter dem Zen-buddhistischen Einfluß, unter dem im Osten alles Denken steht, hat Mao immer die Gegensätze eher als stehende denn als nach vorn in die Synthese treibende angesehen.

»Komplementäres, nicht Synthese anstrebendes Denken fordert die Fähigkeit zu einem Doppel-Sehen, die in unserer Generation noch nicht entwickelt ist und erst von den Naturwissenschaften im Mikrokosmos ausprobiert wird.«[55]

Adolf Arndt hat schon 1955 mit seinen Worten das Richtige getroffen, wenn er meinte, daß der neue Zeitbegriff, den die Relativitätstheorie begründet hat, auch das Rechtsdenken umstrukturieren muß.

»Ist es nicht der Untersuchung wert, ob ein *neuer Zeitbegriff*, der naturwissenschaftlich unser Weltbild von Grund auf gewandelt hat, sich nicht auch geisteswissenschaftlich im Rechtsdenken ankündigt und statt der dualistischen Auflösung von Recht und Ethik ein *polares* Verständnis beider Kontinuen in ihrer Ganzheit anbahnt ?«[56]

Es blieb allerdings bei dieser Andeutung eines Programms, in dem uns der Hinweis auf die Relativitätstheorie wichtig ist als prinzielle Erschütterung von Denkgewohnheiten; der Ansatz wurde aber von Arndt nicht weitergedacht, statt des Versuchs, sich scheinbar Ausschließendes nebeneinanderzusehen, bemühte er sich um Begegnungen, Überbrückungen, Verschmelzungen, Überschneidungen und

---

55 vgl. dazu das Kapitel »Komplementarität«.
56 Adolf Arndt, Rechtsdenken in unserer Zeit, Tübingen 1955, S. 17.

bewegte sich so im alten dialektischen Schema; z.B. gegenüber der Sein-Sollen-Dichotomie mit solcher Formulierung:

> »Gelingt es, jene seienden Werte als geschichtswirkliche Werte und jenes werthafte Sein als geschichtliche Wirklichkeit neu zu erläutern, das wirkliche Recht in der rechtlichen Wirklichkeit zu erkennen, so kann ein *gemeinsamer Ansatz* gefunden werden in der Annäherung, daß das eigene Sein des Rechts ein in mehrfacher Hinsicht menschlich-mitmenschliches Sein ist und das Recht gleichermaßen mit dem Menschen, seinem Dasein, seiner Geschichtlichkeit, seiner Gemeinschaftlichkeit und mit dem Menschen, seinem Wesen, seiner sittlichen Persönlichkeit verbunden ist.«[57]

In diesen Gedankengängen macht sich noch nicht die durch den »neuen Zeitbegriff« bewirkte Auflösung der alten Denkschemata bemerkbar, sondern das traditionelle Bedürfnis, Widersprüche durch eine mittlere Position miteinander zu versöhnen, durch ein tertium, als das damals im allgemeinen die »Natur der Sache« aufgefaßt wurde.[58]

Bisher führte polares Denken in der Rechtsphilosophie zur Suche nach der Synthese:

> »Gesucht wird in Anbetracht dieser Polarität die *Synthese* von abstrakt-utopischem und konkret-konservativem Rechtsdenken.«[59]

Die Synthese wird hier nicht gesucht. Es gibt sie auch gar nicht. Der Dualismus reißt überall und immer wieder auf, denn die denkbaren Synthesen können - relativ zueinander - etwas realistischer oder etwas idealistischer, etwas konkret-konservativer oder etwas abstrakt-utopischer, etwas monistischer oder etwas dualistischer[60] ausfallen - und schon ist die Polarität wieder da. Wir suchen nicht ihre Vermittlungen, sondern im Gegenteil ihre Außenposten.

Die hier vorliegende Arbeit versucht den nächsten Schritt in die nicht-synthetisierende polare Denkweise zu tun; deren Ideal ist eine Art stereoskopisches Sehen: beide Positionen eines Dimorphismus sind zugleich zu erfassen. Wegen der Schwierigkeit, dieses Ideal zu erreichen, muß sie sich mit abwechselnden Ins-Auge-Fassen begnügen. Das Hin-und Herwandern des Blickes zwischen zwei Polen ist ein in der Rechts*anwendung* erprobter Vorgang, wo er zwischen Norm

---

[57] Adolf Arndt a.a.O. S. 25.

[58] vgl. Arthur Kaufmann, Freirechtsbewegung - lebendig oder tot? in: Rechtsphilosophie im Wandel, 2. Aufl. 1984 Frankfurt a. M. 1972 S. 231 (245).

[59] Günther Ellscheid, Das Naturrecht in der neueren Rechtsphilosophie, in: Kaufmann/Hassemer a.a.O. S. 23 ff.

[60] vgl. dazu im Kapitel »Monistisch-dualistisch« den Abschnitt IV. über Binnendifferenzierungen.

und Lebenssachverhalt wechselt.[61] Der Wechsel zwischen relativistischer und absolutistischer Rechtsauffassung gelingt dadurch, daß diese in elastischer Weise auf bestimmte Geltungsbereiche bezogen werden.

Uns trennt von der abendländischen Tradition deren Intoleranz gegenüber Gegensätzlichem, uns fehlt das Motiv, eine Synthese zu finden. Wir legen Wert darauf, daß die Gegensätze »aufgehoben« sind, aber nur in dem *einen* Sinne des Wortes, das Hegel *doppel*deutig verwendet, nur in dem positiven Sinne, daß die Gegensätze nicht erlöschen, sondern fortbestehen; die negative Größe bedeutet nicht Negation.[62] Das Ergebnis dieser Betrachtungen kann deshalb nur sein, die rivalisierenden Ideen nebeneinander als wahr anzuerkennen und die Halbheit, unter der jede für sich genommen leidet, zu vermeiden.

Statt auf Synthese, Vermittlung, punktuelle Identität kommt es bei unserem Vorgehen darauf an, die komplementären Gestalten jeweils auf ihrer Seite durch vertikale Ketten miteinander zu verbinden; werden die polaren Typen untereinander so in Beziehung gebracht, entsteht eine unendliche Trennlinie, die zwei Hemisphären des Geistes scheidet, die »Unendliche Entzweiung«. Einerseits wird verzichtet auf den Anspruch, eine Brücke über den Abgrund zu bauen; andererseits wird aber die Behauptung gewagt, daß es sich nicht um viele Polaritäten, sondern letzten Endes um ein und dieselbe große Polarität, den Dimorphismus aller Wahrheit, handelt.

5. Wir werden an dieser und anderen Stellen[63] die Antithetik zwischen einer immanenten und einer emanenten Gottesvorstellung als Analogie heranziehen für Monismus oder Dualismus in der Rechtsphilosophie; diese Antithetik soll uns auch in diesem methodischen Teil dienen, und zwar zur Erläuterung unserer nicht-synthetisierenden Behandlung von Polaritäten, unserer Behauptung des »tertium non datur«:

In der religiösen Fragestellung, ob Gott von seiner Schöpfung getrennt zu denken ist oder sich mit ihr deckt, hat sich in der Romantik, die an sich dem Pantheismus zuneigte, als mittlere Position der Pan-en-theismus (Gott ist in allem) herausgebildet. Eine Anwendung des Komplementaritätsgedankens würde diesen Kompromiß vermeiden und stattdessen die rivalisierenden Auffassungen nebeneinander oder abwechselnd pflegen: einen Tag Theist, den anderen Pantheist sein - »alternativo«! Der Dualismus zwischen Gott und dem Ich, das »dialogische Prinzip« in der Gottesbeziehung führt zu Überspannung und Verdruß, wenn es länger aufrechtgehalten wird, als die spontane Fähigkeit zu dieser polaren Beziehung

---

61 Karl Engisch, Logische Studien zur Gesetzesanwendung, 3. Aufl. Heidelberg 1963, S. 15; mit Bezug darauf Kaufmann Freirechtsbewegung a.a.O. S. 245.

62 dazu Immanuel Kant, Versuch, den Begriff der negativen Größen in die Weltweisheit einzuführen, in: Werke Bd. (Hrsg. Weischedel), Darmstadt 1963, S. 5 ff.; näher dazu unten V.

63 »Monistisch- Dualistisch« I,2; Deutsch-Okzidental I,1. Ebenso geht auch Gerd Irrlitz, Wie vernünftig war die Vernunft der Philosophen? in Niemandsland Heft 8/9 1989 S. 133 ff. vor.

reicht. Die Nicht-Unterscheidung durch Hereinnahme des Gottesbildes bedeutet demgegenüber eine Entspannung und Erneuerung des religiösen Gefühls, die aber wiederum »im Nichts zerfällt, wenn sie im Sein beharren will«, und bedarf der Abwechslung durch die dann wieder fruchtbare Spannung. Den außen stehenden Gott vorzustellen, bedeutet Expansion, ihn hereinzunehmen, Kontraktion, und beide Bewegungsrichtungen verlangen Wechsel. Panentheismus ist eine leblose theoretische Konstruktion, deren Funktion in der Romantik darin bestand, die Pantheisten dem Häresie-Vorwurf zu entziehen, die für eine lebendige Gottesbeziehung aber unbrauchbar ist.

Ähnlich stagnierend wirken die tertium-Positionen in der Rechtsphilosophie. Die Polaritätsidee hat mehr Leben im unaufgehobenen Spannungsverhältnis.

V. Adam Müllers »Lehre von den Gegensätzen« und Kants »negative Größen«

1. Die Entdeckung der Vereinbarkeit des Gegensätzlichen, der Möglichkeit, zugleich das Eine und auch sein Gegenteil zu bejahen, geschah in der Romantik, ist eines ihrer Grundmotive. Sie empfand als

> »Kümmerlichkeit, daß die Menschen sich gewöhnt haben, an dem schäbigen, hölzernen Entweder-Oder zu hinken.«[64]

Die Romantik sah zwar

> »eine große Spaltung, die ein Zweifaches aus dem Ureinen macht und sich, dem Grundgesetz gemäß, in jedem Teile des großen Ganzen wiederholt und sich in zahllosen Formen, als Licht und Schwere, Geist und Natur, Nord und Süd, Mann und Weib wiederholt;«

aber

> »das sind nicht absolute Gegensätze, sondern Polaritäten, das heißt Gegensätze, die sich voraussetzen, indem das eine nur im Gegensatz zum andern seine Bedeutung hat ... Licht und Schwere, Kraft und Stoff, Tätigkeit und Sein liegen dem Leben der Natur zugrunde, teilen sie, ohne sie unversöhnlich zu zerreißen. So wenig wie Inneres ohne Äußeres, Zentrum ohne Peripherie vorstellbar ist,

---

64 Ricarda Huch a.a.O. S. 258.

ebensowenig Sinn hat es, nach der Priorität von Geist und Natur zu fragen, die einander ewig voraussetzen.«[65]

Wenn die Romantik Natur und Geist, Organismus und Artefakt in ein Polaritätsverhältnis gestellt, in eine Balance gebracht hat, so lag (wie wir schon sahen) darin gegenüber dem Zeitgeist der Aufklärung eine Aufwertung des Natürlichen, Organischen; die Würdigung des nicht vernunftgemäß Hergestellten, sondern aus sich heraus Entstandenen. Ganz deutlich wird das in einer Jugendschrift Adam Müllers aus dem Jahre 1804, des Mannes, der später mit restaurativ-romantischer Staatsauffassung Karriere machte, in seiner »Lehre von den Gegensätzen«.

Müller betreibt dasselbe Unternehmen wie wir, nur mit einer zu dem unsrigen entgegengesetzten Tendenz: Er breitet eine unendliche Dichotomie von gleichberechtigter Entgegensetzung aus in der Absicht, dem schon Bestehenden gegenüber dem Neuerungsdrang seiner Zeit einen Platz zu sichern; wir breiten dieselbe Dichotomie in der Absicht aus, gegenüber den Stagnationstendenzen unserer Zeit das noch nicht Bestehende, lediglich Gesollte als Wissenschaftsthema zu rehabilitieren. Balance trat um 1800 gegenüber dem Druck der Revolution bei Betonung der gewachsenen Strukturen ein, heute bedarf sie gegenüber dem Druck der ökonomischen Beharrungskräfte eines Gewichtes auf der Seite der vernunftbezogenen Veränderung.

In seiner 1804 erschienen »Lehre von den Gegensätzen«[66] beschreibt Adam Müller wie Schleiermacher eine Unendliche Entzweiung, führt sie aber nicht auf »die Gottheit« zurück, sondern begründet sie mit Schelling aus der Subjekt-Objekt-Trennung. Diese war für Schelling, von dem Müller beeinflußt war, Indiz für eine polare Struktur des Seins:

> »Die Natur muß ursprünglich sich selbst Objekt werden, diese Verwandlung des reinen Subjekts in ein Selbst-Objekt ist ohne ursprüngliche Entzweiung in der Natur selbst undenkbar.«

Beim Erkennen fallen notwendig das Subjekt und sein Gegenstand auseinander; auch der Begriff des Selbstbewußtseins ist nur insofern anzuerkennen,

> »als er nicht von der absoluten Identität, sondern von dem beständigen Entgegenstehen des Wissenden und des Gegenstandes des Bewußtseins ausgeht.«[67]

---

[65] Ricarda Huch a.a.O. S. 398.
[66] Adam Müller a.a.O.
[67] Adam Müller a.a.O. S. 206.

Diese Entgegensetzung von Subjekt und Objekt im Erkenntnisakt ist für Müller Grundlage des Prinzips des Gegensatzes überhaupt:

> »Objekt ist dasjenige, was dem Subjekt entgegensteht, und umgekehrt. Ein Subjekt also, dem kein Objekt entgegenstände, ist also nichts ... Was hier vom Objekt und Subjekt behauptet wurde, gilt von allen möglichen Objekten und Subjekten: und so ist etwas nur insofern da (real), als etwas ihm Entgegenstehendes da ist (antireal oder ideal) - die Kraft ist da und wirkt nur insofern, als ihr eine Gegenkraft entgegensteht, entgegenwirkt - eine Tätigkeit nur, insofern ihr Gegentätigkeit (Leiden) entgegensteht - das *Ich* ist insofern nur etwas, insofern das Gegenich da ist.«[68]

Müller legt Wert darauf, daß es nur gleichberechtigte Pole gibt, bei denen »positiv« und »negativ« austauschbare Benennungen sind:

> »Dabei verwahren wir uns aber ausdrücklich gegen jede ungegensätzliche Fixierung der Zeichen, deren beständige Wechselbehandlung nach Art der Algebra durch unsere ganze Arbeit vorausgesetzt wird.«

Den Gedanken der Gleichberechtigung der Pole führt Müller an derselben Ausformung der großen Entzweiung aus wie wir. »Naturrecht-Relativismus« ist auch das Thema, das ihn eigentlich interessiert und das Anlaß für die prinzipiellen Überlegungen zum Thema »Gegensatz« ist. Über diesen beiden Polen steht der Gegensatz »Natur-Kunst«, »Organismus-Artefakt«:

> »Der Mensch ist Werk der Natur, nur insofern die Natur Werk des Menschen ist, und umgekehrt. Keine Priorität, keine Übermacht der Natur oder der Kunst! Wie Form und Stoff, wie Seele und Körper, wie Ich und Gegenich stehen sie wirkend, sich vermählend, durch wechselseitiges Durchdringen zeugend und gebährend einander entgegen.«[69]

Praktisch-politisch hat Müller allerdings die Balance keineswegs eingehalten, sondern war leidenschaftlicher Gegner des Elements des Künstlichen im Rationalismus der Französischen Revolution, glühender Verehrer von Edmund Burkes Polemik gegen das Naturrecht, die - wie bereits gesagt - 1756 unter dem die Polarität deutlich kennzeichnenden Titel erschienen war:

---

[68] Adam Müller a.a.O. S. 219.
[69] Adam Müller a.a.O. S. 231.

»A vindication of *Natural* Society or, a View of the Misieries and Evils arising to Mankind from every species of *artificial* Society«.

Müller hält in seiner Lehre von den Gegensätzen keineswegs Neutralität innerhalb dieser, wenn er sie in der Vorrede »im Namen der künftigen besseren Zeitalter dem ehrwürdigen Schatten von Edmund Burke, dem Großbritannien und vielleicht Europa seine Rettung verdankt« widmet. Die Polarität *Natur-Kunst* wird von Müller (wie von allen Romantikern) einseitig zugunsten von Natur aufgefaßt, zum Schaden des Naturrechts:

»Im voraus erinnern wir an die große Rolle, die beide Worte in der gesellschaftlichen und wissenschaftlichen Revolution, besonders in Frankreich und Deutschland, gespielt haben. In Frankreich wurden sogenannte künstliche Institute umgestoßen, um die sogenannte Natur zu rächen, ihr Reich wiederherzustellen; alle diese künstlichen Institute, Adel, Geistlichkeit, Parlamente, die ganze Verfassung der französischen Monarchie, waren offenbar nicht Erfindungen der Kunst des Einzelnen, sondern mehr durch den Gang der europäischen Bildung im Ganzen, ihrer Modifizierung auf das Lokale von Frankreich, als durch individuelle Willkür, allmählich, pflanzenartig erzeugte Werke der Natur. An diesen Werken der Natur sollte die Natur gerächt werden, und wie wurde diese Rache vollzogen? Mit Werken unerhörter Anmaßung, beispielloser Willkür, mit dem höchsten Übermute der Kunst selbst.«[70]

Die naturrechtsfeindliche politische Ausbeutung seines Polaritätskonzepts wurde später Müllers Lebenswerk; die Jugendarbeit enthält aber sehr reine philosophische Grundüberlegungen zum Gegensätzlichen, die auf Kant fußen. Seine Nutzung der Polaritätsidee im Dienste der Aufwertung des Nichtrational-Natürlichen können wir Müller nicht vorwerfen, da auch wir diese Idee - mit gegenteiliger Absicht - kompensatorisch beanspruchen.

2. Müllers Anspruch war der, die Gedanken einer Frühschrift von Kant weiterzuführen, dessen »Versuch, den Begriff der negativen Größen in unsere Weltweisheit einzuführen.« Dort war dargelegt

»das Wesen des Gegensatzes und sein Verhältnis zum Widerspruche, der Unterschied zwischen dem Negativen und der Negation«,

wobei nach Müllers Ansicht »die weiteren Schritte ungetan blieben«[71].

---

70 Adam Müller a.a.O. S. 229.
71 Adam Müller S. 204.

Der Kantische Versuch[72] ist allerdings eine äußerst gewagte Übersteigerung des Polaritätsgedankens. Weit über das hinausschießend, was wir hier zugrundelegen - daß der Mensch geneigt ist, die Welt polar aufzufassen - behauptete Kant, daß die Welt aus einander entgegengesetzten Kräften *besteht*, die zusammengerechnet, nämlich die negativen von den positiven abgezogen, = 0 ergeben. Ja, Kant verstieg sich zu der Behauptung, daß die Welt Zero = 0 ist, und stellte als Satz auf:

> »Alle Realgründe des Universums, wenn man diejenigen summiert welche einstimmig sein und die von einander abzieht die einander entgegengesetzt sein, geben ein Fazit, das dem Zero gleich ist. Das Ganze der Welt ist an sich nichts ... Es ist demnach die Summe aller existierenden Realität, ... vor sich selbst betrachtet dem Zero = 0 gleich.«

Polarität (Kant wählte als Beispiele: Wärme-Kälte, Aufgehen-Untergehen, Liebe-Haß, Bewegung-Ruhe, Strafe-Belohnung) wirkt sich bei ihm so aus:

> »In allen natürlichen Veränderungen der Welt wird die Summe des Positiven, in so ferne sie dadurch geschätzt wird, daß einstimmige (nicht entgegengesetzte) Positionen addiert und real entgegengesetzte von einander abgezogen werden, weder vermehrt noch vermindert.«[73]

Kant verstand das als physikalische Tatsache, die er mit merkwürdigen Beobachtungen belegte:

> »Man weiß, daß verschiedene Erdgrüfte inwendig desto stärkeren Frost zeigen, je mehr draußen die Sonne Luft und Erde erwärmt, und Matthias Bel, der die Verhältnisse im karpatischen Gebirge beschreibt, fügt hinzu, daß es eine Gewohnheit der Bauern in Siebenbürgen sei, ihr Getränke kalt zu machen, wenn sie es in die Erde verscharren und ein schnell brennendes Feuer drüber machen. Es scheint, daß die Erdschichte in dieser Zeit auf der oberen Fläche nicht positiv warm werden könne, ohne in etwas größerer Tiefe die Negative davon zu sein.«[74]

Kant gestand allerdings von diesen Gedanken, »daß sie vor mich selbst nicht licht genug, noch mit genugsamer Augenscheinlichkeit aus ihren Gründen einzusehen sind«[75] und hat sie denn auch, wie Adam Müller bemerkt, nicht weitergeführt. Zu solcher Ontologie haben unsere Überlegungen genausoviel Distanz wie zu der

---

[72] Immanuel Kant a.a.O. S. 77.
[73] Immanuel Kant a.a.O. S. 808.
[74] Immanuel Kant a.a.O. S. 779.
[75] Immanuel Kant a.a.O. S. 811.

New-Age-Esoterik, die im Yin-Yang-Spiel reale kosmische Kräfte wirken sieht; allerdings sind die Übergänge in solche Gedankengänge immer fließend und Anregungen aus solchen Auffassungen unentbehrlich.

Anders als wir faßt Irrlitz[76] Polarität ontologisch auf, verbindet aber mit ihrer Hervorhebung ähnliche Absichten, nämlich zugunsten von Freiheit und Fortschritt ein Gegengewicht gegen die Postmoderne zu schaffen.

> »So elementare kategoriale Bestimmungen wie Einheit und Vielheit, Ganzes und Teil kann man nur in deren wechselseitiger Beziehung gegeneinanderstellen. Bereits die elementare Philosophie der Griechen lehrte nicht nur plurale, sondern antinomische Struktur des Seins. So verstand der Pythagoreismus seine Aussage, daß das Zahl sei, nämlich Einheit, Gegensatz und Einheit beider. In ihren Antinomien zeigt die Wirklichkeit zugleich synthetische Struktur. Das macht die Differenz nicht zu minderem Sein oder zu täuschendem Schein. Die am empirischen concretum in Erscheinung tretenden Differenzen und Widersprüche sind Ausdruck der Antinomien im Prinzipiellen. Die Gegensätze im Aufbau der realen Welt gehören dem Sein selbst zu, und nur darum erweisen sie sich im empirischen Geschehen als prinzipiell unaufhebbar.«

Dies ist der Gegenpol: Nicht als ontologische Struktur, sondern als die Weise unserer Gehirne, die Dinge aufzufassen, tritt Polarität in Erscheinung, wenn man sie als die Denkform, die dem Denken den geringsten Kraftaufwand abnötigt, auffaßt. Das tut zum Beispiel Theodor Lessing:

> »Ein Philosoph der Mathematik hat gelegentlich die paradoxe Bemerkung gemacht, die Redensart 'der Mann kann nicht bis drei zählen' sei eigentlich gar nicht so despektierlich, da ja niemand, selbst der größte Mathematiker nicht, mehr als bis zwei zählen könne. Was mit dieser Bemerkung gemeint ist und worauf sie abziele? Auf die merkwürdige Tatsache, daß alles bewußte Denken polar, daß jede mathematische Überlegung zweiteilig sei. Logisches oder mathematisches Denken besteht immer darin, daß irgendein nicht subsumiertes nicht 'ausstehendes' Element in eine bereits gegliederte Formel, eine feststehende Größe, in eine 'ideale Geltungseinheit' aufgenommen werden, daß irgendeine 'Menge' oder 'Mannigfaltigkeit' um ein ihr nicht eingefügtes Element erweitert werden muß. Mögen nun die Geltungseinheiten, mit denen etwa ein Arithmetiker arbeitet, noch so kompliziert, noch so reich gegliedert sein: die Form der mathematischen Operation ist die, daß zwei Mannigfaltigkeiten sozusagen gegeneinander gehetzt werden ... Dies alles besagt, daß Denken ein kosmisches 'Vereinheitlichen von Erfahrung' sei und daß unser Gesetz des kleinsten Kraftaufwandes ein Gesetz der Psychologie ist, ebenjenes Gesetz, das man wohl neuerdings als Gesetz der

---

76 Gerd Irrlitz a.a.O. S. 137.

> Denkökonomie oder schlechtweg als Gesetz der Abstraktion zu bezeichnen pflegt.«[77]

Wir lassen die Frage nach dem ontologischen Charakter der polaren Struktur offen und bringen das in dem Begriff Dimorphismus, der nicht die objektive Seinslage, sondern die Gestalt anspricht, zum Ausdruck.

---

77 Theodor Lessing, Wortmeldung eines Unerschrockenen, Leipzig und Weimar 1987, S. 206 f.

7. Kapitel
Ohnmacht oder Macht der Subjektivität[1]

I. Der Verlust des Subjekts in der Soziologie

1. Ethik und Relativismus, Universalismus und Kontingenzbehauptung stehen in dem polaren Spannungsfeld zwischen solchen Auffassungen, die in Vorgängen aktive Subjekte tätig sehen, und solchen, in denen alle Elemente eines Prozesses in gleicher Weise lediglich reagieren auf die Anstöße, die sie erhalten haben.

Wir haben dieses Spannungsfeld schon in der Polarität zwischen Organismus und Artefakt kennengelernt. In der Natur, im rein Organismischen, kann man keine zwecktätigen Subjekte isolieren; diese sind Urheber von Artefakten und gehören daher der Welt des Künstlichen an. Die Neigung, auch die von Menschen geschaffenen gesellschaftlichen Einrichtungen wie Natur anzusehen, besteht dann, wenn Subjektivität geleugnet werden, wenn Veränderungslust gegenüber den Verhältnissen unterdrückt und quietistische Haltung hergestellt werden soll. Ethischer Relativismus ist umso reiner verwirklicht, je mehr er auf handelnde Subjekte verzichten kann. Solange in einem Denksystem Individuen, wirkliche Menschen, im Vordergrund stehen, die in freier Entscheidung die Verhältnisse gestalten, ist Wertorientierung unentbehrlich; je mehr sie von der Bühne verschwinden und selbst umgetrieben werden von den Verhältnissen, desto angemessener ist Relativismus.

Dem Universalismus wird mit der Subjektleugnung die Basis entzogen. Grundrechte, Menschenrechte und Naturrecht sind nur insoweit Basis eines befriedigenden Allgemeinzustands, als zweckmäßig gehandelt wird, als das, was gewollt wird, auch geschieht. Sie setzen zwecktätig miteinander agierende Subjekte voraus und greifen nicht, wo blinde Mächte walten.

In Deutschland hat die organismische Auffassung der Romantik die relativistische Sichtweise schon sehr früh ermöglicht. Die rationalistische Grundannahme von frei agierenden Subjekten wurde vom still webenden Volksgeist verdrängt, so daß für uns nicht gilt, was Gouldner über die »domain assumptions« der westlichen Sozialwissenschaften des vorigen Jahrhunderts sagt:

> »Since the social sciences emerged in the secularized world of the 'self-made' bourgoisie that surfaced after the French Revolution in nineteenth-century-Europe, these concepts also tacitly imply that man makes his own societies and cultures. The modern concepts of society and of culture arose in a social world

[1] Daß dieser Titel von Jonas herkommt (Hans Jonas, Macht oder Ohnmacht der Subjektivität, 1. Aufl. Frankfurt a. M. 1981), ist nicht zu übersehen. Die Wörter wurden umgedreht, weil wir unserem Schema

that, following the French Revolution, men could believe they themselves had made. They could see that it was through their struggles that kings had been overthrown and an ancient religion disestablished.«[2]

Diese politische Erfahrung wurde in Deutschland nicht gemacht. Hier hatte man sich arrangiert mit den feudalen Kräften, den Reiz der alten Religion wiederentdeckt und sich vom »okzidentalen Rationalismus« (Max Weber) abgelöst.[3]

Die rationalistische »domain assumption« hat letzten Endes aber auch im Westen gelitten. Die großen Fortschritte der Soziologie, ihre Emanzipation aus der Philosophie, beruhten auch dort darauf, daß aus ihren Systemen der gestaltende Mensch, der homo faber, verschwand und Objekt der gesellschaftlichen Kräfte wurde. Diese Veränderung versucht Gouldner zu erklären:

> »Academic Sociology's emphasis on the potency of society and the subordination of men to it is itself an historical product that contains an historical truth ... Men could ... see that this was a world out of control, not amenable to men's design. It was therefore a grotesque, contradictory world: a world made by men but, despite this, not their world.«[4]

Die das menschliche Zusammenleben haltenden Kräfte, die in Deutschland schon seit der Romantik »übersubjektiv«, unabhängig von individueller Entscheidung gesehen wurden, entdeckte man im Westen im Positivismus und Funktionalismus. Hier wie dort ging die Entsubjektivierung der Betrachtungsweise einher mit der Geringschätzung dessen, was der *Staat* durch aktives, planendes Eingreifen in die Verhältnisse vermag. Für den Funktionalismus, der die Soziologie des 20. Jahrhunderts beherrscht, beschreibt Gouldner diese Haltung so:

> »From its heritage in Positivism, its development in English anthropology, and its formulation by Durkheim during the Classical period, Functional theory, much as it was sometimes concerned about the state, attributed relatively little importance to it or its initiative and responsibility for the management of the social problems produced by a market economy. The focus of early Positivistic Sociology was largely on spontaneous' social arrangements that grew 'naturally'. It polemically counterposed such spontaneous patterns to those that were planned and deliberately instituted, as, for example, the constitution-making drive of the classical, continental bourgoisie. Positivism, then, did not greatly concern itself with the contribution that 'politics' or the state might make to social stability. It saw stability as deriving largely from the new technology, science, the division of labor, or the development of a new morality appropriate to the emerging industrial society.

folgen, das links und rechts mit Bedacht (vgl. im Kap. »Unten-Oben usw.« II.) einsetzt; so auch bei der Überschrift Böse-Gut.

2 Alvin W. Gouldner, The Coming Crisis of Western Sociology, London 1971 S. 52.

3 vgl. dazu das Kapitel »Deutsch-Okzidental«.

4 Alvin W. Gouldner a.a.O. S. 52.

The Positivists, in short, tended to minimize, if not deprecate, the role of the state.«[5]

2. Dieses Erbe wird weitergetragen in der Systemtheorie, als deren Botschaft die Eliminierung des Subjekts, speziell des Staats als Subjekt, angesehen werden kann. In witziger Formulierung sagt dazu Llompart[6]:

»Da hier die Personifikation vollkommen und im System alles vorgesehen ist, so ist die Frage nach einem vom System getrennten Subjekt überflüssig und sogar falsch gestellt. Alles was das System gebunden hat, soll der Mensch nicht mehr trennen.«

Die Systemtheorie hat ihre Wurzeln im Funktionalismus, sie ist eine andere Ausdrucksweise für deren Grundaussage, daß aus dem sozialen Geschehen nicht einzelne Faktoren als wirkend zu isolieren, sondern nur in Wechselbeziehung mit anderen zu verstehen sind; daß insbesondere das absichtsvolle Handeln von Subjekten keine besondere Aufmerksamkeit verdient, da es durchkreuzt wird von den viel interessanteren unabsichtlich verlaufenden Bewegungen.

Die Systemtheorie benutzt zwar ihre eigenen Metaphern; an verschiedenen Stellen aber legt Luhmann den geistigen Kern seines Gedankengebäudes offen: die Idee von der latenten Funktion. Sie stammt aus der amerikanischen Soziologie der 30er Jahre: Latente Funktionen werden im Gegensatz zu den manifesten nicht von zweckbewußt handelnden Subjekten in Gang gesetzt, sondern sind selbsttätig. Ein Beispiel dafür bot Luhmanns frühe und erhellende Arbeit über Gerichtsverfahren: Der dort mit Recht in den Vordergrund gerückte Aspekt der »Legitimation durch Verfahren«[7] macht darauf aufmerksam, daß Gerichtsverfahren einen großen Teil ihrer friedensstiftenden Wirkungen aus nicht beabsichtigten, mit der rituellen Form aber einhergehenden psychologischen Wirkungen beziehen. (Solche Mechanismen werden von Luhmann derzeit mit dem biologischen Begriff der »Autopoiesis« zum Ausdruck gebracht.[8])

Luhmann stattet dem Konzept von der latenten Funktion den schuldigen Dank ab, wenn er seine Unterminierung der subjektbezogenen naturrechtlichen Grund-

---

[5] Trotz dieser Geringschätzung staatlicher Potenz erwies sich die funktionalistische Soziologie als sehr tüchtig, als sie im Zuge des New Deal in staatliche Wohlfahrtspolitik integriert und mit Geldern versehen wurde. Sie konnte sich umstellen auf von den Auftraggebern vorgegebene Ziele; Zwecktätigkeit, die sie vordem ignoriert hatte, konnte in das Zusammenspiel der Kräfte eingebaut werden. vgl. Gouldner a.a.O. S. 342.

[6] José Llompart in seinem Vorwort zu: Tradition und Fortschritt in den modernen Rechtskulturen, ARSP Beiheft Nr. 23, Stuttgart 1985, S. 8.

[7] Niklas Luhmann, Legitimation durch Verfahren, Neuwied-Berlin 1969.

[8] Niklas Luhmann, Soziale Systeme, Frankfurt a. M. 1984, S. 60 ff.

rechtsauffassung mit der durch die Soziologie bewirkten Horizonterweiterung begründet:[9]

> »Unmittelbare Ursache dieser Horizonterweiterung ist das soziologische Interesse an 'latenten' Funktionen und Strukturzusammenhängen - ein besonders wichtiges, vielleicht *das konstituierende Merkmal der Soziologie* als Wissenschaft.«

Dabei bezieht er sich auf Robert K. Mertons Aufsatz (1936) mit dem ausdrucksvollen Titel: »The Unanticipated Consequences of Purposive Social Action.«

Nicht nur ist die Redeweise von »Autopoiesis« und »Selbstreferenz« eine Konkretisierung der Idee von der latenten Funktion, sondern eine Ausformung viel älterer, vor-soziologischer Konzepte. Das trägt Luhmann selbst an versteckter Stelle vor:[10]

> »Das Problem unbewußter Wirksamkeit ist natürlich vor-soziologisch. Es hat auf mancherlei Weise: als Unerforschlichkeit der Ratschlüsse Gottes, als List der Vernunft, als still wirkende Kraft der Geschichte, als Wohlstandsförderung durch marktkonforme Eigensucht oder als selektive Entwicklungsförderung durch Kampf ums Dasein Ausdruck gefunden.«

Aber:

> »Die Problemformulierung der funktionalen Soziologie hat demgegenüber jedoch den wichtigen Vorteil, mit der Einsicht in die Latenz der Funktion die Frage nach der Funktion der Latenz und damit die Suche nach funktionalen Äquivalenten für Ignoranz verbinden zu können.«

Das Wortspiel ist gut, aber ihm wird ein großes Opfer gebracht: der Vorteil der Neuformulierung sehr vertrauter alteuropäischer Gedanken erscheint gegenüber dem Aufwand gering, ja: er ist nicht zu erkennen. Ignoranz läßt sich nur durch Wissen und Wollen ersetzen, und dann befindet man sich wieder auf den vertrauten Wegen des Rationalismus, in der Welt der manifesten Funktion, im Tageslicht des absichtsvollen Handelns, das von Funktionalismus und Systemtheorie gemieden wird.

Mit dem Angriff gegen das Subjekt wird der Universalismus in seinem Kern getroffen. Für all seine Schattierungen gilt »der für die Naturrechtslehre charakte-

---

[9] Niklas Luhmann, Grundrechte als Institution, Berlin 1965, S. 201. Hervorhebung von mir.
[10] Niklas Luhmann a.a.O. S. 201 Fußnote 1.

ristische Dualismus von Subjekt und Objekt«[11]. Luhmann schildert seine Abkehr von diesem Modell so:

»Für die alteuropäische Tradition der Gesellschafts- und Rechtsphilosophie war die Prämisse selbstverständlich gewesen, daß der Mensch seine Freiheit und seine Tugend, sein Glück und sein Recht als lebender Teil der lebenden Gesellschaft findet. Die Gesellschaft wurde als Verband konkreter Menschen gesehen, oft explizit ein sozialer Körper[12] genannt. Gerade darin, daß sie aus Menschen bestand, hatte sie ihre einleuchtende und einnehmende Humanität und ihren moralischen Anspruch ... Die neueren Entwicklungen der soziologischen Systemtheorie zwingen dazu, mit dieser Vorstellung zu brechen. Als strukturiertes System sinnhaft aufeinander bezogener Handlungen schließt das soziale System den konkreten Menschen nicht ein, sondern aus.«[13]

Kaufmann ordnet das ein in den Trend »vom Individuum zur Gesellschaft« und zitiert Hans Maier, der für das Strafrecht Subjektivitätsverlust festgestellt hat: ein Hinwegsehen über den Täter infolge des »Siegeszugs des total gewordenen Gesellschaftsbegriffs.«[14] In einem Buch mit dem Titel »Tod des Subjekts« wird von einem »grundstürzenden Wechsel von einem dialogischen Personalismus zum sozialen Behaviourismus« gesprochen.[15]

Die subjektivitätsverachtenden Tendenzen sind nicht etwa auf die politische Rechte beschränkt. Im Gegenteil: Sie sind traditioneller Bestandteil der linken Kritik am bürgerlichen Rechtssstaat; die Postmoderne bildet eine Klammer über die politischen Flügel. Die Atrophie des Subjektivitätsbewußtseins finden wir auch auf der Linken, z.B. in einem Buch mit dem Titel »Die Internalisierung des Subjekts - Zur Kritik der Funktionsweise des subjektiven Rechts« mit solcher Aussage:

»Kaum jemand behauptet heute noch die Existenz einer vor aller Gesellschaftlichkeit bestehenden individuellen Freiheit, die durch Eintritt des Individuums in

---

11 Allessandro Baratta, Natur der Sache und Naturrecht, in: Die ontologische Begründung des Rechts (Hrsg. A. Kaufmann), Darmstadt 1965, S. 111.

12 Dieser letzte Halbsatz ist irreführend. Da, wo ein »sozialer Körper« behauptet wird, verschwinden im Gegenteil die konkreten Menschen; der Terminus bewirkte früher das, was heute Aufgabe des Systembegriffs ist.

13 Niklas Luhmann, Rechtssoziologie, Reinbek 1971, S. 133.

14 Arthur Kaufmann, Rechtsphilosophie und Nationalsozialismus, in ders. : Beiträge zur Juristischen Hermeneutik, Köln 1984, S. 173 ff. (194).

15 Edith Düsing: Intersubjektivität und Selbstbewußtsein, in: H. Nagl-Docekal und H. Vetter (Hrsg.), Tod des Subjekts, Köln 1986.

die Gesellschaft eingeschränkt wird, wie dies für die Naturrechtslehre charakteristisch war.«[16]

Offenbar systemtheoretisch beeinflußt sind auch hier die Gedankengänge, obwohl sie letzten Endes ein zweckrational gesetztes Ziel - die Rettung der Biosphäre - im Auge haben:

»Die gesellschaftlichen Beziehungen lassen sich nicht durch ein System von Zuordnungen individuell beherrschter Lebenssphären organisieren. Die heutigen Ordnungen hochgradig interdependenter und organisatorisch vermittelter Sozialbeziehungen verlangen nach rechtlichen Kategorien, welche diese gesellschaftliche Vermitteltheit begrifflich erfassen und die Vorstellung individuell beherrschter Lebensräume überwinden. Ich zweifle, ob man ... die heutigen ökologischen Probleme mit einem subjektiven Recht auf Naturgenuß ... lösen kann ... Es geht um die Frage, ... wie die Übersetzung und Transformation materialgrundrechtlicher Freiheitsverbürgungen in organisatorische Ordnungsmuster gelingen kann.«[17]

Tatsächlich ist an dieser Stelle ein Schwachpunkt des Individualrechtssystems getroffen. »Should Trees have Standing ?« ist die Frage, die Christoper Stone[18] gestellt hat; sie zeigt Schwierigkeiten auf, die das System der subjektiven Rechte insgesamt in Zweifel ziehen.

3. Unverarbeitet bleibt bei diesem allseitigen Wiederaufleben der Subjektfeindlichkeit die Tatsache, daß sie nicht in den unschuldigen Anfängen, für die wir Nietzsche, Levy-Bruhl und Martin Buber angeführt haben, steckengeblieben ist, sondern im Nationalsozialismus Leitmotiv für dessen Kampf gegen Liberalität und Individualität wurde, daß mit diesen Ideen der bürgerliche Rechtsstaat mit seinem antagonistischen Gegenüber von subjektiven Rechten eliminiert wurde zugunsten eines »Gemeinschaftsrechts«. An die Stelle der Rechtsfähigkeit, d.h. der Fähigkeit, Subjekt von Rechten und Pflichten zu sein, wurde die »Gliedstellung innerhalb der Volksgemeinschaft« gesetzt.[19]

Wir kennzeichnen den faschistischen Institutionalismus mit den aus dem Exil gesprochenen Worten von Franz Neumann:

---

[16] Ulrich K. Preuss, Die Internalisierung des Subjekts, Frankfurt a. M. 1979, S. 15.

[17] Ulrich K. Preuss a.a.O. S. 28; zur systemtheoretischen Verstrickung der heutigen Linken vgl. auch unten »Monistisch—Dualistisch« IV.4.

[18] Christopher Stone, Should Trees have Standing, deutsch: Umwelt vor Gericht, Die Eigenrechte der Natur, München 1987.

[19] Karl Larenz, Rechtsperson und subjektives Recht, Berlin 1935, S. 9.

> »Der Institutionalismus gebärdet sich als progressive, als enthüllende Theorie dadurch, daß er dem Begriff der Person den Kampf ansagt und ihn durch den der Institution ersetzt, die nicht wie die liberalistische Rechtsperson Differenzierungen verhüllt. So werden im Staatsrecht der Begriff der Staatsperson und der Souveränität eliminiert.
> Der Staat wird eine Institution, in der ein Parallelogramm von Kräften wirksam ist, er wird eine Gemeinschaft, die sich organisch auf niederen Gemeinschaften aufbaut. Die Gewalt, die dieser Staat ausübt, ist keine äußere mehr, sie ist vielmehr die Gewalt der organisierten Gemeinschaft selbst.«[20]

Analog wurde in der Wirtschaftstheorie das wirtschaftende Subjekt eliminiert und ersetzt durch »die sozialen Gebilde«; man nennt sie heute Systeme und hat damit ein anderes Wortkleid als die »Gebilde- und Gefügelehre«.[21] Gemeinsam ist, daß in den Vorgängen Roß und Reiter nicht benannt werden.

Unverarbeitet bleibt bei dem Subjektivitätsüberdruß ebenso die auf der (politisch) linken Seite gemachte Erfahrung: die stalinistischen Übergriffe. Paschukanis, der Verächter des bürgerlichen Individualismus und der damit einhergehenden »Rechtsform«, mußte bitter büßen für diese Ideen.[22]

> »Es geht darum, daß die Sprache (symbolisch interagieren, Komplexität reduzieren , herrschaftsfrei kommunizieren) wieder bewußt zur Verhüllung von Gedanken und zur Manipulation von Meinungen eingesetzt wird,«

sagt Arthur Kaufmann in einer Arbeit, in der er den »Verrat der meisten führenden Schichten des Volkes an dem Ideengut des Liberalismus« nicht 1945 aufgehoben, sondern in die Gegenwart weitergezogen sieht.[23]

II. Subjektivität in der Sprache

Die von der Ohnmacht der Subjektivität ausgehende Auffassung kommt deshalb so schwer gegen die subjektbezogene, einen Acteur isolierende Denkweise auf, weil diese der Sprache zugrunde liegt, der Struktur der Grammatik. Es kostet schon eine gewisse Anstrengung, sich aus diesem Schema zu lösen, und gelingt immer nur un-

---

20 Franz Neumann, Der Funktionswandel des Gesetzes im Recht der bürgerlichen Gesellschaft (1937), in ders. : Demokratischer und autoritärer Staat, Frankfurt a. M. 1967, S. 7 (45); vgl. dazu Sibylle Tönnies, Concordia domi, foris pax, in: Symbol, Bewegung, Rationalität (Hrsg. C. Schlüter), S. 153 ff.

21 Friedrich v. Gottl-Ottlilienfeld, Volk, Staat, Wirtschaft und Recht, Berlin 1936.

22 S. dazu die Ausführungen im Kapitel »Kommutativ-Distributiv« II.

23 Arthur Kaufmann, Rechtsphilosophie und Nationalsozialismus a.a.O. S. 173 ff.

vollkommen. Einen Vorgang ohne Subjekt zu konstruieren, ist offenbar anderen Sprachen möglich; so wird über Chinesen und den Hopi-Indianern berichtet, daß sie Verben benutzen, ohne ein Agens benennen zu müssen[24].

Von jeher gehört es zu den Kennzeichen des Irrationalismus, daß er das Ziel des subjektfreien Denkens anstrebt; immer wieder wird das Acteure isolierende und damit nach Ursache und Wirkung differenzierende Denkmodell, das in diesem Zusammenhang gern als aristotelisch oder cartesianisch bezeichnet wird, von dieser Seite aus angegriffen. So geschieht es exemplarisch bei Nietzsche, der damit das Ende von Dogmatik und Wahrheitssuche erhoffte, die er in der Vorrede zu »Jenseits von Gut und Böse« so charakterisiert:

> »Irgendein Volks-Aberglaube aus unvordenklicher Zeit (wie der Seelenaberglaube, der als Subjekt- und Ich-Aberglaube auch heute noch nicht aufgehört hat, Unfug zu stiften), irgendein Wortspiel vielleicht, eine Verführung von Seiten der Grammatik her oder eine verwegene Verallgemeinerung von sehr engen, sehr persönlichen, sehr menschlich-allzumenschlichen Tatsachen.«

An anderer Stelle sagt Nietzsche:

> »Was zwingt uns überhaupt zu der Annahme, daß es einen wesenhaften Gegensatz von 'wahr' und 'falsch' gibt? Genügt es nicht, Stufen der Scheinbarkeit anzunehmen und gleichsam hellere und dunklere Schatten und Gesamttöne des Scheins - verschiedene *valeurs*, um die Sprache der Maler zu reden? Warum dürfte die Welt, *die uns etwas angeht*, nicht eine Fiktion sein? Und wer da fragt: 'aber zur Fiktion gehört ein Urheber?' - dürfte dem nicht rund geantwortet werden: Warum? Gehört dieses 'Gehört' nicht vielleicht mit zur Fiktion? Ist es denn nicht erlaubt, gegen Subjekt wie gegen Prädikat und Objekt, nachgerade ein wenig ironisch zu sein? Dürfte sich der Philosoph nicht über die Gläubigkeit an die Grammatik erheben?«[25]

Die Subjektleugnung ist Leitmotiv der Postmoderne geworden, deren Programm schon von Nietzsche formuliert wurde. Schon vor und nach dem ersten Weltkrieg begann man zu schwärmen für die Ununterschiedenheit zwischen Subjekt und Objekt, das Kennzeichen primitiver Geistesart, das Levy-Bruhl in seinem 1912 erschienenen Werk »Les functions mentales dans les sociétés inferieures« in prägender Weise als »participation mystique« bezeichnet hat. Die Überlegenheit des »wilden Denkens« sah man in seiner Freiheit von dem Prokrustesbett der Grammatik und formulierte das im Jugendstil so:

> »Man betrachte die Sprache der Primitiven, das heißt jener Völker, die gegenstandsarm geblieben sind und deren Leben sich in einem schmalen Umkreis ge-

---

24 Benjamin Lee Whorf, Sprache, Denken, Wirklichkeit, Reinbek 1963.

genwartsstarker Akte aufbaut. Die Zellkerne dieser Sprache, die Satzworte, vorgrammatische Urgebilde, aus deren Sprengung die Mannigfaltigkeit der Wörterarten entsteht, bezeichnen zumeist die Ganzheit einer Beziehung. Wir sagen: 'weit fort', der Zulu sagt dafür ein Satzwort, das bedeutet: 'da wo einer aufschreit: O Mutter, ich bin verloren'; und der Feuerländer überflügelt unsre analytische Weisheit mit einem siebensilbigen Satzwort, dessen genauer Sinn ist: 'man blickt einander an, jeder erwartend, daß der andre sich erbiete zu tun, was beide wünschen, aber nicht tun mögen.' In dieser Ganzheit sind die Personen, die substantivischen und die pronominalen, noch reliefhaft, ohne gerundete Selbständigkeit, eingebettet. Es kommt nicht auf die Produkte der Zerlegung und Überlegung, es kommt auf die wahre ursprüngliche Einheit, die gelebte Beziehung an.«[26]

Buber, von dem diese Darstellung stammt, verband mit ihr natürlich ganz andere Absichten als die wertzerstörenden, die wir im Auge haben. Ihm ging es bei seiner Frontstellung gegen »Zerlegung und Überlegung« um »die wahre ursprüngliche Einheit, die gelebte Beziehung«. Es liegt aber doch die mit Nietzsche gemeinsame Unterströmung des Anti-Rationalismus vor.

Gegen »Zerlegung und Überlegung« arbeiten auch Postmoderne und Systemtheorie, die ihr rechtssoziologischer Ausdruck ist[27], und der alte Hut der Sprachkritik kommt wieder zu Ehren. Auch die Systemtheorie gibt der Sprache die Schuld daran, daß die Botschaft »Subjekte sind Fiktionen« nur so unvollkommen aufgefaßt werden kann.

»Es gehört zu den schlimmsten Eigenschaften unserer Sprache (und die Gesamtdarstellung der Systemtheorie in diesem Buch ist aus diesem Grunde inadäquat, ja irreführend), die Prädikation auf Satzsubjekte zu erzwingen und so die Vorstellung zu suggerieren und schließlich die alte Denkgewohnheit immer wieder einzuschleifen, daß es um 'Dinge' gehe, denen irgendwelche Eigenschaften, Beziehungen, Aktivitäten oder Betroffenheiten zugeschrieben werden. Das Dingschema (und entsprechend: die Auffassung der Welt als 'Realität') bietet aber nur eine vereinfachte Version der Sachdimension. Dinge sind Beschränkungen von Kombinationsmöglichkeiten in der Sachdimension.«[28]

An dieser Stelle zitiert Luhmann Paul Valéry:

»'La notion des choses extérieures est une restriction des combinaisons' heißt es kontingenzbewußt im Monsieur Teste.«

---

25 Friedrich Nietzsche, Werke (Hrsg. R. Oehler), Leipzig o. J., Bd. 5 S. 53 f.
26 Martin Buber, Ich und Du, in ders. : Das dialogische Prinzip, Heidelberg 4. Aufl. 1979 S. 22.
27 vgl. »Vergangenheit-Zukunft« III. 1.
28 Niklas Luhmann, Soziale Systeme a.a.O. S. 595.

Selbst die Poesie kann nicht weiter als bis an die von der Sprache gesetzten Grenzen gehen. Diese Grenzen sind unüberwindlich:

> »... Sprache handelt von Subjekten. Alle Verben setzen voraus, daß bekannt oder erkennbar ist, auf wen oder was sie sich beziehen.«

Da sie sich nicht außersprachlich, z.B. musikalisch äußern kann, bleibt der Systemtheorie nichts anderes übrig, als die Eliminierung von isolierbaren wirkenden Faktoren in einer Facon zu äußern, die diese voraussetzt.

Das von Subjekten ausgehende Denken ist unentrinnbar, wir können der Tatsache nicht entgehen, daß

> »... wir ein Seiendes nicht anders denn als wirkend, ein Geschehendes nicht anders denn als bewirkt denken *können*; dies sind ehemalige, je ewige Funktionen, welche in die Structur unseres Verstandes hineingewachsen sind, und das Nicht-anders-können ist eine Nothwendigkeit, auf welche darum unsere *Gewißheit* sich bezieht, weil thätig sein und gemäß seiner Natur thätig sein, einerlei ist, nach formal identischem Satze. Wenn aber wir Menschen eine natürliche Denkgemeinschaft bilden, insofern als die Causalität uns innewohnt wie die Sinnesorgane und wir folglich auch nothwendiger Weise irgendwelche Namen bilden, um Wirkendes und Bewirktes zu bezeichnen, so kann die Differenz im Bezug auf dieselben Vorgänge nur aus dem Denken sich ergeben, *welche* Subjekte die wirkenden, also die eigentlich wirklichen (ta ontos onta) Dinge seien, und hierüber gehen allerdings Völker, Gruppen, Individuen auseinander.«[29]

Die Verabschiedung des Subjekt-Prädikat-Objekt-Schemas, der Verzicht auf ein Denken, in dem gewisse Faktoren für gewisse Wirkungen verantwortlich gemacht werden, ist deshalb meistens scheinhaft. Wie mit Recht auch in den subjektivitätsfeindlichen Ansätzen selbst festgestellt wird, ist diese Denkstruktur unentrinnbar, und auch ihre scheinbaren Überwinder bedienen sich ihrer munter weiter; sie setzen ihre Ausschaltung gezielt ein: da, wo sie Subjekte nicht wirken sehen wollen, z.B. in einer staatlichen Zentralinstanz, die Wohlfahrts- oder ökologische Politik macht.[30] Wenn solche zweckrationalen Impulse unterdrückt werden sollen, geschieht das unter üppigem Ausmalen der diese konterkarierenden anderweitigen Impulse. Chaos und Untergang erscheinen dann als Folge unliebsamer zweckrationaler Subjekttätigkeit - Gedankengänge, die sich aber sämtlich selbst im aristote-

---

29 Ferdinand Tönnies, Vorrede zur 1. Auflage von »Gemeinschaft und Gesellschaft«; Ursache und Wirkung dieses Vorgangs werden umgekehrt gesehen bei Peter-Ulrich Merz, Zum Verhältnis von Rationalität und sozialer Wirklichkeit bei Ferdinand Tönnies, in Lokalkultur und Weltgesellschaft (Hrsg. A. Deichsel u. R. Fechner), Hamburg 1987, S. 140 (167).

30 Niklas Luhmann, Politische Theorie im Wohlfahrtsstaat, Wien 1981; Ökologie und Kommunikation, Opladen 1986.

lisch-cartesianischen Muster bewegen. Denn auch die nicht-intendierten Folgen rationalen Handelns bewegen sich im Ursache-Wirkung-Schema.

III. Die schwankende Gestalt des Subjekts in den Kulturkreisen

1. Nun sei uns aber fern, das Kind mit dem Bade auszuschütten und alle subjektivitätsauflösende Weltsicht als politisch absichtsvoll und scheinhaft hinzustellen. In der Tat bedeutet es für unser Denken ein Prokrustesbett, daß wir alle Vorgänge zerlegen nach dem Schema: Wer tut was an wem? und unfähig sind, dem Strom des Lebens ohne solche Verengungen zu folgen. Das westliche Denken braucht dringend die Kompensation durch das ostasiatische, dessen Weisheit darin besteht, die Perzeption zu befreien von ihrem Schematismus und mit Augen zu sehen »wie die eines neugeborenen Kalbes, das nicht nach dem Wozu der Dinge forscht.«[31] Es ist allerdings erstrebenswert, die Welt auch in dieser Weise anzublicken. Nur: Wenn man gerade nach dem Wozu der Dinge forscht - und das tut Sozialwissenschaft, auch die relativistisch-postmoderne - soll man nicht mit diesen Augen zu sehen vorgeben.

Dieses Forschen aber auch einmal lassen zu können, ist Botschaft Ostasiens. Lao-tse sagte:

> Die fünf Farben machen des Menschen Aug' blind,
> Die fünf Töne machen des Menschen Ohr taub,
> Die fünf Geschmäcke machen des Menschen Mund stumpf.[32]

Damit ist jede Schachtel, in die wir Wahrgenommenes einordnen, gemeint, und zu den unheilvollen Schachteln ist besonders das Subjekt-Objekt-Schema zu rechnen.

> »Die Dualität von Subjekt und Objekt, von Wissendem und Gewußtem, wird wie jede andere als relativ, als wechselseitig und einheitlich angesehen. Wir schwitzen nicht, weil es heiß ist; das Schwitzen ist die Hitze«,

---

[31] Chuang-Tse, zitiert bei Alan Watts, Zen-Buddhismus, Reinbek 1961. Weniger als sein Titel verspricht, sagt Peter Sloterdijk, Eurotaoismus, Frankfurt a. M. 1989.

[32] Lao-Tse, Tao-Te-King, 12.

sagt Alan Watts in seiner Huldigung des Zen-Buddhismus[33], und mit Recht erkennt er Kierkegaard als den Antipoden dieser Haltung und preist - diesem entgegengerichtet - die asiatische Haltung:

> »In der Tat, hier gibt es kein Entweder-Oder, denn jetzt erkennt man, daß es niemals irgendein Selbst gegeben hat, um das Selbst seiner Kontrolle zu unterwerfen.«[34]

Das bedeutet Aufgeben von Ursächlichkeit, Loslassen. Das Objekt wirkt genauso auf das Subjekt wie dieses auf jenes:

> »Bäume zeigen den Körper des Windes; Wellen geben dem Mond lebendige Kraft.«[35]

Wir finden hier eine Weisheitslehre, die mit der Kategorienauflösung ernstmacht und die Suche nach dem Urheber von Abläufen fallenläßt.

> Leid allein gibt es, aber keinen der leidet;
> Die Tat allein gibt es, aber keinen Täter;
> Nirvana gibt es, aber keinen, der es sucht;
> Den Pfad gibt es, aber keinen, der ihn wandelt -

das ist die Summa Buddhas in der Visud-dhi-magga.[36]

Der Gewinn liegt in der Einheitlichkeit der Perzeption; die Dinge werden nicht mehr mit den Augen eines Jägers betrachtet - wie man sich einschalten und sie sich nutzbar machen kann -, sondern gleichmütig in ihrem Fluß betrachtet - und dadurch erst wirklich ganz wahrgenommen. Das nicht nach woher und wohin fragende Sehen ist sehr viel aufnahmefähiger, dem Wirklichen und Stofflichen näher.

Gib dich der Welt hin, nimm sie in deine Stille auf, das ist der Ratschlag der Taoisten und Zen-Buddhisten; er ist auch ein - mehr oder weniger gepflegtes - Element des Christentums: dem Bösen nicht zu wehren. Die Verbindungslinie zwischen dieser Haltung und der modernen, von der Naturbetrachtung abgeleiteten Wissenschaftsauffassung, die uns im Relativismus begegnet, zieht Thomas Huxley, der agnostische Vertreter von Darwins Evolutionslehre; das bestätigt unsere

---

33 Alan Watts a.a.O. S. 149.
34 Alan Watts a.a.O. S. 92.
35 Zenrin-Kushu, zitiert bei Alan Watts a.a.O. S. 150.
36 Visud-dhi-magga Vers 16.

Behauptung, daß Determinismus, Positivismus und Quietismus auf dieselbe, dem okzidentalen Rationalismus antipodisch gegenüberstehende Seite gehören:

> »Die Naturwissenschaft scheint mir auf der höchsten und einleuchtendsten Ebene die große Wahrhheit zu lehren, die in der christlichen Vorstellung von der totalen Ergebenheit in Gottes Willen verkörpert wird. Setz dich hin und betrachte die Wirklichkeit wie ein kleines Kind, sei bereit, jede Voreingenommenheit aufzugeben, folge demütig der Natur, oder du wirst nichts lernen.«[37]

Aber: Die ostasiatische Weisheit entfaltet sich nur dort, wo ihr Anhänger sich selbst als Adressat auffaßt und sein eigenes Auffassen und Handeln (bzw. Nicht-Handeln, Wu-Wei) nach ihr einzurichten gewillt ist. Die Subjekt- und Absichtslosigkeit soll *ihn* erfassen, und *er* soll pflanzenhafte Ruhe und Bedürfnislosigkeit erlernen; die Grenzen *seines* Ich sollen sich auflösen zugunsten seiner Zugehörigkeit zum Tao - das ist ein anderer Anwendungsbereich als der, den ehrgeizig-absichtsvolle Gesellschaftstheoretiker für die Subjektlosigkeit benutzen. Nirgends sind sie bereit, Ursache und Wirkung zu erkennen - alles zerfließt ihnen in unendlichen Kreisläufen ohne Anfang und Ende - mit Ausnahme des eigenen Lebensbereichs, wo diese Gedankengänge planvoll gezielten Wirkungen dienen. *Das* macht sie unglaubwürdig; der Ansatz selbst hat seine tiefe Wahrheit. Er ist nur halb: pflanzenhaft-passiv, weich, weiblich, bewahrend, Yin, und ist adäquat dem engsten Lebensbereich, der eigenen privaten Lebensgestaltung.

Deren kleinen Radius teilt der berechtigte Relativismus, der mit der Vorstellung von Subjektlosigkeit einhergeht. Wir sahen schon unter der Überschrift Partikular-Universal, daß das Partikulare das legitime Reich des Relativismus ist. Je größer die Entfernung aus dem engsten Rahmen ist, je mehr die Lebenswelt verlassen und das System angesprochen wird (um Habermas' Terminologie zu benutzen), desto klassischer sind die adäquaten Denkstrukturen, klassisch i.S. von Subjekt-Prädikat-Objekt. Je größer der betrachtete gesellschaftliche Rahmen ist, desto artifizieller sind auch seine Bildungen, desto entfernter von Natur und Von-Selbst-Entstandensein. Wir greifen damit die Unterscheidung Organismus-Artefakt wieder auf; das freventliche Ignorieren dieser Grenze macht sich bei der Frage Subjekthaftig- bzw. Subjektlosigkeit wieder bemerkbar. Artifizielle Bildungen haben per definitionem ein Subjekt, und zu ihnen gehört in seinen größten Teilen das Recht, zumal in seiner nach universalistischen Maximen gerichteten Ausgestaltung. Dieses Subjekt sind die Menschen, die es schaffen und ausüben, und wer sie übersieht, hat den selbstverständlichen Adressaten aller Rechtstheorie übersehen und treibt selbst wie dürres Holz in der Wüste - eine vorbildliche Haltung für einen Zen-Buddhisten, eine Verfehlung für einen Rechtstheoretiker.

---

37 Thomas Huxley, zitiert von J. Needham, Science and Civilization in China, Vol. II. , Cambridge 1979, S. 61.

2. Die Vorstellung von der Allmacht des Objektiven, die Atrophie der Subjektivität haben wir hier als herrschende Denkstruktur seit der Romantik dargestellt; es ist aber nicht zu übersehen, daß es in einzelnen Auffassungen immer wieder Gegenbewegungen gegeben hat.

In der hier schon eingeführten Gegenüberstellung von Ästhetischem und Ethischem bei Kierkegaard lag ein Aufbäumen des Subjektivitätsbewußtseins. Dieses Aufbäumen begründete den Existentialismus; es beruhte auf Kierkegaards Konfrontation mit Hegels Immanentismus, der kein Entscheiden zuläßt und insofern unter die Kategorie des Ästhetischen fällt. Kierkegaard fragte:

> »Was ist abstraktes Denken? - Es ist das Denken, bei dem es keinen Denkenden gibt. Es sieht von allem anderen als dem Gedanken ab, und nur der Gedanke befindet sich in seinem eigenen Medium. Was ist konkretes Denken? - Das ist das Denken, bei dem es einen Denkenden gibt und ein bestimmtes Etwas (in Bedeutung von etwas Einzelnem), das gedacht wird, wo die Existenz dem existierenden Denker den Gedanken, Zeit und Raum gibt.«[38]

Dem zweiten gab Kierkegaard den Vorzug: »Die Subjektivität ist die Wahrheit.« Den Titel »Entweder-Oder« hat Kierkegaard bewußt gegen Hegel formuliert, gegen dessen »System«, in dem die Weltgeschichte objektives, notwendiges Werden ist; in dem die Einzelsubjekte nur ausführende Organe sind; in dem Wahn, Entscheidungen zu treffen, Werkzeuge der die vernünftige Idee verkörpernden Geschichtsentfaltung. Dem gegenüber hat Kierkegaard den Antagonismus zwischen Ich und Welt hergestellt; die Vereinzelung, die Abtrennung des jeweiligen Ich vom Nicht-Ich ist sein Thema. Die »Existenz« des Denkenden hat eine grundsätzlich andere Qualität als das Dasein der Welt, ist mit ihr in kein gemeinsames System zu pressen. Als unernst muß man mit Kierkegaard alle Versuche empfinden, die menschliche Vereinzeltheit zu ignorieren und sich selbst in den großen Topf der Weltgeschichte zu werfen. Das allgemeine Geschehen ist etwas so grundsätzlich anderes als das eigene Erleben und Erfahren, daß keine beides überwölbenden Aussagen möglich sind.

An einem Beispiel demonstriert Kierkegaard seine scharfe Ablehnung des von konkreter Individualität abstrahierenden Denkens, das das moderne soziologische werden sollte:

> »Siehe, da war kein einzelner Soldat, der es wagte, Hand an Caius Marius zu legen; das war die Wahrheit. Aber nur drei oder vier Frauenzimmer, mit dem Bewußtsein oder der Vorstellung, Menge zu sein, außerdem mit einer Art Hoffnung auf die Möglichkeit, daß keiner bestimmt sagen könnte, wer es war oder wer den Anfang machte, sie hätten den Mut dazu gehabt - welche Unwahrheit! -

---

38 Sören Kierkegaard, Gesammelte Werke (Hrsg. H. Gottsched und C. Schrumpf) Jena 1919-1925, Bd. VII S. 30.

Die Unwahrheit ist zuerst die , daß die Menge tue, was entweder nur der Einzelne in der Menge tut oder was in jedem Fall der Einzelne tut. Denn eine Menge ist ein Abstractum, das keine Hände hat; jeder Einzelne hat in der Regel zwei Hände, und wenn dann dieser Einzelne seine Hände an Caius Marius legt, so sind es die beiden Hände dieses Einzelnen, doch wohl nicht die seines Nachbarn, noch weniger die der Menge, die keine Hände hat.«[39]

Auch in der Gegenwart sind Ausbruchsversuche erkennbar. In der Soziologie war Dahrendorfs »Homo Sociologicus« ein Auflehnen gegen den diese Wissenschaft beherrschenden, ja konstituierenden Determinismus und ein Wiederanknüpfen an Kants Idee vom intelligiblen Charakter des Menschen, von seiner Dominanz über die empirischen Abläufe durch die Möglichkeit des moralischen Handelns.[40] In der Psychologie hat Roberto Assaglioli die Stimme des freien Willens übernommen:

»Ich glaube, der Wille ist das Aschenputtel der modernen Psychologie. Er ist in die Küche verbannt worden. Die Vorstellung der viktorianischen Zeit[41], durch die Willenskraft sei jedes Hindernis zu überwinden, wurde durch Freuds Entdeckung der unbewußten Motivation zerstört. Doch unglücklicherweise hat dies in der modernen Psychologie zu einer deterministischen Betrachtung des Menschen geführt, der nur als Bündel konkurrierender, von keiner Mitte gelenkter Kräfte vorgestellt wird. Dem widerspricht die unmittelbare Erfahrung des Menschen von sich selbst. An irgendeinem Punkt, vielleicht in einer Krise, wenn Gefahr droht, wacht der einzelne auf, indem er seinen Willen entdeckt. Diese Offenbarung, daß Wille und Selbst innig zusammenhängen, vermag das ganze Selbst- und Weltverständnis eines Menschen zu verändern. Er erkennt, daß er ein lebendiges Wesen ist, ein Handelnder, in dessen Macht es steht zu wählen, Bezüge herzustellen, eine Veränderung der Verhältnisse, sowohl der eigenen Persönlichkeit wie der anderer, zu bewirken. Und dieses Gewahrwerden verhilft zu einem Gefühl von Ganzheit, Sicherheit und Freude.«[42]

Die Zulassung von Subjektivität in einem Denksystem hängt nicht von einer erkenntnislogisch entscheidbaren Grundfrage ab, sondern ist eine Frage der Stimmung, der Geneigtheit, die nicht nur in einzelnen Individuen, sondern in Epochen unterschiedlich ist. Es gibt männliche und weibliche Epochen - eine Aussage, die nichts über die Herrschaftsstruktur aussagt. Die gegenwärtige, die vorherrschend

---

39 Sören Kierkegaard, Papirer (Hrsg. Heiberg u. Kuhr), Kopenhagen 1909, X (5), A 142.

40 vgl. Sibylle Tönnies, Ist das Recht ein Biotop, in Rechtstheorie H. 1 1987, S. 105 ff.

41 Anm. : Das ist nicht die wilhelminische! vgl. die Ausführungen zum deutschen Eigenweg in dem Kapitel »Deutsch-Okzidental«. Selbst ein willenszentriertes Konzept wie das Schopenhauers war in Deutschland kein Konzept von Freiheit, sondern von Getriebenheit.

42 Roberto Assaglioli, in: Stimmen und Visionen, Gespräche mit Sam Keen, Frankfurt a. M. 1979, S. 218; Assagliolis Argument ist die Selbstevidenz, dazu S. unten IV 3.

subjektlos-relativistisch denkt, hat passiv-weibliche Züge (diese Feststellung eines weiblichen Autors muß so hingenommen werden wie die Hildegard v.Bingens, die ihre Zeit als »tempus muliebre« bezeichnete[43]).

3. Die epochal wechselnde Wendung in die eine oder andere Richtung drückt sich nicht nur in den Wissenschaften aus, sondern auch und gerade in der Kunst, in der Dichtung. An einigen literarischen Textstellen wollen wir uns in die eine oder andere Stimmung hineinfühlen, im Auge behaltend, daß sie die Grundlage jeweils für Relativismus oder Universalismus abgibt.

Die Auflösung des Rationalismus stand unter dem Einfluß Rousseaus, dessen Roman »Emile oder Über die Erziehung« mit Worten beginnt, die eine energische Absage an menschliche Aktivität sind:

> »Alles ist gut, wie es aus den Händen des Schöpfers der Dinge hervorgeht; alles entartet unter den Händen der Menschen. Er zwingt ein Land, die Erzeugnisse eines anderen zu tragen. Er vermengt und vertauscht die Klimaverhältnisse, die Elemente und die Jahreszeiten.«

Solche Haltung wurde populär durch Goethe, der eine Verschiebung des Fokus vom Menschenwerk auf die Natur vornahm, vom Machen auf das Werden. Goethe gehörte zwar selbst zu den großen, über den Gegensätzen stehenden Geistern, wie Schiller und Schleiermacher sie fordern. In seiner Wirkung zeigt sich aber ein starkes Gewicht in der linken Waagschale. Ein Zeitgenosse hat 1783 eine von Goethe anerkannte, in seinem Stil formulierte komprimierte Fassung der neuen Passivität vorgenommen:

> »Natur! Wir sind von ihr umgeben und umschlungen - unvermögend aus ihr herauszutreten, und unvermögend tiefer in sie hineinzukommen. Ungebeten und ungewarnt nimmt sie uns in den Kreislauf ihres Tanzes auf und treibt sich mit uns fort, bis wir ermüdet sind und ihrem Arme entfallen. Sie schafft ewig neue Gestalten; was da ist, war noch nie, was war, kommt nicht wieder - Alles ist neu und doch immer das Alte. Wir leben mitten in ihr und ihr fremde. Sie spricht unaufhörlich mit uns und verrät uns ihr Geheimnis nicht. Wir wirken beständig auf sie und haben doch keine Gewalt über sie. Sie scheint alles auf Individualität angelegt zu haben und macht sich nichts aus den Individuen. Sie baut immer und zerstört immer, und ihre Werkstätte ist unzugänglich.«[44]

---

[43] vgl. dazu das Kapitel »Weiblich-Männlich«.

[44] Georg Christoph Tobler, in: Goethes Werke, Hamburger Ausgabe (Hrsg. E. Trunz), Bd. 13, Hamburg 1953, S. 53.

Das hier ausgedrückte Lebensgefühl hat in unserem Jahrhundert Gottfried Benn artikuliert, offenbar in Anschluß an den eben gehörten Text:

> »Die Natur: man reißt ihr keine Erklärungen vom Leibe, sie ist alles, ich vertraue mich ihr, sie mag mit mir schalten, ich preise sie mit allen ihren Werken.«[45]

Die hier behandelte Polarität ist das Spannungsfeld, in dem sich Benn bewegt hat (»die abendländische Grundfrage, die Sphinxfrage«[46]), meistens in Richtung auf das Subjektlos-Organische hin, dann aber mit voller Emphase auch in die andere Richtung. In einer Vorlesung stellte er den Studenten als Vertreter der Subjektivitätsbehauptung Semi Meyer[47] vor:

> »Meyer aber stellt die Entwicklung dar als das Prinzip, das nicht abläuft oder entfaltet, sondern auf den vorhandenen Grundlagen schöpferisch das Unberechenbare erbaut. Der Geist ist entstanden und kämpft täglich um sein Reich. Das Licht schuf die Linse nicht, die Organismen haben sie geschaffen im Licht und für das Licht, und der Geist ist frei und die Schöpfung trächtig. Meine Herren, sie haben die Zeiten nicht mehr erlebt, wo nach ewigen Gesetzen sich die Körper bewegten und die Energieformen wirkten, wo die Welt ein Ablauf war mechanischen oder energetischen Geschehens. Sie können es vielleicht nicht ganz ermessen, was für eine Erkenntnis von unermeßlichem Gefühl es ist, wenn ich Ihnen sage, Sie haben ein Schicksal, und das ruht ganz in Ihrer Hand.«[48]

Das neunzehnte Jahrhundert machte aus Subjektivitätsverzicht eine politische Einstellung; wer dagegenstand, war ein Außenseiter wie Heinrich Heine, der in einem Gedicht seine Treue zum Naturrecht so darstellt, daß die männliche, kämpferische Tendenz für unsere Zwecke gut zum Ausdruck kommt. In eine durchaus deutsch-romantische Szenerie[49] setzt er sein Bekenntnis als Kontrapunkt[50]:

---

[45] Gottfried Benn, Goethe und die Naturwissenschaften, in: Essays, Reden, Vorträge; Gesammelte Werke in vier Bänden, 1. Bd. Wiesbaden 1959, S. 198.

[46] Gottfried Benn a.a.O. S. 198; ich bin darauf in meinem Aufsatz: Organismus und Freiheit - Zum Verlust der Subjektivität in Luhmanns Systemtheorie, in: Recht, Justiz, Kritik, Festschrift für Richard Schmid (Hrsg. H. E. Böttcher) Baden-Baden 1984, S. 375 (392) eingegangen.

[47] Semi Meyer, Probleme der Entwicklung des Geistes 1. Bd. Die Geistesformen; zitiert bei G. Benn a.a.O. S. 19.

[48] Gottfried Benn a.a.O. S. 19.

[49] Das »Deutsche« vertritt in unserem Schema die linke Seite, vgl. das Kapitel Deutsch-Okzidental.

[50] Heinrich Heine, Buch der Lieder, Aus der Harzreise, Bergidylle II.

Tannenbaum mit grünen Fingern
Pochts an's niedre Fensterlein
Und der Mond, der stille Lauscher,
Wirft sein goldnes Licht hinein.

Das in diesem Ambiente gewonnene Mägdelein stellt ihm die Gretchenfrage nach dem Heiligen Geist, und nachdem er seine frühere Indifferenz bekannt hat, sagt Heine:

Jetzo, da ich ausgewachsen,
Viel gelesen, viel gereist,
Schwillt mein Herz, und ganz von Herzen
Glaub ich an den heil'gen Geist.

Dieser tat die größten Wunder,
Und viel größ're tut er noch;
Er zerbrach die Zwingherrnburgen,
Und zerbrach des Knechtes Joch.

Alte Todeswunden heilt er,
Und erneut das alte Recht!
Alle Menschen gleichgeboren,
Sind ein adliges Geschlecht.

Er verscheucht die bösen Nebel
Und das dunkle Hirngespinst,
Das uns Lieb und Lust verleidet,
Tag und Nacht uns angegrinst.

Tausend Ritter, wohlgewappnet,
Hat der heil'ge Geist erwählt,
Seinen Willen zu erfüllen;
Und er hat ihn mutbeseelt.

Ihre theuren Schwerdter blitzen,
Ihre guten Banner wehn!
Ei, du möchstest wohl, mein Kindchen,
Solche stolzen Ritter sehn?

Nun, so schau' mich an, mein Kindchen,
Küsse mich, und schaue dreist;
Denn ich selber bin ein solcher
Ritter von dem heil'gen Geist.

Gegen Ende des Jahrhunderts wurde die gegenteilige Stimmung, das Ohnmachtsgefühl, das Bewußtsein der Unterworfenheit unter blinde Naturzwänge so übermächtig, daß es zu Depression, zu der eigentümlichen Fin de Siècle-Stimmung führte, die man aus Hermann Bangs 1898 verfaßter Schilderung seines Elternhauses heraushört: Es ist Frühling, und während draußen Knechte und Mägde zueinanderdrängen, herrscht Lähmung im Wohnzimmer:

> »Lange saß er still da. Dann sagte er (der Vater): - Wie weit du dich entfernt hast
> -
> Die Mutter antwortete nicht. Aber nach einer Weile sagte sie: - Fritz, die Natur ist stärker, und es ist die Erde selbst, die sie treibt.
> - Ja, Fritz; und sie sprach heftiger:
> - Je mehr ich nachdenke, desto sicherer sehe ich es, es gibt nur ein Gesetz, das einzige, daß das Leben fortgesetzt werden will.
> Sie schwieg wieder eine Weile und sagte dann langsamer: *Das* glaube ich.
> - Fortgesetzt zu welchem Ziel?
> - Das Ziel ist, daß gezeugt werden soll.
> - Und warum?
> Die Mutter sah in die leere Luft hinaus:
> - Ich weiß es nicht, sagte sie.
> ....«

oder an anderer Stelle:

> »- Wir sprechen vom Krieg, sagte sie und setzte sich wieder; der viele Brokat machte ihr die Bewegungen ein wenig unbequem. Seine Excellenz zuckte mit den Schultern:
> - Die Entwicklung fordert eben ihre Schlachtopfer, sagte er.
> ....
> - Ich wußte nicht, daß Onkel Hvide an die 'Entwicklung' glaubt.
> Die Excellenz lachte:
> - Nein, aber ich glaube an Schlächtereien.
> ....
> aber Seine Excellenz, die sich halb umwandte, sagte, als fege sie etwas hinweg:
> - Und außerdem weiß ich wirklich nicht, warum Ihr so viel von den Urenkeln von Affen verlangen wollt.«[51]

4. Im Verlauf des 19.Jahrhunderts war aus der organisch-romantischen Sicht ein biologisch-deterministischer Monismus mit demoralisierender Wirkung geworden, der dann in unser Jahrhundert als Bewußtsein von Verhängnis hereinragt[52]:

> »Das biologische und historiosophische Denken dieser Zeit haben, so verschieden sie sich sahen, zusammengewirkt, um einen Glauben an das Verhängnis herauszustellen, zäher und beklommener als je einer bestand. Es ist nicht mehr die

---

51 Hermann Bang, Das Weiße Haus, Das Graue Haus (1898), Zürich 1958 S. 123 und S. 300.
52 vgl. dazu Hannah Arendt, Elemente und Ursprünge totaler Herrschaft, München Zürich 1986, S. 245.

Macht des Karman und nicht mehr die Sternenmacht, was unabwendbar das Menschenlos regiert; vielerlei Gewalten beanspruchen die Herrschaft, aber wenn mans recht betrachtet, glauben die meisten Zeitgenossen an ein Gemisch von ihnen wie die späteren Römer an ein Gemisch von Göttern. Das wird durch die Art des Anspruchs erleichtert. Ob es das 'Lebensgesetz' eines Allkampfes ist, in dem jeder mitfechten oder auf das Leben verzichten muß; oder das 'Seelengesetz' eines restlosen Aufbaus der psychischen Person aus eingebornen Gebrauchstrieben; oder das 'Gesellschaftsgesetz' eines unaufhaltsamen sozialen Prozesses, den Wille und Bewußtsein nur begleiten dürfen; oder das 'Kulturgesetz' eines unabänderlich gleichmäßigen Werdens und Vergehens der Geschichtsgebilde; und was der Formen mehr sind: immer bedeutet es, daß der Mensch in ein unentrinnbares Geschehen eingespannt sei, gegen das er sich nicht oder nur in seinem Wahn wehren könne. Vom Zwang der Sterne befreite die Mysterienweihe, vom Zwang des Karman das erkenntnisgeleitete Brahmanopfer, in beiden bildete sich die Erlösung vor; der Mischgötze duldet keinen Glauben an Befreiung. Es gilt als töricht, sich eine Freiheit zu imaginieren; man habe nur die Wahl zwischen resolutem und aussichtslos rebellischem Sklaventum. Wieviel auch in allen den Gesetzen von teleologischer Entwicklung und organischem Werden die Rede geht, allen liegt die Besessenheit vom Ablauf, das heißt von der uneingeschränkten Ursächlichkeit zugrunde.«[53]

IV. Das Vexierbild als Antwort auf die Ignoramus-Formel

1. Haben wir Positivismus und Funktionalismus (mit Gouldner[54]) dafür verantwortlich gemacht, daß der Subjektbezug auch im westeuropäisch-angelsächsischen Raum, dem angestammten Herrschaftsbereich des okzidentalen Rationalismus also, aus der Gesellschaftstheorie gewichen ist, so stellen wir bei genauem Hinsehen fest, daß innerhalb dieser Richtungen wiederum Differenzierungen vorzunehmen sind unter dem Gesichtspunkt, ob eine wollende, entscheidende, agierende Kraft vorgesehen ist oder nicht. Die Subjektleugnung kann nämlich noch einen Schritt weitergehen und nicht nur die Benennung des Menschen als wirkende Kraft ablehnen, sondern die jedes Einzelfaktors überhaupt.

Ganz deutlich tritt diese Bifurkation auf, wenn man Theodor Geigers Ansatz mit dem der funktionalistischen und dem der Reinen Rechtslehre vergleicht. Gegenüber beiden vertritt Geiger die subjektfreie Position, beide erscheinen aus seiner Sicht dem klassischen, einen Einzelfaktor isolierenden Denken verhaftet. Im Falle des Funktionalismus ist es eine latente konstruktive Kraft, die dem Ziel der Bestandserhaltung zudient; im Falle der Reinen Rechtslehre ist es der Wille der souveränen Zentralgewalt - in beiden Fällen benennbare Drahtzieher, denen man die

53 Martin Buber, Ich und Du a.a.O. S. 59.
54 oben im Abschnitt I 1.

besondere Rechtsgestaltung zuschreiben kann. Dagegen wehrt sich Geiger mit Nachdruck.

Zu der Frage, welcher Faktor dafür verantwortlich ist, daß gewisse Verhaltensweisen ge- und andere verboten werden, sagt Geiger: »Ignoramus« und überschreibt auch einen Abschnitt seiner »Rechtssoziologie« so. In der Negation bestimmender Faktoren, geschweige denn einzelner Menschen als Handlungsträger, stellt Geiger einen Klimax dar. Die Erklärung, die der Rechtspositivismus, wie ihn Kelsen geprägt hat, für die Entstehung von Rechtsnormen gibt, lehnt Geiger ab. Daß das positive Recht der Wille eines Souveräns sei und als solcher Geltung habe - darin sieht er eine unzulässige Vereinfachung. »Machtvoller Willen« oder »Wille eines Machthabers« läßt sich für ihn nicht isolieren; der Herrschaft liegen interkursive Machtverhältnisse zugrunde, und wer das übersieht,

> »sieht nur einen einfachen Gegensatz von Macht und Ohnmacht, Machthabern und Machtlosen, nicht aber das unendlich verwickelte Spiel von Machtfaktoren verschiedener Stärke, das hinter der Fassade des integralen Machtstatus vor sich geht. Damit verwischt man aber auch die Pluralität der rechtsbestimmenden Willen.«[55]

Natürlich läßt er bei der Frage nach dem Auswahlkriterium für Erlaubtes und Verbotenes kein moralisches Argument zu, aber auch das funktionalistische findet vor ihm keine Gnade:

> Die Ethnographen wissen von manchen streng aufrecht erhaltenen Sitten manchen Naturvolks zu berichten, die dem Gedeih und fortgesetzten Bestand des Ganzen geradezu abträglich sind ... Es ist ein willkürliches naturrechtliches Postulat, daß Leben und Eigentum gesichert, Vereinbarungen unverletzlich sein müssen, um Gesellschaft möglich zu machen .... Menschen entwickeln gewisse Handlungsweisen zur Gewohnheit. In menschlichen Gruppen verfestigen sich gewisse Gebarensweisen zum Brauch. In menschlichen Gesellschaften sind gewisse, habituell entstandene Gebarensmodelle mit v-Stigma versehen, d.h. zur Norm erhoben. *Warum* das im einzelnen Fall gerade diese und nicht ganz andere Gebarensweisen sind ? - : Ignoramus.«[56]

Mit dieser konsequenten Haltung ist Geiger der Systemtheorie voraus, deren Kontingenzbehauptung durch funktionalistische Grundannahmen immer wieder gebrochen wird. Ihr funktionalistisches Erbe, ihre kybernetischen und biologischen Anleihen, die letzten Endes auf Geschlossenheit und Heilheit gehen, trüben die

---

[55] Theodor Geiger, Vorstudien zu einer Soziologie des Rechts, Neuwied und Berlin 1964, S. 366.

[56] Theodor Geiger a.a.O. S. 118 und 120; dieses Argument der naturrechtlichen Konsequenz des Funktionalismus paßt auch oben im Kap. »Kontingenz—Notwendigkeit« III.

Kontingenzposition, die in ihrer Reinheit tatsächlich nur mit »Ignoramus« einzunehmen ist.

2. Geigers »Ignoramus« ist das (allerdings nicht ausdrückliche) Zitat der berühmt gewordenen Formel Emil Du Bois-Reymonds, der 1872 seine Rede »Über die Grenzen des Naturerkennens« mit »Ignoramus und Ignorabimus« beendete.[57] Das, was wir nicht wissen und auch nicht wissen werden, ist dort die Entstehung von Bewußtsein und Subjektivität, die »Verbindung von Leib und Seele«, der psychophysische Zusammenhang. Diese Frage wurde mit der Ignoramus-Formel aus dem Bereich des Naturwissenschaftlichen hinausgewiesen. Das entsprach dem Schwur, den Du Bois-Reymond als junger Student mit Ernst Brücke abgelegt hatte:

> »Die Wahrheit geltend zu machen, daß im Organismus keine anderen Kräfte wirksam sind als die gemein physikalisch-chemischen.«[58]

Ein mehr oder weniger bewußtes Verwandtschaftsgefühl hat Geiger zur Übernahme der Ignoramus-Formel bewogen. Auch er hat Teil an der Verschwörung gegen die Anerkennung eines autonomen Geistes. Geleugnet wird von ihm nicht nur die Souveränität eines gebündelten politischen Willens einerseits, geleugnet wird die Vorstellung der Rechtsbildung als eines irgendwie beseelten Vorganges. Wenn wir das Verbindende in den von Geiger abgelehnten Erklärungen suchen, so ist es eine von innen her in den Verhältnissen wirkende Gestaltungskraft, ein Geist, der sie prägt, ein eigener Motor: Subjektivität.

Wir wissen es nicht und wir werden es nicht wissen - damit ist auch ausgedrückt: wir wollen davon nichts wissen, alle mit der Idee von einer autonomen Seele verbundenen Vorstellungen sind uns zuwider, sie halten die Forschung auf und sind mehr oder weniger wissenschaftlicher Kitsch. In diesem Geist des Positivismus sind sich Du Bois-Reymond und Geiger verbunden.

Die Frage, ob ein Vorgang von innen her beseelt, mit Subjektivität ausgestattet ist, führt auch in den Naturwissenschaften zu außerordentlich divergenten Meinungen. Die Anerkennung oder Leugnung eines isolierbaren Agens in den Vorgängen ist fraglich auf allen Stufen des Seins: vom sich ausdehnenden Stein bis zum ethisch handelnden Menschen besteht eine Hierarchie, in der sich auf allen Stufen das Problem der Subjektivität stellt. Dieses betrifft nicht erst die Willensfreiheit (die von Geiger natürlich konsequent verneint wird[59], sondern ist, wie Du Bois-Reymond sagt, schon eine Frage der Sinneswahrnehmung. Anerkennung von

---

57 Emil du Bois-Reymond, Über die Grenzen des Naturerkennens, Leipzig 1872.

58 Du Bois-Reymond in einem Brief an Hallmann, zitiert in: Wolfgang W. Swoboda, Ernst Wilhelm Brücke, Briefe an Emil Du Bois-Reymond, 1. Teil (Hrsg. H. Brücke) Publikationen aus dem Archiv der Universität Graz, Bd. 8/1, Graz 1978, S. XXXIV.

59 Theodor Geiger a.a.O. S. 54 ff.

Sinneswahrnehmung bedeutet Anerkennung von Subjektivität - die Frage stellt sich schon beim Stein, der sich bei Erhitzung ausdehnt, wie es die Sprache ausdrückt. Wo auch immer man die Wahrnehmungsfähigkeit ansetzt - ob in der Fotosynthese des Blattes oder im Schmerzempfinden des Tieres, ob eher oder später - von Wahrnehmung spricht man, wenn man kein Objekt, sondern ein Subjekt meint. Die Frage nach der Willensfreiheit - ob der Mensch im Kausalnexus als gestoßen oder stoßend angesehen wird - ist lediglich eine Weiterführung des Motivs.

3. Die Leugnung der Willensfreiheit ist das Gegenteil vom Animismus, der Bereitschaft, Subjektivität auch dem toten Stoff zu verleihen. In ihrer Hauptströmung kann man die geistesgeschichtliche Entwicklung so ansehen, daß Vorgänge, in denen man ehemals Eigeninitiative erblickte, zunehmend als fremdbestimmt aufgefaßt werden. Erst die allerneusten naturwissenschaftlichen Entdeckungen scheren da aus (Quantenmechanik, Chaostheorie); in der Philosophie ist es Hans Jonas, der ausschert. Er reanimiert heute die Vorgänge wieder, indem er den Keim der Subjektivität in aristotelischer Manier wieder tief in die Materie zurückverlegt in Bereiche, in denen nur Objekte zu sehen man sich gewöhnt hat. Jonas vertritt eine polar gesteigerte Gegenposition zur Subjektivitätsleugnung. In seiner Schrift »Macht oder Ohnmacht der Subjektivität«[60] stellt er den Schwur von Du Bois-Reymond als Antipoden zu seiner eigenen Auffassung heraus. »Fanatismus der Wissenschaftlichkeit« antwortet er auf die Frage, wie es zu diesem Schwur kam. Die These, daß der Geist ein Epiphänomen der Materie sei, daß er sich außerhalb der Kausalität befinde, durch nichts bewirkt und ohne Wirkung auf die Materie, widerlegt Jonas durch den Hinweis, daß in diesem Fall die Seele aus dem Nichts entstanden sein müßte, daß diese Annahme und die der Folgenlosigkeit des Bewußtseins für die Materie mit dem Gesetz der Physik in Widerspruch steht, nach dem nichts ohne Anstoß geschieht und nichts ohne Folgen existiert.[61]

Nach Jonas Ansicht spricht für die Absurdität der Annahme, daß der Geist nur ein Wahn sei, die Erwägung, daß dieser »Wahn« dasjenige ist, was allein Trug und Wahn unterscheiden kann.

> »Alle Theorie, noch die falscheste, ist ein Tribut an die Macht des Denkens, dem im theoretischen Vollzug doch zugebilligt wird, daß es sich über die Macht geistfremder Determinationen erheben und das, was im Vorstellungsfeld auftritt, frei nach Normen der Einsicht beurteilen *kann*, ja daß es überhaupt des *Entschlusses* zur Wahrheit fähig ist. Der Epiphänomenalismus behauptet aber die Ohnmacht des Denkens und damit die Unfähigkeit seiner selbst, unabhängige Theorie zu sein. In der Tat muß noch der extremste Materialist für sich als Denker eine Ausnahme behaupten, damit extremer Materialismus als Lehre möglich ist. Aber während selbst der Kreter, der alle Kreter für Lügner erklärt, immer noch hinzufügen kann: ausgenommen mich in diesem Augenblick, kann der Epiphänomena-

---

60 Hans Jonas, Macht oder Ohnmacht der Subjektivität, Frankfurt a. M. 1981.

61 Hans Jonas a.a.O. S. 47; vgl auch den Abschnitt über Hans Jonas oben in »Organismus-Artefakt« IV.

list, der das *Wesen* des Denkens definiert hat, diesen Zusatz nicht machen, weil auch er verschlungen wird vom Abgrund des Generalurteils.«[62]

Mir scheint dieses Argument aber von den Fallstricken des Paradoxen zu profitieren, in die Selbstbezug letzten Endes immer führt.[63] Wenn man es daraus befreit, hat man die Selbstevidenz-These vor sich, die keineswegs jeden zu überzeugen vermag.

Die Selbst-Evidenz meint Nietzsche ja, wenn er in dem Vorwort von »Jenseits von Gut und Böse« den »Subjekt-Aberglauben« zurückführt auf

> »eine verwegene Verallgemeinerung von *sehr engen, sehr persönlichen*, sehr menschlich-allzumenschlichen Tatsachen«[64].

Das Subjektivitätsbewußtsein des Einzelnen wird von Seiten der Epiphänomenalisten gerade als Ursache der Täuschung angesehen. Wenn ein geworfener Stein denken könnte, so soll Baruch de Spinoza das Argument formuliert haben, dann würde er, am höchsten Punkt seiner Bahn angekommen, zweifellos denken: Und jetzt will ich wieder hinunterfallen.

Die Passivität aller Vorgänge, die nur durch das trügerische Selbst-Bewußtsein überdeckt wird, stellt Schopenhauer dar in der Antwort auf die Preisfrage der Königlich Norwegischen Societät der Wissenschaften: »Läßt die Freiheit des menschlichen Willens sich aus dem Selbstbewußtsein beweisen ?«

> »Um die Entstehung dieses für unser Thema so wichtigen Irrtums speziell und aufs Deutlichste zu erläutern ..., wollen wir uns einen Menschen denken, der, etwa auf der Gasse stehend, zu sich sagte: 'Es ist 6 Uhr abends, die Tagesarbeit ist beendigt. Ich kann jetzt einen Spaziergang machen; oder ich kann in den Club gehen; ich kann auch auf den Turm steigen, die Sonne untergehen zu sehen; ich kann auch ins Theater gehen; ich kann auch diesen, oder aber jenen Freund besuchen; ja, ich kann auch zum Tor hinausgehen, in die weite Welt und nie wiederkommen. Das alles steht allein bei mir, ich habe völlige Freiheit dazu; tue jedoch davon jetzt nichts, sondern gehe ebenso freiwillig nach Hause, zu meiner Frau.' Das ist gerade so, als wenn das Wasser spräche: 'Ich kann hohe Wellen schlagen (ja! nämlich im Meer und Sturm), ich kann reißend hinabeilen (ja! nämlich im Bette des Stroms), ich kann schäumend und strudelnd hinunterstürzen (ja! nämlich im Wasserfall), ich kann frei als Strahl in die Luft steigen (ja! nämlich im Springbrunnen), ich kann endlich gar verkochen und verschwinden (ja!

---

62 Hans Jonas a.a.O. S. 63.
63 vgl. Kapitel »Oben-Unten . . . Kreis-Linie« IV. 1.
64 S. o. in diesem Kapitel im Abschnitt II. , Hervorhebung von mir.

> bei 80° Wärme[65]), tue jedoch von dem allen jetzt nichts, sondern bleibe freiwillig, ruhig und klar im spiegelnden Teiche.'«[66]

Wir haben keine Neigung, die Subjektivitätsfrage zu entscheiden. Unserem Konzept entspricht es, ihre Relevanz für die Rechtstheorie aufzuzeigen, die durch sie bewirkte Bifurkation in Richtung Universalismus oder Relativismus vor Augen zu führen. Letzten Endes sollen die beiden sich gegenseitig als Kompensation benötigenden Bewegungsrichtungen dabei erfahren werden. Im Sinne unserer Unendlichen Entzweiung sollen einander gegenübergestellt werden: eine nach außen gehende Richtung, die tatkräftig, fest, mutig und verantwortungsfreudig ist, und eine nach innen sinkende, deren Mangel an Spannkraft durch größere Perzeptionsfähigkeit und Sensibilität gegenüber dem Vorhandenen, Wirklichen, Stofflichen ausgeglichen wird.

In beiden Fällen wiegt weniger die Kraft der oft schon jahrhundertealten Argumente; dafür, ob die Positionen überzeugen, ist vielmehr wesentlich, wie stark sie die ihrem Bereich zugehörige Stimmung vermitteln können. Der Erfolg, den Jonas z.Zt. mit Recht genießt, beruht weniger auf seinen Argumenten, als auf der Kraft seiner eigenen Subjektivität, die er durch seine klare und direkte Sprechweise vermittelt, auf seinem eigenen Schwung, seinem ethischen Ernst, seiner eigenen Verantwortungsbereitschaft; auf der sublimierten heroischen Atmosphäre, die er verbreitet.

Der Erfolg, den umgekehrt Luhmann hat, beruht darauf, daß man - ohne seine Werke tatsächlich lesen zu müssen - schon durch einige Seiten in eine indifferente »Wallet auf - Wallet ab« -Stimmung[67] versetzt wird, daß man sich gern verlocken läßt, von seiner Angespanntheit in Richtung auf bestimmte Ideale loszulassen und sich stattdessen hinzugeben dem großen Sausen der bewußtlosen Systeme.

4. Zu allen Zeiten standen sich die Träger der verschiedenen Grundstimmungen gegenüber, früher in theologischen Auseinandersetzungen über den Einfluß, den das Handeln der Menschen auf ihre Erlösung hat.

Im Streit gegen Augustinus' Betonung der Gnadenwahl ging Pelagius von Willensfreiheit aus; er predigte dabei nach folgendem Vorsatz:

> »So oft ich über die Sittenlehre und über den Verlauf eines heiligen Lebens reden muß, so pflege ich zuerst die Kraft und Fähigkeit der menschlichen Natur nachzuweisen und aufzuzeigen, was sie leisten kann, und so das Gemüt der Hörers zu den Idealen der Tugenden aufzureizen. Denn es soll ihm von rechtem Nutzen sein, wenn er zu solchen Dingen angetrieben wird, von denen er vorher meinte,

---

65 Réaumur.

66 Arthur Schopenhauer, Preisschrift über die Freiheit des Willens (1839) in ders. : Sämtliche Werke (Hrsg. W. v. Löhneysen) S. 519 (561); »Ich gehe nach Hause zu meiner Frau« leitet morphologisch über zu dem Dimorphismus des Kapitels »Weiblich-Männlich«.

67 vgl. dazu Goethe-Tobler oben unter III. 3.

daß sie ihm völlig unmöglich seien. Wir vermögen nämlich niemals den Weg der Tugenden zu betreten, wenn wir nicht von der Hoffnung als Gefährtin geleitet werden ... Das Gute der Natur muß für desto vollkommener erklärt werden, je vollkommener das Leben eingerichtet werden soll, damit das Herz nicht umso schlaffer und träger zur Tugend sei, je weniger es sich zutraut und, während es die ihn ihm wohnenden Kräfte nicht kennt, diese Kräfte auch nicht zu haben glaubt.«[68]

Dem stellte Augustin sein »non posse non peccare« entgegen.

»Seine Gnade hat Gott in Christus uns geschenkt, daß wir vorherbestimmt sind nach dem Ratschluß dessen, der alles wirkt. Und wie er auf diese Weise bewirkt, daß wir zu seiner Gemeinde kommen, so bewirkt er auch, daß wir nicht abfallen.«[69]

Wir finden die Polarität wieder zwischen Erasmus und Luther. Erasmus meinte:

»... die Willensfreiheit hat durch die Sünde eine Wunde empfangen, ist aber nicht vernichtet worden, und obwohl sie sich eine Lähmung zugezogen hat, so daß wir vor (Empfang) der Gnade geneigter sind zum Bösen als zum Guten, so ist sie doch nicht ausgetilgt, nur daß die Größe der Sünden und die Gewohnheit zu sündigen, die gleichsam zur zweiten Natur geworden ist, das Urteil der Vernunft zuweilen ... trübt.«[70]

Luther kam es dagegen nur auf die Gnade an.

»Der freie Wille ist ein göttlicher Titel. Er steht dem erhabenen Gott zu und niemandem außer ihm.«
»Von mir selber bekenne ich: wenn ich zu wählen hätte, wünschte ich mir *keine* Willensfreiheit. Ich möchte nicht die Möglichkeit haben, mich um meine Seligkeit selber zu bemühen. Denn wie dann bestehen ? Es gibt so viele Anfechtungen und Gefahren, es bedrängen den Menschen so viele böse Geister - von denen jeder einzelne stärker ist als alle Menschen zusammen -, daß niemand selig werden könne.«[71]

---

68 Pelagius, Unter den Briefen des Hieronymus, Ep. 1,Kap. 2, Migne SL 20, Sp. 16: Akten von Diospolis, bei Augustin, De gestis Pelagii, Corpus Scriptorum Ecclesiasticorum Latinorum, 42, S. 68f.
69 Augustin, De dono perseverantiae, Kap. 7,14, Migne SL 45, Sp. 1001; Ep. 186,25, Corp. Script. Eccl. Lat. 57, S. 65.
70 Erasmus, Diatribe de libero arbitrio, in: Quellenschriften zur Geschichte des Protestantismus (Hrsg. J. Walter) 1910, Heft 8 S. 25.
71 Martin Luther, in: Quellenschriften a.a.O. S. 55 und 222.

5. Bei Anwendung der Komplementaritätsidee sind in diesen Kontroversen beide Auffassungen zugleich richtig; unterschiedlich ist nur die Perspektive: einmal wird der Vorgang von innen, einmal von außen gesehen. Ob die von Subjektivität ausgehende oder diese leugnende Betrachtung zutreffend ist, ist deshalb nicht die Frage - es handelt sich um zwei Denkmöglichkeiten, die nur durch einen kleinen geistigen Kippvorgang voneinander getrennt sind und doch in zwei ganz verschiedene Reiche führen, das eine rechter und das andere linkerhand.

Der Unterschied der Betrachtung liegt in diesem Kippvorgang: man kann das Aktive passiv und das Passive aktiv sehen. Es ist ein Kippvorgang, wie er beim Gestaltsehen zwischen Figur und Feld vorgenommen werden kann. Das Aktive und das Passive können im Vexierbild gegeneinander ausgetauscht werden; was Objekt war, nämlich Feld, solange man zwei Gesichter gesehen hat, wird Subjekt, nämlich Vase, wird Gestalt, wenn wir unser Sehen umstellen; ein Kippvorgang, den wir rückgängig machen können, indem wir das Figur-Grund-Verhältnis wieder austauschen.

In derselben Weise ist es uns möglich, die Schnecke, die bei Berührung durch die Kinderhand die Hörner einzieht, als Subjekt oder Objekt des Vorgangs zu betrachten; die Sprache beschreibt sie als Subjekt, aber wissend, daß die Schnecke nicht anders kann, als auf den Reiz zu reagieren, können wir sie auch als dessen Objekt, Opfer der Kinderhand, ansehen. In der Frage der Willensfreiheit im Menschen setzt sich dieses Figur-Grund-Schema fort, und in der von Geiger mit »Ignoramus« überschriebenen Problemlage ist sie wiederum vorhanden: Man kann sich die evolutionären Prozesse, die zu Rechtsnormen führen, als von innen beseelt, einem inneren Formgesetz gehorchend, vorstellen, so daß Rechtswerte als sich entfaltende Gestalten hervortreten, hinter denen die sie hervorbringenden Umstände als Feld zurücktreten - was Geiger strikt ablehnt -; man kann aus dem geschichtlichen Ablauf Institutionen oder Individuen isolieren, die die Veränderung gewollt und ins Werk gesetzt haben, was Geiger ebenso ablehnt; oder man kann wie er als Subjekte, als Gestalten die Umstände benennen, die Interdependenzen und Imponderabilien, das unentwirrbare Gestrüpp von Kausalitäten, bei denen letzten Endes eine verbindliche Rechtsnorm herauskommt.

Geigers Perspektive ist plausibel: Im dänischen Exil schreibend, hatte er gute Gründe dafür, den rechtsgeschichtlichen Gesamtprozeß nicht als die kontinuierliche Herausbildung der Gestalten des Rechtsgüterschutzes anzusehen, als die Entelechieentfaltung der Werte Leben und Eigentum. Auf einem Ruderboot, unter Hinterlassung seiner Habe, hatte er sich aus einer hochentwickelten Kulturnation herausgerettet - wie sollte er da annehmen, daß Leben und Eigentum eine eigene Dynamik besitzen, mit der sie letzten Endes rechtsbewehrte unverletzliche Güter sind? Für ihn sind sie genauso Spielball der Machtverhältnisse wie die Werte Rasse, Volk und Recht des Stärkeren. Recht ist für Geiger das Passive - das, was geprägt wird, nicht das, was sich ausprägt.

Ebenso hatte er keinen Anlaß, die ihn hinaustreibenden Kräfte isoliert, gebündelt in einer Zentralgewalt zu sehen. Das war nicht der Wille von Z, sondern die Pluralität der Ressentiments, das interdependente Vorurteil. Kelsen, der zwar auch das Emigrantenschicksal erlitt, hatte als aktiver Politiker hingegen Anlaß, das subjektive Element, den politischen Willen ernstzunehmen.[72] Beide hatten Recht; das komplementäre Denken erlaubt, beide Auffassungen zusammen als die richtige anzunehmen.

Die Neigung, die Dinge so oder so zu sehen, ist in ihren Ursachen so schwer zu fassen, daß wir sie im Sinne unseres Gesamtkonzepts lediglich als Bewegungsrichtung, nach außen oder innen gehend, verstehen wollen. Wo ein Vorgang subjektbezogen, aktiv aufgefaßt wird, liegt Yang vor, wo er als geschehen und passiv aufgefaßt wird, Yin. Im Zen-Buddhismus findet sich die Wechselbezüglichkeit des Aktiven und des Passiven in dem Bild des sich in einem Teich spiegelnden Mondes. Tut der Mond etwas mit dem Teich, indem er ihm sein Abbild aufdrückt - oder tut der Teich etwas mit dem Mond, indem er ihm sein Abbild wiedergibt?

Andeutungsweise beschreibt Jonas die Ambivalenz, die Kippfähigkeit des Subjektivitätsproblems; im Unterschied zu uns behandelt er aber das Problem nicht auf der morphologischen, sondern einer ontologischen Ebene. Er will erkennen, wie es sich wirklich verhält mit Geist und Stoff, während wir uns mit der Ebene der Mimesis begnügen. Die Ebenen gehen aber ineinander über, und Jonas kommt unserer Dimorphismus-Auffassung an manchen Stellen, die er dann aber wieder verläßt, sehr nahe; so, wenn er unter dem Titel »Die passiv-aktive Doppelnatur des Psychischen«[73] sagt:

> »Der Schlüssel zur Lösung des erst von einer philosophierenden Physik erzeugten 'psychophysischen Problems' liegt also gemäß unserm Vorschlag in der uralten, aber niemals hierfür verwerteten Einsicht, daß unser Subjektsein diesen Doppelaspekt hat und aus Rezeptivität und Spontaneität, Sinnlichkeit und Verstand, Fühlen und Wollen, Erleiden und Handeln besteht, kurz, passiv und aktiv in einem ist.«

---

72 dazu mehr im Kap. »Gemeinschaft-Gesellschaft«I,5.

73 Hans Jonas, Macht oder Ohnmacht der Subjektivität a.a.O. S. 76.

Es würde sich anbieten, für diesen Doppelaspekt den Begriff der Komplementarität zu verwenden; Niels Bohr hat das getan, auch mit direktem Bezug auf die Determinismusfrage - Jonas hat zu diesem Konzept aber Distanz[74].

Auch Tolstoi ist bei seinem Nachdenken über Freiheit und Notwendigkeit auf die den Widerspruch ertragende, doppelgleisige Betrachtungsweise gekommen:

> »Die ganze Frage besteht darin: Wenn wir einen Menschen beobachten, gleichviel von welchem Standpunkt aus, so werden wir das allgemeine Gesetz der Notwendigkeit finden, dem er genauso unterworfen ist wie alles Vorhandene. Wenn wir aber von uns selbst aus auf ihn schauen wie auf einen Gegenstand, den wir anerkennen, dann fühlen wir uns frei.«[75]
>
> »Freiheit und Notwendigkeit sind der Gegenstand der Untersuchung. Freiheit für sich ist Inhalt. Notwendigkeit für sich ist Form. Nur wenn man zwei Quellen voneinander trennt, die zueinander in Beziehung stehen, wie die Form zum Inhalt, erhält man getrennte, einander ausschließende und unhaltbare Begriffe von Freiheit und Notwendigkeit. Und nur, wenn man sie wieder vereint, entsteht eine klare Vorstellung vom Leben des Menschen.«[76]

In einer über unseren Zusammenhang noch hinausweisenden, dichterischen Darstellung erfahren wir bei Martin Buber[77] die beiden gleichberechtigten Möglichkeiten, einen Vorgang von außen, vom Objektiven her zu erfassen oder von innen, vom Subjektiven her - und lernen auch schlaglichtartig die *gleichzeitige* Perspektive kennen: Der Gedanke malt

> »zwei Bildreihen, auf rechte und linke Wand. Auf der einen ist das Universum. Dem Wirbel der Gestirne enttaucht die kleine Erde, dem Wimmeln auf der Erde enttaucht der kleine Mensch, und nun trägt ihn die Geschichte weiter durch die Zeiten, die Ameisenhügel der Kulturen, die sie zertritt, beharrlich wieder aufzubauen. Unter der Bildreihe steht geschrieben: 'Eins und alles'.
>
> Auf der anderen geschieht die Seele. Eine Spinnerin spinnt: das Kreisen aller Gestirne und das Leben aller Geschöpfe und die ganz Weltgeschichte; alles ist eines Fadens Gespinst, und heißt nicht mehr Gestirne und Geschöpfe und Welt, sondern Empfindungen und Vorstellungen, oder gar Erlebnisse und Seelenzustände. Und unter der Bildreihe steht geschrieben: 'Eins und alles'.

---

[74] S. u. in dem Kapitel: Komplementarität.
[75] Leo N. Tolstoi, Krieg und Frieden, Epilog, 2. Teil,8.
[76] Leo N. Tolstoi, a.a.O., Epilog 2. Teil, 10.
[77] Martin Buber, Ich und Du a.a.O. S. 74.

Aber ein Augenblick kommt, und er ist nah, da sieht der schauernde Mensch auf und sieht in einem Blitz beide Bilder auf einmal. Und ein tiefer Schauder erfaßt ihn.«

V. Die Relativität des liberum arbitrium

1. Bei unserem Versuch einer »Philosophie des Sowohl-Als auch« betrachten wir das gleichzeitige Sehen der passiven und aktiven Alternative in Einem als Ideal; wir bemühen uns, dem Anspruch Schillers gerecht zu werden,

> »daß nur durch die vollkommen gleiche Einschließung beider dem Vernunftbegriffe der Menschheit kann Genüge getan werden.«[78]

Wir trösten uns auch mit Schiller damit, daß dieses Ideal unerreichbar und Parteilichkeit unvermeidbar ist - die sich in Schillers ebenso wie wie unserem Fall als Neigung auf die rechte Seite zeigt; in Schleiermachers Fall hingegen als linksseitige Tendenz. Das Ideal der »Einschließung« der Gegensätze ist unerreichbar, ihm kann nur annäherungsweise dadurch entsprochen werden, daß beide Perspektiven im Wechsel eingenommen werden. Um diesem Wechsel Motive zu geben, haben wir schon in den vorangegangenen Kapiteln die Positionen jeweils relativiert auf bestimmte Bereiche, denen sie adäquater sind als ihr Antipode; so haben wir der organismisch-selbsttätigen Auffassung den Bereich der Vergangenheit, der artifiziell-voluntaristischen den der Zukunft zugewiesen; so werden wir ihnen im nächsten Kapitel die Bereiche Gemeinschaft und Gesellschaft jeweils zuordnen.

Auch in der Frage nach Macht oder Ohnmacht der Subjektivität, Anerkennung oder Leugnung des liberum arbitrium bietet sich eine »Relativitätstheorie« an mit Relativierungen in zweierlei Hinsicht:

a) In Weiterführung des Kantschen Ausgangspunkts bietet es sich an, die Determinismusfrage auf Zeit hin zu relativieren und für die Dimensionen Vergangenheit und Zukunft jeweils verschieden zu beantworten. Die »Kopernikanische Wende«, die Kant in Bezug auf die Zeit vorgenommen hat - daß diese nicht als objektive Realität, sondern als Ordnungsstruktur der menschlichen Perzeption anzusehen ist -, ermöglicht die Unterscheidung zwischen freiem, intelligiblem und gebundenem, empirischem Charakter. Dadurch, daß er die Kategorie der Zeit in Frage stellt, gelingt Kant die Heraushebung des Menschen aus dem Naturzusammenhang.[79] Kants Überlegungen lassen sich in der Weise fortsetzen, daß der Cha-

---

[78] Über naive und sentimentalische Dichtung, in: Werke 8. Teil (Hrsg. A. Kutscher) Berlin-Leipzig o. J., S. 182 Fußnote 1.

rakter des Empirischen dem Vergangenen, das in Notwendigkeit gefallen, und der des Intelligiblem dem Zukünftigen, das frei ist, beigemessen wird.

Ohne an dabei an Kant anzuknüpfen, hat Radbruch den Vorschlag gemacht, die Determinismus-Frage auf die Zeitdimensionen hin zu relativieren: Er würdigt den relativistischen Historismus, der nicht die durch das Subjekthandeln bewirkten kausalen Sprünge kennt, aber begrenzt ihn auf Vergangenheitsbetrachtung[80]:

> »Nun ist in der Tat die sprunglose Allmählichkeit geschichtlichen Werdens eine apriorische Notwendigkeit historischer Erkenntnis. Ein geschichtlicher Vorgang ist erst dann historisch erkannt, wenn er als Fortsetzung, nicht Unterbrechung des geschichtlichen Prozesses aufgezeigt worden ist ... Aber nur auf die *nachträgliche* Betrachtung der getanen Tat hat die historische Anschauungsweise Anspruch; als Norm auf handelnde Menschen angewandt, bringt die Forderung, sich im politischen Neuschaffen als geschichtlich gebunden zu betrachten, die Geschichte selber zum Stillstand. Der Irrtum alles Historismus beruht also darauf, daß er seine Kategorie geschichtlicher Erkenntnis zu einer Norm des politischen Handelns erhebt.«

Tolstoi hat diesen Gedanken so ausgedrückt:

> »Jeder Mensch lebt um seiner selbst willen; er benutzt seine Willensfreiheit zur Erreichung persönlicher Ziele; er fühlt mit seinem ganzen Wesen, daß er diese oder jene Handlung im nächsten Augenblick tun oder nicht tun wird, aber sobald er sie tut, wird diese in einem bestimmten Zeitpunkt ausgeführte Handlung unabänderlich, sie wird ein Stück Eigentum der Geschichte, in der sie nicht die Bedeutung eines Resultats des freien Willens, sondern die Bedeutung eines vorherbestimmten Ereignisses hat.«[81]

Wir finden dieselbe Anbindung des Determinismus an die Vergangenheit bei Alfred Schütz:

> »He who lives in the social world is a free being: his acts proceed from spontaneous activity. Once the action has transpired, once it is over and done with, it has become an act and is no longer free but closed and determinated in character. Nevertheless, it was free at that time the action took place.«[82]

---

79 vgl. dazu Wolfgang Naucke, Kant und die psychologische Zwangstheorie Feuerbachs, Hamburg 1962, S. 22 ff.

80 Gustav Radbruch, Rechtsphilosophie (Hrsg. Erik Wolf) 4. Aufl. Stuttgart 1950, S. 109, Hervorhebung von mir.

81 Krieg und Frieden, 3. Buch, 2. Teil,1. Wir werden diese Textstelle im Kapitel »Gemeinschaft — Gesellschaft« wiedertreffen.

82 Alfred Schütz: Freedom, Choice and Interest, in: On Phenomenology and Social Relations, Chicago und London 1970, S. 146; er bezieht sich auf Henri Bergson, Time and Free Will 1888; dieses Buch hält aber nicht, was sein Titel für unsere Fragestellung verspricht.

b) Diesen Gedanken behalten wir im Gedächtnis und fügen eine weitere Relativierung hinzu:

Die Idee vom liberum arbitrium, von der Möglichkeit, aus freiem Entschluß zu handeln, nicht getrieben zu sein von einer hinter der Handlung liegenden unendlichen Ursachenkette, die nur diese eine Folge haben kann - diese Idee wird letzten Endes nur entkräftet durch die eigene Erfahrung. Wir haben das schon mit Jonas' Worten gesagt und gesehen, daß das Auseinanderziehen dieser Argumentation, so daß sie auch fremdes Handeln überdeckt, nicht gelingt.[83] Deshalb bietet sich der Gedanke an, in dieser Frage zwischen dem Ich und und dem Rest der Welt zu trennen, zwischen einem intelligiblen Ich und dem empirischen Rest. Trennt man auf diese Weise - und es zeigt sich, daß dieser Gedanke weder originell noch abgelegen ist - so erweist sich wiederum, daß sowohl Universalismus als auch Relativismus auf einem Auge blind sind: der Relativismus für das Ich, der Universalismus für den Rest der Welt.

Wir sahen den Mangel dieser Positionen darin, daß sie nur eine Hemisphäre der Unendlichen Entzweiung ausfüllen; jeweils nur eine Hemisphäre der Dimorphismen Organismus-Artefakt, Vergangenheit-Zukunft, Partikularität-Universalität, Notwendigkeit-Freiheit. Nahe verwandt mit dem letzten Dimorphismus ist der zwischen dem als frei gefühlten Ich und dem für mich notwendig sich gestaltenden Rest der Welt, zwischen intelligiblem Ich und empirischem Es. Die von den Verteidigern der Freiheit immer wieder betonte Selbst-Evidenz, das subjektive Bewußtsein von eigener Entscheidung im Handeln, die von anderen (Spinoza, Schopenhauer, Nietzsche) als Täuschung betrachtet wird, lädt dazu ein, eine neue Polarität aufzutun, zwei Reiche, in deren einem die Freiheit ihren Wohnsitz hat und in dem anderen die Notwendigkeit: die Polarität zwischen dem Ich und dem Rest der Welt.

Es besteht kein Zwang, beide Reiche unter dieselbe Kategorie von Ursächlichkeit unterzuordnen; morphologisch gesehen ist es erlaubt, die Gestalten *Ich* und *Umwelt* zu komplettieren durch die jeweils kongeniale Auffassung vom durchbrochenen bzw. durchgehaltenen Kausalnexus. Es ist erlaubt, daß man zwar seine Umwelt als eingeordnet in die Notwendigkeit eines Schöpfungsablaufs ansieht, sich selbst aber doch als den Suchenden erfährt, als den, der den Sinn sucht und darin in totaler Freiheit steht wie Kant unter dem gestirnten Himmel.

Über diese prinzipielle Terraingrenze im menschlichen Bewußtsein wird im allgemeinen viel zu leicht hinweggegangen: die Grenze zwischen Ich und Nicht-Ich. Am deutlichsten wird sie beim physischen Schmerz: nicht etwa tun die eigenen Schmerzen mehr weh als die der anderen: sie allein tun weh. Der andere Mensch, die anderen Ichs sind Teil der Welt, Teil des von mir betrachteten großen Objekts, des Nicht-Ich. Ich selbst bin nicht in dieser Weise Teil der Welt, bin nicht Objekt, sondern eine Gegenwelt, das Subjekt.

Fichte war der Philosoph, der mit dieser Unterscheidung den deutlichsten Ernst gemacht hat:

---

83 S. oben in diesem Kapitel IV. 3.

> »Es ist ursprünglich nichts gesetzt als das Ich, und dieses nur ist schlechthin gesetzt. Demnach kann nur dem Ich schlechthin entgegengesetzt werden. Aber das dem Ich entgegengesetzte Ich = Nicht-Ich.«[84]

Die Betonung der Souveränität des Bewußtseins hat Fichte von Kant übernommen und überspitzt; er hat sie Spinoza entgegengesetzt, dessen Leistung gerade darin bestanden hatte, die einheitliche Substanz von Geist und Natur zu begründen. Fichte sagte:

> »Ich bemerke noch, daß man, wenn man das *Ich bin* überschreitet, notwendig auf den Spinozismus kommen muß ... und daß es nur zwei völlig konsequente Systeme gibt; das Kritische, welches diese Grenze anerkennt, und das Spinozistische, das sie überspringt.«

Wir können zur Vervollständigung unserer Tafel auch diesen Antagonismus hineinnehmen und auf die linke Seite den Spinozistischen Monismus, die Einreihung auch des eigenen Bewußtseins in die eine unendliche Substanz, nehmen; auf die andere aber das Kritische System, den Kantschen Dualismus zwischen erkennendem Subjekt und dessen Erkenntnisgegenständen. Kierkegaard, dessen Betonung der Subjektivität gegenüber Hegel wir schon kennengelernt haben, unterscheidet in der Determinismusfrage zwischen »Existenz« und »System«. Max Bense faßt das so zusammen:

> »Die Weltgeschichte des *Systems* ist determiniert, aber kontinuierlich; die Stadien der *Existenz* jedoch sind nicht determiniert, sie werden gewählt, so oder so, entweder so oder so. Das System kann gewissermaßen nur determinieren oder es gibt kein vollendbares System, aber die Existenz muß wählen, denn determinierte Existenz ist keine Existenz, sondern eben System.«[85]

Kierkegaard unterscheidet zwischen dem, was hier »Ich« und »Rest der Welt« genannt wird, so, daß er nur das eigene Sein als Wirklichkeit, den Rest aber, den wir ja nicht leben, sondern nur in unserem Denken widergespiegelt finden, lediglich als Möglichkeit anerkennen will.[86]

Auch bei Schiller, der die Dichotomie zwischen Determinismus und Indeterminismus in der Gegenüberstellung von Realisten und Idealisten darstellt, deutet sich die Aufteilung der Geltungsbereiche der beiden Prinzipien unter dem Gesichts-

---

84 Johann Gottlieb Fichte, Grundlage der gesamten Wissenschaftslehre, Leipzig 1794 § 1 Zi ff. 9.
85 Max Bense, Hegel und Kierkegaard, Köln und Krefeld o. J., S. 16.
86 vgl. dazu Max Bense a.a.O. S. 35.

punkt Ich - Rest der Welt an. Dem Realisten, der sich dem unterwirft, was die Natur mit sich bringt, hält er vor:

> »Du kannst nicht sagen, weil alle andern Naturwesen sich derselben unterwerfen; denn *du allein* hast einen Willen, ja du fühlst, daß deine Unterwerfung eine freiwillige sein soll.«[87]

Wenn es gelingt, die Einzigkeit des eigenen freien Willens gleichzeitig mit der Tatsache zu erfassen, daß diese Einzigkeit für alle Menschen gilt, ist das stereoskopische Sehen schon stückweise gelungen. In einem Zitat von Thomas Traherne[88] aus dem 17.Jahrhundert, das der Japaner Suzuki[89] als westliches Einsprengsel in seine ostasiatische Denkwelt hereinholt, haben wir diese Stereoskopie:

> »Niemals wirst Du Dich der Welt recht erfreuen, ehe nicht die See selbst in Deinen Adern fließt, dich der Himmel umhüllt und die Sterne dich krönen. Und betrachte dich als den einzigen Erben der ganzen Welt - und mehr als das, denn Menschen sind in ihr, von denen jeder einzelne einziger Erbe ist, genau wie Du.«

Die Freiheitsbehauptung ist also in zweierlei Hinsicht relativierungsbedürftig: Sie ist erstens richtig nur für die Zukunft, nicht für die Vergangenheit. Die Vergangenheit ist notwendig, die Zukunft ist frei. Der Umschlag erfolgt in jeder logischen Sekunde. Auch das, was ich selber tue, tritt mit dem Austritt aus meiner Freiheit in die Welt der mich umgebenden Notwendigkeit. Sie ist zweitens richtig nur für das Ich, nicht für das, was der andere tut.[90]

Nur das Ich ist frei, der Rest der Welt ist notwendig. Die Feststellung also, daß alles mich Umgebende in seinem Notwendig-So-Sein steht, hat zwar den Vorteil, daß sie die Zusammenhänge der Wirklichkeit, den Dschungel an Interdependenzen, durchschauen hilft. Sie darf jedoch nichts über die von mir zu gestaltende Zukunft aussagen wollen. Diese Grenze muß der Relativismus, muß die funktionalistische, systemorientierte Betrachtungsweise einhalten. Das tut sie aber nicht: sie warnt stets vor der zerstörerischen, dysfunktionalen Wirkung der frei beginnenden Handlung. Dabei überschätzt sie die Reichweite ihres Horizonts. Er erfaßt nicht das intelligible Ich und seine Zukunft.

Die eben vorgenommene Korrelation zwischen dem Ich und der Macht der Subjektivität einerseits und dem Nicht-Ich und der Ohnmacht der Subjektivität andererseits stößt sich auf der logischen Ebene mit der im vorigen Abschnitt auf-

---

87 Friedrich Schiller a.a.O. S. 188 (Hervorhebung von mir).

88 Thomas Traherne, in: Centuries of Meditation, London 1950, S. 19.

89 Daisetz Taitaro Suzuki, Der westliche und der östliche Weg, Frankfurt, Berlin, Wien 1981, S. 100.

90 Wir greifen diese Relativierung wieder auf in dem Kapitel »Böse-Gut« II. 2.

gestellten Behauptung, in der äußeren, insbesondere gesellschaftlich-politischen Welt solle man Subjektivität anerkennen (und mit ihr den Universalismus), in dem engen Bereich der eigenen Ich-Erfahrung nach ostasiatischem Vorbild von diesem Denkmodell loslassen. Dieser Widerspruch wäre aber nur störend, wenn wir hier ontologische Behauptungen versuchten; da wir uns lediglich morphologisch mit geistigen Gestalten wie mit sich formierenden und wieder auflösenden Wolkenbildern[91] befassen, stören wir uns nicht an diesem Widerspruch und rufen uns in Erinnerung, daß alle hier vorgenommenen Eingrenzungen der Geltungsbereiche von Prinzipien nur die Unfähigkeit ausdrücken, die Polaritäten wirklich komplementär, d.h. gleichzeitig nebeneinandergeltend aufzufassen. Ihre Zuordnung zu bestimmten Wirklichkeitsfeldern oder Zeitdimensionen erfolgt immer flexibel, kann sich immer auflösen und umkehren. Zu vermeiden ist jede Starrheit, jedes Entweder-Oder, und da sich das »Sowohl-als-auch« so schwer denken läßt, ist das »Mal so, mal so« ein Ersatz für diese eigentlich angebrachte Denkhaltung.

2. Es gibt noch andere denkbare Gebietszuweisungen für die Polarität Determinismus-Indeterminismus.

Auch Buber beschränkt den Geltungsbereich des Determinismus, wenn auch in anderer Weise als wir, nämlich seiner Unterscheidung in Du- und Eswelt entsprechend.[92]

> »In der Eswelt waltet uneingeschränkt die Ursächlichkeit. Jeder sinnlich wahrnehmbare 'physische«, aber auch jeder in der Selbsterfahrung vorgefundene oder gefundene 'psychische' Vorgang gilt mit Notwendigkeit als verursacht und verursachend. Davon sind auch die Vorgänge, denen der Charakter einer Zwecksetzung beigemessen werden darf, als Bestandteile des Es-Welt-Kontinuums nicht ausgenommen: dieses verträgt wohl eine Teleologie, aber nur als den in einen Teil der Kausalität eingewirkten Revers, der deren zusammenhängende Vollständigkeit nicht beeinträchtigt.«

Die Trennlinie zwischen Organismus und Artefakt - das sagt der letzte Satz - ist für Buber im Gegensatz zu unserer Auffassung nicht maßgebend. Ihm kommt es auf etwas anderes an: die »Beziehung«.

> »Das uneingeschränkte Walten der Ursächlichkeit in der Eswelt, für das wissenschaftliche Ordnen der Natur von grundlegender Wichtigkeit, bedrückt den Menschen nicht, der auf die Eswelt nicht eingeschränkt ist, sondern ihr immer wieder in die Welt der Beziehung entschreiten darf. Hier stehen Ich und Du einander frei gegenüber, in einer Wechselwirkung, die in keine Ursächlichkeit einbezogen und von keiner tingiert ist; hier verbürgt sich dem Menschen die

---

91 vgl. im Kapitel »Morphologie« I. Goethes Bemerkungen zu Howard.
92 Martin Buber, Ich und Du a.a.O. S. 53f.

> Freiheit seines und des Wesens. Nur wer Beziehung kennt und um die Gegenwart des Du weiß, ist sich zu entscheiden befähigt. Wer sich entscheidet, ist frei, weil er vor das Angesicht getreten ist.«

In anderer, versteckender Einkleidung tritt die Unterscheidung zwischen einem Reich der Freiheit und einem solchen der Notwendigkeit in der marxistischen Theorie auf. Dort stellt sich die Frage, ob es Dialektik nur in der Gesellschaft oder auch in der Natur gibt. Soweit diese Differenzierung vorgenommen wird (so von Lukácz, Marcuse und Sartre), ist wieder die Trennlinie zwischen Organismus und Artefakt maßgebend. Bei Marcuse entsteht mit der Unterscheidung zwischen einer Philosophie der Freiheit und einer solchen der Notwendigkeit ein Intelligibilitätskonzept Kantischer Prägung.[93]

Unserem Konzept, wie es sich im Kapitel über Gemeinschaft und Gesellschaft darstellen wird, kommt Hannah Arendts Gedanke nahe, wonach die für Freiheit oder Notwendigkeit angemessenen Bereiche einerseits die Polis, andererseits der Haushalt anzusehen sind.[94]

3. In der Determinismus-Indeterminismusfrage wiederholen sich die Motive der Polarität zwischen Organismus und Artefakt. In beiden Polaritäten steckt der Antagonismus zwischen Natur und Geist, besser gesagt die Frage, ob es diesen Antagonismus überhaupt gibt. Wir sahen, daß die eine Richtung ihn kennt; sie sieht neben dem Reich der Natur, in dem alles nach dem Kausalgesetz abläuft und also Notwendigkeit herrscht, ein anderes, dem Menschen zugeordnetes Reich des Geistes, in dem eigenmächtig und nicht weiter rückführbar Kausalabläufe begründet werden können und also Freiheit herrscht. Die andere Richtung innerhalb des Antagonismus kennt keinen Unterschied zwischen den die Naturzusammenhänge regelnden Prinzipien und denen, unter die Menschen gestellt sind. Sie sieht auch im menschlichen Willensentschluß Notwendigkeit wirken - er ist Ergebnis einer kausalen Determination. Diese zweite Auffassung ist die moderne, und wir neigen dazu, sie für die einsichtigere, historisch fortgeschrittenere zu halten.

Schiller, der die Unterscheidung zwischen Natur und Vernunft in den Mittelpunkt seiner Arbeit über »Naive und sentimentalische Dichtung« gestellt hat, hilft uns erkennen, daß die moderne Auffassung, der alles Natur und deshalb notwendig ist, nicht die Frucht einer größeren Aufgeklärtheit, durch Naturwissenschaft Belehrtheit, sondern eine Frage des Temperaments, der Geneigtheit ist.[95]

Bei Toynbee erscheint die deterministische Auffassung als das Gefühl von Sog:

> »The passive expression of this consciousness of continual and progressive moral defeat is a sense of drift. The routed soul is prostrated of its failure to control its environment; it comes to belief that the Universe, including the soul itself, is at

93 vgl. Herbert Marcuse, Ideen zu einer kritischen Theorie der Gesellschaft, Frankfurt a. M. 1969, S. 94.
94 Elisabeth Young-Bruehl, Hannah Arendt, Frankfurt 1991, S. 440.
95 Friedrich Schiller a.a.O. S. 181 ff.

> the mercy of a power that is as irrational as it is invincible: the ungodly goodess with a double face which is propritiated under the name of Chance or is endured under the name of Necessity.«[96]

Bei Talmon[97] treten die gegensätzlichen Tendenzen als Widerlegung des materialistischen Weltbildes auf:

> »Die Liebe zur Freiheit und das Sehnen nach Erlösung, die Sucht nach Herrschaft und das Verlangen nach Hingabe, der Drang nach Selbstausdruck und das Suchen nach Gerechtigkeit, der Wunsch, sich loszureißen, und das Bedürfnis, sich aneinanderzuschmiegen - diese bilden nicht weniger, sondern eher mehr als die sich verändernden materiellen Bedingungen den bleibenden Hintergrund unseres Daseins.«

---

96 Arnold J. Toynbee, A Study of History, Oxford 1947, S. 430.
97 J. C. Talmon, Politischer Messianismus, Köln und Opladen 1963, S. 470.

8. Kapitel
Komplementarität*

I. Komplementarität bei Niels Bohr

1. Wir haben schon wiederholt den Begriff der Komplementarität verwendet und wollen ihn an dieser Stelle, wo uns die vexierenden Ansichten über das liberum arbitrium gegenwärtig sind, ausweisen. Er kommt aus der Quantenphysik und will dort folgenden Sachverhalt ausdrücken:

> »Die Kenntnis des Ortes eines Teilchens ist komplementär zu der Kenntnis seiner Geschwindigkeit oder seiner Bewegungsgröße. Wenn wir die eine Größe mit großer Genauigkeit kennen, können wir die andere nicht mit hoher Genauigkeit bestimmen, ohne die erste Kenntnis wieder zu verlieren. Aber wir müßten doch beide kennen, um das Verhalten des Systems zu beschreiben. Die raum-zeitliche Beschreibung von Atomvorgängen ist komplementär zu ihrer kausalen oder deterministischen Beschreibung.«[1]

In einer Weise, die die Übertragung auf die von uns beleuchteten Sachverhalte erleichtert, beschreibt Hans Jonas[2] den Begriff:

> »Er besagt, daß der 'Zustand' eines Systems der subatomaren Größenordnung in der Sprache zweier, einander ausschließender Begriffsschemata beschreibbar ist, und daß wir jeweils eine von zwei exklusiven Arten von Fragen an es richten können, aber nicht beide. Die Antwort auf die eine Art würde das System als Partikel beschreiben; die auf die andere als Welle. Aber die beiden Schemata, 'Partikel' und 'Welle' sind nicht etwa äquivalente und nach der Wahl austauschbare Darstellungsalternativen für dasselbe, sondern entsprechen je verschiedenen Klassen von Daten - denn Verschiedenes 'fragen' heißt in der Physik eben Verschiedenes beobachten und messen. Das Neuartige der quantenphysikalischen Situation ist, daß die mehrstrahlige Beobachtung, wie sie schon nicht simultan sein kann, auch nicht zu einem identischen Gegenstand konvergiert, wie sie es bei Makro-Entitäten tut (von demselben Himmelskörper - oder Billardball - kann Position, Geschwindigkeit, Bahn, Größe, Masse, Temperatur etc. präjudiziert werden), sondern in zwei unvereinbare Objektschemata divergiert, die dennoch

---

1 Werner Heisenberg, Quantenphysik und Philosophie, Die Kopenhagener Deutung der Quantentheorie, Stuttgart 1979, S. 49.

2 Hans Jonas, Macht oder Ohnmacht der Subjektivität, Frankfurt a. M. 1981, S. 99.

gleich 'wahr' und in der Repräsentation des physikalischen 'ens' dahinter komplementär sind. Zum Beispiel, die Positionskomponente x1 ist komplementär zu der Impulskomponente v1, demnach ist die aus der Messung von x1 sich ergebende Partikelbeschreibung komplementär zu der Wellenbeschreibung, die sich aus der Messung von v1 ergibt. Wie schon gesagt, verhindert die Kenntnis (Messung) des einen Datums die Kenntnis des anderen - je mehr ich von dem einen weiß, desto weniger von dem andern: doch beide sind benötigt für eine vollständige Beschreibung des Phänomens, sie 'ergänzen' einander zu seiner 'Wahrheit', d.h. zu dem Wissen alles an ihm Wißbaren, obwohl sie nicht miteinander in einer Vorstellung bestehen können (etwas kann zur Zeit der Aussage nur *entweder* ein Partikel *oder* eine Welle sein).«

Niels Bohr hat den Begriff nicht auf die Mikrophysik beschränkt wissen, sondern ihm eine generelle Anwendung geben wollen:

»In bezug auf den allgemeinen philosophischen Ausblick ist es von Bedeutung, daß bei der Analyse und Synthese in anderen Erkenntnisgebieten Umstände vorliegen, welche an jene in der Quantenphysik erinnern.«[3]

Der Ausdruck »komplementär« wurde zu seiner Zeit in der Psychiatrie schon angewendet, zum Beispiel auf »relations of mutual exclusion« bei schizophrenen Personen:

»It must be admitted ... that in certain persons at least, the total possible consciousness may be split into parts which coexist but mutually ignore each other, and share the objects of knowledge between them. More remarkable still, they are complementary. Give an object to one of the consciousnesses, and by that fact you remove it from the others.«[4]

Die Ausdehnung der Bohrschen Komplementaritätsauffassung läßt sich zum Beispiel auf die Biologie anwenden, wie in diesem Text:

»Bei der Beobachtung der Zelle zeigt es sich, daß die gleichzeitige Kombination einer solchen Analyse und Synthese nicht ausführbar sind. Um in alle Einzelheiten des Zellmechanismus einzudringen, betrachten wir die Zelle im Mikroskop - zunächst im Lichtmikroskop und dann auch im Elektronenmikroskop. Wir erwärmen die Zelle, schicken durch sie elektrischen Strom hindurch, wir bestrahlen sie, zerlegen sie in ihre Bestandteile usw. Doch je genauer wir das Leben der

---

[3] Niels Bohr, Atomphysik und menschliche Erkenntnis II. , Braunschweig 1966, S. 7.
[4] bei Klaus Michael Meyer-Abich: Korrespondenz, Individualität und Komplementarität. Eine Studie zur Geistesgeschichte der Quantentheorie in den Beiträgen Niels Bohrs, Wiesbaden 1965, S. 154.

Zelle untersuchen, desto stärker greifen wir in ihre Funktionen und den Ablauf der natürlichen Prozesse ein, die in der Zelle stattfinden. Schließlich zerstören wir die Zelle und erfahren somit gar nichts über sie als ganzheitlichen lebendigen Organismus.
Trotzdem fordert die Antwort auf die Frage 'Was ist Leben' Analyse und Synthese gleichzeitig. Diese beiden Prozesse sind unvereinbar, aber nicht widersprüchlich, sie sind nur komplementär im Bohrschen Sinne. Die Notwendigkeit, beide gleichzeitig zu berücksichtigen, ist einer der Gründe dafür, daß bis heute keine vollständige Antwort auf die Frage nach dem Wesen des Lebens gegeben werden kann ... Zwei *komplementäre* Eigenschaften der Welt der Atome lassen sich nicht voneinander trennen, ohne dabei die Vollständigkeit und Einheit jener Naturerscheinungen zu zerstören, die wir Atom nennen. Aus der Sage sind uns derartige Fälle wohlbekannt: Man kann einen Zentaur nicht in zwei Teile zerschneiden dergestalt, daß dabei das Pferd und der Mensch am Leben bleiben.«[5]

In analoger Weise wenden wir die Komplementaritätsidee auf die beiden rechtsphilosophischen Betrachtungsweisen an.[6] Wir akzeptieren damit, daß es sich um zwei verschiedene Denkschienen handelt, die jede zu richtigen Ergebnissen führt, sich aber in einer jeweils anderen Denkwelt befindet. Der Widerspruch im Ergebnis stellt nicht die Wahrheit einer der beiden Auffassungen in Frage; die Wahrheit wird nur erlangt, wenn beide Denkweisen gemeinsam ihren Beitrag leisten dürfen. Da sie aber nicht miteinander in einer Vorstellung bestehen können, fordern sie dem Geist eine ungewohnte Leistung ab.

2. Die expansiven Tendenzen der Komplementaritätsauffassung, die Neigung Bohrs, damit in andere Wissenschaftsbereiche einzudringen, ist von Anfang an und bis heute auf Widerspruch gestoßen.[7] Argument war dabei die Einzigartigkeit der quantenphysikalischen Konstellation, die keine Analogie zuläßt. Das weist Weizsäcker zurück:

»Man hat Bohrs Begriff der Komplementarität nie verstanden, weil man ihn mißdeutete als die Verallgemeinerung eines speziellen empirischen Begriffs der Physik, während Bohr mit ihm eine universelle Struktur aller menschlichen Erkenntnis hatte andeuten wollen, die nur in der Quantentheorie ein besonders schlagendes Beispiel gefunden hatte.«
»Bohr hat den Begriff der Komplementarität 1927 geprägt, und von da an bekam er für ihn eine physikalische und philosophische Schlüsselrolle. Soweit es um Philosophie ging, war dies freilich seit Bohrs Jugend vorbereitet. Es sei an die

---

5 Leonid I. Ponomarjow: Welle oder Teilchen ? Eine populäre Quantenphysik 1. Aufl. Leipzig/Jena 1974 S. 18; Hervorhebung von mir.
6 Diese Möglichkeit deutet Arthur Kaufmann an: Gedanken zu einer Grundlegung der juristischen Hermeneutik, in: Beiträge zur juristischen Hermeneutik, Köln usw. 1984, S. 89.
7 Auch innerhalb der Physik blieb sie angefochten; Einstein sprach von »Bohr's principle of complementarity, the sharp formulation of which ... I have been unable to achieve despite much effort which I have expended on it.« (P. A. Schilpp ed.: Albert Einstein; Philosopher - Scientist, Evanston 1949, S. 674.

Anekdote erinnert, daß er kurz nach 1927 einem alten Freund, der nicht Physiker war (ich glaube Chievitz), die philosophischen Konsequenzen der neuen Quantenmechanik schilderte. Dieser antwortete schließlich: 'Ja, Bohr, das ist ja alles sehr schön. Aber du mußt doch zugeben, daß du genau dasselbe schon vor zwanzig Jahren gesagt hast.' Wenn Philosophen sich später dagegen verwahrten, daß Bohr einen physikalischen Spezialbegriff als Modell ganz anderer, z.B. psychologischer und ethischer Probleme verwende, so verkannten sie die Genesis des Begriffs. Die Denkweise war bei Bohr immer vorhanden gewesen, und sein großes Erlebnis 1927 war, daß sie sich sogar in der Physik gut bewährte.«[8]

Wir haben von Niels Bohr nicht nur die Erlaubnis, seine Komplementaritätsauffassung über die Mikrophysik hinaus auszudehnen, sondern finden bei ihm darüberhinaus eine ausdrückliche Anwendung auf das der Naturrechtsfrage zugrundeliegende Determinismusproblem:

»Es sei hier noch erlaubt, kurz auf die Beziehung hinzuweisen, die zwischen den Gesetzmäßigkeiten auf psychischem Gebiet und dem Problem der Kausalität der physikalischen Erscheinungen besteht. In Betracht des Kontrastes zwischen dem Gefühl des freien Willens, das das Geistesleben beherrscht, und des scheinbar ununterbrochenen Ursachszusammenhanges der begleitenden physiologischen Prozesse ist es ja den Denkern nicht entgangen, daß es sich hier um ein unanschauliches Komplementaritätsverhältnis handeln kann.«[9]

Das von Niels Bohr angesprochene Problem des liberum arbitrium haben wir schon im vorigen Kapitel[10] mit komplementärer Betrachtungsweise zu lösen versucht.

---

[8] C. F. v. Weizsäcker, Aufbau der Physik, 2. Aufl., München-Wien 1986, S. 302 und 507.

[9] Niels Bohr, Atomtheorie und Naturbetrachtung - Vier Aufsätze mit einer einleitenden Übersicht, Berlin 1931, S. 65. Die Determinismusfrage wird auch von Popper (Karl R. Popper, Quantum Theory and the Schism in Physics, London 1982) im Rahmen der quantentheoretischen Verhältnisse erörtert und im Sinne des Indeterminismus entschieden; Popper akzeptiert aber den Komplementaritätsgedanken nicht (vgl. unten Fußnote 17).

[10] Ohnmacht oder Macht der Subjektivität V.

II. Hans Jonas' Rezeption der Komplementaritätsidee

1. Auch Jonas denkt offenbar in dieselbe Richtung, wenn er dazu sagt:[11]

> »Der Schlüssel des erst von einer philosophierenden Physik erzeugten 'psychophysischen Problems' liegt also gemäß unserem Vorschlag in der uralten, aber niemals hierfür verwerteten Einsicht, daß unser Subjektsein diesen Doppelaspekt hat und aus Rezeptivität und Spontaneität, Sinnlichkeit und Verstand, Fühlen und Wollen, Erleiden und Handeln besteht, kurz, passiv und aktiv in einem ist.«

An anderer Stelle sagt er über Materialismus und Idealismus im psychophysischen Problem:

> »Die beiden Standpunkte, seit Descartes in ihrer unnatürlichen Trennung festgestellt, sind logisch komplementär und spielen einander in die Hände.«[12]

Diese Aussagen stehen im Widerspruch zu der Zurückweisung, die Niels Bohrs Versuch, den Komplementaritätsgedanken auf die Philosophie auszudehnen, bei Jonas erfährt. Er beklagt, daß

> »der Begriff der Komplementarität modisch geworden (ist), und man begegnet ihm (oder seinem Namen) heute weitab von der Welt der Quanten und Partikel als logischem Zauberstab für »Doppelaspekt«-Situationen aller Art (notorisch z.B. in den Sozialwissenschaften).«[13]

Diese Begegnungen habe ich nicht gemacht, und Jonas weist sie auch nicht nach; mir ist dieser Hinweis aber eine Bestätigung meiner Auffassung durch den allgemeinen Zeitgeist, der offenbar zu einer Auflösung der festgefahrenen logischen Aporien des Abendlandes drängt und Antinomien mit Nachgiebigkeit begegnen will. Ich sehe darin eine Aufweichung im besten Sinne des Wortes, eine Kultivierung des Denkens; eine Verabschiedung des kämpferischen Geistes, für den immer eine Seite unterliegen muß, zugunsten einer bewahrenden Haltung.[14]

---

[11] Hans Jonas a.a.O. S. 47; die Worte wurden schon oben angeführt in »Ohnmacht oder Macht der Subjektivität« IV. 5.
[12] Hans Jonas, Vorwort zu: Organismus und Freiheit, Göttingen 1973, S. 3.
[13] Hans Jonas a.a.O. S. 98.
[14] Diese Passage findet sich schon in meinem Aufsatz: Sibylle Tönnies, Hans Jonas zwischen Sein und Sollen, Rechtstheorie 3/91.

Jonas aber weist die Übertragung des Komplementaritätsgedankens auf geistige Sphären mit allem Nachdruck zurück. Er kritisiert die von Niels Bohr vorgenommene Übertragung auf das »psychophysische Problem«, auf die Frage, ob die Psyche der Materie Anstöße geben kann oder umgekehrt nur von dieser Anstöße erhält, auf die Frage von Freiheit und Notwendigkeit, die Jonas' großes Thema ist - Macht oder Ohnmacht der Subjektivität ? Den Transfer des Komplementaritätsgedankens auf dieses Problem lehnt Jonas ab mit der Begründung, daß es eine andere logische Struktur habe:

»Für die Komplementarität in ihrer quantentheoretischen Konzeption bei Bohr selbst ist es wesentlich, daß die beiden Beschreibungen klar geschieden sind, jede in sich vollständig und keine in die andere übergreifend: die Wellenbeschreibung darf nicht mit korpuskularen Ausdrücken kontaminiert werden, und umgekehrt. Kurz, die beiden Modelle sind strikt alternativ. Aber wir können keine Beschreibung von irgend etwas 'Mentalem' auch nur beginnen, ohne auf 'Physisches' Bezug zu nehmen, auf die Welt der Gegenstände, womit Denken, Wahrnehmen, Fühlen, Wollen, Handeln aktiv und passiv zu tun haben. Das heißt: *jedes* Sprechen über 'Geist' *muß* auch über Leib und Materie sprechen, jedes über die Subjektivität auch über ihre Objekte »da draußen«, also die physische Welt. Und wenn wir von uns selbst sprechen, so können wir nicht anders als dabei immer unser physisches oder mentales Sein *zugleich* zu umfassen: also genau jene simultane Präsenz *beider* Seiten, welche die Quantentheorie für *ihre* komplementären Alternativen ausschließt. Von diesem ursprünglichen *Zusammen*gegebensein erhebt sich ja überhaupt das psychophysische Problem zuallererst. Hier ist die *Isolierung* der beiden Komponenten ein Artefakt der Abstraktion und ihre ineinandergreifende Kopräsenz das primär *Gegebene*. Selbst in der Abstraktion, so sahen wir, gelingt die Isolierung nicht wirklich, da die Beschreibung der einen Seite von sich her und unvermeidlich die andere einbezieht: die Linien selber laufen nicht parallel, sondern schneiden sich.«[15]

Mit dieser Beschreibung der Komponenten in der Komplementaritätsbeziehung Freiheit-Notwendigkeit hat Jonas sich in der Ebene vergriffen. Es geht gar nicht darum, Leib und Seele, Stoff und Geist als Komplemente zu beschreiben (wenn das in unserer Tafel auch so in Erscheinung tritt); selbstverständlich stehen sie nicht in einem Entweder-Oder-Verhältnis: es geht darum, die beiden rivalisierenden *Auffassungen* über ihre Autonomie als sich nicht ausschließend, sondern komplementär ergänzend aufzufassen. Nicht auf der Objekt-, sondern der Metaebene also liegt Komplementarität vor. Das können wir umso überzeugter sagen, als wir Jonas Meinung über die *ontologische* Ausgangslage teilen:

»Das Entweder-Oder ist ein solches der Repräsentation, nicht der Sache ... Letztlich jedenfalls wird doch wohl die unterliegende, *von uns* derart doppelt objekti-

15 Hans Jonas a.a.O. S. 102.

vierte Realität als *in sich* ungeteilte verstanden (wie es mit Spinozas 'Attributen' und der einen 'Substanz' der Fall war).«[16]

Jonas' Skepsis ist berechtigt, wenn er sagt:

»Quantenphysiker, denen Epistemologie leicht in Ontologie übergeht, drücken dies Paradox (etwas kann zur Zeit der Aussage nur *entweder* ein Partikel *oder* eine Welle sein) manchmal so aus: das Objekt »ist« ein Partikel, wenn ich seine Position messe, und es 'ist' eine Welle, wenn ich sein Moment messe. Den Sinn dieses 'ist' können wir dahingestellt sein lassen. Was immer aber das physische Substrat 'an sich' sei, nur eine *zweifache* Beschreibung zu verschiedenen Zeiten kann ihm gerecht werden, ohne jedoch *damit eine zweigeteilte Natur der Dinge* anzuzeigen.«[17]

Die Skepsis gegenüber quantentheoretischer Ontologie, die Zurückweisung der Auffassung von einer »zweigeteilten Natur der Dinge«, die Anerkennung der Komplementarität lediglich für die divergierenden Ansichten von den Dingen hätte Jonas daran hindern müssen, Leib und Seele als die Hälften der zweigeteilten Realität zu verstehen: diese Hälften sind vielmehr Determinismus und Indeterminismus, die Idee von Notwendigkeit und Freiheit, die Behauptung der Gebundenheit des Geistes an die Materie und die Behauptung seiner Autonomie. Gerade wenn man - wie Jonas, dem ich hierin ganz folge - die Partikel-bzw. Wellen-Beschreibung im Gegensatz zu den Physikern symbolisch nimmt, wenn man also eine gewisse Leichtigkeit und Unbekümmertheit gegenüber dem ontologischen Hintergrund besitzt, sollte einem der Transfer auf die beiden divergierenden Beschreibungen der Leib-Seele-Beziehung leichtfallen: auch diese Doppelung hat keinen ontologischen Charakter, sondern betrifft ebenso die Meta-, die Symbolebene. Insofern liegt in beiden Fällen dieselbe logische Struktur vor - die Voraussetzung also, die Jonas mit Recht für eine Analogie, einen Transfer aus dem Reich der Physik, erfüllt wissen will.

In der Kantischen Denkweise müßte man sagen: die Entzweiung, die Polarität, die antinomische Struktur, die Komplementarität - das von uns ins Auge gefaßte Auseinandertreten ist keine Eigenschaft der Dinge an sich, sondern die Weise, wie wir sie erfassen. Sie wird bewirkt vielleicht durch eine binäre Struktur unserer Gehirnleistungen, eine binäre Struktur, wie wir sie bei Computern finden, die höchste Komplexität erfassen können bei einem Grundmuster von lediglich zwei verschiedenen Signalen, 0 und 1. So verstanden müßte die antinomische Struktur eigentlich in Kants Kategorien auftauchen, neben Kausalität, Zeit usw.; bei den Transfor-

---

16 Hans Jonas a.a.O. S. 101; anders zeigte sich die Lage in der Subjektivitätsfrage, s. im vorigen Kapitel IV. 5.

17 Hans Jonas a.a.O. S. 100; ähnlich denkt Karl Popper a.a.O. S. 10, 103, 155f. , 174 ff.: die Komplementaritätsidee lehnt er als Instrumentalismus und Subjektivismus ab.

matoren also, mit denen unser Gehirn die Sinneseindrücke in Bewußtseinsinhalte bildet.

Jonas' Zurückweisung des Transfers des Komplementaritätsgedankens in die Sozialwissenschaften und die Philosophie ist verständlich aus seiner sehr berechtigten Skepsis gegenüber einem neuen Szientismus, einer Dominanz der Naturwissenschaften über die Geisteswissenschaften, die er überzeugend auch gegenüber der Kybernetik bekämpft.[18] Die Autonomie und Würde des Geistigen sieht er mit guten Gründen von dieser Seite bedroht. Wenn nun aber - wie in der hier vorgelegten Darstellung - die Komplementaritätsidee dazu verhilft, gerade der Auffassung von der Autonomie und Würde des Geistigen ein Territorium zu sichern, eine Hemisphäre?

Die Gegenargumente, die für die Abgeleitetheit und Unterworfenheit, die Epiphänomenalität des Geistes sprechen, sind ja nicht von der Hand zu weisen. Anstatt aber weiter zuzusehen, wie sich beide Seiten ineinander verbeißen (wie das seit vielen hundert Jahren geschieht), ist es doch einen Versuch wert, sie geschieden, aber gleichberechtigt in Ruhe zu betrachten, so wie Jonas das für legitim Komplementäres fordert: Zwei Beschreibungen, jede in sich vollständig und keine in die andere übergreifend, strikt alternativ.

2. In dieser Weise wollen wir versuchen, die Auffassungen des menschlichen Handelns als frei bzw. als notwendig nebeneinanderzustellen und als Dimorphismus zu würdigen. Die Naturrechtsidee - die Idee, daß das Recht einem Ideal zu gehorchen hat - ist gebunden an die Vorstellung, daß der Mensch frei ist in seinen Entschlüssen, denn ohne diese Freiheit wäre ja ein Rechtsideal nicht zu verwirklichen und seine Konzeption ganz nutzlos.[19] Es kann aber nicht unsere Absicht sein, zugunsten des Naturrechts den Determinismus zu widerlegen, dessen Argumente überwältigend sind. Bei unserem morphologischen Vorgehen können wir zwei Landschaften malen: eine, in der der Mensch sich so verhält, wie seine Gene, seine Triebe, sein Milieu ihm gebieten - und eine, in der der Mensch durch seine Vernunft das Richtige erkennen und es in freier Entscheidung entweder tun oder lassen kann. Für die eine Zeichnung brauchen wir nur eine Farbe: alles, was geschieht, steht dort unter demselben Kausalzwang; für die andere brauchen wir zwei[20] Stifte, einen für das kausal Gezwungene und einen für das frei Begonnene.

---

18 Hans Jonas, Kybernetik und Zweck. Eine Kritik. in: Organismus und Freiheit, Göttingen 1973.

19 Es gibt allerdings Denker, wie Spinoza z. B. , die nicht von Willensfreiheit ausgehen und trotzdem Naturrecht konzipieren - diese Denker sind dann aber auch insofern unglaubwürdig; Naturrecht braucht den Indeterminismus. Vgl. dazu auch »Gemeinschaft—Gesellschaft IV 2. und »Monistisch—Dualistisch« IV 2.

20 Vgl. das Kapitel »Monistisch—Dualistisch«.

9. Kapitel
Gemeinschaft — Gesellschaft

I. Die soziologische Ausformung des Dimorphismus

1. Bei der bisherigen Zusammenordnung der Begriffe Relativismus, Organismus, Vergangenheit, Partikularität, Kontingenz, Subjektivitätsleugnung zu einer vertikalen Symbolkette deutete sich schon an, daß es soziologische Bereiche gibt, auf die sie eher anwendbar sind als die gegenteiligen, die wiederum für andere soziologische Bereiche passen. Naturrecht, Artefakt, Zukunft, Universalität, Einfachheit, Subjektivitätsbetonung sind einer anderen Gesellschaftsstruktur angemessen. Es zeigte sich, daß bei der antipodischen Gegenüberstellung von einer linken und einer rechten Hemisphäre des Geistes die linke, relativistische, von Romantik und Funktionalismus besetzte Seite auf kleine, historisch frühe, noch nicht überlagerte Gesellschaftsformen paßt, weil diese die Prämissen, die auf dieser Seite gemacht werden, tatsächlich noch erfüllen: sie haben sich nach den Gesetzen der Natur gebildet, sind nicht absichtsvoll, aufgrund einer leitenden Idee, gemacht, sondern in immanenten Werdeprozessen von selbst entstanden; es zeigte sich auf der anderen Seite, daß diese Ideenwelt umso inadäquater und ideologischer wird, je entwickelter, später, größer, durch Überlagerung geprägter ein Sozialzustand ist. Die Trennlinie der Unendlichen Entzweiung geht also durch die soziologische Welt hindurch und teilt diese in zwei Bereiche, in denen zwei prinzipiell verschiedene Denkformen ihren Anwendungsbereich haben.

In historistischer Weise als Organismus darf sich nur die Gemeinschaft verstehen; die Gesellschaft steht daneben als Artefakt und ist als solches der rationalistischen Kritik unterlegen. Die Polarität Gemeinschaft-Gesellschaft ist insofern ein Instrument der Ideologiekritik. Wieweit der soziologische Rekurs auf Lebendiges, auf störanfällig zusammenwirkende Kräfte ideologisch ist, läßt sich daran erkennen, ob er sich bezieht auf einen gemeinschaftlichen oder einen gesellschaftlichen Zusammenhang. Der erste liegt vor, wenn es um Familie, Nachbarschaft, Freundschaft, Genossenschaft geht, der zweite, wenn der menschliche Zusammenhalt bewirkt wird durch Verträge, staatliche Versorgungssysteme und Gesetze. Die ersteren Erscheinungsformen des Zusammenlebens haben nämlich ein Merkmal, das sie mit dem Lebendigen teilen: sie tragen ihren Zweck in sich, während die letzteren Ergebnisse von Zwecksetzungen sind.

Wenn wir diese beiden Sozialformen erst jetzt zum Gegenstand der Betrachtung machen, wird damit die Reihenfolge, in der das hier vorgelegte Konzept entstanden ist, umgekehrt. Die als Gemeinschaft und Gesellschaft bezeichneten antipodischen Sozialformen waren in seiner Genese der Ausgangspunkt für die Einsicht, daß widerstreitende Auffassungen sich nicht ausschließen müssen, sondern gleichberechtigt anzuerkennen sind als zwei verschiedenen Hemisphären zugehörige Denkformen, die durch die Dichotomie zwischen Werden und Machen geprägt sind. Von dieser Dichotomie ausgehend entstand das zwischen einer rechten, rationalistischen und einer linken, relativistischen Hemisphäre trennende Konzept.

2. Im vorigen Jahrhundert hatte die linke Hemisphäre die Überhand gewonnen, jedenfalls in Deutschland, wo die Restauration mithilfe des romantischen Konzepts siegreich geworden und die Ideen der Französischen Revolution unterdrückt worden waren. Die organizistische Staatsauffassung, der die familienförmige monarchische Struktur entsprach, hatte sich durchgesetzt und behinderte die vom Standpunkt des Rationalismus aus fälligen Reformen, die Anhebung der Arbeiterklasse auf die Ebene gleichberechtigter Bürger. Der nicht von hegelianisch-marxistischem Selbstlauf, sondern von der Notwendigkeit vernunftgeleiteten Eingreifens überzeugte Denker war Ende des vorigen Jahrhunderts in Deutschland geistig heimatlos; so ging es Ferdinand Tönnies, der sich deshalb nach Westen wandte und die rationalistische Gedankenwelt Thomas Hobbes' schätzen lernte, eine Gesellschaftsauffassung, in der das, was von selbst geschieht, das Anarchische und Destruktive ist und das bewußt Gewollte, in souveräner Machtausübung rational Installierte erst die Grundlage für ein gedeihliches Zuammenleben schafft. Dieser Auffassung vom öffentlichen Wohl als einem Artificium stand aber damals nicht nur die restaurative organizistische Sicht gegenüber, deren ideologischer Charakter einem für soziale Gerechtigkeit sensiblen Menschen offensichtlich war, sondern auch von politisch uninteressierter Seite aus vorgenommene Forschungen über in der Vergangenheit bzw. in weit abgelegenen Gebieten liegende Sozialformen: diese hatten ohne rationalistische Konzepte, tatsächlich von selbst geworden, aus sich heraus gewachsen eine befriedigende Struktur entwickelt, der gegenüber naturrechtliche Verbesserungsvorschläge unangemessen wären; sie luden tatsächlich zu einer Verehrung des immanenten Selbstlaufs ein: dazu gehörte Bachofens mutterrechtliche Gesellschaft ebenso wie in ethnologischer Erforschung entdeckte Überseestämme, die noch nicht imperialistisch überlagert waren und sich eine natürliche Heilheit der Verhältnisse bewahrt hatten, die den rationalistischen Ansatz zum Schweigen brachte. Sie waren organisch gewachsen, eher der Vergangenheit angehörig, partikular, mannigfaltig, hatten die Subjektivität des Einzelnen noch nicht entfaltet und gehörten, wenn man diese Elemente bündelt, in eine prinzipell andere Sphäre als die neuzeitlichen, in Überlagerungsvorgängen absichtlich hergestellten gesellschaftlichen Zusammenschlüsse, die keine immanente Richtigkeit, sondern allein unter dem universalen Prinzip der Anerkennung der freien Einzelsubjektivität eine würdige Form haben. Diese Bündelung der Elemente zu zwei prinzipiell voneinander geschiedenen Sozialformen nahm Ferdinand Tönnies in der Weise vor, daß er die eine Seite - die wir als linke auffassen - Gemeinschaft nannte und die andere, die für uns die rechte ist, Gesellschaft. Diese Unterscheidung beruht auf der Einsicht, daß der Historismus genauso Recht hat wie das Naturrecht,

daß beiden Auffassungen aber getrennte soziologische Anwendungsgebiete zu geben sind, denen sie gerecht werden können.

> »Ich sage, daß diese beiden entgegengesetzten Thesen nebeneinander bestehen, daß jede in ihrem Gebiete richtig und anwendbar ist, daß sie einander ergänzen. Die eine liegt dem Begriffe der Gemeinschaft, die andere dem Begriffe Gesellschaft zugrunde«,

sagte Tönnies[1], wobei er die beiden Thesen in den klassischen Ausgangspositionen vom »Zoon politikon« bzw. »homo homini lupus« zusammenfaßte.

3. Der Historismus hat sein Stammgebiet - wie es seinem romantischen Ursprung entspricht - da, wo auch Volkslied und Märchen zuhause sind, in kleinförmigen, durch Kenntnis und Vertrauen zusammengehaltenen soziologischen Einheiten; in Sozialformungen, die durch gemeinsame Sitte geprägt sind und sich noch keine abstrakten Vernunftgesetze gegeben haben, dieser auch nicht bedürfen wegen der intrinsischen Vernünftigkeit der organisch gewachsenen Sitte. Alles, was die Romantik über das Recht behauptet hat, trifft hier zu, wenn auch nicht auf Recht, sondern auf Sitte bezogen.

Mit dieser Zuweisung ist die romantische Rechtsauffassung auf ihren Liebling, das Gewohnheitsrecht verwiesen, sie wird auf ihr Stammgebiet begrenzt und jede Ausdehnung als Ideologie angesehen.

Andererseits erhält die organische Sicht innerhalb dieser Grenzen aber auch eine soziologische Rechtfertigung, was die in diese Richtung neigende Jugendbewegung honorierte dadurch, daß sie »Gemeinschaft und Gesellschaft« - jedenfalls die Titelbegriffe - populär werden ließ. So sagte Gisela v.Busse 1928:

> »Man braucht heute nicht mehr seine wissenschaftliche Exaktheit durch Bekenntnis zum Positivismus auszuweisen und kann, ohne Gefahr, bei den Wissenschaftlern in Verruf zu geraten, romantische Lehren ernsthaft anerkennen und weiterführen. Die Soziologen wissen genau, daß ihr Meister Tönnies der Romantik verpflichtet ist, ohne daß sie sich dessen schämen zu müssen glaubten. Gerade Tönnies' Gemeinschaftsbegriff ist vielleicht die wichtigste und fruchtbarste Weiterentwicklung der romantischen Organismustheorie innerhalb einer positiven Wissenschaft. Durch seine Aufnahme des *Gesellschaftsbegriffs* neben dem der Gemeinschaft wurde Tönnies wirklich Fortführer der Romantik.«[2]

Diese Inanspruchnahme des Tönniesschen Konzepts erwies sich allerdings als einseitig, als die rationalistische Seite ausblendend, und den Nationalsozialisten konnte eine Einverleibung nicht gelingen, als sie für ihre biologisch-organische

---

1 F. Tönnies, Das Wesen der Soziologie, Soziologische Studien und Kritiken Bd. I, Jena 1925, S. 350 (353).

2 Gisela v. Busse, Die Lehre vom Staat als Organismus, Berlin 1928, S. 57.

Verzerrung der politischen Abläufe eine Soziologie suchten. Richtig ist aber, daß die Abgrenzung zwischen Gemeinschaft und Gesellschaft eine Schwäche des Rationalismus erfaßt:

> »Die Grenzen der naturrechtlichen Rechtsphilosophie bestehen darin, daß sie keinen Schlüssel zum Verständnisse der historisch gegebenen Rechtssysteme und ihrer Entwicklung darbietet. Ihre Begriffe sind ausschließlich individualistisch und gesellschaftlich. Diese Begriffe bedürfen der Ergänzung durch gemeinschaftliche Begriffe, für die das individuelle (subjektive) Recht sekundär ist.«[3]

Über die rationalistische Wissenschaft, deren Promotor im gesellschaftlich-politischen Bereich er selbst war, sagte Tönnies:

> »Die bedeutendste Schranke ist die, daß sie das Lebendige nur mangelhaft in ihre Formeln spannen kann. Den organischen Tatsachen gegenüber versagt die klare Rechnung. Der Rationalist versucht die Tatsachen des Lebens mechanisch, er versucht in analoger Weise die Tatsachen des Geistes intellektualistisch zu verstehen und zu deuten. Er sieht in diesen ein Mehr oder Weniger von Klugheit, von logischem Verstande, der das Nützliche, Zweckmäßige erkennt und bildet. Gewohnheit erscheint ihm, gleich dem Instinkt, als etwas Tierisches, Dunkles, Geringes und Niedriges. Daher auch Sitte, die so vielfach mit Aberglauben zusammenhängt und ebenso wie dieser beurteilt wird. Aber dies ist ein unzulängliches Urteil. Der Denkende muß das unbewußt Schaffende im menschlichen, sozialen und individuellen Geiste erkennen, und Vernunft nicht nur in dem finden, was der Form nach vernünftig ist. Er wird dann der Gewohnheit und der Sitte gerecht werden und der höchst wichtigen *Funktion*, die sie je im individuellen und im sozialen Geiste erfüllen. Beide ersparen dem Willen Arbeit, sofern das, was sie regulieren, wie von selber geht, über Zweifel und Bedenken hinausgehoben ist, das Leben erleichtert. Wenn sie die Vernunft nicht gefangen nehmen, bleibt für diese um so mehr Spielraum zu freier Betätigung.«[4]

Das ist keine Absage an den Rationalismus, sondern eine Begrenzung seines Geltungsbereichs auf die Gesellschaft, die bewußt gewollte und daher als Artefakt anzusehende Verbindung.

4. In den eben zitierten Worten aus dem Jahre 1908 wird schon der Kerngedanke des Funktionalismus geäußert: die latente Funktion, das vernunftlos Richtige in den lebendigen Abläufen; anders als in den auf diesem Gedanken basierenden soziologischen Richtungen wird aber auch seine begrenzte Reichweite gekennzeichnet: Gewohnheit und Sitte der Gemeinschaft; ein Bereich, in dem sich der Funk-

---

[3] Ferdinand Tönnies, Soziologie und Rechtsphilosophie, in Soziologische Studien und Kritiken II, Jena 1926, S. 170.

[4] Ferdinand Tönnies, Die Sitte, Frankfurt/M 1909, S. 92; Hervorhebung von mir.

tionalismus dann auch entwickeln sollte, nämlich in der Betrachtung archaisch lebender Völkerstämme, aus dem er aber hinausflutete in die Gesellschaftsbetrachtung, wo er als ideenfeindliche Ideologie in einer ideenbedürftigen Welt Schaden anrichtete.

Der Funktionalismus, dessen Kernidee von der latenten, absichtslos erfolgenden Lösung gesellschaftlicher Probleme die Basis der Systemtheorie ist[5], hat sich unzulässig ausgedehnt von Gemeinschaft auf Gesellschaft. Sein legitimer Bereich sind die noch in der von Schiller als »naiv« bezeichneten unschuldigen Vorstufe befindlichen Stämme, die die Begründer des Funktionalismus, Radcliffe-Brown und Malinowski, zugunsten der englischen Kolonialregierung untersuchten mit dem Ergebnis, daß man ihnen im Interesse ihrer Intaktheit ihre scheinbar irrationalen Einrichtungen belassen sollte, da diese latent systemstützende Aufgaben erfüllten. Die Übertragung dieser Ideen auf die moderne amerikanische Gesellschaft in der Absicht, deren unter rationalistischem Aspekt ungerechte Strukturen zu belassen,[6] war dieselbe Verletzung der Grenzmarke zwischen Gemeinschaft und Gesellschaft, wie sie die restaurative Romantik vorgenommen hatte; diese war der Anlaß dafür gewesen, daß Ferdinand Tönnies seine prinzipielle Unterscheidung traf.

Es zeigt sich: Die durch die Unterscheidung zwischen Gemeinschaft und Gesellschaft erfolgte Gebietszuweisung für Gesellschaftstheorie ist nicht mit der Aufteilung des Feldes zwischen Historismus und Rationalismus beendet. Die Zurückschneidung ihrer Position auf ihr kleines Stammgebiet widerfährt unter der Trennlinie Gemeinschaft-Gesellschaft nicht nur der Romantik, sondern auch ihren relativistischen Nachfolgepositionen.

5. Ein weiteres Beispiel dafür, daß der Relativismus seine Argumente holt aus kleinen, rückständigen Teilbereichen und sie überträgt auf die moderne Gesellschaft, bietet das Konzept Eugen Ehrlichs, der Anfang dieses Jahrhunderts die tatsächliche Übung des Rechts anstelle des normativen Konstrukts für maßgeblich erklärte. Er erweiterte den juristischen Blickwinkel, der auf die für gerichtliche Entscheidung geltenden Normen beschränkt ist, auf die wirkliche Ordnung, die meistens ohne solche Entscheidung auskommt und ein Eigenleben führt, das nicht Recht oder Unrecht, sondern einfach das Leben selbst ist. Das Beispiel, das er zuvörderst anführt, ist - und darauf kommt es uns hier an - nicht dem großen gesellschaftlichen Zusammenhang, sondern dem partikularen, gemeinschaftlichen entnommen.

> »Das Familienrecht des österreichischen bürgerlichen Gesetzbuches ist bekanntlich streng individualistisch, vielleicht das individualistischste unter allen, die heute in Europa gelten. Die Frau steht dem Mann und die Kinder stehen den El-

---

[5] vgl dazu im Kapitel »Ohnmacht oder Macht der Subjektivität« Abschn. I 2.

[6] vgl. dazu Alwin W. Gouldner, The coming Crisis of Western Sociology, London 1971, S. 342 ff.

tern im allgemeinen selbständig gegenüber, fast als ob sie einander ganz fremd wären ... Aber in der Bukowina, die ja zu Österreich gehört, und wo doch das Bürgerliche Gesetzbuch ganz so wie in anderen Teilen Österreichs gilt, ist es mit der väterlichen Gewalt bitterer Ernst. Der rumänische Bauer, vielleicht der einzige echte Römer, der sich bis in unserer Zeit erhalten hat, kennt eine patria potestas, die den Kenner des alten römischen Rechtes ganz eigentümlich anheimelt. Da gehören die Kinder wirklich noch dem Vater, wenn auch nicht ihr Leben lang, so doch bis zu der im vierundzwanzigsten Jahre eintretenden Volljährigkeit, zwar nicht so unbeschränkt wie einst in Rom, immerhin aber noch mit ihrem Leib, mit ihrem Vermögen, mit ihrer Arbeitskraft ... Fragt man, warum die Kinder sich das ruhig gefallen lassen, so erhält man die Antwort, daß ein Widerstand etwas Unerhörtes wäre.«[7]

Die theoretischen Folgerungen, die Ehrlich aus diesen in seiner Heimat gemachten Beobachtungen zieht, sind ganz die romantischen:

»Man muß sich an den Gedanken gewöhnen, daß gewisse Dinge durch eine Rechtsvorschrift überhaupt nicht bewirkt werden können, daß die Macht des Rechts ziemlich enge Grenzen hat. Man muß sich an den Gedanken gewöhnen, daß für die Folgen einer Rechtsregel die Absicht dessen, von dem sie ausgeht, ganz gleichgiltig ist.«[8]

Ausführlich legt Ehrlich schon alles dar, was heute gespreizt unter dem Stichwort »Implementation« gesagt wird, er stellt auch schon all die Vorgänge dar, die das konstituieren, was heute »Autopoiesis« heißt, und verbindet damit die auch heute daran angeknüpften Warnungen:

»Und so wird auch heute noch, ebenso wie in der Urzeit, die große Masse gesellschaftlicher Arbeit auch auf diesem Gebiete von der Gesellschaft unmittelbar verrichtet. Die jeweilige gesellschaftliche Ordnung ist ein Werk der großen gesellschaftlichen Kräfte, die vom Staate und seinem Recht geleitet und gebändigt, aber nicht unterdrückt oder vernichtet werden können. Denn die gesellschaftlichen Kräfte sind elementare Kräfte. Was vom Staate ausgeht, selbst das Recht, das er schafft, ist doch nur ein Gebilde der Menschenhand. Die Aufgabe des Staatsmanns ist nicht, Dämme zu bauen, die der Strom der gesellschaftlichen Entwicklung in reißenden, die edelsten Werke vernichtenden Fluten überschwemmen würde; die Aufgabe des Staatsmannes ist, dem Strom den Weg in die Ebene zu bahnen, wo er Äcker befruchten und Mühlen treiben wird.«[9]

---

7 Eugen Ehrlich, Soziologie und Jurisprudenz, Czernowitz 1906, S. 4 f.

8 Eugen Ehrlich a.a.O. S. 15.

9 Eugen Ehrlich, Die Tatsachen des Gewohnheitsrechts, in: Gesetz und lebendes Recht: vermischte kleinere Schriften, Hrsg. von Manfred Rehbinder, Berlin 1986, S. 131 f.

In wohltuendem Unterschied aber zu der heute in systemtheoretischem Vokabular vorgetragenen Version ist sich Ehrlich dessen bewußt, daß er mit seiner Auffassung die romantische in eine moderne soziologische Form gebracht hat, und stattet ihren Begründern Savigny und Puchta ausführlich Dank ab.[10] Er zitiert Savignys epochemachenden Satz:

»Dieser organische Zusammenhang des Rechts mit dem Wesen und Charakter des Volks bewährt sich auch im Fortgang der Zeiten, und auch hierin ist er der Sprache zu vergleichen. So wie für diese gibt es auch für das Recht keinen Augenblick eines absoluten Stillstandes, es ist auch derselben Bewegung und Entwicklung unterworfen wie jede andere Richtung des Volkes, und auch diese Entwicklung steht unter demselben Gesetz innerer Notwendigkeit wie jene frühere Erscheinung.«[11]

Ehrlich beruft sich auf Savigny und Puchta als seine Väter, er kann auch benennen, worauf ihre grundlegende Bedeutung beruhte: auf der Hervorhebung des Entwicklungsgedankens - des Gedankens also, der heute als »Evolution« den Kern der Systemtheorie abgibt. Ihn findet Ehrlich mit Recht schon im Historismus voll entwickelt:

»Die Wichtigkeit dieser Ausführungen kann schon mit Rücksicht auf den Entwicklungsgedanken, der ihnen immer zugrunde liegt, schwerlich überschätzt werden. Der Entwicklungsgedanke ist nicht eine beliebige wissenschaftliche Wahrheit, er ist die Grundlage des ganzen modernen Denkens, geradezu eine Weltanschauung. Und zu einer Zeit, wo er in den Naturwissenschaften kaum einigen der auserlesensten Geister aufleuchtete, haben ihn bereits Savigny und Puchta in die Rechtswissenschaft, also in die Gesellschaftswissenschaften, siegreich eingeführt.«[12]

Ehrlich teilt mit seinen romantischen Vorgängern den Relativismus, den notwendigen Begleiter der organischen Auffassung. Wenn es darum geht, die Betrachtung vom Gesollten auf das Seiende zu verschieben, geschieht das immer zugunsten der Wertfreiheit, geschieht das immer in der Absicht, das tatsächliche Geschehen der Beurteilung nach externen Kriterien zu entziehen und immanent zu würdigen. In der Romantik geschah das im Dienste der Restauration, war gegen die Maximen der Französischen Revolution gewandt; Anfang dieses Jahrhunderts war es eine Reaktion auf die im Zuge der industriellen Revolution technologisch-mechani-

---

10 Eugen Ehrlich, Grundlegung der Soziologie des Rechts, 3. Aufl. Berlin 1967, Kap. XIX Die Theorie des Gewohnheitsrechts.

11 Friedrich Carl von Savigny, Vom Beruf unserer Zeit für Gesetzgebung und Rechswissenschaft, 3. Aufl. Heidelberg 1840, S. 11.

12 Eugen Ehrlich, Grundlegung der Soziologie des Rechts a.a.O. S. 361.

stisch gewordene Jurisprudenz, eine im großen Rahmen der Jugendbewegung zuzurechnende Rückbesinnung auf das Lebendig-Wirkliche; im amerikanischen Funktionalismus war es das Bedürfnis, die staatlichen Instanzen vor wohlfahrtsstaatlichen Erwartungen zu schützen; in der heutigen Variante ist die Wiederbelebung des organisch argumentierenden Relativismus ein Zurückdrängen der seit der Studentenbewegung aufgekommenen radikalen Veränderungswünsche an das Recht.

In all diesen Fällen aber - und Ehrlich diente dafür als Beispiel - bewährt sich die organisch-relativistische Argumentation nur im nicht überlagerten, gemeinschaftlichen Urzustand. Ehrlich bezieht seine Überzeugung aus dem bäuerlichen Leben in der Bukowina, dort findet sie ihre Grenze und übersteht schon die Übertragung nach Wien nicht, wo die individualistische Familienrechtskonzeption des österreichischen Reichsrechts schon zu seiner Zeit durchaus angemessen war. An dieses aber knüpft Hans Kelsen an - man kann ihn Ehrlich so gegenüberstellen, daß dieser die Gemeinschaftsseite und jener die Gesellschaftsseite des österreichischen Rechts im Auge hat. Das die Heterogenität des Vielvölkerstaates übergreifende, in Wien in einer souveränen Zentralgewalt gebündelte Reichsrecht hatte dort eine ähnliche Funktion, wie sie in Rom das Jus Gentium ausübte[13]. Kelsen räumte in seiner Autobiographie ein, daß seine Rechtsauffassung mit der Tatsache zusammenhing, daß der Staat, der ihm am nächsten lag, der österreichisch-ungarische, nur eine Rechtseinheit war:

> »Angesichts des österreichischen Staates, der sich aus so vielen nach Rasse, Sprache, Religion und Geschichte verschiedenen Gruppen zusammensetzte, erwiesen sich Theorien, die die Einheit des Staates auf irgendeinen sozial-psychologischen oder sozial-biologischen Zusammenhang der juristisch zum Staat gehörigen Menschen zu gründen versuchten, ganz offenbar als Fiktionen. Insofern diese Staatstheorie ein wesentlicher Bestandteil der Reinen Rechtslehre ist, kann die Reine Rechtslehre als eine spezifisch österreichische Theorie gelten.«[14]

So kam er denn zu einer gegenüber Ehrlich antipodischen Rechtsauffassung, in der das Recht gilt, weil es von der zuständigen Instanz so gewollt ist; beide haben Recht, befinden sich nur - wenngleich in Österreich - auf verschiedenem Terrain, der eine in Gemeinschaft, der andere in Gesellschaft.

---

[13] siehe dazu die Kapitel »Vergangenheit-Zukunft« Abschn. III,1 und »Kontingenz-Notwendigkeit« Abschn. I,1.

[14] zitiert bei Rudolf Adalár Métall, Hans Kelsen. Leben und Werk, Wien 1969, S. 42.

II. Gemeinschaft und Gesellschaft als soziologische Repräsentanten einer übersoziologischen Archetypik

1. Ich habe die eben durchgeführte Zusammenordnung von Gemeinschaft und Relativismus einerseits, Gesellschaft und Rationalismus andererseits andernorts dargelegt[15]; in der hier vorliegenden Arbeit wird der Aspekt erweitert und die Zweiteilung der Hemisphären vom Soziologischen auf das Philosophische und Allgemein-Kulturelle ausgedehnt.

Diese tiefergehende Zweiteilung ist in »Gemeinschaft und Gesellschaft« schon angelegt und schwingt mehr oder weniger ausgesprochen mit. Ausgesprochen ist sie zu Beginn des Werkes in dessen von Augustin[16] stammendem Motto:

> »Deus ordinem saeculorum tanquam pulcherrimum carmen ex quibusdam quasi antithetis honestavit.«

Unter diesem Motto steht auch der hier vorliegende Text, der als Extrapolierung der Antipoden Gemeinschaft und Gesellschaft verstanden sein möchte.

Die in Gemeinschaft und Gesellschaft mitschwingende Archetypik macht den Erfolg aus, den die Begriffsbildung in ihrer Zeit hatte. Sie hatte ihren Kairos in der Jugendbewegung, als die in dem Gemeinschaftsbegriff gelungene Zusammenfassung der organisch-romantisch-partikularen Ausrichtung eine Identifikationsmöglichkeit gegenüber den kalten anonymen Gesellschaftskräften anbot. Die Unterscheidung zwischen Gemeinschaft und Gesellschaft löst ein Gestalterkennen aus, führt zu dem morphologischen Zusammenschluß einer Fülle verstreuter Elemente in einer Figur, für die der Gegenbegriff das Feld bildet; die dabei entstehende Polarität ist weitreichender und grundsätzlicher, als die soziologischen Begriffe selbst ausdrücken. Wenn wir den von Ehrenfels[17] geprägten Begriff der »Höhe der Gestalt« übernehmen als einen Maßstab dafür, wieviele Elemente zu einer Einheit zusammengefaßt werden, haben wir ein Qualitätsmerkmal, das bei Ehrenfels auf Schönheit angewendet wird - eine Rose ist unter diesem Gesichtspunkt ästhetisch wertvoller als ein Sandhaufen -, das über die Ästhetik hinaus aber auch den wissenschaftlichen Wert einer Begriffsbildung anzeigen kann, seine paradigmatische Eignung. Die »Höhe der Gestalt« von Gemeinschaft und Gesellschaft ist bisher nicht wirklich ausgeschöpft, sondern nur partiell aufgenommen worden. Sie wird erst ausgeschöpft, wenn einerseits die Fülle der Elemente erfaßt ist, die sie zu einer Einheit zusammenschließen, und andererseits auch die viel weitergehende Fülle

---

[15] Sibylle Tönnies, Die Erneuerung des Naturrechts durch die Unterscheidung zwischen Gemeinschaft und Gesellschaft, Rechtstheorie 1987, Heft 3 S. 386.

[16] Augustin, De civitate dei, XI. 18.

[17] Christian v. Ehrenfels, in: Gestalthaftes Sehen (Hrsg. F. Weinhandl) Darmstadt 1960 S. 137.

von Elementen aus dem unbewußten Erfassen emporgehoben wird, mit denen sie zusammen so umfangreiche gemeinsame Einheiten bilden, daß die beiden großen Gestalten der Unendlichen Entzweiung hervortreten.

> »Man hat das Theorem mehrfach dahin verstanden und ausgelegt, daß es diese Arten 'unterscheidet', etwa wie der Botaniker Bäume und Gräser, der Zoologe Wirbeltiere und Wirbellose 'unterscheidet'. Diese Auslegung ist nicht die meine. Ich vergleiche das hier angewandte Verfahren vielmehr dem Verfahren des Chemikers als dem der beschreibenden Naturwissenschaft. Es handelt sich vielmehr um *Scheidung* als um Unterscheidung.«[18]

Die Scheidung zwischen Gemeinschaft und Gesellschaft teilt mit der zwischen Romantik und Aufklärung die über ihr Thema hinausgehende, symbolhafte Bedeutung.

> »Tönnies hat als erster ... gesehen, daß die von der Romantik erkannte Antithese 'Mechanisch-organisch' eine vorhandene Dualität trifft, der gegenüber eine Ablehnung des einen oder des anderen Gliedes vorerst gar nicht in Betracht kommt, die subjektive Stellungnahme wird aufgehoben oder aufgeschoben« -

mit diesen Worten hat Schmalenbach[19] zutreffend die Tatsache beschrieben, daß Gemeinschaft von Gesellschaft durch dieselbe Trennlinie geschieden wird wie die Romantik von der Aufklärung; die Unzulässigkeit einer Parteinahme erklärt er damit, daß Gemeinschaft und Gesellschaft beide in der Wirklichkeit vorhandene Verbandsformen sind. Damit ist aber die symbolhafte Bedeutung der Gegenüberstellung nicht genügend erfaßt, die Tatsache, daß mit den beiden Sozialformen komplementäre Archetypen bezeichnet sind, in denen ebenso wie in der Polarität Romantik-Aufklärung andere, außersoziologische Dimorphismen mitschwingen: weiblich-männlich, dunkel-hell, weich-hart, unten-oben, Stoff-Geist, Sein-Sollen.

2. Gespür für das Symbolhafte an der Unterscheidung zwischen Gemeinschaft und Gesellschaft, Bereitschaft, die Dichotomie zwischen Gemeinschaft und Gesellschaft morphologisch-kreativ aufzufassen, zeigt sich in einer Arbeit mit dem Titel: Nietzsches »Geburt der Tragödie« als Impuls zu Tönnies' »Gemeinschaft und Gesellschaft«[20], wo gezeigt wird, daß dieselbe Umwandlung, die Tönnies als die von Gemeinschaft und Gesellschaft darstellt, bei Nietzsche als die vom dionysischen zum appolinischen Zeitalter erscheint. In »Die Geburt der Tragödie aus dem Geist

---

18 Ferdinand Tönnies; die Fundstelle ist mir leider verloren gegangen.
19 Gustav Schmalenbach, Die soziologische Kategorie des Bundes, Dioskuren I, München 1923, S. 39.
20 Jürgen Zander: Ferdinand Tönnies und Friedrich Nietzsche, in: Ankunft bei Tönnies, Hrsg. L. Clausen und F. U. Pappi, Kiel 1981, S. 204.

der Musik« beklagt Nietzsche den Sündenfall des Austritts aus der vorsokratischen Form der Feier der Tragödie in die nachsokratische: Zunächst ist Theater noch Einheit von Schauspiel und Publikum, welches den Chor bildet, und die Feier endet in dionysischer Verschmelzung beider. Später hebt sich das Schauspiel aus dem Geschehen ab und tritt in appollinischer Disziplin den Zuschauern gegenüber als eine andere Wirklichkeitsebene. (Eine ursprüngliche Einheit trennt sich - wir werden uns unter dem Stichwort Monismus-Dualismus mit diesem Motiv noch grundsätzlich befassen.) Diese Nietzsche'sche Huldigung des Gemeinschaftlich-Ursprünglichen und die Absetzung von gesellschaftlicher Verfremdung hat nach Ansicht Zanders eine Anregung zu Tönnies' Dichotomie gegeben; wie dem auch sei: fest steht, daß den jugendlichen Tönnies der Titel des Buches bei einem Blick in ein Schaufenster fasziniert hat. Die Frage ist offen, ob Tönnies tatsächlich zu dieser Zeit schon Nietzsche gelesen hat - es kommt aber für die Bedeutung von Zanders Assoziation auf diesen historischen Umstand nicht an. Die Bedeutung liegt darin, daß mit der Parallele zwischen den Begriffpaaren dionysisch-appollinisch und Gemeinschaft-Gesellschaft der soziologische Bereich verlassen und die grundsätzlichere Archetypik betreten ist. Mit Recht weist in demselben Zusammenhang Ankersmit[21] einen Autor zurecht, der Nietzsches Gegenüberstellung der sokratischen und der vorsokratischen Welt als historisch falsch nachweisen will:

> »Criticizing mataphors on factual grounds is indeed an activity which is just as pointless as it is tasteless. Only metaphors refute metaphors.«

III. Das Naive und das Sentimentalische

1. Die grundsätzlichere Archetypik haben wir schon in Schillers ästhetischen Kategorien naiv-sentimentalisch kennengelernt[22], hinter denen sich die prinzipielle Scheidung zwischen demjenigen, »was durch sich selbst, und dem, was durch die Kunst und durch den menschlichen Willen ist«,[23] verbirgt.

Soweit Schiller sie auf historische Sozialformen bezieht, finden wir in seiner Arbeit eine Vorwegnahme der Tönnies'schen Unterscheidung. Bei Schiller steht schon dasselbe Abgrenzungskriterium im Vordergrund: die eher natürliche oder eher kunsthafte Bildung, die Ab- oder Anwesenheit von Zwecksetzung - ein Unter-

---

21 F. R. Ankersmit, Historiography and Postmodernism, in History and Theory, volume XXVIII,2, 1989, Middletown USA, S. 152.

22 im Kapitel »Die Unendliche Entzweiung« Abschn. III.

23 Friedrich Schiller, Über naive und sentimentalische Dichtung, in: Werke (Hrsg. A. Kutscher) Berlin-Leipzig 8. Teil, S. 115 ff. , S. 128.

schied, der bei Tönnies durch die verschiedenen Willensformen »Wesenwille« und »Kürwille« gekennzeichnet ist. Im Zwecke von Mitteln trennenden Kürwillen, der die Gesellschaft prägt, liegt eine Zweiteilung, ein Dualismus vor, während die Willensform der Gemeinschaft noch eine Einheit ist. Schiller drückt das so aus:

»Solange der Mensch noch reine, es versteht sich, nicht rohe Natur ist, wirkt er als ungeteilte sinnliche Einheit und als ein harmonierendes Ganze. Sinne und Vernunft, empfangendes und selbsttätiges Vermögen haben sich in ihrem Geschäfte noch nicht getrennt, viel weniger stehen sie im Widerspruch miteinander. Seine Empfindungen sind nicht das formlose Spiel des Zufalls, seine Gedanken nicht das gehaltlose Spiel der Vorstellungskraft; aus dem Gesetz der *Notwendigkeit* gehen jene, aus der *Wirklichkeit* gehen diese hervor. Ist der Mensch in den Stand der Kultur getreten, und hat die Kunst ihre Hand an ihn gelegt, so ist jene *sinnliche* Einheit in ihm aufgehoben, und er kann nur noch als *moralische* Einheit, d.h. als nach Einheit strebend sich äußern. Die Übereinstimmung zwischen seinem Empfinden und Denken, die in dem ersten Zustande *wirklich* stattfand, existiert jetzt bloß *idealisch*; sie ist nicht mehr in ihm, sondern außer ihm, als ein Gedanke, der erst realisiert werden soll, nicht mehr als Tatsache seines Lebens.«[24]

Diesen Gedanken finden wir bei Tönnies, wenn er den Wesen- vom Kürwillen absetzt, so ausgedrückt:

»Aber es gibt eine Vernünftigkeit des Willens von anderer Art. Sie wird dadurch bezeichnet, daß das vernünftige Denken im gesamten Wesen des Menschen enthalten und gleichsam aufgelöst ist, daß also dieses Wesen in sich einheitlich (monistisch) ist, während der Typus des Kürwillens auf der Gebrochenheit, dem Dualismus der menschlichen Natur beruht.«[25]

So sieht der Monismus des Wesenwillen bei genauer Betrachtung aus:

»Alles Können involviert ein (nicht gedachtes, sondern reales) Müssen, und (davon nicht verschiedenes) Geschehen, als seine Entelechie und Ergebnis einer Entwicklung, unter gegebenen Bedingungen. Gleichwie die Frucht aus der Blüte sich ergibt, und animal ex ovo. Es ist eines und dasselbe, in verwandeltem Zustande. Und so verhält sich Anfang und Mitte aller Arbeit zu ihrer Vollendung, dem Werke. Hier ist nicht das Hingegebene das eine, und das Empfangene ein anderes, so daß sie sonst nichts miteinander zu tun haben, als daß eines der *Preis* des anderen ist - wie denn die bloße Formgebung an einen fremden Stoff so ver-

---

[24] Friedrich Schiller a.a.O. S. 135.

[25] Ferdinand Tönnies, Einführung in die Soziologie, Stuttgart 1965 S. 154f. Wir werden an anderer Stelle (»Monismus-Dualismus«) Gelegenheit haben, der grundsätzlichen Bedeutung der Polarität zwischen dem Einheitlichen und dem Zweigeteilten nachzugehen.

standen werden kann, daß die fertige Sache durch solche Arbeit erkauft wurde -; sondern die in Wahrheit immer in irgendwelchem Maße lebendige Materie wird ergriffen, und durch eine wechselseitige Assimilierung strömen die Kräfte des eigenen Wesens darin über, werden und bleiben darin lebendig; wie im Akte der Zeugung und alles künstlerischen Schaffens und Denkens.«

Der Wesenwille hat die Eigentümlichkeit des Organischen, daß der Einsatz von Kraft keine Verminderung, sondern eine Stärkung derselben (z.B. Muskelbildung) bedeutet:

»Diese Auffassung beruhet auf dem allgemeinen bedeutenden Gesetze: daß jede organische Modifikation, als Vermehrung der agendi potentia sich ausbildet und wächst, durch das agere selbst, durch die Funktion (und jede Verminderung, Rückbildung, Tod eintritt durch Nichtgebrauch, d.i. Nichtleben und Nichtwollen, unterbleibende Erneuerung der Zellsubstanz und der Gewebe).«[26]

Im Kürwillen hingegen tritt eine Zweiteilung dadurch auf, daß die durch ihn motivierte Tätigkeit nicht um ihrer selbst willen, sondern um eines von ihr unabhängigen Zweckes willen vorgenommen wird; sie ist Mittel: sie ist das, was man ungern tut, um etwas zu erlangen, das man gerne hätte. Dadurch besteht ein Antagonismus innerhalb des Kürwillenssubjekts; er besteht aber auch nach außen, zum anderen Menschen - und (dieses Drama erfassen erst wir Heutigen ganz) zur Natur selbst:

»Die Kürwillensformen stellen den vereinzelten Menschen der gesamten Natur als Geber und Empfänger gegenüber. Er versucht, die Natur zu beherrschen und mehr als das Gegebene von ihr zu empfangen: also Lustelemente aus ihr herauszuziehen, welche ihn keine Mühe und Arbeit oder andere Unlust gekostet haben. Aber innerhalb der Natur tritt ihm *auch* ein gleiches erstrebendes, *gleiches* Kürwillenssubjekt entgegen, der *andere*, welcher *seine* Mittel und Zwecke im Anschluß und Gegensatz gegen ihn hat, also durch seinen Schaden gewinnt und zu gewinnen trachtet.«[27]

2. Dieser Monismus einerseits und Dualismus andererseits betrifft nicht nur die Willensformen, sondern ist ein prinzipielles strukturierendes Moment der beiden hier unterschiedenen großen Hemisphären, das noch einen Schwerpunkt unserer Betrachtung abgeben wird[28]: Das Ineinanderruhen von Wirklichem und Richtigem, von Erfahrung und Ideal ist im Extrem eine Ungeschiedenheit von Materie und Geist, die die Gestalt der linken Hemisphäre auf ihrem Klimax kennzeichnet.

---

[26] Ferdinand Tönnies, Gemeinschaft und Gesellschaft, II, § 22.
[27] Ferdinand Tönnies a.a.O., II. § 24.
[28] im Kapitel »Monistisch—Dualistisch«.

Das Auseinanderfallen von dem, was ist, und dem, was sein soll - das dadurch begründete Schisma läuft durch die geistigen Gebilde der rechten Hemisphäre hindurch; soziologisch schlägt es sich nieder in dem Zustand der Gesellschaft, die das Richtige nicht als Sitte in sich trägt, sondern außer sich führt als ihr Gesetz - sei es moralischer Art oder positiv gesetzt. Das griechische Wort für Recht: dike = zweigeteilt, werden wir in diesen Zusammenhang bringen[29].

Dieser durch Vernunft bestimmte, als zweckmäßig angesehene Kodex heißt (nach altmodischem Sprachgebrauch) im Gegensatz zur Sitte »Sittlichkeit«, und diese ist als externes Kriterium dem Handeln in der Gesellschaft unentbehrlich. Hier sind die Sitten nicht nur im Verfall begriffen, sondern auch inhaltlich unzulänglich, die Sitte erweist sich unter dem Licht der hier zuständigen Vernunft oft als »unsittlich« (was Tönnies an der zu seiner Zeit noch bestehenden Sitte des Duells erläutert).

> »In der Tat ist die Sittlichkeit der Sitte längst unzureichend geworden. Sie muß im Feuer der Kritik gereinigt werden, und sie bedarf, wie viel auch von ihr als lauteres Gold sich bewähren möge, der Ergänzung, wie Edelmetall des Zeichengeldes. Ein neues Gesetzbuch der Sittlichkeit, das sich nicht an die Sitte gebunden hält, ist notwendig geworden. Je mehr wir freier *von* der Sitte und freier *in* der Sitte werden, desto mehr bedürfen wir der bewußten Ethik, d.h. aber der Erkenntnis dessen, was den Menschen zum Menschen macht: der Selbstbejahung der Vernunft.«[30]

Die in diesem Zusammenhang verwendete Metapher aus der Geldwährung ist glücklich gewählt, weil das in der fortgeschrittenen Gesellschaft verwendete Zeichengeld sich vom früher benutzten Edelmetall durch denselben Hiatus zwischen Wirklichem und Geistigem unterscheidet, der in der Frage des gebotenen Verhaltens den modernen Zustand kennzeichnet, in dem Wirkliches und Vernünfiges getrennt zu haltende Ebenen sind. Sitte und Edelmetall sind beide monistisch, tragen ihren Wert in sich; Sittlichkeit und Zeichengeld enthalten einen Dualismus, sind Verweise auf eine außerhalb vorgenommene Bewertung.

Die Bejahung des Dualismus für den heutigen Zustand, die Vernunftfreudigkeit, die sich bei Tönnies ausdrückte, findet sich auch bei Schiller. Während es zunächst heißt:

> »Die Gesetze des Anstandes sind der unschuldigen Natur fremd; nur die Erfahrung der Verderbnis hat ihnen den Ursprung gegeben«,

---

[29] im Kapitel »Monistisch—Dualistisch« I 1.
[30] Ferdinand Tönnies, Die Sitte, Frankfurt a. M. 1909, S. 94.

fährt er fort[31]:

»Sobald aber jene Erfahrung einmal gemacht worden und aus den Sitten die natürliche Unschuld verschwunden ist, so sind es heilige Gesetze, die ein sittliches Gefühl nicht verletzen darf. Sie gelten in einer künstlichen Welt mit demselben Rechte, als die Gesetze der Natur in der Unschuldwelt regieren.«

Das Verhalten »wie Natur«, das der romantische ebenso wie der systemtheoretische Relativismus in jeweils eigenen Metaphern preisen - das absichtslose, spontane, den Impulsen direkt gehorchende Verhalten, dem das kalkulierte, kunsthafte gegenüberzustellen ist, nennt Schiller »naiv« im Gegensatz zu »sentimentalisch«, und in seiner nach diesen Gegensätzen benannten Schrift finden wir eine Bestätigung unserer These, daß die Natur in ihrer moralischen Indifferenz um so eher ein Vorbild sein kann, je persönlicher und privater der Handlungsrahmen ist; daß im politischen Bereich jedenfalls die Naturgemäßheit ein unpassendes Ideal ist und der Kunst weichen muß, dem von kontrollierten Zielsetzungen abgeleiteten Verhalten. Schiller gibt in aller Breite das »naive« Vorgehen eines Papstes, Adrian VI, wieder,[32] der die Erklärung abgab:

»'Wir wissen wohl, daß an diesem heiligen Stuhl schon seit mehrern Jahren viel Abscheuliches vorgegangen; kein Wunder, wenn sich der kranke Zustand von dem Haupt auf die Glieder, von dem Papst auf die Prälaten fortgeerbt hat. Wir sind alle abgewichen, und schon seit lange ist keiner unter uns gewesen, der etwas Gutes getan hätte, und auch nicht einer.'«

Dieses redliche Verhalten tadelt Schiller:

»Indem er vergaß, daß das künstlichste aller Gebäude schlechterdings nur durch eine fortgesetzte Verleugnung der Wahrheit erhalten werden könnte, beging er den unverzeihlichen Fehler, Verhaltungsregeln, die in natürlichen Verhältnissen sich bewährt haben mochten, in einer ganz entgegengesetzten Lage zu befolgen. Dieses verändert allerdings unser Urteil sehr; und ob wir gleich der Redlichkeit des Herzens, aus dem jene Handlung floß, unsere Achtung nicht versagen können, so wird diese letztere nicht wenig durch die Betrachtung geschwächt, daß die Natur an der Kunst und das Herz an dem Kopf einen zu schwachen Gegner gehabt habe.«

Die Zusammenstellung der Vorzüge der naiven Vorstufe verführt Schiller ebensowenig wie Tönnies dazu, diese zu idealisieren und Rückwendung zu begünstigen.

---

31 Friedrich Schiller a.a.O. S. 156 f.

32 Friedrich Schiller a.a.O. S. 122.

»Die Unzufriedenheit über unsere eigene schlecht gebrauchte moralische Freiheit und über die in unserm Handeln vermißte sittliche Harmonie führt leicht eine solche Stimmung herbei, in der wir das Vernunftlose wie eine Person anreden und demselben, als wenn es wirklich mit einer Versuchung zum Gegenteil zu kämpfen gehabt hätte, seine ewige Gleichförmigkeit zum Verdienst zu machen, seine ruhige Haltung zu beneiden. Es steht uns in einem solchen Augenblicke wohl an, daß wir das Prärogativ unserer Vernunft für einen Fluch und für ein Übel halten und über dem lebhaften Gefühl der Unvollkommenheit unsereres wirklichen Leistens die Gerechtigkeit gegen unsre Anlage und Bestimmung aus den Augen setzen. Wir sehen alsdann in der unvernünftigen Natur nur eine glücklichere Schwester, die in dem mütterlichen Hause zurückblieb, aus welchem wir im Übermut unsrerer Freiheit heraus in die Fremde stürmten. Mit schmerzlichem Verlangen sehnen wir uns dahin zurück, sobald wir angefangen, die Drangsale der Kultur zu erfahren, und hören im fernen Auslande der Kunst der Mutter rührende Stimme.«[33]

Bei solchen Empfindungen übersehen wir aber den Fortschritt, den die gegenwärtige Kulturstufe gegenüber der vergangenen hat und den eine zukünftige noch weitertragen wird. Bei der Idealisierung der natürlichen, unschuldigen Zustände gibt Schiller zu bedenken:

»Aber ihre Vollkommenheit ist nicht ihr Verdienst, weil sie nicht das Werk ihrer Wahl ist. Sie gewähren uns also die ganz eigene Lust, daß sie, ohne uns zu beschämen, unsre Muster sind. Eine beständige Göttererscheinung, umgeben sie uns, aber mehr erquickend als blendend. Was ihren Charakter ausmacht, ist gerade das, was dem unsrigen zu seiner Vollendung mangelt; was uns von ihnen unterscheidet, ist gerade das, was ihnen selbst zur Göttlichkeit fehlt. Wir sind frei, und sie sind notwendig; wir wechseln, sie bleiben eins.«[34]

Schiller hebt aus seiner Gegenüberstellung von unschuldiger Natur- und vernunftbedürftiger Gesellschaftsstufe die Polarität Notwendigkeit-Freiheit hervor, die wir unter dem Stichwort »Ohnmacht oder Macht der Subjektivität« behandelt haben. Auch die Polarisierung in Vergangenheit und Zukunft stellt er in diesen Zusammenhang von Natur und Vernunft. Der Blick auf die natürlich gewachsenen, immanent vernünftigen Sozialgebilde, den wir als einen Blick in die Vergangenheit auffassen, ist für Schiller aber auch zugleich ein Blick in die Zukunft. Auf diese Weise werden die Pole zusammengeführt:

»Aber ein solcher Zustand findet nicht bloß vor dem Anfange der Kultur statt, sondern er ist es auch, den die Kultur, wenn sie überall nur eine bestimmte Tendenz haben soll, als ihr letztes Ziel beabsichtigt. Die Idee dieses Zustandes allein und der Glaube an die mögliche Realität derselben kann den Menschen mit allen

33 Friedrich Schiller a.a.O. S. 127; hier wird die Vorstufe der Gemeinschaft ganz im Sinne des grundlegenden sexuellen Dimorphismus als weiblich aufgefaßt, als mütterlicher Ursprung, was unser Thema in dem Abschnitt »Weiblich-Männlich« werden wird.

den Übeln versöhnen, denen er auf dem Wege der Kultur unterworfen ist, und wäre sie bloß Schimäre, so würden die Klagen derer, welche die größere Sozietät (sic!) und die Anbauung des Verstandes bloß als ein Übel verschreien und jenen verlassenen Stand der Natur für den wahren Zweck des Menschen ausgeben, vollkommen gegründet sein.«[35]

IV. Die Mißachtung der Grenzlinie

1. Wir sehen: es handelt sich bei der Polarität zwischen Gemeinschaft und Gesellschaft nur um den soziologischen Niederschlag einer grundsätzlicheren und weitergehenden Antithetik, die mit den Begriffen Historismus-Rationalismus gekennzeichnet[36], aber noch nicht in ihrer größten Abstraktheit erfaßt ist. Wenn wir so ausführlich zwei Stimmen zitiert haben, die vor einhundert bzw. zweihundert Jahren der rationalistischen Auffassung Unterstützung gegeben haben als für die moderne Gesellschaft angemessen, so sollen sie den Gegenpol bilden zu der zur Zeit herrschenden - postmodernen - Auffassung, fortgeschrittenen Verhältnissen adäquater sei die Vernunftskepsis; die Haltung, die Kant » faule Vernunft« nannte. Sie artikulierte sich zuletzt als »Übergang von der handlungstheoretischen zur systemtheoretischen Ebene«. Die Systemtheorie zieht die Konsequenz daraus, daß im Verlauf der Denkgeschichte der Glauben an wahre Zwecke, an die »Wahrheitsfähigkeit« von Zwecken verlorenging und der Zweckbegriff subjektiviert wurde[37], und bildet einen Bezugsrahmen, der ein Höchstmaß an Wertfreiheit durch Abstraktion von allen konkreten Inhalten wie Zwecken und Interessen zu erreichen erlaubt.[38] Demgegenüber sind die alten Stimmen hörenswert, denen diese Art der Betrachtung nicht etwa fremd ist, denen aber die Anwendung auf bestimmte soziologische Verhältnisse, nämlich gerade die modernen, fehl am Platz erscheint, weil sie Verhältnisse wie Natur betrachtet, die künstlich sind, und sie verfehlen muß, da man ihrem konstituierenden Element, nämlich dem Zweck, nur gerecht wird, wenn man an ihn den Maßstab der Vernunft anlegt. So definiert Kant die »ignava ratio«, die faule Vernunft:

---

[34] Friedrich Schiller a.a.O. S. 116.

[35] Friedrich Schiller a.a.O. S. 160.

[36] Das geschah mit der nötigen Klarheit bei Cornelius Bickel, Ferdinand Tönnies, Soziologie als skeptische Aufklärung zwischen Historismus und Rationalismus, Opladen 1991; ein Werk, dessen Vorarbeiten diese Arbeit Dank schuldet.

[37] vgl. Niklas Luhmann, Zweckbegriff und Systemrationalität, Tübingen 1968.

[38] Renate Mayntz, Rezension zu: Niklas Luhmann, Zweckbegriff und Systemrationalität, in Schmollers Jahrbuch 1971 S. 57f.

»Man kann jeden Grundsatz so nennen, welcher macht, daß man seine Naturuntersuchung, wo es auch sei, für schlechthin vollendet ansieht und die Vernunft sich also zur Ruhe begibt, als ob sie ihr Geschäft völlig ausgerichtet habe.«[39]

Naturuntersuchung, wo es auch sei - diese Kritik trifft den rechtsphilosophischen Relativismus. Er ignoriert die Grenze, bis zu der Naturuntersuchung angebracht ist, und diese liegt in Kants Terminologie zwischen dem empirischen und dem intelligiblen Charakter des Menschen, - soziologisch ausgedrückt: zwischen Gemeinschaft und Gesellschaft. In ästhetischen Kategorien handelt es sich um die Grenze zwischen dem Naiven und dem Sentimentalischen. Welchen Namen auch immer man der Polarität geben mag: die einseitige Besiedelung eines Pols ist falsch, die Bevorzugung einer der beiden Sichtweisen ist die unzulässige Ausblendung einer geistigen und - wie wir hier zu zeigen versuchten - speziell einer soziologischen Hemisphäre.

2. Die Mißachtung der Grenzlinie finden wir in einem systemtheoretischen Text, der die Trennung von Zweck und Mittel, die ja den Kürwillen und damit die Gesellschaft kennzeichnet, für veraltet erklärt:

»Die Trennung von Ziel und Mittel sowie die entsprechende Hierarchisierung von Problemen sind selbst nur der konsequente Ausdruck eines Rationalitätskonzepts, das seine Zeit gehabt hat: Es hat die Möglichkeit eines 'government by distance' vorausgesetzt, d.h. die Form einer Politik, die von vorfindlichen, ihr äußerlichen, anonym gesellschaftlichen Spielregeln ausgehen und durch Intervention gegen ihre Überschreitung agieren zu können vermeinte.«[40]

In versteckter Form aber finden wir die Unterscheidung zwischen Gemeinschaft und Gesellschaft in einer Differenzierung, die zwar im systemtheoretischen Stil, aber mit Verantwortungsbewußtsein vorgetragen wird. Da wird unterschieden zwischen kybernetischen Systemen 1. und 2.Ordnung: Die Kybernetik 1. Ordnung ist diejenige beoabachteter und geregelter Systeme, d.h. die Kybernetik fremdorganisierter oder allopoietischer Systeme; die Kybernetik 2.Ordnung ist diejenige beobachtender, selbstorganisierender, selbstregelnder und autopoietischer Systeme[41].

Bei solcher Unterscheidung wird z.B. die (orthodox systemtheoretische) Vorstellung zurückgewiesen, daß kapitalistische Unternehmen selbständernde, selbstevolvierende und selbstorganisierende Systeme und damit externen Beurteilungs-

---

39 Immanuel Kant, Kritik der reinen Vernunft (Hrsg. R. Schmid) 2. Aufl. Leipzig/Hamburg 1951 (Phil. Bibl. Bd. 37a), S. 717f.

40 Karl-Heinz Ladeur, Verrechtlichung der Ökonomie, Ökonomisierung des Rechts ? Jahrbuch für Rechtssoziologie und Rechtstheorie Bd. 8 (Hrsg. V. Gessner u. G. Winter), Opladen 1982, S. 74 (84).

41 Peter M. Hejl, Kybernetik 2. Ordnung, Selbstorganisation und Biologismusverdacht, in: Die Unternehmung 1/83 S. 41.

kriterien entzogen sind. Unbemerkt bleibt dabei, daß die alte aristotelische Unterscheidung zwischen Artefakt und Organismus die Trennlinie bildet; die Unterscheidung, nach der auch Gemeinschaft und Gesellschaft auseinandergehen. Die Herausnahme offensichtlich artifizieller Gebilde aus dem Bereich des Biologisch-Selbsttätigen zeigt, daß sich von Menschen mit sozialem Gewissen das Ausblenden der Zwecksetzung und ihrer Überprüfung auf Vernünftigkeit hin in gesellschaftlichen Verhältnissen nicht durchhalten läßt und mit Hilfskonstruktionen die gesellschaftliche Welt des Beabsichtigten eingeblendet wird in ein ihr nicht angemessenes Konzept: ihr wird inhaltlich Rechnung getragen, und lediglich sprachlich wird der systemtheoretische Rahmen beibehalten.

> »Betriebe sind allopoetische Systeme. Ihnen ist ein ihnen selber externer Zweck vorgegeben, auf den hin sie in der Regel mit Hilfe von Ansätzen aus dem Bereich allopoetischer Systeme organisiert sind.«[42]

Die Schwierigkeiten, die Luhmann manchmal mit seinen Anhängern hat, beruhen darauf, daß diese latent rationalistisch argumentieren, daß sie den großen Schwenk der Systemtheorie in die linke, weiche, quietistische, romantische Hemisphäre nicht mittragen, sich nur formal-terminologisch in ihrem Fahrwasser befinden und sich von den oft aus der Studentenbewegung mitgebrachten naturrechtlichen Postulaten nicht trennen mögen. Auf diese Weise führt die Systemtheorie an ihren Rändern einen »Kryptorationalismus« mit sich[43], der notwendig einhergeht mit dem, was Kaufmann[44] »Kryptonormativismus« nennt.

3. Die Assoziierung von Gemeinschaft und Relativismus einerseits und Gesellschaft und Universalismus andererseits darf allerdings nicht absolut gesehen werden; sie muß, um nicht starr zu werden, die Elastizität, das kreative, spielerische Element der morphologischen Betrachtungsweise in sich tragen; den Sinn sich bewahren für das sich Austauschende und Schillernde ihrer Positionen. Wenn sie starr erfolgt, kann die Assoziierung auch zu falschen Ergebnissen führen. So muß immer auch der Sichtweise Wahrheitsfähigkeit eingeräumt werden, die überall, auch in der Gesellschaft, die Subjekt-bezogenheit ablehnt, ganz auf individualisierende, handlungsbezogene Betrachtung verzichtet und überall objektive Werdeprozesse annimmt. *Daneben*, nicht stattdessen hat die rationalistische Sicht ihre Berechtigung.

Die Entstehung der Bundesrepublik Deutschland zum Beispiel, die ihre Form bekommen hat durch einen Akt des Kürwillens, auf der Konferenz von Jalta be-

---

42 F. Malik und G. Probst, Evolutionäres Management, in: Die Unternehmung 2/81 S. 222.
43 dazu ausführlicher unter »Monismus-Dualismus« IV.
44 Arthur Kaufmann, Freirechtsbewegung, lebendig oder tot?, in: Rechtsphilosophie im Wandel, 2. Aufl. 1984 S. 231 (243).

schlossen durch den Willen von vier Männern, ein prototypisches Artefakt - dieses Ereignis kann und sollte man andererseits (gleichzeitig, nur eben linksseitig) als unwillentlich geschehen, von unendlich vielen, imponderabilen Kräften bewirkt ansehen.

Tolstoi äußert sich entsprechend in »Krieg und Frieden«:

> »Damit der Wille Napoleons und Alexanders, eben der Männer, von denen das Ereignis anscheinend abhing, in Erfüllung ging, war das Zusammentreffen unzähliger Umstände notwendig, und zwar so, daß beim Fehlen eines dieser Umstände das Ereignis nicht hätte eintreten können. Es war notwendig, daß die Millionen von Menschen, in deren Händen die wirkliche materielle Kraft lag, die Soldaten, die schossen oder den Proviant und die Kanonen transportierten, sich bereit zeigten, diesen Willen der beiden einzelnen, persönlich schwachen Männer zu erfüllen, und daß sie dazu durch eine zahllose Menge verwickelter, mannigfacher Ursachen veranlaßt wurden ... Ein König oder Zar ist aber Sklave der Geschichte. Die Geschichte, das heißt das unbewußte allgemeine Herdenleben der Menschheit, benutzt jeden Augenblick im Leben der Könige für sich als Werkzeug zur Erreichung ihrer Ziele.«[45]

Andererseits (und das heißt in unsrem Schema: rechtsseitig): es gibt auch Beispiele, wo das Überziehen der universalistischen Sicht über das Gebiet des Gewollten, Gesellschaftlichen hinaus in den Bereich von Brauchtum und Sitte gerechtfertig erscheint, wo die Maßstäbe der Vernunft nicht vor der Schranke der Gemeinschaft haltmachen wollen und nur die »gute« Sitte, nicht aber die schlechte gelten lassen. Die Permissivität des Funktionalismus erscheint manchmal nicht nur im Bereich des Kürwillens, sondern auch in dem des Wesenwillens unangebracht, so schon bei Malinowskis großzügiger Haltung gegenüber den Kopfjägern. Mit guten Gründen läßt sich die Assoziation zwischen Relativismus und Gemeinschaft manchmal verletzen, indem die in historischem Wachstum maximenfrei entstandenen Sitten einer Gemeinschaft mit dem Auge des Naturrechts betrachtet werden und als »unvernünftig« oder »sittenwidrig« abgewertet werden. Es gibt Extremfälle, in denen ein überhistorischer universalistischer Standpunkt auch eine Verurteilung von Gemeinschaftsbräuchen zu erlauben scheint. Diese Fälle beschäftigen zur Zeit den Feminismus, der nicht bereit ist, im Brauchtum fremder Völker sexuellen Mißbrauch und Beschneidung von Mädchen nur deshalb hinzunehmen, weil sie organisch entstanden und »funktional« sind. Auch auf dieser Seite also bewährt sich die Trennlinie Gemeinschaft-Gesellschaft nicht immer, wenn es permissiven Relativismus von maßregelndem Universalismus abzugrenzen gilt.

Insofern haben die Assoziationen Gemeinschaft-Relativismus und Universalismus nur losen Charakter. Überzeugend sind sie deshalb, weil in diesen Verbindungen viele andere, wenn auch ebenfalls lose Verbindungen mitschwingen. Erst wenn man sich diese vielen Verküpfungen mit anderen Polaritäten, deren Elemente

---

45 Leo N. Tolstoi, Krieg und Frieden, 3. Buch, 2. Teil, 1.

untereinander ein geheimes Verwandtschaftsverhältnis haben, klarmacht, versteht man die intuitive Plausibilität der Assoziation, die wir in diesem Kapitel vorgeführt haben.

Als große Polarität der Philosophie steht hinter Naturrecht und Gesellschaft das Axiom der Willensfreiheit und hinter Relativismus und Gemeinschaft das Axiom der Notwendigkeit allen Geschehens[46]. Mit dieser Dualität wiederum hängt zusammen die Polarität Gut-Böse, oder besser gesagt diejenige zwischen der Unterscheidung in dieser Frage und der Indifferenz ihr gegenüber.

So müssen wir es als Positionswechsel ansehen, wenn Tolstoi, dessen pan-organischen Standpunkt wir gerade kennengelernt haben, zweihundert Seiten später zur moralischen Verurteilung Napoleons schreitet:

> »Und endlich stellen uns die Historiker die Flucht des großen Kaisers von der heldenhaften Armee als etwas Großes und Geniales dar. Sogar seine Flucht, die die Menschensprache als die letzte Stufe der Gemeinheit bezeichnet, deren sich selbst ein Kind schämen müßte, auch diese Handlung rechtfertigen die Historiker.«[47]

Solch ein Positionswechsel bedeutet zwar einen Selbstwiderspruch, trotzdem verhilft er der Betrachtung zur *ganzen Wahrheit*, denn beide Sichtweisen sind richtig. Wie wir schon an anderer Stelle gesehen haben[48], kann Tolstoi die Pole zusammenführen:

> »Das Leben eines jeden Menschen hat zwei Seiten: ein persönliches Leben, das um so freier ist, je abstrakter seine Interessen sind, und ein elementares Leben, ein Herdenleben, bei dem er notgedrungen die ihm vorgeschriebenen Gesetze erfüllt.«[49]

---

[46] Nicht aber bei Tönnies. Zwar gehören morphologisch Indeterminismus und Gesellschaft zusammen, und Tönnies streift diese Homologie auch, ist aber selbst zeitgebunden weltanschaulich auf den Determinismus eingeschworen: »Daß aber nichts . . . in dem Sinne frei könne genannt werden, als ob es durch die Vollkommenheit seiner inneren und äußeren Bedingungen nicht in jedem Zeitteilchen auf vollkommene Weise bedingt und bestimmt wäre; dies wird hier als verstandene logisch-apriorische Wahrheit vorausgesetzt. » Ferdinand Tönnies, Gemeinschaft und Gesellschaft III § 32; vgl. dazu Cornelius Bickel, Ferdinand Tönnies, Opladen 1991, in dem Abschnitt: Die inneren Widersprüche in Tönnies' positivistischem Programm, S. 105 ff.

[47] Leo N. Tolstoi a.a.O., 4. Buch 2. Teil, 12.

[48] im Kapitel »Ohnmacht oder Macht der Subjektivität« Abschn. V,4.

[49] Leo N. Tolstoi, 3. Buch, 2. Teil,1.

10. Kapitel
Distributiv-Kommutativ

Bei aller Heterogenität sind die Naturrechtskonzepte miteinander durch den Wunsch verbunden: daß es gut sei. Nicht also: es sei, wie es wolle, sondern: es sei gut. Naturrecht enthält also in jedem Fall eine Gezieltheit, ein Telos, hat Pfeilgestalt, während seine Gegenposition - es sei, wie es wolle - ein in sich geschlossener Kreis ist. Wir ordnen diese Position links, jene rechts in die Tafel ein. Wie in dem Binärsystem der Informatik läßt sich die Aufspaltung immer weiter fortsetzen (und zwar in beide Richtungen: nach oben zeigt sich die Linkslastigkeit der Methode selbst[1]). Betrachten wir nämlich die rechtsstehende, universalistische Konzeption für sich, so zeigt sich, daß sie sich wiederum gabelt in zwei verschiedene Auffassungen, die wir nach rechts oder links einordnen können. Es gibt zwei prinzipiell verschiedene Weisen, auf die es gut sein kann.

Aristoteles hat sie distributiv und kommutativ genannt.[2] Wir wollen sie den Polaritäten »Weiblich-Männlich« und »Ost-West« zuordnen.

I. Die Isomorphie zu der Polarität »Weiblich-Männlich«[3]

Die distributive Gerechtigkeit verhält sich zur kommutativen wie das Weibliche zum Männlichen.

1. Im distributiven System gibt ein subjektivitätserfülltes Großes und Ganzes, dem alle Gaben zugetragen werden und das sie dann wieder verteilt; eine Große Mutter, die alles aussaugt und wieder abgibt; ein großer Organismus, von dem jeder ein Bestandteil ist, demgegenüber es keine Einzelsubjektivität gibt. Rechte haben in diesem System keinen Platz; es handelt sich in seinem Archetypus um einen Zustand, um ein Sein, nicht um ein Sollen, um den seligen Zustand, in dem das Seiende fraglos das Gesollte ist, um den Urzustand des Embryos im Uterus, wo über die Homöostase des mütterlichen Körpers gleichmäßige Wärme garantiert ist und über die Nabelschnur kontinuierliche Sauerstoff- und Nahrungsaufnahme erfolgt

---

[1] vgl. im Kapitel »Polarität« III. und »Deutsch-Okzidental« III. unter dem Stichwort »Selbstbezug«.

[2] Aristoteles, Nikomachische Ethik V,14.

[3] In diesem Kapitel sind einige Passagen enthalten, die sich schon in meinem Aufsatz: Sibylle Tönnies, Das Recht und die Linke, Die Neue Gesellschaft/Frankfurter Hefte 7/1991, S. 636 finden.

ohne die Spannungszustände zwischen Ein- und Ausatmen, Hungern und Genährtwerden, denen alles geborene Leben ausgeliefert ist.

Diesen distributiven Naturrechtstypus finden wir annäherungsweise im platonischen Idealstaat, im thomistischen Feudalaufbau und im sozialistischen Zentralismus. Ist eine dieser Idealisierungen bzw. Utopien in reiner Form vollendet, dann fallen Recht und Wirklichkeit zusammen, ist der Spannungszustand also zwischen dem, was ist, und dem, wie es sein soll, aufgehoben. Wir dürfen ein solches System dann nicht mehr auf der rechten Seite unserer Tafel führen, denn dort hat ja nur das Platz, was zweigeteilt ist, was sich in diesem Spannungszustand befindet. Nur weil und solange sich die weiblich-distributiven Systeme noch in dem unvollkommenen Zustand des lediglich Erwünschten befinden, sind sie unter die Naturrechtskonzepte zu rechnen. Im Fall ihrer Verwirklichung hätten sie keine Rechtsanteile mehr, wären reine, geordnete Realität wie ein Bienenstock. Sie hätten dann die Attribute, die Luther in seiner Zwei-Reiche-Lehre dem Gottesreich gibt:

> »In Gottes Reich, da er durchs Evangelium regiert, ist kein Rechtfordern, man geht auch mit keinem Recht um, sondern ist eitel Vergebung, Nachlassen und Schenken und kein Zorn noch Strafe, sondern eitel brüderlicher Dienst und Wohltat.«[4]

Wir sehen also, daß es sich bei den distributiven Konzepten nicht um Naturrecht in reiner Form handelt. Im Vergleich zu den kommutativen, in denen das Rechtselement immer lebendig bleibt, auch in der idealen Verwirklichung, stirbt die Rechtsqualität des Zustandes in den distributiven Ordnungen letzten (gedachten) Endes ab, so wie Engels das von Staat und Recht im reifen Kommunismus prophezeit hat.

Im kommmutativen System gibt es keine Große Mutter, vor der alle Einzelsubjektivität verlischt. Die kommutative Gerechtigkeit ist der abgenabelte, emanzipierte Zustand der Individuen, in dem jeder sich selbst versorgt, die Mannigfaltigkeit der Bedürfnisse aber durch Tausch abdecken muß. Daß dieser Tausch ein gerechter sei - das und nicht mehr kann die kommutative Gerechtigkeit (commutatio = Tausch) gewährleisten. Unter dem Vorherrschen dieses Gerechtigkeitstypus' entwickelt sich das Gleichheitsprinzip, das die distributive Gerechtigkeit nicht kennt. Die Große Mutter verteilt nicht gleich große Scheiben, sondern gibt jedem »das Seine«, »suum cuique«, was immer das sein mag, jedenfalls nicht jeweils das Gleiche. Im Gegenteil erreicht die Große Mutter gleichmäßige Zufriedenstellung aller nur durch ungleiche Behandlung, bewirkt gleiche Sattheit durch ungleiche Zuteilung.

Ganz anders ist das kommutative Modell, das im Ergebnis zu ungleicher Sattheit kommt, da jeder, steht er auch als Gleicher mit anderen im Tauschverkehr,

---

[4] zitiert nach E. Troeltsch, Die Soziallehren der christlichen Kirchen und Gruppen, Tübingen 1912, S. 487.

doch sehr unterschiedliche Werte in diesen einbringt. In der kalten Luft der Freiheit gilt es, Tauschobjekte zu erwirtschaften, die sehr unterschiedlich wertvoll ausfallen, und das Gerechte, das Gute und Richtige also, besteht darin, daß darüber gewacht wird, daß diese Objekte als Äquivalente getauscht werden können. Die Instanz, die das bewacht - Staat, Justiz - nährt also nicht, sondern ist vergleichsweise entfernt, ist nur eine Garantie für den Ernstfall, daß das Äquivalent verweigert wird. Sie ist keine Große Mutter, sondern ein ferner Vater, der nur notfalls streitschlichtend eingreift. Dieses System ist immer, auch in seiner idealen Verwirklichung, ein Rechtssystem.

Seine Ordnung wird dadurch zur »guten Ordnung«, daß jedes seiner Subjekte rechtsbewehrt ist, Besitzer einer Individualrechtsposition; daß das Subjekt nicht nur seine Waren vor sich herträgt, sondern auch das Recht, sie zu besitzen oder ihren Gegenwert zu verlangen. Der Stolz der kommutativen Ordnung ist der Respekt, den die Individualrechte genießen und den ihnen selbst der Staat zollt. Seine ideale Verwirklichung hat dieses System dann erreicht, wenn es die unbedingte Durchsetzung der Individualrechte garantieren kann. Staat und Justiz sterben also auch in der idealen Ausformung nicht ab, sondern werden erst recht fest gegründet als in absoluter Neutralität außerhalb stehende Instanzen. Es handelt sich um das Hobbessche Modell, dessen Naturrecht in dem Postulat gipfelt, daß ein Staat vorhanden sei.[5] Kein Zusammenfließen von Staat und Gesellschaft erscheint also in der polaren Steigerung, sondern im Gegenteil ihr verstärktes Auseinandertreten. Genauso sauber getrennt sind Recht und Wirklichkeit; eine abstrakte Rechtsordnung überschwebt den realen Austausch, von dessen Mißständen und Auswüchsen sie unberührt bleibt, dessen Ergebnis materieller Ungleichheit ihr Prinzip der formalen Gleichheit keineswegs irritiert.

Die kommutative Gerechtigkeit ist nicht etwa »ausgleichend«, wie oft gesagt wird. Es handelt sich um eine ungeschickte Übersetzung, die durchgeschleppt wird und sicher dazu begetragen hat, daß die aristotelische Unterscheidung oft als totes, unfruchtbares Bildungsgut weitergewälzt wird. »Ausgleichend« ist eher die distributive Gerechtigkeit, die das suum cuique verteilt und dabei Unterschiede ausgleichen kann. Die kommutative Gerechtigkeit ist die Gerechtigkeit, die den Austausch bewacht, und Austausch ist dann gerecht, wenn sich Äquivalente gegenüberstehen. Was sind nun aber Äquivalente, was ist gleichwertig? Was bestimmt den Wert einer Sache? Diese Frage wird bekanntlich unterschiedlich beantwortet; man kann als wertbestimmend die Intensität von Angebot und Nachfrage auffassen oder aber die zur Reproduktion der in die Sache hineingegebenen Arbeitskraft benötigten Mittel - von solchen Auffasssungen hängt natürlich auch die Entscheidung ab, wann ein Austausch als Äquivalententausch und damit als gerecht anzusehen ist. Bekanntlich führt die von der bürgerlichen abweichende Auffassung der Marxisten in dieser Frage dazu, daß sie den kapitalistischen Austausch von Arbeit und Lohn als nichtäquivalent und deshalb ungerecht ansehen. Diese Frage soll uns nicht weiter beschäftigen, wichtig ist nur: was auch immer als wertbildende Fak-

5 vgl. Ferdinand Tönnies, Einführung in die Soziologie, Stuttgart 1965, S. 214.

toren angesehen wird - die Idee der kommutativen Gerechtigkeit verlangt, daß sich die Kontrahenten im Austausch gleichberechtigt gegenüberstehen.

2. Damit die Idee der kommutativen Gerechtigkeit sich durchsetzen kann, ist neben den Austauschenden eine 3. Person, eine Instanz nötig, an die sich der Benachteiligte wenden kann. Diese geht als Normalfall davon aus, daß ein aus freiem Entschluß vorgenommener Austausch auch gerecht ist: Wenn die Beteiligten wissen, was sie tun und in ihrer Willensbildung unbeeinträchtigt sind, geht die Instanz von einem Äquivalententausch aus und greift nur ein, wenn diese Voraussetzungen nicht vorliegen. Tätig wird sie aber auch dann, wenn ein versprochenes Äquivalent vorenthalten wird, wenn das »do ut des« sich nicht erfüllt; die Instanz der kommutativen Gerechtigkeit setzt dann das Prinzip »pacta sunt servanda« durch, notfalls, indem sie ihr Gewaltpotential für die Zwangsvollstreckung zur Verfügung stellt.

Insofern scheint mir Radbruchs Beschreibung der aristotelischen Unterscheidung in einem Punkt unrichtig. Radbruch sagt:

> »Die ausgleichende Gerechtigkeit fordert mindestens zwei Personen, die austeilende Gerechtigkeit deren mindestens drei. Jene zwei Personen stehen einander gleichberechtigt gegenüber, von jenen mindestens drei Personen ist die eine, die den andern Lasten auferlegt oder Vorteile gewährt, den andern übergeordnet.«[6]

Mir scheint umgekehrt die distributive Gerechtigkeit des suum cuique schon aus dem Verhältnis zweier Beteiligter heraus verstehbar: der Gerechtigkeit übenden austeilenden Instanz und dessen, dem das Seine zugeteilt wird; in ihrer reinen Form vergleicht die austeilende Gerechtigkeit nicht und könnte im gedachten Fall auch ein »Einzelkind« versorgen. Die kommutative Gerechtigkeit aber setzt unterhalb der sie ausübenden Instanz die Austauschpartner voraus, also notwendig zwei, so daß diese Konstellation aus drei Beteiligten besteht.

3. Die Überlegung, daß im distributiven System Recht und Wirklichkeit zusammenfallen, im kommutativen aber getrennt sind, führt dazu, daß wir bei unserer Suche nach polarer Steigerung die kommutative Naturrechtsidee als gesteigerte Form auswählen, diejenige also, wo Recht über die Wirklichkeit herrscht. Es handelt sich um das rationale Naturrecht, wie es das 17. und 18. Jahrhundert ausgebildet haben, das Naturrecht der kapitalistischen Systeme, wie es auch unserer gegenwärtigen Verfassung zugrundeliegt.

Die distributive Gerechtigkeit ist (wie wir sahen) das mütterliche Prinzip; sie ist in ihrem Idealfall gleichmäßige verdienstunabhängige Versorgung durch eine Nabelschnur, sie gibt die Geborgenheit des Uterus, dunkle Wärme und Umschlossenheit. Sie steht damit im morphologischen Gegensatz zur hellen Frische des kom-

---

6 Gustav Radbruch, Rechtsphilosophie, 7. Aufl., Stuttgart 1970, S. 125f.

mutativen Zusammenhangs, der das männliche Prinzip verkörpert. Er gewährleistet Freiheit und Selbstbehauptung, Individuation und Kampf; ohne gemeinsame Anbindung an einen mütterlichen Urgrund stehen sich die Egoismen antagonistisch gegenüber. Je idealtypischer diese Welt des homo homini lupus ausfällt, je deutlicher ihre Gestalt polar gesteigert ist, desto mehr wächst das Bedürfnis nach Recht, desto mehr ist ihre Struktur nicht einfache Ordnung, nicht Zusammenfallen von Sein und Sollen, sondern deren extremer Spannungszustand - Wirklichkeit und Recht in deutlicher Trennung. An dem extremen Modell der Hobbesschen Realität hat sich denn auch das rationale Naturrecht prototypisch ausgebildet: wenn für Hobbes Naturrecht bedeutete, daß ein Staat sein soll, eine Instanz also, die die Antagonismen gewaltsam befriedet, so handelte es sich nicht um eine mütterliche Gestalt, die von Urbeginn an da ist und von der alles Leben ausgeht, sondern um einen deus ex machina, der später hinzukommt und den Zusammenbruch der Ordnung abwendet; nicht lebensspendende Kraft, sondern waffenklirrende Gewalt, nicht die Große Mutter, sondern Leviathan.

Im Gegensatz zur Großen Mutter, die alles Sein diffus durchdringt, hat das männliche leviathanische Prinzip nur oberflächlichen Einfluß, verhindert nur Exzesse und bleibt der Lebenswelt selbst fremd, bleibt ein kalter Hauch außerhalb des Hauses. Hobbes hat die Metapher dem Buch Hiob[7] entlehnt, wo der Leviathan so beschrieben ist:

> »Es gibt nichts auf Erden, das ihm vergleichbar wäre. Er ist geschaffen nichts zu fürchten; er sieht alles Hohe unter sich und ist König aller Kinder des Stolzes.«

II. Die Isomorphie zu den Polaritäten »Ost-West« und »Sozialismus-Kapitalismus«

1. Die distributive Gerechtigkeit verhält sich zur kommutativen wie der Osten zum Westen.

Das von der westlichen Entwicklung lange isolierte »deutsche Wesen«[8] hat sich mit dem antagonistischen, männlichen Prinzip nie anfreunden können. Der deutsche Einfluß im weltweiten Nachdenken über Recht bestand immer in einer Rückführung in den mütterlichen Monismus, in das Verschmelzen von Sein und Sollen, in eine Idealwelt, die die Aufspaltung zwischen Recht und Wirklichkeit überflüssig macht, wo die Menschen von selbst gut sind, gut wie die Ordnung, in der sie sich befinden. Am deutlichsten ist dieses Motiv in der Romantik ausgebrochen, die eine

---

[7] Buch Hiob, 3, 8; 40, 25 ff.

[8] vgl. dazu auch das Kapitel »Deutsch-Okzidental«.

Rückwärtswendung in eine distributive Ordnung hinein war, ein Zurückwollen in den Feudalismus, zu status anstelle von contract. Sie knüpfte an die Motive der deutschen Mystik an, Meister Eckhart und Jakob Böhme, die die Freuden der Identität gelehrt hatten, der Identität von Sein und idealem Sein, Schöpfung und Gott - Pantheismus.[9] Es ist dies ein Verschmelzungsprinzip, das sich philosophisch allerdings am schärfsten allerdings im Westen artikuliert hat bei dem Amsterdamer Juden Spinoza, dessen Wirkungsgeschichte aber wiederum durch die deutsche Philosophie führt, über Goethe in die deutsche Romantik. Vom Ostrand des deutschen Einflußgebietes kam das Gegengift gegen Spinoza, Kant lehrte von dort aus Trennung, Trennung zwischen dem Seienden und dem Gesollten. Mit der Kluft zwischen Spinoza und Kant ist in die Philosophie insgesamt eine prinzipielle Trennlinie gezogen:

> »eine Philosophie kann nur kritisch oder spinozistisch sein«,

sagte Fichte[10], und er war vorerst der letzte, der sich für das Kritische, das Trennende also, entschied. Mit der romantischen Entdeckung des Deutsch-Seins verbunden war die Ablehnung alles mechanistischen Auseinandernehmens, alles seelenlosen Sezierens, die Begeisterung für alles Zusammenführende, auf einen gemeinsamen Mittelpunkt Gerichtete, die Innerlichkeit, der »Gang zu den Müttern«, die Kontraktion.

Wenn wir eben bei den beiden Antipoden Kant und Spinoza deren geographische Lage gekennzeichnet haben, so geschah das gegen unser Interesse. Dieses besteht darin, das rationale Naturrecht, den Dualismus zwischen Recht und Wirklichkeit, die kritizistische Spannung morphologisch als das Westliche, - das Ineinanderschwimmen der Gegensätze, ihre Auflösung in einem mütterlichen Urgrund, den Monismus als das Östliche erscheinen zu lassen. Im Klischee sollen vor unseren Augen auf der einen Seite Mütterchen Rußland, die Babuschka mit der Puppe in der Puppe, die rundliche Zwiebelform auf den Türmen des heiligen Rußland erscheinen; - auf der anderen Seite die Bilder, die wir idealtypisch mit »Westen« verbinden, ein Idealtyp, wie ihn die Zigarettenreklame verwendet: die Freiheit des Cowboylebens, dessen Ungesichertheit und Härte, das männliche Prinzip, die Dynamik des »Westward ho«; eine lose Struktur mit freiwilligen kommutativen Kontakten, wo der Sheriff notwendige, aber feindliche Einrichtung ist, extrinsisches Rechtsprinzip im Gegensatz zur intrinsischen Ordnung.[11]

---

9 vgl. dazu auch das Kapitel »Die Unendliche Enzweiung« II.

10 Johann Gottlieb Fichte, Grundlage der gesamten Wissenschaftslehre, Leipzig 1794, S. 17 (§ 1, 10); vgl. dazu Sibylle Tönnies, Der Kater des Dionysos, in: Hundert Jahre »Gemeinschaft und Gesellschaft« (Hrsg. L. Clausen u. C. Schlüter), Opladen 1991, S. 215.

11 zu dem »West«-Symbol vgl. auch die Kapitel »Kontingenz-Notwendigkeit« IV. ,1. ; »Deutsch-Okzidental«; »Unten-oben, Ost-West, Links-Rechts« II.

Diese Luft des freien Westens ist dem deutschen Gemüt nur auf dem Fernsehschirm zuträglich. Eine immanent harmonische, nicht von außen nur zusammengehaltene, sondern in sich organisch differenzierte, sinnvoll gestaffelte Sozialordnung ist seine Sehnsucht. Sie ist aufgebrochen in der Romantik und führt in einer traurigen Linie zum Faschismus; die deutsche Neigung zur distributiven Gerechtigkeit läßt sich aber auch im Marxismus, der seine praktische Umsetzung im Osten erfuhr, nachweisen.

> »Der Gegensatz des Wirklichen und Sollenden«[12],

der ihm unter dem Einfluß der Hegelschen Vorlesungen Stein des Anstoßes wurde, war der Grund dafür, daß der jungen Marx seine rechtsphilsophischen Studien aufgab und sich ganz der Philosophie zuwandte, wo er ein System entwickeln konnte, das diesen Gegensatz aufhob.[13]

2. Die distributive Form ist nicht nur die gesellschaftliche Spätform des Sozialismus, sondern auch die gemeinschaftliche Frühform des sogenannten Urkommunismus. Im »ganzen Haus«, in dem »omnia ipse gignuntur«, also alles selbst hergestellt wurde, tauschten die Mitglieder ihre Produkte nicht untereinander aus, sondern lieferten sie ab, an die Küche z.B.; und die Versorgung durch diese geschah nicht im Austausch, denn sie erreichte auch die, die nichts beitrugen, sei es wegen ihrer Privilegien, Jugend, Alter oder Krankheit. Die Versorgung ist in solchem System keine Gegenleistung, sondern die Frucht gemeinsamen Lebens und Arbeitens.

Der Sozialismus ist der Versuch, die Vorzüge dieser organischen Frühform menschlichen Zusammenlebens zu übertragen auf ein modernes Großsystem; er organisiert die Gesellschaft wie eine große Gemeinschaft.[14] Der entscheidende Unterschied ist aber neben der Größe des Systems sein artifizieller Charakter.

Je reiner der Sozialismus durchgeführt ist, desto ausgeprägter hat er diesen Charakter des Artifiziellen. Die organischen Bindungen werden von ihm abgelehnt und durch künstlich hergestellte ersetzt. Dabei gelingt es den Systemen aber nur sehr unvollkommen, das, was wild wuchert, von selbst läuft, das tausendfältige Adernnetz der Beziehungen durch geplante Großstruktur zu ersetzen, und in manchen sozialistischen Ländern wäre die Bevölkerung verhungert, wenn nicht unter der Hand dieses staatlich ungewollte Netz die Versorgung aufrechterhalten hätte. Das

---

12 Karl Marx in dem Brief an seinen Vater vom 10. Dezember 1837; die Verbindungslinie zwischen Historismus und Marxismus betont Gustav Radbruch, Rechtsidee und Rechtsstoff, ferner in: Die ontologische Begründung des Rechts (Hrsg. A. Kaufmann), Darmstadt 1965, S. 7.

13 vgl. dazu Sibylle Tönnies, Linke Vergangenheitsbewältigung, Rechtstheorie 21/1990, S. 259.

14 Im Prinzip dasselbe gilt natürlich für den Nationalsozialismus, vgl. Sibylle Tönnies a.a.O.

Versagen des Artifiziellen hat jetzt zur Wiederzulassung der Marktwirtschaft geführt.

Das Versagen war durchaus vorhersehbar angesichts der Größe der Aufgabe. Als Gigantomanie erscheint die Idee, alle gesellschaftlichen Produkte zentral anzusaugen und wieder abzustoßen in vernunftgesteuerter Planung, statt die unzähligen kleinen Egoismen zu nutzen, die dieses Werk, minutiös auf Angebot und Nachfrage abgestimmt, von selbst vollbringen, wenn man sie nur gewähren läßt; die in dem wohltätigen Eigennutz, mit dem alle Natur tätig ist, das Ganze am Leben erhalten.

Die Vorhersehbarkeit dieses Versagens des Zentralismus macht die geschichtliche Entwicklung, die ihn eingeführt hat, zum Rätsel. Sie ist die Geschichte einer Idee, die Entfaltung der Überzeugungskraft eines Gedankens, also das genaue Gegenteil von dem, was der Sozialismus zu sein behauptet: geschichtliche Selbstentfaltung, ökonomische Notwendigkeit, zwangsläufiges Ergebnis der Hochindustrialisierung. Nicht in den ökonomisch entfaltetsten Gebieten hat sich der Sozialismus durchgesetzt, sondern dort, wo seine Idee in den Köpfen der Menschen ihre Chance bekam. Viel mehr als die Französische Revolution, die sich zwar auf Idee gründete, aber ökonomisch durch die Entfaltung der bürgerlichen Sphäre vorbereitet war, ist die sozialistische Umwälzung »kürwillig« (um das Tönnies'sche Wort für die bei der Bildung von Artifizien wirksame Willensform zu benutzen), kommt sie aus dem Geist statt aus dem Stoff, ist sie eher Yang als Yin, männlich statt weiblich. Der mangelnde Kontakt zur Materie, die Überlastung durch Idee wird in dem zentralistischen Produktions- und Verteilungskonzept kompensiert dadurch, daß das Gegenteil behauptet wird: die naturrechtliche, d.h. rationalistische, ideelle Struktur des Umwälzungsplans wird verleugnet; stattdessen wird Materialismus behauptet, nämlich bloße Epiphänomenalität gegenüber ökonomischen Vorgängen, der Anschluß der geistigen Konstruktion an die Erde wird theoretisches Programm, gerade weil er fehlt.[15]

Sozialistische Idee setzt sich nicht etwa auf einer bestimmten ökonomischen Basis durch, bleibt unfruchtbar in den reifsten monopolkapitalistischen Zuständen - diese haben gar keine Tendenz zum Umkippen, sondern erfreuen sich ihrer Stabilität. Sozialistische Idee setzt sich auf einer bestimmten ideellen Basis durch, sie hat eine Voraussetzung in den Köpfen der Menschen. Unabhängig von der ökonomischen Entfaltung breitet sie sich überall dort aus, wo die Entrechtung unerträglich wird und die Hoffnung der Arbeitenden auf Besserung ihrer Lage sich im System nicht erfüllen kann, wie zur Zeit in Südafrika. Es ist der naturrechtliche, ideelle Anteil, der dem Sozialismus seine Chance gibt, nicht der materialistische. Er versieht die Elenden und Beladenen mit der Idee von Gleichheit und Menschenwürde, und auf diesem ideellen Gebiet liegen auch im realen Sozialismus die Stärken: das Selbstbewußtsein der russischen Arbeiter und Bauern hat sich aus

15 vgl. Sibylle Tönnies, Der Marxismus löst sich in seine beiden Bestandteile auf, in: Die Neue Gesellschaft/Frankfurter Hefte 1992.

seiner Underdog-Identifizierung befreit, und das ist ein großer Gewinn, auch wenn die materielle Situation weit hinter dem Versprochenen zurückblieb.

Worin aber liegt der Reiz des Versprechens, dessen Unerfüllbarkeit, dessen Hybris, dessen Vermessenheit so offensichtlich ist? Wie konnten und können Menschen sich überzeugen lassen von dem Funktionieren eines Wirtschaftssystems, das auf alle organischen Kräfte, auf das bakterielle Kleinstleben verzichten und sie ersetzen will durch künstliche Einrichtungen, Planung und Steuerung, Befehl und Kontrolle - Einrichtungen, deren Fehlbarkeit und Fragilität offenkundig ist? Der Reiz des Versprechens liegt darin, daß bei aller Vernunftbezogenheit und Künstlichkeit im sozialistischen Konzept ein Bezugspunkt liegt, der in die Tiefen des Organischen geht, in die mütterlichen Urgründe zurückführt und in dieser Richtung - ins Vergangene, Dunkle und Warme - die organischen Wirkkräfte des freien Warenaustauschs noch hinter sich läßt. Die zentrale Planungsinstanz kann die Idee der Großen Mutter ersetzen; die nicht im Austausch, sondern von dorther erfolgende Versorgung knüpft an die Ursehnsucht nach der vorgeburtlichen Versorgung an.

Das kommutative System hat unter einem bestimmten Blickwinkel etwas Beängstigendes an sich, und Ängstlichkeit breitet sich zur Zeit auch in den sozialistischen Staaten, die Marktwirtschaft zulassen wollen, aus. So mangelhaft die Versorgung durch die distribuierende Zentralinstanz auch war, so stiftete sie doch ein Gefühl von Geborgenheit.[16] Ein neuer Menschentyp, der homo oeconomicus, ist im kommutativen System gefragt. Dessen Gestus ein ganz anderer: Statt wie im distributiven System seine Bedürftigkeit herauszustellen, sich als klein und unterernährt zu gerieren, wenn es um die Verteilung der Vorräte geht[17], tut der homo oeconomicus gut daran, seine materielle Potenz herauszustreichen, seine Kreditwürdigkeit im Tauschverkehr, und recht laut »Ich bin der Größte!« zu schreien. Berechtigte Besorgnis breitet sich deshalb im Ostblock aus, ob für die wirklich Kleinen und Schwachen in der kapitalistischen Warenwirtschaft genug übrig bleiben wird.

Justitia distributiva ist deshalb auch die Forderung der Dritten Welt. Bei der Justitia commutativa kommt sie nicht auf ihre Kosten, aufgrund von Kursmanipulation und »Big Bang«, der Währungskunststücke im Welthandel, die die »Gespenster in nüchterner, heller Tageswahrheit«[18], vollbringen. Im Völkerrecht fehlt die für die Durchführung kommutativer Gerechtigkeit notwendige Instanz, die übergeordnete Gerichtsbarkeit, der Leviathan, der allein imstande ist, aus dem Austausch ein Gerechtigkeitssystem zu machen.

---

16 vgl. dazu Hermann Klenner, Rechtsphilosophisches zur ontologischen und zur gnoseologischen Dimension der Sein/Sollen-Problematik, ARSP-Beiheft 44, 1991, S. 175.

17 dieser Vorgang hieß in der DDR »Bilanzierung.

18 Ferdinand Tönnies, Gemeinschaft und Gesellschaft 3. Buch § 18 a. E.; vgl. dazu hier das Kap. Partikular-Universal II,1.

3. Eugen Paschukanis hat nach der russischen Revolution den Versuch gemacht, das neue sowjetische Recht ganz von den Relikten der kapitalistischen Warenwirtschaft zu befreien und ihm eine Struktur zu geben, die ganz der distributiven Ordnung angepaßt ist. Das bedeutet, daß Träger subjektiver Rechte überflüssig sind und damit die Rechtsform selbst auch zum Verschwinden kommen kann. Paschukanis sieht die Rechtsform nicht als etwas Universales und Ewiges an, sondern als gebunden an eine bestimmte Epoche, nämlich die bürgerlich-kapitalistisch wirtschaftende. Er überträgt all das, was Marx über die Fetischisierung der Ware gesagt hat, auf das Recht und spricht deshalb vom »Rechtsfetisch«. Der sozialistischen Ära angemessen ist für ihn ein von Individualrechten befreites System, in dem statt des subjektiven Rechts die »sozio-technische Norm« die Regulierung übernimmt.

Auch wenn man die Ideen von Paschukanis nicht teilt und in der Eliminierung der Rechtsform keinen Fortschritt sieht, ist die Lektüre von Paschukanis' kleiner Schrift ein Gewinn, gerade weil hier ein Autor die nötige Distanz zu unseren gewohnten Rechtsstrukturen besitzt, um sie überhaupt erkennen und herausarbeiten zu können. Paschukanis vertritt die Auffassung,

> »daß jene Rechtsphilosophie, deren Grundlage die Kategorie des Subjekts mit seiner Fähigkeit der Selbstbestimmung ist (denn ein anderes konsequentes rechtsphilosophisches System hat die bürgerliche Wissenschaft bisher nicht geschaffen), eigentlich, im Grunde genommen, die Philosophie der Warenwirtschaft ist, die die allgemeinsten, abstraktesten Bedingungen festlegt, unter denen der Austausch nach dem Wertgesetz stattfinden und die Ausbeutung in der Form des 'freien Vertrags' vor sich gehen kann.«

Er erklärt auch, wie es dazu kam, daß die »Rechtsform« als Naturrecht betrachtet wurde:

> »Der Mensch wird zum Rechtssubjekt kraft derselben Notwendigkeit, die das Naturprodukt in die mit der rätselhaften Eigenschaft des Wertes ausgestattete Ware verwandelt. Dem über den Rahmen der bürgerlichen Existenzbedingungen nicht hinausgehenden Denken kann sich diese Notwendigkeit nicht anders als Naturnotwendigkeit präsentieren; darum liegt allen bürgerlichen Rechtstheorien bewußt oder unbewußt die naturrechtliche Doktrin zugrunde.«[19]

Mit Abschaffung des bürgerlich-kommutativen Systems, hoffte Paschukanis, habe man sich auch von den Unzulänglichkeiten der lediglich formale Gleichheit schaffenden Rechtsform befreit und könne endlich materiale Gerechtigkeit praktizieren. Die Abhebung des Staates gegenüber der Gesellschaft sei mit der Warenwirtschaft weggefallen, alles sei Verwaltung und Wirtschaft in einem.

---

[19] Eugen Paschukanis, Allgemeine Rechtslehre und Marxismus, 3. Aufl., Frankfurt a. M. 1970, S. 41.

Damit machte sich Paschukanis im Stalinismus, der keineswegs das von Engels versprochene Absterben des Staates beförderte, unbeliebt, und wer an Paschukanis' Utopie von Rechtsfreiheit Anstoß nimmt, sollte in Rechnung stellen, daß dieser für seine Illusion bitter büßen mußte - er wurde 1937 getötet.

4. An Paschukanis anknüpfend, wenn auch mit gegenteiliger Tendenz haben in den letzten Jahren Eugen Kamenka und Alice Erh Soon-Tay in Australien der aristotelischen Polarität zwischen kommutativem und distributivem System die ihr zukommende prinzipielle Bedeutung wiedergegeben und sie fruchtbar angewendet auf die gegenwärtigen Tendenzen in der Welt. Sie benutzen dabei die Tönnies'sche Unterscheidung zwischen Gemeinschaft und Gesellschaft und verbinden sie mit der aristotelischen, indem sie - wie Tönnies - die Gemeinschaft als distributives, die Gesellschaft als kommutatives System auffassen, dabei aber feststellen, daß ein drittes System, das in der Wirklichkeit eine große Rolle spielt, in dem polarisierenden Konzept fehlt: die distributive Gesellschaft, das nicht kommutativ wirtschaftende Riesensystem, das man schon wegen seiner Größe nicht Gemeinschaft nennen kann: der bürokratisch-administrative Typus - die Form also, die in der Gegenwart der Sozialismus repräsentiert, aber auch - zumal in Japan - hochentwickelte monopolkapitalistische Systeme - in der Vergangenheit der Feudalismus, die »Asiatische Produktionsweise«, der Nationalsozialismus. Mit dieser Struktur verbunden ist die schwindende Würdigung der naturrechtlichen Postulate, die Verkümmerung dessen, was Paschukanis die »Rechtsform« nennt, zugunsten der »soziotechnischen Norm«. Kamenka und Tays Thema ist,

> »... how the classical Gesellschaft paradigm of law is faced with a revitalization and extension of Gemeinschaft and bureaucratic-administrative conceptions of law that conflict, in important ways, with the Gesellschaft values, procedures and conceptual system.«

Sie sagen, ein »conflict of paradigms«

> »has led and is continuing to lead to a certain disintegration of law as a social institution and regulative social ideal. It has thrown into question - in a most serious and fundamental way - the moral and intellectual coherence of the Western legal tradition and of the Western system of law. It leads readyly to the rejection of a conception of the legal order as rooted in the nature of man and society or as a necessary framework that precedes and shapes the emergence and pursuit of particular interests, that determines what is and what is not socially and politically acceptable. Such conceptions of the legal order, like the conception of free will, may be a myth - for legal purposes a fiction, something that guides our actions and our decisions through our behaving as *if* it were true. But the breakdown of the classical Gesellschaft paradigm has not been followed by the eleva-

tion of a different and better *general* conception of a new non-legal order and of a new kind of social cohesion.«[20]

Kamenka und Tay zitieren an dieser Stelle Roberto Mangabeira Ungers Worte über die neuen Trends:

»They repeatedly undermine the relative generality and the autonomy that distinguish the legal order from other kinds of law, and in the course of so doing they help to discredit the political ideals represented by the rule of law.«[21]

Kamenka und Tay hüten sich vor einer Festlegung auf den einen oder anderen Rechtstyp und haben ein Gespür für die uns in dieser Arbeit beschäftigende Polarität der Strukturen, zwischen denen ein sensibles Hin- und Hergehen notwendig ist:

»It requires the recognition that Gesellschaft, Gemeinschaft and bureaucratic-administrative structures and conceptions of law, like concepts of social cohesion, of individual rights and of equitable distribution of resources - each have their role to play, even if they necessarily stand in tension with each other. Lawyers, in short, must learn to do different things in different ways, but without simply excising from social life the conception of a specific legal tradition and of a set of legal institutions devoted to a concept that is central to our democracy and our conception of politics and society: the conception of the rule of law in the specific and narrower sense of what we have called Gesellschaft law. To this rule of law both Gemeinschaft and bureaucratic-administrative structures and procedures should, ultimately and carefully worked out, be subject.«

Am Ende dieses Textes aber wie auch sonst in ihrem Werk zeigt sich bei aller Polaritätsfreudigkeit dieselbe Zuneigung zu den universalistischen Traditionen (die sie Gesellschaft law nennen), die auch unsere Überlegungen nicht verhehlen können, und dieselbe Skepsis gegenüber den neuen Tendenzen, an die Stelle der traditionellen Rechtsstrukturen »regulations« zu setzen.

»We have enough experience by now of societies whose rulers are happier without law or lawyers. For us it is not the way.« [22]

---

20 Eugen Kamenka und Alice Erh Soon-Tay, New legal areas, new legal attitudes, in dies. : Lawmaking in Australia, Port Melbourne 1980, S. 247 (256).

21 Roberto Mangabeira Unger, Law in modern society: Toward a criticism of Social Theory, New York 1976, S. 197.

22 Eugen Kamenka und Alice Erh Soon-Tay, New legal areas ... a.a.O. S. 259.

Das kann Kamenka, der als Kind aus Deutschland emigrieren mußte, aus eigener Erfahrung sagen, und es ist bedenklich, daß uns solche Mahnung aus Australien erreichen muß, wo diese Erfahrung doch auf unserem Boden gemacht wurde. Das schmerzliche Bewußtsein für die deutsche Neigung, von Menschenrechten gering zu denken, ist auch bei den Emigranten Alexander Rüstow[23] und Ernst Fraenkel[24] durchgehendes Thema. Offenbar macht es einen großen Unterschied, ob man in dem Prozeß Opfer oder Täter war. Wie wir noch sehen werden[25], hat die deutsche Verarbeitung des Zusammenbruchs des Rationalismus nicht zu dessen Reetablierung geführt.

Skepsis gegenüber der klassischen Rechtstradition ist - wie gezeigt wurde - heute ein die westliche Welt umgreifender Trend, im Gegensatz zu den ehemals sozialistischen Ländern, wo man sie wertzuschätzen beginnt. Schon vor der Legalrevolution[26] in Osteuropa wurde berichtet:

> »The attack on abstract legalism and on the elevation of legal conceptions drawn from private law now is much more prominent in Western legal writing and thinking than in that of Marxist-socialist countries ... Dissidents- and this term includes the entire thinking intelligentsia of most East European countries - seek to convert the concept of socialist legality into the concept of the rule of law; a concept that involves both meaningful rights *against* the state and a concept of justice«.[27]

Mittlerweile sind in dieser Richtung nicht nur Dissidenten am Werk, sondern auch Regierungen; wir erleben diesen Prozeß im östlichen Teil unseres Landes. Deutschland wäre eigentlich der richtige Ort, von dem aus die Werthaltung der Rechtsklassik gegenüber der westlichen Rechtsmüdigkeit vorgetragen werden könnte - aufgrund der deutschen Vergangenheit und der deutschen Gegenwart. Die deutsche Vergangenheit hat diese Wirkung offenbar nicht gehabt; es steht zu hoffen, daß die Anteilnahme an den gegenwärtigen Prozessen in Osteuropa bei uns dazu führt, daß der Trend der Naturrechtsauflösung gestoppt wird.

---

23 Alexander Rüstow, Ortsbestimmung der Gegenwart, Erlenbach-Zürich 1957, Bd. 3; leider vergriffen.

24 Ernst Fraenkel, Deutschland und die westlichen Demokratien, Stuttgart 1964 (leider ebenfalls vergriffen).

25 im Kapitel »Monistisch-Dualistisch« III.

26 vgl. Grazyna Skapska, The Law: an Object of Human Aspiration; vorgetragen auf dem IVR-Weltkongress 1991; die Autorin gibt der Anlehnung an die klassische Rechtstradition die größte Bedeutung für das Gelingen dieser Revolution und warnt vor dekonstruktionistischen, systemischen Ansätzen.

27 Eugen Kamenka und Alice Erh Soon-Tay, Marxism ... a.a.O. S. 249.

11. Kapitel
Monistisch-Dualistisch

I. Die analoge Verkettung der monistischen und dualistischen Auffassungen

1. Die Denkfiguren, die die beiden von uns verglichenen dichotomischen Rechtsauffassungen durchführen, sind auch in der Weise Figuren, daß sie vor dem inneren Auge des Lesers als räumliche Gestalten erstehen. Auch das Nachdenken über geistige Sachverhalte kommt nicht ohne Zeichen aus, die der stofflichen Welt entnommen sind. Nehmen wir ein Wort wie »Verbindung« oder »Verkettung«, so ist es gut geeignet, einen immateriellen Zusammenhang auszudrücken, gerade weil es eine sehr vertraute materielle Grundlage hat, weil es ein Bild projiziert von Gegenständlichem, das aneinandergekoppelt ist. Wir sehen, daß die Ersatzworte für Verbindung, Verkettung, die wir benutzt haben, nämlich: Zusammenhang, Koppelung, genauso aus dem Bereich des Stofflichen entnommen sind.

Aus diesem Rekurs in die Figurationen des realen Lebens gibt es kein Entweichen. Auch wenn wir eine Kunstsprache verwenden, Fremdwörter benutzen, ändert das nichts an der Tatsache, daß Analogien zu Stofflichem herangezogen werden. Sage ich statt »begünstigen« »favorisieren«, so bin ich angelehnt an das lateinische Wort für Wärmen, noch konkreter: an den Wortstamm von Glutasche.

Nicht nur im Einzelwort, sondern in großen geistigen Verknüpfungen, in ganzen Konzepten entstehen Raumvorstellungen; ja, der Erfolg einer Theorie hängt überhaupt davon ab, ob sie solche sinnlichen Gestalten ausbildet, ob eine geschlossene Figur, die sich von einem Feld abhebt, in dem Geist des Rezipienten zurückbleibt, so daß er die Einzelheiten ruhig vergessen kann. Dabei brauchen die Analogien nicht unbedingt optisch zu sein, auch andere Sinneseindrücke können das materielle Substrat für einen analogen geistigen Eindruck abgeben. So schrieb der junge Marx an seinen Vater von der Verwirrung, die Hegels »groteske Felsenmelodie« in ihm hervorgerufen hat, und jeder, der Hegel gelesen hat, versteht, was gemeint ist.

Wir befassen uns hier mit einem allseits bekannten Sachverhalt, über den nicht mehr Worte verloren werden sollen. Sie sollen jedoch an ein ungewöhnliches Vorgehen heranführen: daran, daß das Stofflich-Gestalthafte an den Denkfiguren nicht nur als Medium für die mit ihrer Hilfe erklärten Gedankengänge instrumental aufgefaßt wird, sondern selbst Gegenstand der Betrachtung ist.

Das Einfache und das Zweigeteilte, das Untere und das Obere, das Östliche und das Westliche, das Linke und das Rechte, das Kreisförmige und das Lineare, das Weibliche und das Männliche werden in ihrer Eignung betrachtet, etwas über Kontingenz oder Notwendigkeit der Rechtsformen auszusagen.

In diesem Kapitel ist es das Einfache und das Zweigeteilte.

»Treue Beobachter der Natur, wenn sie auch sonst noch so verschieden denken, werden doch darin miteinander übereinkommen, daß alles, was erscheinen, was uns als ein Phänomen begegnen solle, müsse entweder eine ursprüngliche Entzweiung, die einer Vereinigung fähig ist, oder eine ursprüngliche Einheit, die zur Entzweiung gelangen könne, andeuten und sich auf eine solche Weise darstellen. Das Geeinte zu entzweien, das Entzweite zu einigen, ist das Leben der Natur; dies ist die ewige Systole und Diastole, die ewige Synkresis und Diakrisis, das Ein- und Ausatmen der Welt, in der wir leben, weben und sind.«[1]

Nicht nur in der Natur-, sondern in aller Betrachtung erweist sich Goethes Bemerkung als richtig: Alan Watts sagt[2], alle philosophischen Debatten ließen sich auf den Streit zwischen denen reduzieren, die

»hartherzig, rigoros und genau sind und die Unterschiede und die Trennung zwischen den Dingen hervorheben, und jenen weichherzigen Romantikern, die breite Verallgemeinerungen und große Verschmelzung lieben und die zugrundeliegende Einheit betonen.«

Bei unserer Untersuchung der rechtsphilosophischen Grundpositionen treten auch diese unter dem Gesichtspunkt auseinander, ob sie das, was andere getrennt sehen, als eines sehen oder das, was andere als eines sehen, trennen wollen. Dieser Gesichtspunkt soll uns im folgenden Kapitel leitend sein.

Dabei erkennen wir, daß der Relativismus einfach und der Universalismus zweigeteilt (dike = 2teilig) ist. Der Relativismus zeigt uns die einheitliche Gestalt des Seins mit dem Recht als einer seiner Erscheinungsformen; der Universalismus aber hat zwei Ebenen: die untere des Seins und die obere des Gesollten. Über dem Realen schwebt eine geistige Welt, die ihm Diktate erteilt. Wenn wir ganz nah bei Goethe bleiben wollen, können wir sein Bild übernehmen und uns das Einfache vor Augen führen in Gestalt eines Blattes, das Zweigeteilte aber in der Gestalt eines Ginko-Blattes - mit der dimorphistischen Konsequenz des:

»Hörst du nicht an meinen Liedern,
Daß ich eins und doppelt bin?[3]

2. Die Doppelgestalt des Universalismus, seine Aufteilung des Seins in ein geistiges, ideales Sein einerseits und die Realität andererseits, finden wir in der Philosophiegeschichte in vielen Variationen wieder, und es zeigt sich, daß alle diese

[1] Goethe, zitiert bei Adolf Portmann, Vom Lebendigen, Goethes Morphologie in unserer Zeit, Frankfurt a. M. 1973, S. 249.

[2] Alan Watts, The Book on the Taboo Against knowing Who you are London 1977 , S. 130 f.

[3] Goethe, Gingo biloba, Aus dem West-östlichen Divan.

Doppelungen, Entzweiungen miteinander in Verbindungen stehen; daß wir berechtigt sind, eine große Tafel anzufertigen, auf deren einer Seite die ein-fachen und auf deren anderer die Doppelgestalten untereinanderstehen. Die Dualismen ebenso wie die Monismen reichen sich untereinander die Hand.

Wo der Dualismus zwei Dinge sieht, sieht der Monismus eins: Es kann sich dabei um die Zweiteilung Gott-Welt handeln, die monistisch geleugnet wird durch Mystik, Spinozismus, Pantheismus; es kann die Zweiteilung in Gut und Böse sein (Manichäismus, Marcion), die monistisch keine Anerkennung erhält. Es kann die Zweiteilung sein zwischen dem, was naturgesetzlich-kausal-determiniert abläuft und dem, was der Mensch aus freier Entscheidung neu anstößt, was der Determinismus leugnet; es kann die Zweiteilung in Geist und Materie sein, die durch den Materialismus mit dem Argument der Epiphänomenalität des Geistes bestritten wird. Es kann die Zweiteilung in das Ich und den Rest der Welt sein, der Dualismus, den Fichte auf die Spitze getrieben hat. Alle diese Verschmelzungen und Trennungen fanden ihren Niederschlag in der Auffassung vom Recht und ließen dieses entweder als einfach, als Sein, oder doppelt, als Sein und Sollen, erscheinen.

> »Das Problem von Sein und Sollen ist das Urproblem der Rechtswissenschaft und zumal der Rechtsphilosophie. In ihm spiegelt sich das Gottesproblem, das Problem der Theodizee und in gewissem Sinne auch das Problem der Inkarnation.«[4]

Als Frage, ob über dem Sein ein Sollen schwebt, kann man auch den mittelalterlichen Universalienstreit[5] auffassen: Einen Dualismus ergibt die von der älteren, orthodoxen Seite verteidigte Auffassung, neben der stofflichen Realität gebe es als eigene Realität eine solche der Universalien. Die Universalia (die Begriffe) seien nicht bloß zusammenfassende Namen (nomina) für partikulares Reales - wie es die neuere, häretische Auffassung annahm -, sondern eine eigenständige Seinswelt, der sogar höhere Bedeutung und Weihe zukäme als der Realität. Dieser alte Streit steht in der Linie der Trennung von Idealismus und Materialismus, der dualistischen Auffassung von Geist und Materie einerseits und dem Monismus, der den Geist nur Epiphänomen sein läßt, andererseits.

3. Im Falle der Universalismus-Relativismus-Polarität bedeutet die Leugnung eines vorgegebenen Rechts einen Monismus, der *eines* sieht, wo die Verfechter von Naturrecht *zweierlei* sehen: das praktizierte Recht und das richtige Recht. Naturrecht ist ein externes Kriterium, ein *alter* gegenüber einem *unum*, eine zweite Ebene, die zu bekämpfen Monismus gegenüber Dualismus bedeutet.

---

[4] Arthur Kaufmann, Recht im Spannungsfeld von Identität und Differenz, in ders. : Beiträge zur Juristischen Hermeneutik, Köln usw. 1984, S. 169.

[5] Arthur Kaufmann, Recht und Sittlichkeit, in: Rechtsphilosphie im Wandel, 2. Aufl. Köln usw. 1984 , S. 221 f., stellt dem Dualismus Sein und Sollen den Universalienstreit als Analogon zur Seite.

Die Einordnung des Naturrechts in die dualistischen Sichtweisen hat nur dann Wert, wenn die Isomorphie der Dualismen nutzbar gemacht wird und durch Abhebung von den ebenfalls isomorph begriffenen Monismen Kontrast bekommt. Die Verbindungslinien innerhalb der dualistischen und monistischen Auffassungen können dann weitergezogen werden aus dem Zusammenhang heraus in die »Unendliche Entzweiung« allen Seins, die antinomische Struktur des Daseins, die universale Dichotomie, die die Kultur durchgängig prägt.

Wir haben solche Verbindungslinien in den vorigen Kapiteln schon kennengelernt. An erster Stelle steht dabei die Aufteilung in eine empirische und eine intelligible Welt, die Kant vornahm. Sie ermöglicht eine Trennung von determinierten und indeterminierten Abläufen, hebt von den in unendlichen Kausalketten stehenden Geschehnissen solche ab, die in Willensfreiheit neu begonnen werden: wir sehen, daß das Axiom von der Willensfreiheit auch eine Doppelgestalt hat, ein Schisma enthält wie das Naturrecht. Naturrecht und liberum arbitrium aber gehören zusammen: die Anerkennung eines gesollten neben dem wirklichen Zustand ist ja mit der Aufforderung verbunden, sich für den gesollten zu entscheiden; die Dualität ist nur da sinnvoll, wo freie Entscheidung als möglich anerkannt wird.

Wir können Kants Konzept vom moralisch Vorgegebenen als äußersten dualistischen Pol auffassen. Geist und Stoff stehen sich dort streng geschieden gegenüber:

> »Jedermann muß eingestehen, daß ein Gesetz, wenn es moralisch, d.i. als Grund einer Verbindlichkeit, gelten soll, absolute Notwendigkeit bei sich führen müsse; daß das Gebot: du sollst nicht lügen, nicht etwa bloß für Menschen gelte, andere vernünftige Wesen sich aber daran nicht zu kehren hätten, und so mithin der Grund der Verbindlichkeit hier nicht in der Natur des Menschen oder den Umständen in der Welt, darin er gesetzt ist, gesucht werden müsse, sondern a priori lediglich in Begriffen der reinen Vernunft, und daß jede andere Vorschrift, die sich auf Prinzipien der bloßen Erfahrung gründet, und sogar eine in gewissem Betracht allgemeine Vorschrift, sofern sie sich dem mindesten Teile, vielleicht nur einem Bewegungsgrunde nach, auf empirische Gründe stützt, zwar eine praktische Regel, niemals aber ein moralisches Gesetz heißen kann.«[6]

Darin besteht der Unterschied zwischen einem kategorischen und einem lediglich hypothetischen Imperativ: daß er sich nicht auf Prinzipien der Erfahrung gründet. Bei der Suche nach einer solchen Regel

> »ist es von äußerster Wichtigkeit, sich dieses zur Warnung dienen zu lassen, daß man es sich ja nicht in den Sinn kommen lasse, die Realität dieses Prinzips aus der *besondern Eigenschaft der menschlichen Natur* ableiten zu wollen.«

---

[6] Immanuel Kant, Vorrede zu: Grundlegung zur Metaphysik der Sitten (Hrsg. Th. Valentiner), Stuttgart 1984.

Dieser Dualismus zahlt einen hohen Preis: er überwölbt die Wirklichkeit mit einer Ebene, die auf keinen Säulen steht. Diese Bodenlosigkeit ist aber gerade Kants Stolz:

> »Hier sehen wir nun die Philosophie in der Tat auf einen mißlichen Standpunkt gestellt, der fest sein soll, unerachtet er weder im Himmel, noch auf der Erde an etwas gehängt oder woran gestützt wird. Hier soll sie ihre Lauterkeit beweisen als Selbsthalterin ihrer Gesetze, nicht als Herold derjenigen, welche ihr ein eingepflanzter Sinn, oder wer weiß welche vormundschaftliche Natur einflüstert, die insgesamt, sie mögen immer besser sein als gar nichts, doch niemals Grundsätze abgeben können, die die Vernunft diktiert, und die durchaus völlig a priori ihren Quell und hiemit zugleich ihr gebietendes Ansehen haben müssen: nichts von der Obergewalt des Gesetzes und der schuldigen Achtung für dasselbe zu erwarten, oder den Menschen widrigenfalls zur Selbstverachtung und innern Abscheu zu verurteilen.«[7]

Die klare Trennung der Ebenen, die Unabhängigkeit der Idee von der Wirklichkeit - dieser Dualismus kennzeichnet den Rationalismus; er kennzeichnet auch die religiöse Haltung der Zeit und prägte Lessings Haltung gegenüber der Kirche, mit der er in Konflikt war in der Frage der Glaubenswahrheiten, die nach seiner - häretischen - Meinung nicht abhängig sein sollten von den empirischen Abläufen, wie sie die Bibel schildert. Er wollte »ewige Vernunftswahrheiten« von »zufälligen Geschichtswahrheiten« geschieden wissen und bezeichnet mit diesem strengen Dualismus ebenso wie Kant den rationalistischen Höhepunkt.[8] Die beiden Häupter des deutschen Geistes, Goethe und Schiller, prägen die Dichotomie »monistisch-dualistisch« aus. Schillers Neigung, Idee und Erfahrung zu trennen, widersprach Goethes holistischer Grundhaltung. Goethes Bedeutung besteht ganz wesentlich darin, in der Zeit der Aufklärung, die das wirklich Vorfindbare besserer Idee unterordnete, die Hälften zusammenzufügen und im körperlich Gegebenen das Geistige zu ehren, ihm eine losgelöste Realität aber abzusprechen; Goethe bekämpfte die Suche »hinter den Dingen« und verlegte sie »in die Dinge«

> (Nichts ist drinnen, nichts ist draußen:
> Denn was innen, das ist außen.
> So ergreifet ohne Säumnis
> Heilig öffentlich Geheimnis)[9],

---

[7] Immanuel Kant, Grundlegung zur Metaphysik der Sitten a.a.O. S. 74.
[8] Gotthold Ephraim Lessing, Über den Beweis des Geistes und der Kraft, in: Die Erziehung des Menschengeschlechts und andere Schriften, Stuttgart 1977, S. 31 (34).
[9] Johann Wolfgang v. Goethe, Epirrhema (Müsset im Naturbetrachten ...).

wo sie sich in der Gestalt offenbaren und dem, der zu »schauen« versteht, nichts verbergen. Schon in dem berühmten ersten Gespräch, das die beiden Männer miteinander führten, zeigte sich die Antipodik zwischen ihnen: Als Goethe Schiller eine Zeichnung der »Urplanze« zeigte, sagte dieser: »Das ist eine Idee!«, worauf Goethe entgegnete: »Nein, das ist Erfahrung.«[10] Goethe bereitete mit dieser Haltung die Romantik vor, deren Weigerung, eine von der Erfahrung abgetrennte Idee anzuerkennen, immer wieder unser Thema ist, weil damit der »deutsche Sonderweg« vorgeprägt wurde, die Loslösung vom okzidentalen Rationalismus.[11] Der Moralist wird sich auf die Seite Schillers schlagen. Dort muß er in der Rigorosität der Zweiteilung nicht so weit gehen wie dieser und schon gar nicht so weit wie Kant, der noch weiter ging. Die Tatsache allein, daß ethische Betrachtung vorgenommen wird, bewirkt, daß eine Schere aufgeht. Sie kann sich nur ganz schwach öffnen oder ganz weit, am weitesten bei Kant, der sich bei der moralischen Überprüfung jeden Rekurs auf Empirie verbat, der die Nützlichkeit des Handelns als Kriterium für dessen Pflichtmäßigkeit ablehnte und ebenso die natürliche Neigung zum Guten als Eintrübung des moralischen Impulses auffaßte - worin Schiller ihm dann nicht mehr folgte.

Die Kantsche Rigorosität wurde in der Wertphilosophie und der materialen Wertethik weitergeführt; in der gegenwärtigen Ethikforschung besteht aber wenig Neigung, das moralische Prinzip statt aus der Empirie einem Apriori zu entnehmen. Sie setzt eine Gottesgewißheit voraus[12], die unserem Zeitalter verloren gegangen ist oder jedenfalls im wissenschaftlichen Denken als Größe nicht mehr eingesetzt werden darf.

> »Die heutige Crux der Theorie ist ja die angebliche Kluft von Sein und Sollen, die nur durch ein, sei es göttliches, sei es menschliches *fiat* überbrückt werden könne - beides höchst problematische Quellen der Gültigkeit, die eine wegen bestrittener Existenz bei hypothetisch zugestandener Autorität, die andere wegen fehlender Autorität bei faktisch vorliegender Existenz. Verneint wird, daß von irgendeinem Seienden an sich, in seinem schon gegebenen oder erst möglichen Sein, so etwas wie ein 'Soll' emanieren kann.«[13]

Da, wo die strikte Trennung Kants weitergeführt wird - in der Reinen Rechtslehre -, wird Ethik als wissenschaftlicher Gegenstand abgelehnt. Da, wo sie heute

---

10 Johann Wolfgang v. Goethe, Begegnung mit Schiller, in: Jubiläumsausgabe (Hrsg. E. v. d. Hellen), Stuttgart 1902-1912, 30. Bd., S. 338 ff.

11 vgl. das folgende Kapitel »Deutsch-Okzidental«.

12 die wir im weitesten Sinne verstanden wissen wollen mit Max Scheler, Vom Ewigen im Menschen, Bern 1954, S. 262-264.

13 Hans Jonas, Das Prinzip Verantwortung 5. Aufl. Frankfurt a. M., S. 234.

noch Thema ist - und sie ist wieder mit neuem Nachdruck Thema - nimmt man ausdrücklich Bezug auf Erfahrung.

II. Monismus und Dualismus in der Gegenwartsphilosophie

Wir wollen aus der heutigen Diskussion einige Beispiele herausnehmen und sehen, wie sich innerhalb der Polarität Monismus-Dualismus ausnehmen:

1. Ein moderner Versuch zur Ethikbegründung wird von Tugendhat vorgenommen.

> »Es handelt sich um einen Gegenstand wirklicher Forschung, und zwar einer Forschung, in der sich spezifisch philosophische - analytisch-begriffliche - und *empirische* Methoden verbinden müssen.«[14]

Bei Tugendhat beispielsweise sieht das empirische Element so aus, daß er sich mit der psychologischen Entwicklung in der frühen Kindheit befaßt und die Entwicklung eines moralischen Standards damit erklärt, daß sie Voraussetzung für das Geliebtwerden ist.

> »Gegenüber einem Kind ist die Liebe natürlich so lange ohne moralische Achtung, wie das Kind noch nicht für diese moralische Wertdimension offen ist; aber sobald sie dem Kind erschlossen ist, werden die Erwachsenen, die sich selbst moralisch verstehen, dem Kind zu verstehen geben, daß sie es zwar einerseits bedingunglos lieben, daß aber andererseits doch die Liebe die moralische Schätzung impliziert; und das Kind seinerseits möchte nicht nur geliebt, sondern zugleich als moralisches Wesen ernstgenommen werden. Später emanzipiert sich der Heranwachsende gegebenenfalls von den bestimmten Inhalten, an die die Schätzung durch die soziale Umwelt gebunden war: Entsprechend ist dann die notwendige Bedingung für die Selbstbejahung nicht mehr das faktische Geliebt- und Geschätzwerden, sondern daß man sich als schätzenswert ansehen kann ... Der Sachverhalt ... läßt sich deutlicher negativ formulieren: Wer sich für moralisch verachtenswert hält, und d.h. wer sich selbst verachtet, kann sich nicht lieben, hat kein affirmatives Verhältnis zum eigenen Sein.«

Tugendhat benennt diesen Sachverhalt mit der von Andreas Wildt[15] geprägten Bezeichnung »Moralität als notwendige Bedingung praktischer Ich-Identität«. Natürlich bezieht Tugendhat auch den abweichenden Fall mit ein:

---

[14] Ernst Tugendhat, Probleme der Ethik, Stuttgart 1987, S. 3; Hervorhebung von mir.
[15] Andreas Wildt, Autonomie und Anerkennung, Stuttgart 1982, S. 261.

»Wenn das Individuum, wie ich es eben andeutete, die Moral, und d.h. die moralische Sanktion überhaupt, in dem Sinn in Zweifel stellt, daß es für diese Sanktion kein Sensorium hat, läßt sich nicht argumentieren. Es hat sich damit so fundamental aus aller wechselseitigen Bejahung herausgestellt, daß es von sich aus schon genau das getan hat, was der Sinn der moralischen Sanktion ist (die freilich in diesem Fall nicht als Sanktion empfunden wird). Dieser Fall ist, nehme ich an, pathologisch. Diese Bezeichnung ist nicht diffamierend gemeint; im Gegenteil, dieser Tatbestand zeigt, daß alle Moral auf einem empirischen Grund aufruht, auf der empirischen Voraussetzung einer bestimmten sozialpsychologischen Verfassung. Auf dieser untersten Ebene gibt es nichts zu begründen. Die moralische Begründungsfrage erfolgt immer schon unter der Voraussetzung, daß einer Person an Liebe, Freundschaft und der von diesen vorausgesetzten Schätzung gelegen ist und daß sie auch selbst fähig ist, Personen einfachhin zu schätzen.«

Ob es Tugendhat gelungen ist, seine an sich eher analytisch-begriffliche Ethikbegründung mit diesem Element Empirie abzustützen und gegenüber dem luftleeren Raum des Kantischen Apriori Greifbareres vorzuweisen, bezweifle ich. Es sind ja den relativistischen, positivistischen Ethikverächtern die subtilen Sanktionsmechanismen, die zu Werthaltungen führen und andererseits auf ihnen beruhen, nicht fremd, im Gegenteil: was Tugendhat entwicklungspsychologisch beschreibt, ist z.B. bei Geiger (in Anknüpfung an Semons Mneme-Theorie) der »engraphisch-ekphorische Mechanismus«[16]. Bei ihm wie bei anderen Positivisten geben diese Vorgänge den Werthaltungen aber keine höhere Weihe, sondern belassen sie auf derselben Ebene, auf denen sich die Vorgänge selbst abspielen - der Empirie.

»Les faits moreaux sont des phénomènes comme les autres«,

in diesem berühmten Satz hat Durkheim diese Haltung zusammengefaßt.[17] Man kann genaue Kenntnis von der Entstehung und Wirkung des Moralischen haben, ohne Moralist zu sein; Moralist wird man dadurch, daß man den Anspruch erhebt, Moral zu legitimieren - ob es einem nun gelingt oder nicht. Und diesen Anspruch erhebt Tugendhat, er legt Wert auf die Trennung zwischen dem Wirklichen und seiner Rechtfertigung. Ihm ist andererseits wichtig, daß moralische Grundsätze nur durch Grundsätze gerechtfertigt werden können, daß

»wir uns ... darüber im klaren sein müssen, daß unsere moralischen Urteile Gegebenheiten sind, die ihrem eigenen Sinn nach keine Appelationsinstanz darstellen, sondern einer Appellationsinstanz bedürfen.«[18]

---

16 Theodor Geiger, Vorstudien zu einer Soziologie des Rechts, Neuwied und Berlin 1964, S. 93.
17 Emile Durkheim, De la division du travail social, Paris 1922, S. XXXVII.
18 Ernst Tugendhat a.a.O. S. 17.

Ich neige zu der Annahme, daß dieser Anspruch nur von dem Kantischen Apriori erfüllt wird, daß bei der Moralbegründung jeder Rekurs auf Empirisches in die »naturalistic fallacy«[19] führt. Meine Aufgabe ist aber glücklicherweise nicht, diese Annahme unter Beweis zu stellen, da unser morphologisches Vorgehen sich für diese Art von Wahrheitsfindung, die mit logischen Verstrickungen kämpfen muß, nicht interessiert. Was uns interessiert, ist dieses: Wir sehen bei Tugendhat eine Gestalt, die sich in zwei Teile öffnet, eine Schere: einerseits die Welt der Erscheinungen und andererseits eine Appellationsinstanz. Wir sehen andererseits, daß diese Gestalt nicht vollkommen durchgeführt, nicht gesteigert ist zu ihrem möglichen Pol, weil für die Begründung der Appellationsinstanz Argumente aus der Welt der Erscheinungen herangezogen werden.

2. Noch weniger zum Pol gesteigert, noch weniger dualistisch, noch deutlicher monistisch geneigt ist die Moralbegründung bei Gadamer, gegen den sich Tugendhat absetzt, ebenso wie gegen Aristoteles, auf den sich Gadamer[20] wiederum beruft. Aristoteles legt Wert darauf, daß das sittlich Richtige nicht aus Grundsätzen ableitbar, nicht deduzierbar ist, sondern mithilfe eines speziellen menschlichen Vermögens, der freischwebenden Fähigkeit zu konkreten sittlichen Urteilen, erkennbar wird. Diese »phronesis« genannte Eigenschaft paßt in Gadamers hermeneutische Auffassung von Moral, die eine Gesetzesethik ablehnt und die Situationsbezogenheit in den Mittelpunkt rückt. Auf die rechte Seite unserer unendlichen Trennlinie können wir solche Auffassung nur deshalb stellen, weil sie überhaupt die Frage nach dem sittlich Guten stellt und damit bemessend tätig ist; sie verzichtet aber bewußt auf einen Maßstab und befindet sich deshalb nah an der Grenzlinie zum Relativismus, zum einstöckigen Gebäude des Monismus.

3. Rationalistisches Naturrecht, das in der Tradition des 17. und 18. Jahrhunderts steht, betreibt jemand, der sagt: Ich habe eine Idee, an der gemessen ich Aussagen machen kann, ob ein Gesellschaftssystem »gut« ist oder nicht. Das tut heute John Rawls.[21] Bei ihm werden die Institutionen einer Gesellschaft als vernünftig und gerecht über ein Gedankenexperiment bestimmt: Jede Person, die solche Einrichtungen annehmen und für sie eintreten soll, wird in eine Situation versetzt, in der sie keine Erkenntnis von dem wirklichen Leben hat, das sie selbst innerhalb dieser Institution wird führen können. In dieser Lage soll sie entscheiden, welche Einrichtung sie für sich selbst als die beste würde ansehen müssen. Aufgrund dieser Operation sollen aus dem Prinzip der unparteiischen Richtigkeit, dem Institutionen

---

19 dazu Ernst Tugendhat a.a.O. S. 42.

20 Hans-Georg Gadamer, Über die Möglichkeit einer Philosophischen Ethik (1961) in: Kleine Schriften Bd. 1 Tübingen 1967 , S. 179-191.

21 John Rawls, Eine Theorie der Gerechtigkeit, Frankfurt a. M. 1975; dieser Rationalismus tritt bei Rawls aber zunehmend zurück, wenn man Richard Rorty (Der Vorrang der Demokratie vor der Philosophie, in: Solidarität oder Objektivität, Stuttgart 1988 , S. 82, 95) folgen kann, der sich auf Rawls Aufsatz: »Kantian Constructivism in Moral Theory«, in Journal of Philosophy 77, 1980, S. 534 bezieht.

zu genügen haben, wenn sie für vernünftig gelten sollen, konkrete Urteile über den Aufbau einer Vernunftgesellschaft gewonnen werden.[22]

4. Unentschieden steht Habermas am Scheidewege zwischen dem nach links führenden Monismus und dem nach rechts führenden Dualismus. Wir finden bei ihm deutliche dualistische, und das heißt rationalistisch-naturrechtliche Neigungen, zu denen zu bekennen ihn sein Materialismus hindert. (Ich habe das andernorts ausgeführt[23]). Er verteidigt aber sein »kommunikatives Letztbegründungstheorem« u.a. damit, daß es dem Grundgesetz die nötige Legitimationsebene gibt. Er sagt, daß:

> »formaliter die für jede Demokratie fundamentalen Konventionen (Staatsverträge, Verfassungen, Gesetze usw.) *keine* moralische Verbindlichkeit haben, ... wenn es kein ethisches Prinzip gibt, das sowohl normativ verbindlich als auch intersubjektiv ist.«[24]

5. Bei Hans Jonas finden wir einen entschiedenen Dualismus; seine Botschaft ist die Wiedereinsetzung eines autonomen Geistes, der sich nicht hinter seiner Determiniertheit durch Materie verstecken kann, sondern im Gegenteil dieser gegenüber in Verantwortung steht. Jonas wendet sich scharf gegen den Monismus, gegen dessen These von der Epiphänomenalität, und wenn in dieser Arbeit die Unterscheidung zwischen Monismus und Dualismus eine so entscheidende Rolle spielt, geschah das unter Jonas' Einfluß. Das bedeutet bei Jonas jedoch nicht etwa eine Rückkehr zu dem Kant'schen Apriori. Sein und Sollen sind ihm nicht zwei geschiedene Ebenen:

> »Erst ein seinsimmanenter Anspruch kann objektiv eine Pflicht zu seinstransitiver (von einem Sein zum andern gehender) Kausalität begründen.«[25]

Das Sollen ist bei Jonas deshalb entelechetisch im Sein eingebunden: Der Keim des Geistes ruht schon im toten Gestein. Die Sollensfrage, die sich unserer Generation erstmals stellt: ob Leben sein soll? beantwortet Jonas deshalb auch mit dem Hinweis auf ein Seiendes, das zweifellos sein soll, mit dem Hinweis auf den Appell, den er bei dem Anblick eines neugeborenen Kindes erfährt. (Jonas legt

---

22 zusammengefaßt in den Worten von Dieter Henrich, Dimensionen und Defizite einer Theorie der Subjektivität, Philosophische Rundschau 36. Jahrgang 1989 Heft 1-2 , S. 3.

23 Sibylle Tönnies, Der Kater des Dionysos, in: Hundert Jahre »Gemeinschaft und Gesellschaft« (Hrsg. L. Clausen u. C. Schlüter), Opladen 1991, S. 215.

24 Jürgen Habermas, Legitimationsprobleme des modernen Staats , in: Zur Rekonstruktion des Historischen Materialismus, Frankfurt/M. 1976, S. 271; K. -O- Apel, Das Apriori der Kommunikationsgemeinschaft, in ders.: Transformation der Philosophie Bd. 2 Frankfurt/M. 1976, S. 375f.

25 Hans Jonas a.a.O. S. 234.

Wert auf die Feststellung, daß es nicht genügt, sich diese Erfahrung vorzustellen, daß man sie tatsächlich machen müsse - und sicher stünde es besser mit dieser Welt, wenn die Verantwortlichen mehr Umgang mit Neugeborenen hätten.) Dieser Eindruck löst den Anspruch ein, den Jonas an das »Wertvolle« stellt:

> »Denn Wert oder das 'Gute' ... ist ja das Einzige, das von sich her aus der bloßen Möglichkeit auf Existenz dringt (oder aus gegebener Existenz rechtmäßig auf Weiterexistenz) - also einen Anspruch auf Sein, ein Sein*sollen* begründet und, wo das Sein von wahlfreiem Handeln abhängt, es diesem zur Pflicht macht.«[26]

Bei aller Betonung des Dualismus - darauf kommt es uns hier an - ist Jonas Konzept selbst nicht wirklich dualistisch, sondern läßt die Idee sehr tief im Faktum ruhen.[27]

III. Der Monismus der Lehre von der Natur der Sache

1. Wenn wir den Idealtyp des Naturrechts in einem streng *dualistischen* Konzept sehen[28], in einem solchen, das einen klaren Schnitt macht zwischen der Gesellschaftsordnung und den für diese maßgeblichen Ideen, wenn die Herleitung aus Empirie oder die maximenfreie Situationsbezogenheit in unseren Augen dazu führt, daß ein Konzept mehr oder weniger *monistisch* ist, dann kommt die in den 50er Jahren vorgenommene Anstrengung, richtiges Rechts als aus der Natur der Sache fließend zu begründen, für uns als Naturrecht kaum noch in Betracht.

Dualistisch ist in diesen Fällen lediglich der Ausgangspunkt: die zwischen dem wirklichen und dem richtigen Sein unterscheidende Fragestellung. In der Antwort wird diese Unterscheidung wieder aufgehoben.

Gemessen an solch strengem Dualismus, wie ihn Kant vertritt, gehört das sogenannte Naturrecht der Nachkriegszeit auf die andere Seite der Polarität, zum Monismus. Es trägt nur insofern den Namen »Naturrecht« zu Recht, als es - im Gegensatz zum Rationalismus - eher an Natur (im Sinne von Realität) anknüpft, an die Natur der Sache nämlich, aus der es seine Ableitungen vornimmt; es trägt den Namen aber zu Unrecht, insofern als es nicht in der Tradition des rationalen Naturrechts steht, das dualistisch ist.

---

26 Hans Jonas a.a.O. S. 100.

27 Zu dem darauf beruhenden Widerspruch vgl. Sibylle Tönnies, Hans Jonas zwischen Sein und Sollen, Rechtstheorie 3/1991.

28 insofern erscheint der Ansatz, den Ferdinand Tönnies in Richtung eines »gemeinschaftlichen Naturrechts« machte (in: Einführung in die Soziologie, Stuttgart 1931, 217 ff.), als zweifelhaftes Unternehmen.

> »Während das Naturrecht zu einer *rationalistischen* Auffassung gehört, ist die Natur der Sache einer im weiteren Sinne *historischen* Denkweise zuzurechnen. Die Norm des Naturrechts ist allgemein und von der Vernunft erkennbar; jene der Natur der Sache ist dagegen absolut *individuell*, d.h. sie ist immer bezogen und begrenzt auf ein bestimmtes Lebensverhältnis oder eine konkrete Institution.«[29]

Dem heutigen Betrachter fällt es schwer, in der Lehre von der Natur der Sache die nach dem Kriege fällige Revision des nationalsozialistischen Abfalls von der Rechtsidee zu erkennen. Zweifellos ist sie aber in dieser Absicht entwickelt, und ihre Ferne zu den rationalistischen Maximen zeigt, daß die Kluft zwischen der monistischen deutschen Tradition und dem okzidentalen Dualismus selbst in dieser extremen Situation offenbar unüberwindlich war und bis heute unüberwunden ist.[30] Die Lehre von der Natur der Sache hat unübersehbare Gemeinsamkeiten mit dem »konkreten Ordnungs- und Gestaltungsdenken« der dreißiger Jahre, gewechselt haben allerdings die Wertmaßstäbe, zu deren autonomer Geltung sie sich aber wegen ihrer monistischen Grundhaltung nicht bekennen konnte.

Aus heutiger Sicht läßt sich die Erfahrung von Auschwitz in dieser Lehre nicht erkennen; und wirft man auf sie einen sehr kalten Blick, ergibt sich dieses Bild:

Das harmlos-naiv Gutartige, das einen atmosphärisch in der Lehre von der Natur der Sache berührt, die scheinbare Unfähigkeit der Autoren, sich die Spannbreite der Entscheidung innerhalb der Natur einer Sache vorzustellen, das Nichtmitdenken von böser Möglichkeit, die sich innerhalb des Argumentationskreises dieser Natur bewegen würde (welche Folgerungen ergeben sich aus der Natur der Institution Konzentrationslager?); die Gebärde, als befände man sich in einem Chor von billig und gerecht Denkenden, die nur recht in die Dinge selbst hineinhorchen müssen, um das Richtige zu tun - statt sich wie ungezogene Kinder wieder unter ein ehernes, externes Moralgesetz stellen zu lassen, das Alphabeth des Menschentums neu zu lernen, sich unterzuordnen unter den Dekalog, die fleischernen Tafeln, »the golden rule«. Unterdrückt wurde das Hineinschauen in die gähnende Kluft zwischen diesen fleischernen oder steinernen Tafeln und einer selbstgeschaffenen barbarischen Wirklichkeit, die Einsicht in die offenbare Unfähigkeit, den Dingen selbst ihre richtige Gestaltung abzuhorchen, das Eingeständnis des Versagens von Wesensschau, die aus dem Wesen der Rasse Menschenmord herausgeschaut hatte.

Das Festhalten am Monismus trotz seines offenbaren Scheiterns täuscht Unschuld vor; es ist die harmlose Pose, als käme einem Böses gar nicht in den Sinn: zu den immanenten Gestaltungsprinzipien eines KZs gehört »natürlich« die Freigabe des Tötens - so etwas denkt man nicht und so etwas sagt man auch nicht.

Das Prinzip von der Natur der Sache wäre ein solches, das sich ein Volk von Engeln gäbe, das keiner normativen Direktiven bedarf. Immerhin ist es ja auch ur-

---

29 Allessandro Barrata, Natur der Sache und Naturrecht, in: Die ontologische Begründung des Rechts (Hrsg. A. Kaufmann) Darmstadt 1965, S. 111; Hervorhebungen von mir.

30 vg. dazu Sibylle Tönnies, Linke Vergangenheitsbewältigung, Rechtstheorie 21/1990 , S. 259.

sprünglich lediglich ein Auslegungsprinzip, das eine gute Ordnung voraussetzt, nicht aber schafft. Offenbar denselben Eindruck hatte Adolf Arndt[31]:

> »*Wo von der Natur der Sache die Rede ist, beginnt die Entmenschlichung des Recht.* Hinter dem Wort von der Natur der Sache verbirgt sich die Annahme einer Eigengesetzlichkeit der Dinge, einer dem Menschen übergeordneten, für ihn unabänderlichen und daher auch von ihm nicht zu verantwortenden Eigengesetzlichkeit mit der Folge, daß die Dinge zum Götzen, die Menschen aber verdinglicht werden. Ein Mensch, der nicht mehr für den Stand der Dinge verantwortlich ist, ein solcher Mensch wird rechtlos, weil rechtliche Gemeinschaft notwendig Mitverantwortung voreinander und füreinander ist.«

Als handele es sich nur um eine kleine Wendung, eine kleine Wendung vom Abstrakten ins Konkrete, wird in den 50er Jahren das Bekenntnis zur Natur der Sache als in der Tradition der rationalen Naturrechtsidee hingestellt. In unserer Gegenüberstellung von Polaritäten wird deutlich, daß es sich keineswegs um verwandtes Denken, sondern um Antipoden handelt. Wir können Maihofer nicht folgen, der keinen Bruch, sondern Kontinuität sieht zwischen dem

> »Glauben an ewig unveränderliche und absolut gültige, aus der Natur der Vernunft des Menschen ableitbare Rechtsgrundsätze«

und einer Auffassung,

> »nach der die Lebensverhältnisse ihr Maß und ihre Ordnung in sich tragen«[32].

Wir können auch die Leugnung des Bruchs, den die Romantik unter Führung von Savigny gegenüber dem Naturrecht vornahm, nicht teilen, können nicht mit Maihofer von der »*angeblich* so naturrechtsfeindlichen Rechtstheorie der historischen Rechtsschule«[33] reden, und widersprechen deshalb solcher Zusammenschau:

> »So finden wir auch bei Savigny ... Gedanken, die sich in nichts von der alten Naturrechtslehre etwa des Pufendorf unterscheiden, es sei denn darin, daß sie deren Leitgedanken zuende denken; dadurch, daß sie die abstrakten Naturrechts-

---

31 Adolf Arndt, Rechtsdenken in unserer Zeit, Tübingen 1955, S. 27.

32 in der klassischen Formulierung von Dernburg, Pandekten I, 5. Aufl. 1896 Berlin , S. 87.

33 Werner Maihofer, Die Natur der Sache, in: Die ontologische Begründung des Rechts a.a.O. S. 54; Hervorhebung von mir. Ähnlich Franz Wieacker, Wandlungen im Bilde der historischen Rechtsschule, Karlsruhe 1967.

> bestimmungen aus der Natur des Menschen mit den konkreten Naturrechtsschlüssen aus der Natur der Sache in eines zusammendenken.«[34]

Auch Arthur Kaufmann betont am Historismus die Reste der Aufklärung:

> »Zwar haben der Historismus und die 'historische Schule' aufgezeigt, daß hinieden nichts von Ewigkeitsdauer ist, sondern jedes Seiende einen Anfang und ein Ende hat ... Aber die Historische Schule war, trotz aller Kritik am Rationalismus und am rationalen Naturrecht, doch selber ein Kind der Aufklärung.«[35]

In unserer Betrachtung fallen rationales Naturrecht und Historismus in zwei getrennte Bereiche, bilden sogar eine prototypische Polarität aus, genauso wie die ihnen zugrundeliegenden Epochen Aufklärung und Romantik: durch Dualismus und Monismus jeweils gekennzeichnet und durch die Merkmale abstrakt-konkret; das Abstrakte als Eigenschaft der von den Lebensverhältnissen getrennt zu denkenden, diese überschwebenden Ideen, das Konkrete als deren Leugnung und Zuwendung zu den gesellschaftlichen Tatsachen. Diese Zuwendung bedeutete für Savigny die Würdigung der tatsächlichen konkreten Klassenunterschiede, von denen er profitierte[36], und die ausgesprochene und unüberhörbare Ablehnung der abstrakten Gleichheitsidee, die von Westen her an die deutschen Grenzen stürmte. Nicht bestritten werden kann natürlich die nur allmähliche, schrittweise Auflösung der rationalistischen Denkhaltung; das ändert nichts an unserem Topos »Romantik als deutsches Schicksal«.[37]

Von Dualismus zu Monismus, von Emanenz zu Immanenz, vom Abstrakten zum Konkreten, vom Gesollten zum Seienden führt kein kleiner Schritt, sondern das Überspringen einer Kluft, und diese Kluft markiert das Verhältnis zwischen dem Rationalisten Pufendorf und dem Romantiker Savigny; sie liegt auf der Trennlinie unserer »Unendlichen Entzweiung«.

2. Richtig ist unter diesem Gesichtspunkt die Bemerkung, die Engisch[38] macht. Er wendet sich gegen »ein zu weites Vordringen der Natur der Sache«, will ihren Wirkungsbereich begrenzen und appelliert daran, in diesem

---

[34] Werner Maihofer a.a.O.; die Berechtigung der Feststellung ergibt sich aus der regelmäßigen Inkonsequenz des Monismus, der es nicht lassen kann, gute Vorschläge zu machen S. u. IV. 3. und im Kap. »Böse-Gut« II. 4.

[35] Arthur Kaufmann, Geschichtlichkeit des Rechts im Licht der Hermeneutik, in ders. (Hrsg.): Rechtstheorie, Karlsruhe 1971, S. 81 (84).

[36] vgl. dazu im Kap. »Die Unendliche Entzweiung« II.

[37] um mit dem Titel von Ferdinand Lion, Stuttgart u. Hamburg 1947, zu reden.

[38] Karl Engisch, Zur »Natur der Sache« im Strafrecht, in: Die ontologische Begründung des Rechts a.a.O. S. 204 ff, S. 243.

»Aufrichten von Grenzpfählen ... nicht etwa einen Akt der Resignation und der Entsagung, sondern einen Akt der Befreiung zu erblicken, der Befreiung des Gesetzgebers, der nicht gezwungen ist, sich in eine unabänderliche 'Natur der Dinge' zu fügen, sondern die Freiheit besitzt, der Rechtsidee folgend eine unser Gerechtigkeitsempfinden befriedigende und zugleich zweckmäßige Regelung zu schaffen. Mit dieser Maßgabe dürfen wir uns dann zu eigen machen den nur scheinbar positivistischen Aufruf Eberhard Schmidts, dem Positivismus in dem Sinne sein Lebensrecht zu belassen, daß es des 'Gesetzgebers Sache und Verantwortung ist, gerechte Gesetze zu schaffen!'«

Wir haben schon früher[39] gesehen, daß die geläufige Unterscheidung zwischen Naturrecht und Rechtspositivismus nicht geeignet ist, die wahren Verbündeten zu erkennen. Die Unterscheidung zwischen Monismus und Dualismus ist da hilfreicher. In ihrem Lichte zeigt sich die Abhebung des Positivismus aus dem Monismus, sein Dualismus und damit seine Nähe zu Rationalismus und Naturrecht, die bereits unser Thema war.

Auf diese Weise löst sich zum Beispiel folgender Widerspruch: Noberto Bobbio[40] ordnet die Lehre von der Natur der Sache einerseits als Angriff auf den Gesetzespositivismus und damit als »Antithese zum Monismus«, andererseits als soziologische Jurisprudenz, juristischen Realismus ein, eine Richtung, die doch ihrerseits monistisch ist. Der Widerspruch löst sich auf, wenn man davon abkommt, den Gesetzespositivismus »monistisch« zu sehen. Er ist nicht wirklich monistisch, er ist eine Auffassung vom Recht, die die Freiheit des Gesetzgebers ins Auge faßt und die Angewiesenheit des Rechts darauf, daß anständige Menschen die Gesetze machen. Er teilt insofern den Kantischen Dualismus, nur daß er das Apriori aus der Wissenschaft ausblendet.[41]

In der marxistisch orientierten Rechtskritik der Studentenbewegung war es üblich, das Wort Positivismus als allgemeines Schimpfwort, als Synonym für reaktionär zu verwenden. Damit tat man dem Positivismus unrecht; er kann sich sehr wohl rechtsstaatsbewahrend auswirken durch seine Prinzipien wie Allgemeinheit des Gesetzes und Rückwirkungsverbot.[42] Der Systemtheorie sind diese positivistischen Schranken der Gestaltungsmacht gleichgültig, sie hebt den naturhaft sich durchsetzenden Sachzwang auf den Thron. Positivistische Positionen sind dabei nur hinderlich.- Es sollte nicht vergessen werden, daß »Positivismus« im 3.Reich ein Schimpfwort war wie Liberalismus und Individualismus.

---

39 im Kapitel »Organismus-Artefakt« II., 3.

40 Noberto Bobbio, Über den Begriff der »Natur der Sache«, in: Die ontologische Begründung des Rechts a.a.O. S. 87.

41 dazu Alfred Verdross, Abendländische Rechtsphilosophie, Wien 1958, S. 253.

42 dazu Franz Neumann: Der Funktionswandel des Gesetzes im Recht der bürgerlichen Gesellschaft, in: Demokratischer und autoritärer Staat, Frankfurt a. M. 1967, S. 7 ff. und Ingo Müller, Rechtstaat und Strafverfahren, Frankfurt a. M. 1980.

Der Positivismus ist so gut oder so schlecht wie die Gesetze, die er verteidigt.

> »Der Positivismus wächst seiner Natur nach auf dem Boden stabiler oder für stabil gehaltener Verhältnisse.«[43]

Die Haltung des Nationalsozialismus zum Positivismus war entsprechend ambivalent:

> »Handelte es sich um vorrevolutionäre Gesetze, dann galt die Strenge des Positivismus nichts ...; handelte es sich um NS-Gesetze, dann war strikter Gehorsam verlangt.«[44]

IV. Zur Antipodik führende Binnendifferenzierungen

1. Wir haben einige rechtsphilophische Positionen unter dem Gesichtspunkt Monismus-Dualismus geprüft; es waren aus der Fülle des Materials herausgegriffene Beispiele für die mehr oder weniger durchgeführte Annäherung an einen der Pole »Idee oder Faktum«. Im Einzelnen sollen uns diese Positionen nicht interessieren; es soll nur das Spannungsfeld erkennbar werden, in dem sie sich befinden. Beim Einordnen der Positionen in Monismus und Dualismus stellen wir fest, daß sie sich selten klassisch gegenüberstehen; wir haben es mit einer ganzen Skala von Schattierungen zu tun, die zwischen reinem Monimus und reinem Dualismus stehen. Ob dabei eine Richtung noch zum Dualismus oder schon zum Monismus zu schlagen ist, kann im Einzelfall zweifelhaft sein, und die Einordnung wird denn auch verschieden vorgenommen. Aber: Ob eine Auffassung weiter rechts oder links in unserem Schema steht, ist unwichtig und als absolute Frage nicht zu klären; wichtig ist aber die Frage, ob sie rechts oder links von der Auffassung steht, gegen die sie sich gerade abgrenzt, ihre relative Position. Mit Recht spricht man deshalb von »schwachen Naturrechtslehren«[45] und »relativist theories of Natural Law«[46].

---

43 E. Kaufmann 1926, zitiert bei Hans Kropa, Otto v. Gierke und die Probleme der Rechtsphilosophie, Breslau 1940.

44 Arthur Kaufmann, Vorüberlegungen zu einer juristischen Logik und Ontologie der Relationen, in Rechtstheorie 17 (1986), S. 257 (257); entsprechend Ingo Müller, Furchtbare Juristen, München 1987.

45 Ota Weinberger, Über schwache Naturrechtslehren, in Jus Humanitatis Berlin 1980.

46 Jerzy Wròblewki, Ambiguities of Idealism and Materialism Opposition in Legal Theory, ARSP Heft 3 1989, 361.

Die Polarisierung der Meinungen über Recht in zwei Klimax-Gestalten, in ein absolutistisches Naturrecht einerseits und einen relativistischen Historismus andererseits, dient nicht nur dem Gedanken der Komplementarität, der gleichberechtigten Geltung. Sie zeigt, daß selbst da, wo sich die wissenschaftliche Meinung unisono von einer der beiden Auffassungen distanziert, innerhalb der insofern einheitlich erscheinenden Richtung im Detail wieder die Pole aufbrechen; daß es innerhalb des Monismus beispielsweise wieder relative Dualisten gibt.

Zwei Rechtslehren beispielsweise, die beide von der »Natur der Sache« ausgehen, können doch, miteinander verglichen, jeweils einen der beiden Pole einnehmen, je nachdem, wie sehr sich die Idee dem Faktum nähert. Soweit sie miteinander rivalisieren und sich voneinander abheben, können sie sich doch gegenseitig Antipoden sein. Unter diesem Blickwinkel ist Radbruch auch zu der Zeit noch Dualist, als er die »Natur der Sache« als Maßstab akzeptiert hatte. Denn im Gegensatz zu deren reinen Vertretern betont er:

> »Die Natur der Sache dient dazu, den schroffen Dualismus zwischen Wert und Wirklichkeit, zwischen Sollen und Sein etwas zu entspannen, aber nicht ihn aufzuheben. Auch gegenüber der Natur der Sache, die sich als Sinn der Gegebenheit auf der Seinsseite bewegt, hat die Idee des Rechts das letzte Wort zu sprechen.«[47]

Auch im Marxismus finden wir solche Varianten, die als Polaritäten von Monismus und Dualismus in Erscheinung treten können; dort wurde die hier als »Monismus und Dualismus« diskutierte Frage unter dem Stichwort erörtert, welche Rolle dem »subjektiven Faktor« zuzubilligen ist - eine Frage, die in vorrevolutionären Zeiten natürlich ganz anders beantwortet wurde als in denen danach.

2. Die Nuancen der Abweichung, die innerhalb einer an sich einheitlichen Rechtsauffassung bestehen, können dadurch einen prinzipiellen und weltentrennenden Charakter bekommen, daß sie eine Hinwendung entweder mehr zur Idee oder zum Faktum sind, daß sie das Gute mehr im Apriori als im Empirischen suchen und umgekehrt, und sei es auch nur tendenziell. So ist die strikte Ablehnung aller externen Kriterien bei der Betrachtung der gesellschaftlichen Zustände Ehrensache für Niklas Luhmann, ja: ihre systemtheoretische Erfassung bringt überhaupt diesen Gewinn, daß wertende Betrachtung, zumal abwertende, ferngehalten werden kann als Systemstörung. Als Nuance führen Luhmanns Schüler emanzipatorisches Ideengut ein. Sie geben der Systemtheorie an sich jede Unterstützung, sie sprechen dieselbe Sprache, und doch ist durch diese Nuance eine Gegenwelt aufgebaut, Stellung bezogen auf dem Antipoden. Dagegen hält Luhmann »die unbiegsame Härte« des Autopoiesis-Begriffs und verteidigt die Reinheit seiner Amoral mit der wenig geschmackvollen Metapher:

---

[47] Gustav Radbruch, Vorschule der Rechtsphilosophie, Heidelberg 1948, S. 21.

»Eine Frau ist schwanger oder sie ist nicht schwanger, sie kann nicht ein bißchen schwanger sein.«[48].

Autonome geistige Gebilde sind in Anspruch genommen, über dem real Gegebenen Zielvorstellungen aufgebaut worden - und schon liegt nicht mehr Monismus vor, Transzendenz statt Immanenz, eine Wendung nach oben, zum Licht, ein Wunsch nach guter Ordnung - Fahnenflucht!

Die inner-systemtheoretischen Spannungen treten an der Frage auf, wieweit der Deregulierungsidee, der möglichst weitgehenden Abwesenheit von Staatseingriff, der zugunsten einer vernünftigen Zielsetzung unternommen wird, zu folgen ist. Die nötige Weichheit, die Nuancen aufzunehmen, haben die Begriffe der »Prozeduralisierung« des Rechts und des »reflexiven Rechts«. Der jüngeren, fortschrittlich gesonnenen Wissenschaftlergeneration gelingt es, bei aller Anpassung ihre emanzipatorische Identität, ihr Eigenbild von Linksabweichung[49] dadurch zu erhalten, daß sie sich zwar auf die Deregulierungs-Bahn der Systemtheorie begeben, dort aber auf der linken Spur fahren, sogar nach links ausscheren - mit dem Ergebnis, daß sie bürgerliche Rechtsstaatspositionen, ausgesprochen »alteuropäische«, rationalistische Allgemeinplätze einnehmen.

Wenn Gunther Teubner[50] zum Beispiel dem reflexiven Recht die zentrale Funktion zuweist, die Teilrationalitäten gesellschaftlicher Systeme nicht zu hypostasieren, sondern miteinander abzustimmen, also gegenüber dem dominierenden Wirtschaftssystem die Rationalität anderer gesellschaftlicher Teilsysteme zur Geltung zu bringen, kann Ingeborg Maus dazu erklären, das könne nur durch »zwingende« rechtliche Stärkung der unterprivilegierten Verhandlungspositionen eingelöst werden.

Solche Auffassung versteht sich als »demokratische Variante reflexiven Rechts«. Diese empfiehlt eine gewisse starre Note:

»Das freiheitssichernde Auseinanderziehen der Entscheidungen über Entscheidungsprämissen und der inhaltlichen Entscheidungen selbst, das ... eine Binnenstruktur zentraler politischer Institutionalisierung bezeichnete, muß auch im Konzept einer politisch-gesellschaftlichen Arbeitsteilung der Rechtssetzung erhalten bleiben. Die politische Einrichtung der prozeduralen Entscheidungsprämissen und die (möglichst weitgehende) gesellschaftliche Übernahme der Rechtsentscheidungen ist auf Stabilität der 'Spielregeln' in einem ganz bestimmten Sinne angewiesen: Bei prinzipieller Korrekturfähigkeit auch des Spielregelsystems entsprechend kollektiver Lernprozesse bliebe die Nichtbeliebigkeit aller Spielregeln im laufenden Entscheidungsverfahren von essentieller Bedeutung. Entgegen zahlreichen Vorschlägen zur situativen Flexibilisierung der Spielregeln gibt es

48 Niklas Luhmann, Einige Probleme mit reflexivem Recht, Zeitschrift für Rechtstheorie 1 (1985), S. 2.
49 Wir benutzen das Wort hier ausnahmsweise in seiner politischen Bedeutung.
50 Gunther Teubner, Reflexives Recht, ARSP 68/1982 , S. 13 ff (333).

> plausible rechtsstaatliche Gründe für die Invarianz von Verfahrensnormen in Bezug auf den konkreten Fall.«[51]

Dadurch, daß sie innerhalb der systemtheoretischen Sprachgrenzen den Fortschritt vertreten, können sehr vertraute (und richtige) bürgerlich-rechtsstaatliche Gedankengänge, die in neuem Sprachgewand vorgestellt werden, als emanzipatorisch empfunden werden.

Ursache dafür, daß so viele von der Studentenbewegung geprägte Geister jetzt in monistischer systemtheoretischer Sprache argumentieren, ohne das als Abfall von der Linie anzusehen, ist das mangelnde Bewußtsein für die naturrechtlichen Anteile des Marxismus, für dessen von ihm selbst verleugneten Dualismus.[52] Der Marxismus gab sich so naturwüchsig und so wenig subjektgesteuert, daß seine Anhänger den Verrat an den Ideen ihrer Jugend nicht merkten, den sie bei ihrem Übergang zur Systemtheorie begingen. Diese Ideen hingen nämlich tatsächlich »droben unveräußerlich« (Schiller) und waren nicht Epiphänomene einer systemimmanenten Entwicklung, wie man sich weismachte. Der Verrat hält sich aber dadurch in Grenzen, daß diese Wissenschaftler die Systemtheorie durch rechtsstaatlich - emanzipatorische Einschübe verwässern und auf diese Weise zwischen den Stühlen sitzen - was nicht dem von uns erstrebten Ideal der Ausgewogenheit dient, die nur durch die Kunst erreicht wird, beide Stühle gleichmäßig besetzt zu halten.

3. Auch innerhalb desselben Geistes, bei ein und demselben Denker, können wir Entwicklungen als Wechsel von der einen in die andere Hemisphäre auffassen; Paradigmenwechsel, Kehren verständlich machen als Rückzug von einem vorangegangenen Ausfall, Kontraktion gegenüber Expansion oder umgekehrt.

Wir können uns die Veränderung, die in dem Werk Carl Schmitts vorgegangen ist, in diesem Schema vorstellen. Zunächst begründete er den Dezisionismus, d.h. die Auffassung, daß Recht reiner, ungebundener Wille ist; verbindliche Äußerung eines Souveräns mit beliebigem Inhalt - eine extrem dualistische, wenn auch nicht etwa naturrechtliche - Auffassung des Verhältnisses von Subjekt und Objekt. Später, als es galt, den Entscheidungen des faschistischen Staats den Anschein der Willkürlichkeit zu nehmen, trat an die Stelle der Entscheidung aus dem Nichts die organische Entwicklung aus der völkischen Substanz, das »konkrete Ordnungs- und Gestaltungsdenken« und das »institutionelle Rechtsdenken«.

Die Polarität zwischen den beiden Auffassungen verstand Schmitt (im November 1933)[53] in einer Weise darzustellen, in der die gestaltbildenden Elemente, auf die wir hier Wert legen, gut zum Ausdruck kommen:

---

[51] Ingeborg Maus, Perspektiven »reflexiven Rechts« im Kontext gegenwärtiger Deregulierungstendenzen, KJ 4/86, S. 390ff, 405.

[52] vgl. dazu »Der Monismus von Marx«, in: Umberto Cerroni, Marx und das moderne Recht, Frankfurt a. M. 1974, S. 169 ff.

[53] Carl Schmitt, Politische Theologie, 2. Aufl. München und Leipzig 1934, S. 8.

»Während der reine Normativist in unpersönlichen Regeln denkt und der Dezisionist das gute Recht der richtig erkannten politischen Situation in einer persönlichen Entscheidung durchsetzt, entfaltet sich das institutionelle Rechtsdenken in überpersönlichen Einrichtungen und Gestaltungen. Und während der Normativist in seiner Entartung das Recht zum bloßen Funktionsmodus einer staatlichen Bürokratie macht und der Dezisionist immer in der Gefahr steht, durch die Punktualisierung des Augenblicks das in jeder großen politischen Bewegung enthaltene ruhende Sein zu verfehlen, führt ein isoliert institutionelles Denken in den Pluralismus eines souveränitätslosen, feudal-ständischen Wachstums.«

Eine - unter dem Gesichtspunkt: vom Dualismus zum Monismus - ähnliche Wende nahm die Nachkriegsphilosophie vor, die unmittelbar nach dem Krieg eine Rückbesinnung auf den Rationalismus vorgenommen hatte, echtes Naturrecht also zunächst entwickelte, und sich dann nach 1950 der vergleichsweise monistischen Orientierung an der »Natur der Sache« zuneigte.

Ein Beispiel aus unserer Zeit: Stellen wir den heutigen Äußerungen Luhmanns seine früheren gegenüber, so erscheinen diese vergleichsweise dualistisch; die monistische Tendenz hat noch zugenommen. Früher war Luhmanns »Paradigma« das System-Umwelt-Verhältnis. In Abgrenzung zu, aber dabei im Austausch mit einer weniger oder anders strukturierten Umwelt ordnete sich das System zu dem, was es ist, nämlich ein System. Dabei durfte man sich als Umwelt nicht unbedingt das nächstgrößere umfassende System denken, sondern Umwelt ist einfach das *Andere*, an dem sich das *Eine* profiliert, das *Alter* gegenüber dem *Ego*. So ist das psychische System - womit der Mensch gemeint ist - Umwelt für die Gesellschaft. In diesem Paradigma gab es also noch das *Eine* und das *Andere*, die sich zueinander verhalten. Seit dem Paradigmawechsel, seit Luhmann sich hauptsächlich für Selbstreferenz interessiert, ist diese fruchtbare Spannung zwischen außen und innen, zwischen *Ich* und *Du* vorbei. Es gibt nur noch Selbstreferenz, was bedeutet: Systeme haben die Tendenz, sich selbst zu erhalten - sonst würden sie sofort wieder ins Chaos, in Entropie verfallen. Sie bestehen überhaupt aus dieser Tendenz, deren Ziel sie selber sind. Luhmanns Sichtweise ist ein-polig geworden.

Monismus scheint in den philosophischen Entwicklungen das spätere zu sein gegenüber einem früheren Dualismus, das Zusammenfallen einer Spannung.

Stellen wir die in diesem Kapitel beleuchtete Unterscheidung in den Rahmen unseres großen Dimorphismus, erfassen wir sie also nicht logisch, sondern morphologisch, so stellt sich der Dualismus im Unterschied zum Monismus so dar, daß er teilt, aufspreizt, ein Spannungsfeld herstellt und damit Aktivität, Expansion, Männlichkeit, Diastole, Zukunft repräsentiert. Monismus dagegen führt zusammen, beruhigt, ist passiv, Kontraktion, Vergangenheit, weiblich, Systole.

12. Kapitel
Deutsch-Okzidental

I. Die Polarität Deutsch-Jüdisch

Monistische Tendenz, das Bedürfnis nach Versöhnung der Spannung zwischen Stoff und Geist, nach Verkörperung von Idee, die Suche des guten Prinzips im Wirklichen, die Skepsis gegenüber reiner Vernunftidee kann man als Grundzug des deutschen Denkens verstehen, als dessen Beitrag zum Weltgeist. Die Gefahr, die in diesem Grundzug liegt, ist die Preisgabe der vernünftigen Idee zugunsten des Wirklichen, die Nachordnung des Geistes gegenüber dem Stoff, die Ablehnung eines ewigen Gesetzes über dem Fluß des Geschehens. Diesem Hang ist das Naturrecht zum Opfer gefallen im Faschismus.[1]

1. Bei unserer Betrachtung des deutschen Sonderwegs, der in der Verachtung des okzidentalen Rationalismus besteht, stellen wir zunächst die Polarität zur mosaischen Gesetzesauffassung her. Wenn sie auch geographisch eine orientalische Erscheinung ist, prägt sie doch - und darin liegt ihre Universalität - den okzidentalen Pol.

Wir haben schon an verschiedenen Stellen den Zusammenhang zwischen den rechtsphilosophischen und den religiösen Fragen festgestellt[2]. Das spezifisch Deutsche in der theologischen Auffassung des Abendlandes ist der Pantheismus, die Ineinsnahme von Gott und Welt, die monistische Gottesidee.

Den Gegenpol zu dieser Verschmelzungsneigung prägt das mosaische Gottesbild aus, das gleichzeitig der Inbegriff des Gesetzes ist. Moses brachte vom Berg Sinai die 10 Gebote als Ergebnis seiner Gottesbegegnung mit; die Unterwerfung unter diese Gebote ist gleichzusetzen mit der Anerkennung des unsichtbaren Gottes. Dieser in der Wüste hervorgedachte[3] Gott ist so abstrakt, so unverkörpert, so gestaltlos, so rein gedanklich, als menschlicher Verstand sich einen Gott nur irgend machen kann. Die Verkoppelung dieser Gottesidee mit einem Gegenstand der Körperwelt wird von Moses so weit als seinem Volk zumutbar vermieden; lediglich die Bundeslade wird als materieller Bezugspunkt mitgeführt, nicht als Wohn-

---

[1] vgl. dazu Sibylle Tönnies, Der Kater des Dionysos, in: Hundert Jahre »Gemeinschaft und Gesellschaft« (Hrsg. L. Clausen u. C. Schlüter), Opladen 1991, S. 215 ff.

[2] In den Kapiteln »Polarität« IV. 5; »Monistisch-Dualistisch« I 2; »Ohnmacht oder Macht der Subjektivität« IV. 4; vgl. auch »Weiblich-Männlich« Fußnote 21.

[3] Käthe Hamburger, Thomas Mann, Das Gesetz , Frankfurt a. M. 1964, S. 97; s. u.

sitz Gottes, sondern als Symbol seiner Zugewandtheit zu seinem Volk. Dieser abstrakten Gottesidee, die zugleich das Gesetz ist, hat sich Thomas Mann 1943 in seinem Buch »Das Gesetz«[4] gewidmet, als er von Kalifornien aus sein Vaterland an der Ablehnung des ewigen Gesetzes zugrundegehen sah.

Mit dieser Idee von einem abstrakten und verkörperungsunwilligen Gott geht ein weiteres Charakteristikum des jüdischen Denkens einher: die antipodische Struktur der Beziehung Mensch-Gott, die dialogische Gegenübersetzung dieser beiden Instanzen, die nicht auf Verschmelzung aus ist. Mit dem mosaischen Gott kann man hadern, kann sich an ihm stoßen (wie man es mit der Stirn an der Klagemauer denn auch tut), er ist nicht Teil des Selbst, sondern im Gegenteil das andere, das, was man nicht ist, das Alter gegenüber dem Ego.[5] Gott und Mensch sind sich wechselseitig Subjekt und Objekt, voneinander abgehoben aus dem Fluß des Geschehens. Dieses Konzept prägt den Gegenpol zu dem deutsch-romantischen In-Eins-Setzen aller Dinge aus, zu dem Aufgehen von Differenzierung in einem entropischen Ganzen, wo alles Gott und Gott alles ist. Nein, hier ist Gott das, was das Ich nicht ist, und das Ich ist das, was nicht Gott ist, und beide ringen miteinander wie Jakob mit dem Engel.

Es liegt ein Dualismus vor, eine klare Trennung von wirklichen Abläufen und ihrem Ideal, eine zweigeteilte Gestalt also, die auf der rechten Seite unserer Tafel ihren Platz hat.

> »... der Gottesbegriff, der von Abraham 'entdeckt', von Jakob weiter hervorgedacht und von Joseph in Ägypten als Leit- und Vaterbild bewahrt wird, das ihn vor den Anfechtungen 'Scheols', des Chtonisch-Unterweltlichen, der 'Verführung' durch Potiphars Weib bewahrt. Hier, in patriarchalisch-mythischer Zeit und Welt, stellt sich das Hervordenken des jüdischen Gottes, des Vätergottes, noch als ein gewaltiges Ringen des geistigen Prinzips mit dem 'musterhaft Bindenden der Tiefe' dar.«[6]

In diesem Zitat von Käthe Hamburger sind wesentliche Attribute der Gegenwelt zusammengefaßt: das Weibliche, die Tiefe, die Erde: das Chtonisch-Materiehafte; demgegenüber behauptet sich das männliche Prinzip als das Geistig-Nichtmaterielle.

In der Polarität des Deutschen und des Jüdischen stehen sich der Hang zu den Müttern, zur Verkörperung, zum Stoff, in die Tiefe, und die Tendenz nach oben, zum Immateriellen gegenüber. Die eine, deutsche Seite läßt das Geistige im Stoff

---

4 in: Käthe Hamburger a.a.O.

5 vgl. dazu Martin Buber, Ich und Du, in : Das dialogische Prinzip, Heidelberg 1979; vgl. als Gegenposition C. G. Jung, » Religion und Psychologie«. Eine Antwort auf Martin Buber: Brief vom 22. 2. 1952 an den Herausgeber des MERKUR, Stuttgart, Ges. Werke 18/II, Olten 1981.

6 Käthe Hamburger a.a.O. S. 97.

aufgehen, der anderen, jüdischen ist es um ihre Trennung zu tun - Monismus steht gegen Dualismus.

Die jüdisch-deutsche Polarität, die hier einmal unter freventlichem Ausblenden ihrer für die jüdische Seite vernichtenden Auswirkungen betrachtet wird, besitzt ihre Fruchtbarkeit in der Tatsache, daß beide Seiten einen Pol der hier betrachteten Unendlichen Entzweiung besetzen. Die deutsche Seite ist die der Romantik, des Organismischen, des entelechetisch eingewobenen Geistes, des Werdens, des Dunklen: die jüdische die der Aufklärung, des Lichts und des Machens, der Emanzipation des Geistes aus der Materie. Wenn wir hier Niklas Luhmann und Hans Jonas sich antipodisch gegenübergestellt haben, so mit ihnen das Deutsche und das Jüdische; und Jonas Bedeutung als Kultfigur, die er in der akademischen deutschen Jugend zunehmend bekommt, liegt darin, daß er in das dumpfe deutsche Dunkel wieder einmal die Klarheit eines mosaisch-dualistisch geprägten Geistes trägt.[7]

2. Nicht erst die Verschmelzungsbestrebungen der deutschen Romantik, schon das Christentum hat gegenüber dem strengen mosaischen Dualismus eine Einbuße, eine Neigung auf die monistische Seite bedeutet. Da ist einerseits die Idee, daß in der Geburt Christi »das Wort Fleisch ward«, wodurch der Dualismus zwischen Geist und Materie aufgehoben wird; da ist andererseits die Ersetzung des Gesetzes durch die Liebe. Ricarda Huch[8] bringt die beiden Motive zusammen. Zunächst stellt sie das romantische Identitätsstreben mit den Worten von Schelling dar:

> »Nur in dem Punkte, wo das Ideal uns selbst ganz auch das Wirkliche, die Gedankenwelt zur Naturwelt geworden ist, allein in diesem Punkte liegt die letzte, die höchste Befriedigung und Versöhnung der Erkenntnis, wie die Erfüllung der sittlichen Forderungen allein dadurch erreicht wird, daß sie uns nicht mehr als Gedanken, z.B. als Gebote erscheinen, sondern zur Natur unserer Seele und in uns wirklich geworden sind,«

und bringt es in Verbindung mit Paulus, der schon die Geltung eines externen Gesetzes durch die immanente Kraft der Liebe ersetzen wollte:

> »Man sieht, daß sich hier ein uralter Kampf erneuern sollte, derselbe, den Paulus gegen das Gesetz kämpfte als Verkündiger der Religion, der Freiheit und der Liebe.
> 'Denn durch das Gesetz kommt Erkenntnis der Sünde.
> So halten wir es nun, daß der Mensch gerecht werde ohne des Gesetzes Werke, allein durch den Glauben.

---

[7] Wenn auch in Jonas Werk der »Dimorphismus der Wahrheit« sich wiederum aufspaltet, vgl. Sibylle Tönnies, Hans Jonas zwischen Sein und Sollen, in Rechtstheorie, 3/1991.

[8] Ricarda Huch, Die Romantik, Tübingen o. J., S. 152.

Denn Christus ist des Gesetzes Ende, wer an den glaubt, der ist gerecht. Also ist das Gesetz unser Zuchtmeister gewesen auf Christum, daß wir durch den Glauben gerecht würden.
Regiert euch aber der Geist, so seid ihr nicht unter dem Gesetz.
Die Liebe tut dem Nächsten nichts Böses. So ist nun die Liebe des Gesetzes Erfüllung'«.

Die Zusammenstellung der religiösen mit der rechtsphilosophischen Frage ist durch die innere Verbindung aller monistischen Positionen einerseits und aller dualistischen andererseits[9] gerechtfertigt. Wir finden sie auch in einem Text von Novalis: Er bringt die Polarität von einem außen und einem innenstehenden Gott in Verbindung mit dem politischen Konflikt seiner Zeit, mit der Frage, ob den rationalistischen Idealen oder der tradierten Ordnung der Vorzug zu geben ist.

»Jetzt scheint die vollkommene Demokratie und die Monarchie in einer unauflöslichen Antinomie begriffen zu sein - der Vorteil der einen durch einen entgegengesetzten Vorteil der andern aufgewogen zu werden ... Man sei also nur wenigstens politisch, wie religiös, tolerant - man nehme nur die Möglichkeit an, daß auch ein vernünftiges Wesen anders inklinieren könne als wir. Diese Toleranz führt, wie mich dünkt, allmählich zur erhabenen Überzeugung von der Relativität jeder positiven Form - und der wahrhaften Unabhängigkeit eines reifen Geistes von jeder individuellen Form, die ihm nichts als notwendiges Werkzeug ist. Die Zeit muß kommen, wo *politischer Entheism und Pantheism* als notwendige Wechselglieder aufs innigste verbunden sein werden.«[10]

II. Der Antirationalismus in Nazi-Deutschland

1. Ein gesteigerter politischer Pantheismus war die Nazi-Ideologie, die Volk und Führung zu einem einheitlichen Körper verschmolzen sehen wollte. Man ging auf Otto v.Gierke zurück und machte sich weis, das erreicht zu haben, was dieser für wünschenswert angesehen hatte:

»Die Theorie wird den Staatsbegriff voll und ganz in den Volksbegriff zurückverlegen; aus dem politischen Leben wird die Gewöhnung des Polizeistaates, die romanische Importation eines vom Volk verschiedenen Staates, dem das Volk nicht der sichtbare Leib, sondern als eine bloße Summe von Individuen lediglich Gegensatz und Gegenstand ist, und die Ersetzung des Organismus durch die

9 s. o. »Polarität« IV. 5., »Monistisch-Dualistisch« I. 2.

10 Novalis, Paralipomena zu Glauben und Liebe, in: Gesellschaft und Staat im Spiegel deutscher Romantik (Hrsg. J. Baxa), Jena 1924, S. 168 (174), Hervorhebung von mir.

> Maschine verschwinden; das Volk aber wird sich als geistlich-sittliches Einheitswesen eins fühlen mit dem Staate.«[11]

Die rechtsphilosophischen Texte dieser Zeit wimmeln von einer Nomenklatur des Verknüpfens, von Ausdrücken wie: das Ganze, engster Zusammenhang, organische Verbindung, unlösbarer Zusammenhang zwischen Volk und Recht, Eingebundenheit des Rechts in seine natürlichen und geschichtlichen Bedingungen, Übereinstimmung mit seinen völkisch-rassischen Voraussetzungen.[12]

Die nicht-antagonistische, sondern verschmelzende Auffassung von Staat und Volk ist romantisches Erbe, wie wir gesehen haben. Sie ist die »organische« Auffassung, die man als eine spezifisch deutsche Erscheinung hinnehmen muß:

> »Die Deutung des Staates und seiner Existenz mit Hilfe der Vorstellung 'Organismus' beschränkt sich im großen und ganzen auf Deutschland. Zwar hat man sich seit jeher zur Beschreibung des Wesens von Verbänden organischer Bilder bedient, indem man etwa von einem Leib oder einem großen Menschen sprach, dem die Einzelnen als Glieder und dergl. angehörten. Aber die streng wissenschaftliche Darstellung des modernen Staates als Organismus ist doch erst eine Leistung der deutschen Theorie des 19.Jahrhunderts. Sie hat jenseits der deutschen Grenzen fast gar keinen Anklang gefunden.«

sagt Herbert Krüger [13] und fährt mit dem schon einmal angeführten Satz fort:

> »Der staatstheoretischen Organismusvorstellung in ihrem allgemeinsten Sinne darf man die Absicht zuschreiben, den Staat als *System* zu deuten. Sie ist die erste Theorie, die insofern dem Wesen des modernen Staates gerecht zu werden sucht. Hierin liegt ihre unvergängliche Bedeutung.«

Wir hatten die Zusammenordnung von »Organismus« und »System« dazu gebraucht, die Systemtheorie in die organismische Tradition einzuordnen,[14] die ebenso wie jene durch das Fehlen zwecktätig handelnder Subjekte gekennzeichnet ist; der es ebenso gerade darauf ankommt, in den organischen Werdeprozessen Verantwortungsträger untergehen zu lassen. Die Unlust zur Anerkennung von Subjektivität, das Verschmelzungsbedürfnis erfassen wir als einen deutschen Zug.

---

[11] Otto v. Gierke, Das deutsche Genossenschaftsrecht I, Darmstadt 1873, S. 830ff; herangezogen von Hans Kropa, Otto v. Gierke und die Probleme der Rechtsphilosophie, Breslau 1940, S. 63.

[12] Hans Kropa a.a.O. S. 64.

[13] Herbert Krüger, Allgemeine Staatslehre, Stuttgart Berlin Köln Mainz 1966 S. 147 (Hervorhebung von mir).

[14] im Kapitel »Organismus-Artefakt« III.

Ludwig v. Bertalanffy, einer der Begründer der Allgemeinen Systemtheorie, hat diese denn auch in die deutsche Tradition eingereiht.[15]

2. Das Organische gegenüber dem Mechanischen, das Gewordene gegenüber dem Gemachten ist eine Polarität, die auch in der Erscheinungsform »from status to contract«[16] in Erscheinung tritt, und entsprechend der Vorliebe für das Organische steht in der deutschen Tradition der Status vor dem Kontrakt. »Treue« ist der Begriff, der die Bejahung von Statusbindungen ausdrückt, und wenn man auch von Vertragstreue spricht, so hat man damit einen Begriff nur entlehnt aus der Welt der Gemeinschaft, in der die Bindungen den Menschen ganz erfassen und nicht nur partiell wie die Verträge.

Rufen wir uns Henry Maines Entwicklungslinie »From status to contract« in Erinnerung, so erkennen wir sie als historische Entwicklungslinie, als einen Prozeß, der nirgends haltgemacht hat, auch nicht in Deutschland, und mit der Ablösung von Gemeinschaft durch Gesellschaft einhergeht.

Wir können die Polarität aber auch symbolhaft verstehen, dann erfassen wir mit der Bevorzugung des status gegenüber dem contract einen spezifisch deutschen Zug. So wie das deutsche Wesen - dieser Ausdruck sei ausnahmsweise gestattet, da er zum Wesenwillen hinüberleitet und auch atmosphärisch in den Zusammenhang paßt - sich mehr von Gemeinschaft als von Gesellschaft angezogen fühlt (was dem Tönnies'schen Konzept später begreiflichen, aber unverdienten Unwillen eingehandelt hat[17]), so ist die angeborene Einfügung in eine hierarchische Ordnung der deutschen Kultur keineswegs zuwider, sondern wird in ihren schönen Seiten dort von jeher mehr gewürdigt als die frei gewählten, flüchtigen, auflösbaren Kontrakte.[18] »Treue« ist das Stichwort für diese Haltung, die Freude am Gehorsam, der nicht nach Warum und Wieso fragt und den Eigennutz verachtet, der den vertraglichen Bindungen zugrundeliegt. Auf Status, nicht auf Kontrakt beruhte die sogenannte Nibelungentreue, aus der heraus Deutschland 1914 Österreich zuhilfe eilte; auf diese Treue war man trotz ihrer verheerenden Auswirkungen stolz und hätte sich geschämt, wenn man sie nicht gehalten hätte; nicht geschämt hat man sich, als man 1939 einen Vertrag verletzte, nämlich das ein Jahr zuvor abgeschlossene Münchner Abkommen, dem man keine wirklich verpflichtenden Wirkungen beimaß, eben weil es nur ein Vertrag war.

---

15 Ludwig v. Bertalanffy, Vorläufer und Begründer der Systemtheorie, in: Systemtheorie, Berlin 1972, S. 17 (27).

16 vgl. Kapitel »Kontingent-Notwendig« I.

17 René König, Die Begriffe Gemeinschaft und Gesellschaft bei Ferdinand Tönnies, Kölner Zeitschrift für Soziologie 1955, 7. Jahrg., 3. Heft; ein Aufsatz, der nach Ansicht von Rüstow besser auf Tönnies Todestag als auf seinen 100. Geburtstag gepaßt hätte, vgl. Alexander Rüstow, Ortsbestimmung der Gegenwart, Bd. 3, Erlenbach-Zürich 1957, S. 152 (Anm.).

18 Insofern irrt sich Luciano De Crescenzo, Also sprach Bellavista, Zürich 1988, S. 69, wenn er bei seiner im übrigen gelungenen belletristischen Tönnies-Rezeption sagt: »Und merkwürdigerweise verbirgt unser Tönnies *trotz seiner deutschen Herkunft* nicht, daß er grundsätzlich die Gemeinschaft vorzieht, die also auf die Liebe gegründet ist.» Jedenfalls in der Ideologie ist die Gemeinschaftstümelei ein deutscher Wesenszug (Hervorhebung von mir).

3. Zu der bindungsfreudig-organischen Sicht gehört die Perspektive in die Tiefe[19], die Betonung, daß man seine Einsichten nicht aus den luftigen Höhen des Geistes, sondern aus Urgründen entnommen hat. So sagte Otto v.Gierke, man könne

> »wahrhaft lebensfähiges Recht nicht erfinden, sondern nur finden, aus den dunklen Tiefen des allgemeinen Rechtsbewußtseins schöpfen.«[20]

Die Nationalsozialisten lasteten dem Positivismus an:

> Indem er die rechtliche Wirklichkeit als gegenwärtig geltende Gesetzesordnung betrachtet, nimmt er allen rechtlichen Instituten die geschichtliche *Tiefe*, übersieht ... das geschichtliche Gewordensein.«[21]

Thomas Mann läßt in seinem »Dr.Faustus« - der Motivsammlung dessen, was man als »deutsch« ansehen kann - einen Theologen sagen:

> »'Die Russen', sagte Deutschlin sentenziös, 'haben Tiefe, aber keine Form. Die im Westen Form, aber keine Tiefe. Beides zusammen haben nur wir Deutsche.'«[22]

Außer nach unten zieht es den deutschen Geist auch zu den anderen Polen des Reiches linkerhand, in die Vergangenheit - die Tendenz der Romantik - und zum Tod, und nur selten findet sich eine Balance wie in Thomas Mann, über den ein Emigrant schrieb:

> » ... ich fühle, es ist das Beste des deutschen Geistes, worüber ich spreche, sein immer wiederholter Aufbruch aus der persönlichen Todes-Versponnenheit in die große begütigende Lebens-Freundlichkeit, aus nationaler Eigenwilligkeit und Eigenbrötelei ins Weltbürgertum.«[23]

---

19 vgl. dazu das Kapitel »Oben-Unten, Ost-West, Rechts-Links« I.

20 Otto v. Gierke, Naturrecht und deutsches Recht, Frankfurt 1883 S. 9, Hervorhebung von mir.

21 Hans Kropa a.a.O. S. 19, Hervorhebung von mir.

22 Thomas Mann, Dr. Faustus, Frankfurt a. M. 1986, S. 166, Hervorhebung von mir.

23 Joachim Maass, in: Brigitte B. Fischer, Sie schrieben mir, München 1981, S. 291 f.

III. Das Deutsche und die Morphologie*

1. Bei der Betrachtung der deutschen Spezifica dürfen wir die morphologische Methode, der wir uns hier bedienen (und im nächsten Kapitel ausführlich widmen werden), nicht aussparen. Ebenso wie im Kapitel »Polarität«[24] müssen wir einen Selbstbezug herstellen. Die morphologische Betrachtung, das Gestaltbilden, trägt deutsche, bedenklich deutsche Züge. Das Wort »Gestalt« wird auch in fremden Sprachen deutsch benutzt; genau wie »Gemeinschaft« und »Leitmotiv«, und diese Begriffe sind auch geheimnisvoll miteinander verwandt. Sie tragen alle drei[25] ihre nationalsozialistische Belastung. Im Falle der »Gestalt« ist es die Psychologie, die mit diesem Begriff dem Faschismus zugedient hat. Auf allen Gebieten wurden Ganzheitsbildungen »jüdischer Zersetzungstätigkeit« entgegengesetzt, wurde das »Gestaltsehen«, die »Wesensschau« der deutschen Innerlichkeit zugeschrieben.

> »Die Parolen von der 'Ganzheitsbetrachtung' und dem 'Trennungsdenken' klingen uns noch heute in den Ohren.[26]

Daraus ergeben sich ernstzunehmende Bedenken gegen die morphologische Methode; zu oft wurde sie schon angewandt, um eher zu vernebeln als zu erhellen, um den Geruch von Blut und Boden aufsteigen zu lassen. Unser Anwendungsgebiet - das universalistische, rationale Naturrecht - verträgt aber diese Methode, gerade weil sie aus der polar entgegengesetzten Geisteswelt stammt. Der Universalismus ist westliches, undeutsches Ideengut; seine Unterdrückung ist der deutsche Beitrag zur Weltkultur. Er ist Ergebnis von Vernunftdenken, Trennung in eine empirische und eine gedachte bessere Welt, die durch die holistische Tendenz des deutschen Denkens immer wieder vereint und versöhnt wurde. Das Anlegen eines äußeren Maßstabes an die Verhältnisse, die rationale Analyse der Gesellschaft nach dieser nicht innewohnenden Kriterien, verstieß gegen das deutsche Ideal von Identität. Die rationale Analyse andererseits, auf das rationale Naturrecht angewandt, nimmt diesem ironischerweise die Grundlage: es scheitert an der »Trennungsthese«, der Schranke zwischen Sein und Sollen. Leuchtkraft erhält es erst bei morphologischer Betrachtung; in der rationalen Analyse, die ihm kongenial ist, ist es unterlegen; deshalb hat es ein Schicksal erlitten, das seiner erhabenen »Gestalt« unangemessen ist. Die ungeheure Bedeutung, die ihm für die Rechtsentwicklung und die Geschichte überhaupt zukommt, die ungeheure Bedeutung, die es auch heute für die Freiheitsbewegungen der Dritten Welt hat, die überraschenden bewegenden Kräfte, die es im Ostblock entfaltet hat, erweisen das rationale Naturrecht als gigantische

---

24 dort Abschn. III.

25 Die dritte über die Linie Wagner-Hitler.

26 Arthur Kaufmann, Das Recht im Spannungsfeld von Identität und Differenz, in: Beiträge zur juristischen Hermeneutik, Köln usw. 1984, S. 167.

Denkfigur, die eine Qualität hat, die es über erkenntnislogische Probleme erhaben macht.

Wir verlieren dabei aber nicht aus dem Auge, daß das morphologische Vorgehen an sich eine bedenkliche Nähe zum Unmoralischen hat, das Unmoralische abzustützen geeignet ist durch seine Ablehnung externer Kriterien, daß es am immanenten Betrachten und Sich-Versenken sein Genüge finden will, um die Beurteilung zu vermeiden. So finden wir bei Nietzsche die bedrohliche Stelle:

> »Die gesamte Psychologie ist bisher an moralischen Vorurteilen und Befürchtungen hängengeblieben: sie hat sich nicht in die Tiefe gewagt. Dieselbe als *Morphologie* und Entwicklungslehre des Willens zur Macht zu fassen, wie ich sie fasse: daran hat noch niemand in seinen Gedanken selbst gestreift ...«[27]

2. Manchmal wird ein Vorgehen als morphologisch bezeichnet, wenn keine allgemeinen Gesetzmäßigkeiten, sondern Einzelzüge aufgezeichnet werden sollen - etwa in dem Sinne, wie Windelband idiographische von nomothetischer Auffassung unterschied. Es soll dann das Hervortreten des Faktischen, das »individualisierende Moment des Historischen« betont werden[28]. Solche Kennzeichnung des Morphologischen im Sinne von »idiographisch« zeigt ganz deutlich die innere Spannung der Methode zu unserem Gegenstand: das rationale Naturrecht, der Universalismus nämlich geht gerade über das »individualisierende Moment des Historischen« hinweg und ist im Gegenteil das Nomothetische schlechthin, ist die Forderung nach dem Zusamme fallen von nomos und thesis.

Uns geht es beim Anwenden der morphologischen Methode weder um Eliminierung des moralischen Maßstabs noch um idiographische, individualisierende Betrachtung, sondern um die beiden Elemente der Goetheschen Morphologie: Polarität und Steigerung. Die moralische Indifferenz der Methode, die der Unmoral Vorschub leisten kann, nehmen wir in Kauf anläßlich unseres hochmoralischen Gegenstandes. Es ist im Gegenteil begrüßenswert, daß Methode und Gegenstand sich innerhalb der beiden großen geistigen Hemisphären, von denen hier die Rede ist, auf verschiedenen Seiten befinden, weil das dem Ideal der Ausgewogenheit, das hier propagiert wird, dient.

---

[27] Jenseits von Gut und Böse, 1. Hauptstück, 23, Hervorhebung von mir.

[28] z. B. in dem Titel: »Jugend und Zeitgeist, Morphologie der Kulturpubertät« von Hans-Heinrich Muchow, Hamburg 1962, ist das die erklärte, an Eduard Spranger anknüpfende Absicht.

13. Kapitel
Morphologie*

I. Goethe: Polarität und Steigerung

Bevor wir uns in den folgenden Kapiteln mit Dichotomien beschäftigen, die bei oberflächlicher Betrachtung weit entfernt sind von der rechtsphilosophischen Problematik, sollen an dieser Stelle weitere methodische Betrachtungen die Bereitschaft zu dieser Beschäftigung stärken.

1. Wenn wir morphologisch Relativismus und Universalismus betrachten, so fragen wir nicht nach der Richtigkeit dieser Positionen, sondern danach, wie sie aussehen, welche Gestalt sie haben. Wir versuchen, sie in idealtypischer Form ausfindig zu machen, auf ihrem Klimax, und dann ihr polares Gegenbild zu erfassen. Es handelt sich dabei um eine radikale Vereinfachung, die das Klischee nicht scheut, sondern aufsucht; bei der alle Differenzierungen bis auf eine verlorengehen, so daß Aussagelosigkeit zu befürchten ist. Es wird aber im Gegenteil eine Aussage gewonnen: für den Universalismus gilt, wenn er auf eine Seite der unendlichen Dichotomie gestellt wird, dasselbe, was für deren sämtliche Bestandteile gilt: er ist genauso wahr wie sein Gegenteil, der Relativismus; es ist die eine Seite einer Medaille, es ist so wahr wie oben gegenüber unten, hell gegenüber dunkel, rechts gegenüber links.

Der Gewinn, den der Universalismus aus der dimorphistischen Betrachtung zieht, ist der, daß er seine Daseinsberechtigung in der einen Hälfte der beiden Hemisphären des Geistes behaupten kann, daß der relativistische Ansatz ihm gegenüber zwar nicht als falsch, wohl aber als halb und unvollständig erscheint.

Das erkenntnistheoretische Tabu, dem das universalistische Naturrecht untersteht, bleibt unangetastet, wenn es nicht erkenntnislogisch, sondern *morphologisch* erfaßt wird; die Trennungsthese, der Vorwurf der »naturalistic fallacy« greifen nicht.

Bei dieser Betrachtungsweise wird - wie wir schon sahen - gegenüber der Naturrechtsproblematik eine Denkhaltung eingenommen, die dem westlichen Denken ungewohnt ist und ihren Platz in der ostasiatischen Kultur hat. Es ist die Zulassung von Gegensätzen als den Bestandteilen eines Spannungsfeldes, das Leben möglich macht; es ist die Leugnung des Satzes vom ausgeschlossenen Gegensatz und die Etablierung eines Prinzips, das Gegensätze als die sich ergänzenden Bestandteile der Wahrheit würdigt: des Prinzips der Komplementarität. Dieses hat sich allerdings schon eine Position in der Naturwissenschaft gesichert, aus der heraus es seinen Weg in die Geisteswissenschaft sucht, was in einem besonderen Kapitel behandelt wurde.

Voraussetzung für das morphologische Betrachten ist das Absehen von logischen Hindernissen, das Interesse an den geistigen Gestalten selbst, die ja auch dann, wenn sie in logischem Konflikt stehen, sich nicht gegenseitig aufheben, sondern immer »positiv« sind, als Gestalt vor dem Hintergrund der Gegenmeinung umso besser faßbar.

2. Mit dem Morphologiebegriff finden wir Anschluß an eine Unterströmung unserer eigenen Kultur, repräsentiert durch Goethe, der den Begriff 1796 eingeführt hat.

Ausgehend von der Biologie, dient die morphologische Betrachtungsweise einem Interesse, das nicht auf das Analysieren aus ist, nicht auf das Erfassen des Funktionierens, sondern auf das Erfassen des äußeren Erscheinungsbildes, der Gestalt. Sie fragt danach, wie ein Lebewesen aussieht, welche Form es hat, und stellt fest, daß sich diese Frage keineswegs aus seinem Funktionieren beantwortet, sondern etwas Eigenständiges, aus ihm nicht Erklärbares ist. Die Gestalt ist nicht nur nicht aus der Funktion, sondern überhaupt nicht erklärbar, es gilt sie aber zu erfassen, um aus ihr andererseits Erklärungen abzuleiten, Erklärungen des Evolutionsablaufs z.B.

> »Wenn die ersten Werke anatomischer Art etwa ein Vogelskelett so aufgehängt darstellen, daß die Entsprechung der Glieder zu denen eines menschlichen Knochengerüsts für jeden Betrachter anschaulich vor Augen liegt, so liegt in diesem Vorgehen der Beginn einer vergleichenden Formenlehre. Sie erweitert sich durch die Erfahrung, daß die Brustflossen eines Fischs, das Bein eines Molchs, der Flügel des Vogels und unser eigner Arm in ähnlicher Weise Formwandlung eines einzigen Grundplans sind. Goethe sucht nach den Grundelementen, als deren Verwandlung sich der Reichtum der einzelnen Formen eines Verwandtenkreises verstehen läßt.«[1]

Morphologisches Vorgehen setzt sich aus den Elementen »Steigerung« und »Polarität« zusammen.[2] Mit Goethes Worten wollen wir die morphologische Betrachtungsweise einführen und versuchen, die Übertragung auf unseren rechtstheoretischen Gegenstand zu rechtfertigen:

> »Wenn wir Naturgegenstände, besonders aber die lebendigen, dergestalt gewahr werden, daß wir uns eine Einsicht in den Zusammenhang ihres Wesens und Wirkens zu verschaffen wünschen, so glauben wir zu einer solchen Kenntnis am

---

[1] Adolf Portmann, Vom Lebendigen, Goethes Morphologie in unserer Zeit, Frankfurt a. M. 1973, S. 221.

[2] Goethe an den Kanzler v. Müller, in: Johann Wolfgang v. Goethe, Schriften zur Naturwissenschaft (Hrsg. M. Böhler), Stuttgart 1982, S. 32.

besten durch Trennung der Teile gelangen zu können; wie denn auch wirklich dieser Weg uns sehr weit zu führen geeignet ist. Was Chemie und Anatomie zur Ein- und Übersicht der Natur beigetragen haben, dürfen wir nur mit wenig Worten den Freunden des Wissens ins Gedächtnis zurückrufen. Aber diese trennenden Bemühungen, immer und immer fortgesetzt, bringen auch manchen Nachteil hervor. Das Lebendige ist zwar in Elemente zerlegt, aber man kann es aus diesen nicht wieder zusammenstellen und beleben. Dieses gilt schon von vielen anorganischen, geschweige von organischen Körpern. Es hat sich daher auch in dem wissenschaftlichen Menschen zu allen Zeiten ein Trieb hervorgetan, die lebendigen Bildungen als solche zu erkennen, ihre äußern sichtbaren, greiflichen Teile im Zusammenhange zu erfassen, sie als Andeutungen des Innern aufzunehmen und so das Ganze in der Anschauung gewissermaßen zu beherrschen. Wie nah dieses wissenschaftliche Verlangen mit dem Kunst- und Nachahmungstriebe zusammenhänge, braucht wohl nicht umständlich ausgeführt zu werden. Wir finden daher in dem Gange der Kunst, des Wissens und der Wissenschaft mehrere Versuche, eine Lehre zu gründen und auszubilden, welche wir *Morphologie* nennen möchten.«[3]

Goethe hat versucht, sich mit dieser Methode in der Naturwissenschaft durchzusetzen; sie war in seiner Forschungstätigkeit Grundlage für einige richtige Erkenntnisse und viele Irrtümer; trotz dieser Irrtümer ist die morphologische Auffassungsweise weitergepflegt worden und hat sich insbesondere in der Gestaltpsychologie einen Raum geschaffen.

Steigerung ist die Bildung von Idealtypen. Goethe rühmt Howard für seine Typisierungen der Wolkenbildungen (Stratus, Cumulus, Cirrus usw.):

»(Der) Wechsel der Gestalten, (der) jetzt starr sich hält, dann schwindet wie ein Traum ... Was sich nicht halten, nicht erreichen läßt / Er faßt es an, er hält zuerst es fest; / Bestimmt das Unbestimmte, schränkt es ein, Benennt es treffend ...«[4].

In diesem Vorgang sah die Gestaltpsychologie ein allgemeines Prinzip des Erfassens. Sie

»bemüht sich, das 'Verbindende' dieser Gestalten auf Regeln zu bringen. Es gibt 'Gestaltgesetze', nach denen sich bindet, was Figur wird, was ein gemeinsames Schicksal hat, was sich in eine durchgehende Kurve fügt oder was eine abgehobene und abgeschlossene Gliederung abstützt.«[5]

---

[3] Johann Wolfgang v. Goethe, Zur Morphologie a.a.O. S. 48, Hervorhebung von mir.
[4] Howards Ehrengedächtnis a.a.O. S. 224 f.
[5] Wolfgang Metzger, Gesetze des Sehens, Frankfurt a. M. 1936, S. 49.

Freud erklärte das Verbindende aus einer Ökonomie[6] des Seelischen: was in Gang gekommen ist, sucht eine passende Fortsetzung, ist unter Umständen mit Ersatz und Andeutung zufrieden, nimmt einen Teil des Wirkungsfeldes in Anspruch, drängt auf spezifische Erfüllungen und Ergänzungen; es kommt zu Auslese, Abwehr, Umdeutungen, 'Schicksal'. Wir sprechen im Alltag von Gestalten und heben dadurch heraus, daß wir uns auf etwas beziehen, daß uns etwas entgegentritt und daß sich dabei Wirklichkeit gliedert.[7]

Die Gestaltpsychologie hat Gesetze formuliert, nach denen das Bewußtsein aus unvollkommenen Formen zur »Schließung« von Gestalten kommt: das Gesetz der guten Gestalt (Prägnanztendenz), der Geschlossenheit, der Gleichartigkeit, der Nähe, der guten Kurve, der Symmetrie, der Konvexität, der Stabilität, der gemeinsamen Bewegung. Wir können diese Gestaltschließungen als »Steigerung« auffassen.

3. Das zweite Merkmal des morphologischen Vorgehens, die Suche nach Polaritäten, können wir in Goethes Poesie[8] vorführen:

Dualität der Erscheinung als Gegensatz

Wir und die Gegenstände,
Licht und Finsternis,
Leib und Seele,
Zwei Seelen,
Geist und Materie,
Gott und die Welt,
Gedanke und Ausdehnung,
Ideales und Reales,
Sinnlichkeit und Vernunft,
Phantasie und Verstand,
Sein und Sehnsucht.

Zwei Körperhälften,
Rechts und Links,
Atemholen.
Physische Erfahrung:
Magnet.

Nicht gegenseitigen Ausschluß, sondern Polarität zu erkennen fällt leicht bei den sinnlichen Erfahrungen, z.B. der Farberfassung, die Goethe so sehr beschäftigt hat.

6 vgl. dazu Theodor Lessing oben »Polarität« V.
7 Wolfgang Metzger a.a.O. S. 51.
8 Johann Wolfgang v. Goethe a.a.O. S. 24.

Es liegt auf der Hand, daß sich morphologisch Schwarz und Weiß gegenüberstehen. Wenn man die Morphologie aber verläßt und eine *Analyse* der Farben vornimmt, stellt sich heraus, daß das Weiß nicht der Gegenpol zu schwarz ist, sondern aus allen Farben des Spektrums zusammengesetzt ist, was Goethe gegenüber Newton hartnäckig geleugnet hat[9], weil er auf der Einheitlichkeit der Empfindung beharrte. Die Strukturanalyse führt allerdings in der Farbenlehre nicht zur Überdeckung einer offensichtlichen Polarität, der horizontalen Aufeinander-Bezogenheit. Hier hat die morphologische Beschränkung auf das Erscheinungsbild, die Ignorierung der Analyse, keine Legitimationsprobleme. Bei der Erfassung philosophischer Figurationen muß sich die Morphologie erst behaupten. Noch steht der Erfassung von Universalismus und Relativismus als Polarität die Überbetonung der heterogenen logischen Struktur entgegen, die darauf beruht, daß in dem einen Fall das Gesollte, in dem anderen das Seiende Thema ist. Sie bewirkt eine vertikale Ordnung der beiden Positionen mit dem Universalismus als der inferioren, da er nur ein Wünschen und Wollen ist; sie verführt zu dem Irrtum, daß Rechtsrelativismus ohne Universalismus auskommen könnte, sie verhindert die Einsicht in die Wechselbezüglichkeit der beiden Positionen, sie gibt der reinen Rechtserforschung eine Überlegenheit, die ihr nicht zukommt. Denn trotz und ganz unabhängig von der Heterogenität der logischen Struktur befinden sich die beiden rivalisierenden Anschauungen bei morphologischer Betrachtung auf ein und derselben Ebene, getrennt durch eine Symmetrieachse, in horizontalem Nebeneinander.

II. Verhältnis zur Postmoderne

1. Wie wir schon sahen[10], gibt es zwischen unserem komplementäre Gestalten bildenden und dem postmodernen Vorgehen deutliche Beziehungen, die so weit gehen, daß wir uns gegen die Charakterisierung unserer Methode als »postmodern« so wenig wehren können wie gegen den »New-Age«-Verdacht. Das Ignorieren logischer Disparität, die Zuwendung zum Erscheinungsbild (Mimesis), die das morphologische Vorgehen kennzeichnen, ist Bestandteil der Postmoderne.

In die Rechtstheorie hat diese Haltung noch kaum Eingang gefunden, wohl aber in die Geschichtswissenschaft:

> »Somit gibt es nichts als Diskurse über eine Vergangenheit, die wiederum aus nichts anderem als aus diesen Diskursen besteht, in denen jeweils gegenwärtige Interessen mobilisiert werden. Ein präzis inszeniertes Ballett von Masken, die die

---

9 Johann Wolfgang v. Goethe, Anzeige und Übersicht des Goethischen Werkes zur Farbenlehre, Polemischer Teil a.a.O. S. 188; vgl. zu der polarisierenden Wirkung der Morphologie oben »Vergangenheit-Zukunft« I.

10 im Kapitel »Polarität« II.

Interessen und Konflikte der Gegenwart darstellen, mit wechselnden Rollen, aber gleichbleibenden Standorten.«[11]

Oder mit anderen Worten:

»There is reason to assume that our relation to the past and our insight into it will in future be of a metaphorical nature rather than a literal one.«[12]

Dabei scheint das Unternehmen in der Rechtsphilosophie weniger gewagt als in der Geschichtswissenschaft, die damit ja ihre eigentliche Aufgabe, wirklich Gewesenes aufzuklären, verläßt. Die Rechtsphilosophie aber hat die Aufgabe, gedankliche Gestalten zu ordnen, und ihr kommt es zustatten, wenn sie die logisch-analytische Ebene einmal verlassen kann und die Metaphern als solche würdigt. Das tut die morphologische Methode, die sich deshalb als ein Stück Postmoderne verstehen muß. Sie sieht die Positionen der Rechtsphilosophie figürlich und ist nur zufrieden, wenn sie zwei von ihnen in symmetrischer Ausbildung nebeneinandergestellt hat.

Dem morphologischen Bedürfnis entspricht es, die Positionen in ihrem Originalkostüm auftreten zu lassen; daraus erklärt sich unsere reichliche Verwendung von wörtlichen Zitaten. Die Gestalt einer Position zeigt sich nicht deutlich, wenn nur ihre Inhalte wiedergegeben werden, in die eigene Sprache gedolmetscht; sie muß auch atmosphärisch wirken können über ihren spezifischen Sprachstil, ihren Jargon. Auch das ist postmodern, so vorzugehen;

»The historian is like the conoisseur who recognizes the artist not by that which is characteristic of him (and consequently imitable) but by that which, so to speak, spontaneously 'escaped' him. 'Le style, c'est l'homme' and our style is where we are ourselves without having thought about ourselves.«[13]

Wenn man untersucht, mit welcher Absicht der Begriff Morphologie verwendet wird, stellt man fest, daß damit immer die organische, relativistische, in unserem Konzept linksstehende Seite gerechtfertigt wird. Wenn Leo Frobenius von einer »Morphologie der Kulturkreise«[14] sprach, so geschah das in der Absicht, ethnologisch erforschten Sozialgebilden eine organische Eigenständigkeit zuzusprechen.

---

11 Georges Duby und Guy Lardreau, Geschichte und Geschichtswissenschaft, in: Dialoge, Frankfurt/M. 1982, S. 97.

12 F. R. Ankersmit, Historiography and Postmodernism, in: History an Theory, vol. XXVIII, 2, Middletown USA 1989, S. 152.

13 F. R. Ankersmit a.a.O.

14 Leo Frobenius, Paideuma. Umrisse einer Kultur- und Seelenlehre, Frankfurt a. M. 1921, S. 7 f.

Von »Kulturkreisen« haben auch wir gesprochen, als wir die zu diesen relative Position der Subjektivität zum Thema hatten.[15]

2. Morphologie kommt immer dem Bedürfnis entgegen, Gegensätzliches nebeneinander zu würdigen, sie ist dient deshalb der Postmoderne zu.

Die postmoderne Weigerung, logisch Gegensätzliches als sich ausschließend anzuerkennen, kommt am deutlichsten in Lyotards Konzept vom Widerstreit[16] zum Ausdruck. Wir teilen diese Auffassung; wir könnten auch die Ausdruckweise übernehmen und die von uns behaupteten morphologischen Verbindungen, Isomorphien, Analogien als »Diskursarten« bezeichnen und in widerstreitenden Positionen nur Spannungen zwischen Sätzen sehen, die heterogenen Diskursarten angehören. Lyotard spricht von

> »gewissen Verkettungsweisen, die die Diskursarten auf die Empfänger und Sender von Sätzen, auf deren Referenten und Bedeutungen übertragen. Wir glauben, daß wir überreden, verführen, überzeugen, gerecht sein, glauben machen, Fragen veranlassen wollen - doch zwingt nur eine dialektische, erotische, didaktische, ethische, rhetorische, ironische 'Diskursart' 'unserem Satz' und 'uns' selbst ihren Verkettungsmodus auf. Es gibt keinen Grund, diese Spannungen Absichten und Willen zu nennen, außer der Eitelkeit, auf unser Konto zu verbuchen, was *dem Vorkommnis und dem Widerstreit* zukommt, den es zwischen den verschiedenen Weisen, daran anzuknüpfen, hervorruft.«[17]

Es besteht eine Verwandtschaft zwischen dem morphologischen und dem postmodernen Vorgehen, die in der assoziativen, intuitiven Kettenbildung liegt, in der Zusammenfügung von Heterogenem in der Weise, daß zwar Heterogenität nicht aufgehoben, aber doch zum »Widerstreit« gebündelt wird.[18] Den Versuch allerdings, die heterogenen Diskursarten auf zwei (Yin und Yang) zu reduzieren, macht Lyotard nicht. Ihm liegt nicht an ordnungsstiftenden Strukturen, sondern im Gegenteil an sprühender Mannigfaltigkeit, er will die Diskursarten nicht systematisieren, sondern zeigen, daß sie ein Eigenleben besitzen, eine Eigenmächtigkeit haben, der menschliche Absichten unterlegen sind.

3. Die moralische Indifferenz, die die Postmoderne an den Tag legt, kann nur einseitige Geltung haben. Wendet man ihr Schema auf ihre eigenen Äußerungen an

---

[15] in »Ohnmacht oder Macht der Subjektivität« III.

[16] Jean-Francois Lyotard, Le Differend, Paris 1983; Der Widerstreit, München 1987.

[17] Jean-Francois Lyotard a.a.O. S. 226; ich habe mich hiermit näher befaßt in meinem Aufsatz: Sibylle Tönnies, Der Kater des Dionysos, in: Hundert Jahre »Gemeinschaft und Gesellschaft« (Hrsg. L. Clausen u. C. Schlüter), Opladen 1991, S. 215 ff.

[18] Diese Verwandtschaft kommt zum Ausdruck in: G. Roth, Die Selbstreferentialität und die Prinzipien der Gestaltwahrnehmung, Gestaltheory, 1985, S. 228 ff.

(Selbstbezug), so relativiert sich ihr Relativismus; der ethische Agnostizismus ist dann nicht Bekenntnis, sondern nur eine Redeweise, eine Strategie, die nichts will als gewinnen[19].

Die postmoderne Sichtweise ist eine Spielart der Morphologie, und ebenso wie deren traditionelle Form, ebenso wie alle »weiche Wissenschaft« bedeutet sie eine Entscheidung für den Relativismus, für die Kontingenz; eine Betonung der Bindung der Auffassungen an die geschichtliche Entwicklung der einzelnen Völker und Kulturen, der zeitlich beschränkten Geltung, Verschiedenheit und Wandelbarkeit. In dieser Weise wirkte sich Goethes Einfluß über die Romantik auf den Historismus aus. Die Anwendung weicher Methoden, symbolisierender Verfahren, assoziativ-intuitiver Verknüpfungen, die Schließung geistiger Gestalten unter dem Gesichtspunkt ihres Gefühlsausdrucks bewirkt eine Bevorzugung solcher Ansichten, denen alles gleich gut ist.

Das ist aber nicht notwendig der Fall. Es ist im Gegenteil eine Inkonsequenz, ein Ausblenden von »Diskursarten«, nämlich derer, die wir unter dem Gesichtspunkt »Yang« gebündelt haben, die bei Schiller beispielsweise als »sentimentalisch« oder »idealistisch«, bei Kierkegaard als »ethisch« erscheinen. Wenn Lyotard in die lockere Folge seiner Aufzählung von »Ansichtssachen« die Bedeutung der Idee in der ersten Französischen Republik einstreut, »d.h. die Dialektik im kantischen Sinne, insbesondere die Dialektik, die freie (ethische) Kausalität zum Spieleinsatz hat«, wenn er den Rationalismus mit einer Cashinana-Erzählung gleichsetzt, bedeutet das ein Herunterspielen des Gegners, mit dem seine eigene postmoderne Diskursart in Widerstreit steht, ein Kleinmachen des geistigen Giganten »Rationalismus«, den der Relativismus nicht überwölben, sondern ehrlicherweise nur als Gegenpol erfahren kann. Die Polarität von Rationalismus und Relativismus bewirkt: So beliebig und kontingent, wie man den einen Pol hinstellt, ist auch der andere; umgekehrt: so zwingend und notwendig, wie es der eigene ist, erscheint auch der andere. Man kann das so ausdrücken: neben den »Narratives« auf der linken Seite erkennen wir die »Meta-Narratives«[20] auf der rechten.

Versteht man (wie wir es getan haben) den Universalismus als Dualismus in der Geist-Stoff-Betrachtung, die Postmoderne hingegen als Monismus, so kann man an dieser Stelle die Worte anführen, die Jonas zu der notwendigen Gemeinsamkeit dieser Positionen gesagt hat:

> »Der ... Weg durch den Dualismus bezeichnet die unumkehrbare zeitliche Ordnung der beiden Standpunkte, und der Dualismus selber stellt die bisher bedeutsamste Denkepoche in der Geschichte des Geistes dar, deren Ertrag auch in der Überholung unverlierbar ist. ... Jede danach kommende Seinsbetrachtung ist ihrem inneren Wesen nach, nicht nur chronologisch, postdualistisch ..., (hat es) unausweichbar mit den zwei Stücken zu tun, die der Dualismus hinterlassen hat,

---

19 Lyotard a.a.O. S. 217.

20 J. F. Lyotard, La condition postmoderne, Paris 1979, S. 49-63.

> und denen gegenüber sie nur um den Preis monistisch sein kann, daß sie zwischen ihnen ihre ontologische Wahl trifft, für eines von ihnen optiert - wenigstens solange das metaphysische Erbe des Dualismus noch die Anerkennung eines Entweder-Oder erzwingt. Mit diesem Entweder-Oder an seinem Ausgangspunkt schließt also jeder postdualistische Monismus eine Entscheidung ein, die er zugunsten der einen oder anderen Seite getroffen hat; d.h. er ist selber alternativer und damit partikularer Natur und hat seinen Gegensatz als ausgeschlossene Möglichkeit sich gegenüber.«[21]

Verallgemeinern läßt sich der Gedanke so, daß eine Polarität, sowie sie einmal aufgerissen ist, nicht mehr einseitig besetzt werden kann. Deshalb erheben wir im Unterschied zur Postmoderne die morphologische Diskursart nicht über ihren Gegenpol, erkennen wir den rationalistischen, vom Subjekt, vom intelligiblen Wesen ausgehenden Diskurs als ebenso wahrheitsträchtig an, ja: bereinigen wir dessen Feld, legen wir ihm einen roten Teppich aus dadurch, daß wir die gegen ihn gerichteten berechtigten Einwände aus dem Weg räumen durch ihre Zusammenfassung auf der linken Seite, ihre Synthese zum Yin. Die postmoderne Redeweise relativiert sich damit zu einer Diskursart, die in der Symbolkette weiblich, nächtig, dunkel, verworren, destruktiv, partikular steht und damit eine antipodische Gestalt abhebt: die Verkettung männlich, hell, klar, deutlich, fortschrittlich, universal usw. Und gehen wir einen Schritt weiter (mit dem jungen Kant und dem ebenso jungen Adam Müller[22]): sie erzeugt diese gegenläufige Symbolkette, sie bringt sie hervor.

Übrigens: es gibt in der postmodernen Literatur nicht nur die eine Verzerrung: daß die rationalistische Position nur eine von vielen und nicht Antipode sei; hinzu kommt eine zweite Verzerrung: es wird vertuscht, daß die rationalistische Position im Grunde die eigene des postmodernen Autors ist, die nur deshalb bekämpft und wütend berannt wird, weil alle Versuche, sie zu begründen, zu ontologisieren sich als fruchtlos erwiesen haben. Praktisch nämlich hält Lyotard den Relativismus nicht durch. In seiner stark gegen die deutsche Philosophie gerichteten Arbeit schimmert an allen Ecken und Enden der berechtigte Stolz auf die französische Rationalität durch, auf die Menschenrechtserklärung, und ein Bekenntnis zur Vernunft, das diese nicht den Zeitläuften unterwirft:

> »Alles Wirkliche ist vernünftig, alles Vernünftige ist wirklich: 'Auschwitz' widerlegt die spekulative Doktrin. Dieses -reale- Verbrechen zumindest ist nicht vernünftig.«[23]

---

21 Hans Jonas, Organismus und Freiheit, Göttingen 1973, S. 30.

22 siehe dazu unter »Polarität« V.

23 Jean-Francois Lyotard a.a.O. S. 296.

4. Dieselbe Ambivalenz hat die Beziehung unseres Vorgehens zu dem von Nietzsche: verwandt in der Methode, antipodisch im Inhalt.

Der Begriff »Morphologie« taucht bei Nietzsche auf im Untertitel von »Jenseits von Gut und Böse«, in dessen 5. Hauptstück Nietzsche Ausführungen »Zur Naturgeschichte der Moral« macht. Morphologisches Vorgehen bedeutete für Nietzsche

> »Sammlung des Materials, begriffliche Fassung und Zusammenordnung eines ungeheueren Reiches zarter Wertgefühle und Wertunterschiede, welche leben, wachsen, zeugen und zugrundegehn, - und vielleicht Versuche, die wiederkehrenden und häufigeren Gestalten dieser lebenden Kristallisation anschaulich zu machen, - als Vorbereitung zu einer *Typenlehre* der Moral.«

Davon setzt Nietzsche das herkömmliche Vorgehen ab:

> »Freilich: man war bisher nicht so bescheiden. Die Philosophien allesamt forderten, mit einem steifen Ernste, der lachen macht, von sich etwas sehr viel Höheres, Anspruchsvolleres, Feierlicheres, sobald als sie sich mit der Moral als Wissenschaft befaßten: Sie wollten die *Begründung* der Moral ...«

Wir schlagen Nietzsches Weg ein und verzichten darauf, die Moral zu begründen - d.h. dem Universalismus einen erkenntnislogischen Status zu geben. Wir geben der moralischen, d.h. universalistisch-naturrechtlichen Position lediglich Kontur, ihrer Gestalt einen Umriß. Dieser ist gleichzeitig die Schattenlinie des Relativismus, der moralischen Indifferenz, denn beide Positionen sind sich gegenseitig Kontrast, eine ist Figur vor der anderen. Insofern gehen wir über Nietzsches Absichten hinaus. Dieser hat in dem morphologischen Vorgehen das Goethesche Motiv der Polarität nicht aufgegriffen. Bei ihm ist das Bekenntnis zur Morphologie Ausdruck der Moralverachtung; er will Moral nicht begründen, sondern lediglich beschreiben, weil sie ihm nichts gilt. Durch die morphologische Methode will Nietzsche Moral relativieren, etwa so[24]:

> »All diese Moralen, die sich an die einzelne Person wenden, zum Zwecke ihres 'Glückes', wie es heißt, - was sind sie anderes als Verhaltungsvorschläge im Verhältnis zum Grade der *Gefährlichkeit*, in welcher die einzelne Person mit sich selbst lebt; Rezepte gegen ihre Leidenschaften, ihre guten und schlimmen Hänge, sofern sie den Willen zur Macht haben und den Herrn spielen möchten; kleine und große Klugheiten und Künsteleien, behaftet mit dem Winkelgeruch alter Hausmittel und Altweiberweisheit; allesamt in der Form barock und unvernünftig - weil sie sich an 'alle' wenden, weil sie generalisieren, wo nicht generalisiert werden darf - allesamt unbedingt redend, sich unbedingt nehmend ...«

---

24 Friedrich Nietzsche, Jenseits von Gut und Böse, 5, 198.

Mit solcher Auffassung wird die notwendige Einseitigkeit, die jede Position innerhalb einer Polarität hat, nicht erfaßt; der Komplementaritätsgedanke wird nicht ausgeschöpft, nicht auf die eigene Position angewendet. Denn natürlich ist das morphologische Vorgehen mit seiner lächelnden Distanz zu dem Ringen um Werte nicht ausgenommen von dem Prinzip der Komplementarität gegensätzlicher Positionen; das morphologische, relativistische, postmoderne Betrachten wird falsch, wenn es seinen eigenen Gegenpol nicht entsprechend steigert und pflegt: das analysierende, intendierende, vernunftbezogene Vorgehen, die werthaltige Fortschrittsfreudigkeit. Die Ruhe des morphologischen Erfassens wird sonst Starre, der Gleichmut des Relativismus Torheit. Die mit der Morphologie zusammenhängende Haltung der Wertindifferenz ist der polaren Anordnung aller geistigen Gestalten keineswegs übergeordnet. Diese Überordnung hat nur das *Tao* - und dieses ist das Gestaltslose, das nicht mehr Bezeichenbare.

Politische Regression und Infantilisierung müssen deshalb nicht die Folge sein, wenn man tieferen Einblick in das »ewig stillvergnügte Tauschen« (Eichendorff) der geistigen Gestalten genommen hat. Die Hingabe an die stillwirkenden Kräfte, das Aufgehen im Sein, der Verzicht auf die Lenkung des Werdens ist eine Einseitigkeit innerhalb der beiden Urprinzipien, ist eine systolische Verkrampfung, ist Kontraktion ohne Expansion, ist Tod.

5. Das postmodern-morphologische Denken ist dem Analysieren und Sezieren feindlich, lastet dieses dem Rationalismus an und betrachtet ihn als Sündenfall. Das Denken in Komplementen hingegen öffnet die Augen dafür, daß dieselbe Strömung, die die Naturwissenschaft freigesetzt und damit die in ihrem Ergebnis böse, zur Atomwirtschaft führende resolutive, das heißt Ganzheiten auflösende Methode begünstigt hat, daß diese Strömung auch die Befreiung von Hexenverfolgung und Folter, Inquisition und Leibeigenschaft mit sich gebracht hat: die Aufklärung. Sie hat die gesellschaftlichen Gegebenheiten einer Analyse unterworfen, sie seziert, sie einer Kritik unterzogen unter dem Kriterium: ist das, was geschieht, vernünftig? - und vieles erwies sich als unvernünftig, was geschah, und wurde deshalb abgeschafft. Nicht das Ererbte, von selbst, organisch entstandene, nicht die intakten Ganzheiten wurden geheiligt, sondern wertgehalten wurde das der Analyse, der Kritik Standhaltende. Eine artifizielle Weltordnung wird unter dieser Fahne angestrebt; eine eudämonistische Konzeption, in der alle Menschen Brüder werden, gleichgültig, in welchen Standesbanden sie geboren wurden.

Das Denken in Komplementen öffnet die Augen dafür, daß die postmoderne Verachtung handlungsleitender Maximen das Kind mit dem Bade ausschüttet, daß sie nicht imstande ist, »das Gute« als über den Gegensätzen stehend zu erblicken, sondern eine Parteinahme vornimmt, mit der das Gute und Edle an die abgelehnte Auftrennung zwischen Wirklichkeit und externem Kriterium angebunden und mit ihr verstoßen wird. Dabei entzieht sich »das Gute« jeder Formgebung, jeder Festlegung auf eine bestimmte Denkstruktur; seine Festlegung ist so schwer wie die des Schönen: Kaufmann berichtet von Schadow, daß er seinen Schülern auf die

Frage, wie sie malen sollten, geantwortet habe: »Setzt die richtige Farbe auf den richtigen Fleck.«[25]

Zusammenfassend ist noch einmal festzustellen, daß wir trotz der Tatsache, daß wir die relativistisch-postmoderne Position in die linke Hemisphäre verweisen, selbst aber an dem Ausbau und der Wiederbelebung der rechten interessiert sind, wegen der methodischen Verwandtschaft der Morphologie eine gewisse Zugehörigkeit unserer Überlegungen zum Postmodernismus nicht leugnen können. Die Behauptung, daß die logische Gegensätzlichkeit zweier Positionen nicht hindert, ihre Gestalten gleichzeitig - binokular - wahrzunehmen und zu würdigen, das mangelnde Bedürfnis, sich für eine von beiden zu entscheiden, das Verwerfen solcher Entscheidung sogar ist nicht getrennt zu sehen von der großen Kulturströmung »Postmoderne«. In gesteigerter Form ist diese Haltung eine Ermüdungserscheinung gegenüber Parteinahme und die Lust daran, die Gestalten als solche ästhetisch wirken zu lassen.

25 Arthur Kaufmann, Die Geschichtlichkeit des Rechts im Lichte der Hermeneutik, in: Rechtstheorie - Ansätze zu einem kritischen Rechtsverständnis, Karsruhe 1971, S. 81 (93).

14. Kapitel
Unten-Oben, Ost-West, Links-Rechts, Kreis-Linie

I. Unten - Oben

Die Betrachtungen zum morphologischen Verfahren haben hoffentlich dazu gedient, daß der Übergang zu räumlichen Metaphern vom Leser mitgetragen wird.

1. In Goethes Morphologie spielt neben dem Einfach- oder Getrennt-Sein, das wir im Kapitel Monismus-Dualismus behandelt haben, das Oben- oder Unten-Sein eine zentrale Rolle:

> »Indem wir den vegetativen Typus betrachten, so stellt sich uns bei demselben sogleich ein Unten und Oben dar. Die untere Stelle nimmt die Wurzel ein, deren Wirkung nach der Erde hingeht, der Feuchtigkeit und der Finsternis angehört, da in gerade entgegengesetzter Richtung der Stengel, der Stamm, oder was dessen Stelle bezeichnet, gegen den Himmel, das Licht und die Luft emporstrebt.«[1]

Wir bedienen uns dieser Unterscheidung und assoziieren sie Relativismus und Universalismus, damit letzten Endes das Bild einer großen Tafel entsteht, auf der sich Relativismus und Universalismus als Komplemente gegenüberliegen, die gemeinsam mit all den anderen Polaritäten, aus denen das Dasein zusammengesetzt ist, das Ganze bilden. Die Einseitigkeit und Kompensationsbedürftigkeit jeder dieser Rechtsauffassungen ist dann plausibel, wenn sie in ihrem Anschluß an die in ihre geistige Hemisphäre gehörenden sinnlichen Polaritätshälften erfaßt sind; wenn die geheime Verwandtschaftsbeziehung zu den offensichtlicheren Komplementen der Sinnenwelt plausibel ist.

Oben und Unten zum Beispiel ist eine Polarität, deren Komplementarität, und das heißt Gleichberechtigung ihrer Glieder, offensichtlich ist. Hegel[2] benutzt sie deshalb als Beispiel für seine Behauptung:

> »Die Mannigfaltigen werden erst, auf die Spitze des Widerspruchs getrieben, regsam und lebendig gegeneinander, und erhalten in ihm die Negativität, welcher die innewohnende Pulsation der Selbstbewegung Lebendigkeit ist.«

---

[1] Johann Wolfgang v. Goethe, Zur Morphologie, in: Schriften zur Naturwissenschaft (Hrsg. M. Böhler), Stuttgart 1982, S. 51.

[2] Georg Wilhelm Friedrich Hegel, Wissenschaft der Logik, 1. Teil 2. Buch 1. Abschnitt 2. Kapitel C.

Er sagt:

»Die trivialsten Beispiele, von oben und unten, Rechts und Links, Vater und Sohn[3] und so fort bis ins Unendliche, enthalten alle den Gegensatz in Einem. Oben ist, was nicht Unten ist, oben ist bestimmt nur dies, nicht Unten zu sein, und ist nur, insofern ein Unten ist; und umgekehrt; in der einen Bestimmung liegt ihr Gegenteil.«

An diese offensichtliche Komplementarität wollen wir die weniger offensichtliche von Dualismus und Monismus anschließen. Dualistische Weltsicht ist eine solche, die nach oben blickt, die von einer übergeordneten Instanz ihre Bemessungsgrundlagen nimmt; monistische Weltsicht blickt nach unten, tief in die Dinge hinein; deshalb gehört die Orientierung an der Natur der Sache auch auf diese Seite, die wir die linke nennen, wo die Erde hingehört und die Materie - das Chtonische, das Reich linkerhand, wie Ernst Bloch im Anschluß an Bachofen gern sagt.

Ganz absichtslos wird sprachlich die Richtung nach oben oder unten metaphorisch verwendet, z.B. hier bei Barrata[4]:

»Während die Theorien des klassischen Naturrechts das relative Kriterium des positiven Rechts auf einer *höheren* Ebene von ewigen Werten aufzufinden beanspruchten, suchten die modernen Theorien der Natur der Sache dieses Kriterium in einer dem positiven Recht *zugrundeliegenden* Ebene, also in der materiellen Basis der ökonomisch-sozialen Strukturen, welche das positive Recht regeln sollen und von denen es bedingt ist. Damit gehören die modernen Theorien der Natur der Sache, insofern sie sich der Überschätzung des Staates und dem Normativismus in der Problematik der Rechtsquellen entgegenstellen, zu einer im weiteren Sinne soziologischen Haltung, sie setzen voraus und fördern eine Rechtssoziologie.«,

oder hier bei Thomas Mann, dem es in seiner 1945 gehaltenen Rede um die Verabschiedung des Naturrechts durch die Romantik ging[5]:

»Die Romantik ist nichts weniger als schwächliche Schwärmerei; sie ist die *Tiefe*, welche sich zugleich als Kraft, als Fülle empfindet; ein Pessimismus der Ehrlichkeit, der es mit dem Seienden, Wirklichen, Geschichtlichen gegen Kritik und Meliorismus, kurz mit der Macht gegen den Geist hält und äußerst gering

---

[3] Hier hat Hegel die Urpolarität, den sexuellen Dimorphismus, verfehlt; vgl. dazu im Kap. »Böse-Gut« Fußnote 4.

[4] Allessandro Barrata, Natur der Sache und Naturrecht, in: Die ontologische Begründung des Rechts (Hrsg. A. Kaufmann), Darmstadt 1965, S. 117; Hervorhebungen von mir.

[5] Thomas Mann, Rede über Deutschland und die Deutschen, Berlin 1947, S. 26; Hervorhebung von mir; wir nehmen mit diesem Zitat Bezug auf unser Kapitel »Organismus und Artefakt«, I.

> denkt von aller rhetorischen Tugendhaftigkeit und idealistischen Weltbeschönigung.«

Wir haben uns mit dem deutschen »Tiefsinn« in dem einschlägigen Kapitel befaßt.[6]

Als die Polarität von unten und oben erscheint die Entgegensetzung von Partikular und Universal, deren Isomorphie mit der Relativismus-Naturrecht-Dichotomie wir schon gesondert zum Thema hatten, bei Schelling[7]:

> »Gottes Wille ist, alles zu universalisieren, zur Einheit mit dem Licht zu *erheben*, oder darin zu erhalten; der Wille des *Grundes* aber, alles zu partikularisieren oder kreatürlich zu machen.«

Es bietet sich an, Naturrecht und Rechtsrelativismus als Gestalten voneinander abzuheben dadurch, daß man die Denkweisen so voneinander getrennt sieht, daß das Naturrecht das Obere ist und der Rechtsrelativismus das Untere. Der Rechtsrelativismus erkennt das Recht nur an, insofern es dem Sein angehört, er respektiert nicht die Diktate einer Sollensebene. Das von ihm nicht anerkannte Naturrecht kann man als ihn unsichtbar überschwebende Idee ansehen (»die ew'gen Rechte, die droben hangen unveräußerlich«, wie es in »Wilhelm Tell« heißt).

Idee, Geist ist nach einem unumstößlichen und ubiquitären Archetypus das, was *oben* ist, während das Stoffliche *unten* angesiedelt wird,

> »weil, einer uns natürlichen Einbildung gemäß, das bloß Gedachte über den wirklichen Dingen in der Luft zu schweben scheint.«[8]

Diese archetypische Aufteilung stammt aus der phänomenologischen Grundgegebenheit von Erde und Himmel, Festkörper und Gas - Polen, zwischen denen unser Körper so dasteht, daß sein denkender Teil der obenliegenden Gasform näherliegt, seine der materiellen Reproduktion dienenden Teile dem festen Stoff, der unten liegenden Erde, nahe sind. Damit ist ein sehr vertrauter Sachverhalt ausgedrückt, er muß aber herangezogen werden, damit die Oben-Unten-Gestalt nicht als etwas Beliebiges dasteht.

So wenig wie das Oben ohne das Unten denkbar ist, so wenig ist es der Dualismus ohne den Monismus und umgekehrt. Keine dieser Auffassungen ist wahrer als die andere, jede allein ist falsch.

---

6 vgl. »Deutsch-Okzidental« II. 3.

7 Friedrich Wilhelm Joseph Schelling, Über das Wesen der menschlichen Freiheit (1809), Stuttgart 1983, S. 97; Hervorhebung von mir.

8 Ferdinand Tönnies, Gemeinschaft und Gesellschaft, 3. Buch § 2.

2. Das Oben-Unten - Verhältnis, die Tatsache, daß manches dem Himmel und manches der Erde näherliegt, erleben wir am Sinnfälligsten an unserem eigenen Körper. Das Geistige wird oben angesiedelt, das Körperliche unten; Grenzlinie ist das Zwerchfell.

Genauso wie in unseren Überlegungen über »Ohnmacht und Macht der Subjektivität« stellen wir das Gegenwicht nach links, nach unten, auf die Yin-Seite, durch eine Heranziehung des asiatischen Denkens her. Problem unserer westlichen Kultur ist die Bevorzugung des Oben, die Unausgewogenheit unseres Körpergefühls zugunsten dessen, was oberhalb der Gürtellinie liegt, die Ansiedelung nicht nur des Mentalen, sondern auch des Seelischen in diesem Bereich. Steifbeinig recken wir uns auf, Bauch rein, Brust raus, und blicken von dieser Warte aus herab auf die runderen Asiaten.

> »'Brust heraus, Bauch herein..! Ein Volk, bei dem dieser Spruch zu einer allgemeinen Anweisung werden konnte, ist in großer Gefahr' - so sagte mir ein Japaner im Jahre 1938. Damals verstand ich diesen Satz nicht. Heute weiß ich, daß er wahr ist, und weiß auch warum« -

so leitet Graf Dürckheim sein Buch »Hara« ein, das das Ziel hat, das Bewußtsein des westlichen Menschen nach unten zu verschieben. »Hara« heißt wörtlich Bauch, bedeutet aber die ganze das Östliche kennzeichnende Lebenshaltung.

> »Die dem Menschen als Bewußtseinswesen gegebenen Kräfte des Kopfes, der Brust und des Herzens, Verstand, Wille und Gefühl, gereichen ihm immer zum Unheil, wenn er im Netz seiner Begriffe, im Licht seiner Leistungen, im Gewebe seiner Verstrickungen seine Verankerung im Weben und Walten des Größeren Lebens vergißt. Wie sich beim Baum die Krone nur im Maße ihrer Verwurzelung lebendig entfaltet, so hängt auch die lebensgemäße Entfaltung des Geistes an der Treue zu seinen Wurzeln, d.h. an der ununterbrochenen Fühlung des Menschen zur ursprünglichen Einheit des Lebens, aus der auch das menschliche Leben hervorgeht. Verengt nun der Mensch den Raum seines ursprünglichen Lebens, indem er sich einseitig nach oben zieht, dann verschiebt sich das Gleichgewicht seiner Kräfte, und das aufgeblasene Ich verstellt den Weg in die Höherentwicklung, den dienend zu bereiten und auch zu schützen sein eigentlicher Sinn ist.«[9]

Dürckheim berichtet, daß im fernen Osten der Buddha das Schönheitsideal verwirklicht:

> »So ist es auch nicht weiter verwunderlich, daß der Bräutigam, um seiner Braut zu gefallen, wenn er allzu mager ist, sich um ein kleines Bäuchlein bemüht, und

---

[9] Karlfried Graf Dürckheim, Hara. Die Erdmitte des Menschen, München 1981, S. 12 ff.

> umgekehrt auch der starke Bauch (vorausgesetzt, daß er die kraftvolle Mitte bezeugt, nicht also der aufgedunsene Leib) nicht wie für uns etwas Abstoßendes, sondern etwas Gewinnendes hat, ja, die Idole der breiten Masse, die Sumo-Meister (Sumo ist das japanische Ringen) haben zum Teil gewaltige Bäuche, besitzen aber bei all ihrer Schwere eine unglaubliche Beweglichkeit, ja katzenhafte Behendigkeit und Schnellkraft. Ihr 'Bauch' ist die Stätte ihrer Kraft, und zwar nicht nur einer körperlichen Kraft, wie diese sich in den oft gewaltigen Muskeln ausprägt, sondern einer geistigen. Sie bezeugen also besonders bildstark das, was diese Männer über alles technische Können hinaus zu Meistern werden ließ: Sie bezeugen Hara.«

Dürckheim bemüht sich mit Erfolg, auch in unserer westlichen Kultur Zeugnisse dafür zu finden, daß der Unterbauch erstrebenswertes Zentrum ist. Es gibt solche Darstellungen des Menschen, zumal in der Gotik, aber es läßt sich doch nicht leugnen, daß sie die Ausnahme bleiben. Gehen wir von Leonardos Zeichnung eines in einen Kreis gestellten Menschen aus, die uns noch heute Schönheitsideal ist, so finden wir den Schwerpunkt oberhalb des Zentrums im Brustkorb. Nicht nur dieses weltliche Idealbild, sondern genauso - nein , noch extremer zeigt das geistliche Idol unserer religiösen Tradition die Hochlagerung des Schwerpunkts: der gekreuzigte Christus hat einen tief eingefallenen Bauch, einen wahren Mangel an Bauch, die Beine liegen schmal nebeneinander, und die Überwindung der darin ausgedrückten Jämmerlichkeit gelingt nur durch die machtvoll ausgestreckten Arme, die schräg nach oben weisen: das ist der Sieg des Oberen über das Untere, des Geistes über die Materie. Das Bild eines Körpers zeigt den Sieg über dessen Begierden und Absterben dadurch, daß oben viel und unten wenig zu sehen ist. Die denkbar weit von der Körpermitte entfernten Arme stellen die Verbindung zu Gott her: so sieht der Christ seinen Retter, in der ganzen Pose ein Gegen-Buddha.

Die in der Gestalt von Jesus Christus zum Ausdruck kommende Ablehnung des Irdischen, Unteren, des Fleischlichen und Bösen ist eine Haltung, die im östlichen Denken unbedingt vermieden wird. Das Idealbild vom Menschen mit großem Bauch will bewirken, daß der Dualismus zwischen Gut und Böse überwunden wird. Ziel ist: »Das Reine und das Trübe zusammenschlucken«, in der Bedeutung von »annehmen«, ja noch mehr: alles willkommen heißen und allem seinen Platz geben.[10]

3. Die Züge, die wir innerhalb des ostasiatischen Denkens finden, tauchen in anderer Form in der deutschen Romantik auf. Auch hier wird im Menschen die Kopf-Bauch-Polarität festgestellt:

> »Oft werden alle Pole des Menschen schlechtweg als Kopf und Bauch bezeichnet; daneben gibt es eine Reihe anderer Analogien: Mann und Weib - ist doch Polarität nichts anderes als Geschlecht[11], ein von der Unität ausgegangener Dua-

---

[10] Mehr zur ostasiatischen Indifferenz im Kap. »Böse-Gut«.

lismus -, das Bewußtsein und das Unbewußte, Licht und Schwere; auch der Ausdruck Wille und Vorstellung findet sich bei dem jüngeren Hufeland. In seiner grellen Ausdrucksweise sagt Oken: Das Tier ist doppelt. Ein Erdtier und ein Lichttier, ein Geschlechtstier und ein Empfindungstier. Das Empfindungstier ist ein in die Sonne gekommenes Geschlechtstier, ein geadeltes Geschlecht.«[12]

Dabei wird die Kopflastigkeit des modernen Menschen beklagt und ein Ausgleich zwischen den beiden Systemen, die auch physiologisch als Cerebral- und sympathisches System aufgefaßt werden, verlangt; was Novalis in der Forderung zusammenfaßte, die Seele müsse organisch und der Körper willkürlich werden.

Man blickte in der Romantik nicht nur nach hinten, sondern auch nach unten; die Vergangenheit stellte man sich als auf dem Grunde ruhend vor:

»So reich war jene vergangene Welt, sie ist versunken, die Fluten sind drüber hingegangen, da und dort ragen die Trümmer noch hervor, und wenn sich die Trübe der Zeitentiefe klärt, sehen wir am Grunde ihre Schätze liegen. Wir sehen aus großer Ferne in den wunderbaren Abgrund nieder, wo alle Geheimnisse der Welt und des Lebens verborgen ruhen, aber ist es uns gelungen zu ergründen die Wurzel der Dinge, die in Gott verborgen ruht? Es zielt hinab der Blick in die Tiefe, es locken die Rätsel aus der Ferne, aber nach aufwärts drängt die Strömung und wirft den Taucher aus in die Gegenwart.«[13]

Die Polarität zwischen oben und unten taucht auch in Schillers inzwischen vertrauter Unterscheidung zwischen dem Realisten und dem Idealisten auf, und natürlich ist der Realist der nach unten Bezogene, der Idealist der nach oben Gehende:

»Jenem fällt es nicht ein, daß der Mensch noch zu etwas anderm da sein könne, als wohl und zufrieden zu leben, und daß er nur deswegen Wurzeln schlagen soll, um seinen Stamm in die Höhe zu treiben. Dieser denkt nicht daran, daß er vor allen Dingen wohl leben muß, um gleichförmig gut und edel zu denken, und daß es auch um den Stamm getan ist, wenn die Wurzeln fehlen.«[14]

Oben und Unten stehen im Zusammenhang mit Hell und Dunkel, und immer werden in unserer Polarität auch die Metaphern, die die Lichtverhältnisse betreffen, verwendet. In Thomas Manns Zauberberg, der das Schwanken eines jungen Menschen zwischen dem Romantisch-Triebhaften und Aufgeklärt-Rationalen zum In-

---

11 dieser Satz wird auch in den Kapiteln »Polarität« I. und »Weiblich-Männlich« I,1 angeführt.

12 Ricarda Huch, Die Romantik, Tübingen o. J. S. 435.

13 Joseph Görres, Mythengeschichte der asiatischen Welt, Heidelberg 1810, S. 599 f.

14 Friedrich Schiller, Über naive und sentimentalische Dichtung, in: Werke (Hrsg. A. Kutscher), Berlin-Leipzig o. J., Bd. 8, S. 187.

halt hat, tritt der Protagonist der Aufklärung, Settembrini, nie ins Zimmer, ohne erst einmal das Licht anzuknipsen, im Gegensatz zu seinem Widersacher Naphta, der moralische Indifferenz predigt und eine Gestalt aus dämonischem Dunkel ist. Auch in der wissenschaftlichen Diskussion tritt solche Symbolik sprachlich in Erscheinung: Die Polarität z.B., in der sich die »Strukturontologie« von Heinrich Rombach zur Systemtheorie befindet[15], drückt sich aus in den von Rombach für sein Konzept von Freiheit gewählten Attributen »Steigerung«, »Erhellung«, »Hebung«. In der Rechtstheorie der Gegenwart drückt sich die systemtheoretische Orientierung in Metaphern aus, die sich gegen die vertikale Richtung zugunsten der horizontalen aussprechen, womit die cerebrale Orientierung der traditionellen Rechtsauffassung angegriffen wird, ihre Erwartungen an einen übergeordneten Staat, die ersetzt werden sollen durch die Leistungen des sympathischen Nervensystems der Gesellschaft. »Vom vertikalen zum horizontalen Recht« ist zum Beispiel die Devise von K. H. Ladeur.[16]

II. Ost-West

1. Settembrini, der Mann im »Zauberberg«, der immer das Licht anknipst - und mit dem der Autor sich weitgehend identifiziert -, steht nicht nur auf der Seite des Hellen, sondern auch des Westlichen gegenüber dem Asiatischen. Nach seiner

> »Anordnung und Darstellung lagen zwei Prinzipien im Kampf um die Welt: die Macht und das Recht, die Tyrannei und die Freiheit, der Aberglaube und das Wissen, das Prinzip des Beharrens und dasjenige der gärenden Bewegung, des Fortschritts. Man konnte das eine das asiatische Prinzip, das andere aber das europäische nennen, denn Europa war das Land der Rebellion, der Kritik und der umgestaltenden Tätigkeit, während der östliche Erdteil die Unbeweglichkeit, die untätige Ruhe verkörperte. Gar kein Zweifel, welcher der beiden Mächte endlich der Sieg zufallen würde - es war die der Aufklärung, der vernunftgemäßen Vervollkommnung. Denn immer neue Völker raffte die Menschlichkeit auf ihrem glänzenden Wege mit fort, immer mehr Erde eroberte sie in Europa selbst und begann, nach Asien vorzudringen .... Zu diesem Endziele aber war vor allem erforderlich, das asiatische, das knechtische Prinzip der Beharrung im Mittelpunkte und Lebensnerv seines Widerstandes zu treffen, nämlich in Wien. Österreich gelte es aufs Haupt zu schlagen ...«[17]

---

15 Heinrich Rombach, Über Ähnlichkeit und Unterschied von Systemtheorie und Strukturanthropologie«, in: Philosophisches Jahrbuch 1989, 1. Halbband: S. 100, 42.

16 z. B. in: Karl-Heinz Ladeur, Perspektiven einer post-modernen Rechtstheorie, Zur Auseinandersetzung mit Luhmanns Konzept der »Einheit des Rechtssystems«, in Rechtstheorie, 16 (1985), S. 383 (426).

17 Thomas Mann, Der Zauberberg, Frankfurt a. M. 1981, S. 166 f.

Von dieser letzten Wendung und Schlußfolgerung in Settembrinis »wohllautenden Ergießungen« distanziert sich der Autor allerdings. Wir greifen das Motiv trotzdem auf und führen es fort mit einer Tafel, die der Österreicher Hugo von Hofmannsthal[18] 1917 angefertigt hat, wo Österreich den einen Pol einer grundsätzlichen Polarität vertritt, deren anderen Preußen einnimmt. Hier sind - anders als bei Settembrini - nicht Revolution und Fortschritt Gegenpol zum österreichischen Beharrungsvermögen, sondern Disziplin und Maximengebundenheit, zwei andere - die friederizianischen - Merkmale des Rationalismus.

Preußen	Österreich
Im Ganzen	
Geschaffen, ein künstlicher Bau	Gewachsen, geschichtliches
von Natur armes Land	Gewebe, von Natur reiches Land
alles im Menschen und von Menschen	alles von außen her: Natur und Gott
daher: Staatsgesinnung als Zusammenhaltendes	Heimatliebe als Zusammenhaltendes
mehr Tugend	mehr Frömmigkeit
mehr Tüchtigkeit	mehr Menschlichkeit
Soziale Struktur	
Ein undichtes soziales Gewebe, die Stände	Ein dichtes soziale Gewebe, die Stände
in der Kultur geschieden; aber präzise	in der Kultur verbunden; die Mechanik
Maschinerie	des Ganzen unpräzise
Niedriger Adel scharf gesondert, einheitlich in sich	Hoher Adel reich an Typen, politisch uneinheitlich
Homogene Beamtenwelt: Träger eines Geistes geforderte Denk- und Fühlweise	Polygene Beamtenwelt: Keine 'Herrschende' Anschauungen und Gepflogenheiten
Volk: Disziplinierbarste Masse, grenzenlose Autorität (Armee, wissenschaftliche Sozialdemokratie)	Volk: Selbständigste Masse unbegrenzter Individualismus
Höchste Autorität der Krone	Höchstes Zutrauen der Krone
Der Einzelne	
Aktuelle Gesinnung (um 1800 kosmopolitisch), um 1848 liberal, jetzt bismarckisch, fast ohne Gedächtnis für vergangene Phasen	Traditionelle Gesinnung, stabil fast durch Jahrhunderte

18 Preuße und Österreicher. Ein Schema, aus: Vossische Zeitung, Nr. 657 vom 25. 12. 1917; rechts und links sind gegen unsere Gewohnheit vertauscht.

Mangel an historischem Sinn.	Besitzt historischen Instinkt
Stärke der Abstraktion	Geringe Begabung für Abstraktion
Unvergleichlich in der geordneten Durchführung	Rascher in der Auffassung
Handelt nach der Vorschrift	Handelt nach der Schicklichkeit
Stärke der Dialektik	Ablehnung der Dialektik
Größere Gewandheit des Ausdrucks	Mehr Balance
Mehr Konsequenz	Mehr Fähigkeit, sich im Dasein zurechtzufinden
Selbstgefühl	Selbstironie
Scheinbar männlich	Scheinbar unmündig
Verwandelt alles in Funktion	Biegt alles ins Soziale um
Behauptet und rechtfertigt sich selbst	Bleibt lieber im Unklaren
Selbstgerecht, anmaßend, schulmeisterlich	Verschämt, eitel, witzig
Drängt zu Krisen	Weicht den Krisen aus
Kampf ums Recht	Lässigkeit
Unfähigkeit, sich in andere hineinzudenken	Hineindenken in andere bis zur Charakterlosigkeit
Gewollter Charakter	Schauspielerei
Jeder Einzelne Träger eines Teils der Autorität	Jeder Einzelne Träger seiner ganzen Menschlichkeit
Streberei	Genußsucht
Vorwiegen des Geschäftlichen	Vorwiegen des Privaten
Harte Übertreibung	Ironie bis zur Auflösung

Diese Darstellung steht nicht im Widerspruch zu der im »Zauberberg« entfalteten Polarität, wenn wir diese atmosphärisch auffassen wie in dem Textstück, das sich inmitten von Settembrinis Ausführungen befindet:

> »Er (Hans Castorp S.T.) erinnerte sich einer einsamen Kahnfahrt im Abendzwielicht auf einem holsteinischen See, im Spätsommer, vor einigen Jahren. Um sieben Uhr war es gewesen, die Sonne war schon hinab, der annähernd volle Mond im Osten über den buschigen Ufern schon aufgegangen. Da hatte zehn Minuten lang, während Hans Castorp sich über die stillen Wasser dahinruderte, eine verwirrende und träumerische Konstellation geherrscht. Im Westen war heller Tag gewesen, ein glasig nüchternes, entschiedenes Tageslicht; aber wandte er den Kopf, so hatte er in eine ebenso ausgemachte, höchst zauberhafte, von feuchten Nebeln durchsponnene Mondnacht geblickt.«[19]

2. Die Typologisierung des Östlichen und des Westlichen trägt Theodor Lessing in seinem Essay über »Indien und die Gewalt« so vor[20]:

---

[19] Thomas Mann a.a.O. S. 164.

[20] Theodor Lessing, Wortmeldungen eines Unerschrockenen, Leipzig und Weimar 1987, S. 260 f.

»Der Kerngedanke des Christentums: 'Gott ward Mensch' versinnlicht die mit der sogenannten Weltgeschichte einsetzende Übermächtigung der ganzen nicht menschlichen Natur durch den in die Mitte der Schöpfung tretenden Menschen. Dieser christliche Mensch ist wachgewordene Natur, er ist auf Zukunft gerichteter Mensch, Intentionalmensch. Er ist ganz gestellt auf Aktivität, Optimismus, Zielstrebigkeit, Erwartung, Gespanntheit und Richtung. Im Gegensatz zu den alten Völkern Indiens: 'Mensch der Gewalt'.«

Die Herleitung aus der Idee »Gott ward Mensch« überzeugt mich bei dieser Darstellung allerdings nicht. Tatsächlich kann man das christliche Element mit guten Gründen als befriedendes ansehen, und nach Ansicht mancher Theologen stand Jesus über die Essener unter dem Einfluß indischer Ideen. Auf jeden Fall verkörpert er nicht den westlichen Kraftmenschen, und in dem Gedanken »Gott ward Mensch« läßt sich das Motiv der freiwilligen Erniedrigung nicht unterdrücken. Trotzdem gibt die Lessingsche Darstellung eine prägnante »Gestalt« der Polarität, da das sanfte Motiv im Christentum unterlegen ist und Lessing daher mit Recht sagen kann:

»Die Verbreitung der christlichen Völker über die Erde hin, der Sieg der Zivilisation, Technik, internationalen Geldwirtschaft, Industrie, ihrer Logik und Ethik ist durchaus geknüpft an die Allverbreitung der christlichen Glaubensbilder, die den Menschen und zwar den *kämpfenden* Menschen zum Herrn der Erde machen. Demgegenüber steht in der Masse der Hindu ein zu Tieren und Blumen betender, in die Natur verschlungener, im Vergleich zum englisch-amerikanischen Herrenmenschen blumenhafter Menschenschlag.«

Die Tragik der Situation hat Theodor Lessing schon 1928 gesehen, die Tragik, die darin liegt, daß genau die Erscheinungen, die er als Ursache für die Bedrohung der Welt erkannt hat, das zerstörerische Gift der okzidentalen Mentalität selbst, jetzt als Heilmittel eingesetzt werden muß. Er sieht einerseits als Ursache für die überwuchernde, todbringende Technik die Überhebung des Geistes über die Materie, andererseits sind die bitteren Ausgangssätze seines Essays diese:

»Die kommende Entwicklung (Zertrümmerung des Atoms, Entbindung uns unbekannter Energien, Fernkraftwirtschaft, Mordtechnik, bedrohlich für den Fortbestand der ganzen Erde) führt zum Aufbau einer alle privaten und nationalen Gewalten überherrschenden obersten Gewaltinstanz, genannt Herrschaft des bewußten Willens und auswertenden *Geistes* auf Erden.«

III. Links-Rechts

1.

> »Betrachtet man die Wortsymbole, denen die Menschen bestimmte Begriffe beilegen, nicht nur vom Standpunkte ihrer logischen abstrakten Richtigkeit, sondern auch unter dem Gesichtswinkel der in sie hineingelegten gewaltigen sozialen Erfahrungen von Millionen Menschen, so muß das zu sehr lehrreichen Ergebnissen führen« -

mit diesen Worten begann der Petersburger Max M.Laserson seine Untersuchung über »Recht, Rechtsseitigkeit und Geradheit.«[21]

Er interessierte sich für das ins Auge springende Faktum, daß so viele Sprachen das Recht so bezeichnen, wie sie auch die Körperseite bezeichnen, die die geschicktere Hand hat.

> »Gütig, gut, gerade und recht mußten gleichbedeutende oder nahe verwandte Begriffe bzw. Worte werden (vergleiche das englische right); ebenso böse, schlecht, ungerade, krumm und links. Rechts, Wahrheit und Geradheit werden dem Unrecht, der Beugung im Sinne von Unwahrheit und im Sinne von Ungeradheit entgegengesetzt.«[22]

Die bessere Eignung der rechten Hand im Arbeitsprozeß ist offenbar eine so eindrucksvolle Erfahrung, daß überall die Auffassung von rechts und links als Recht und Unrecht, Gut und Böse in die mystische und religiöse Symbolik eingegangen ist.[23] Vertraut ist sie aus der Bibel[24]:

> »Wenn aber des Menschen Sohn kommen wird in seiner Herrlichkeit und alle heilige Engel mit ihm, dann wird er sitzen auf dem Stuhl seiner Herrlichkeit; und werden vor ihm alle Völker versammelt werden. Und er wird sie von einander scheiden, gleich als ein Hirte die Schafe von den Böcken scheidet; und wird die Schafe zu seiner Rechten stellen, und die Böcke zur Linken. Da wird dann der König sagen zu denen zu seiner Rechten: Kommt her, ihr Gesegneten meines Vaters, ererbet das Reich, das euch bereitet ist von Anbeginn der Welt ... Dann wird er auch sagen zu denen zur Linken: Gehet hin von mir, ihr Verfluchten, in das ewige Feuer, das bereitet ist dem Teufel und seinen Engeln.«

---

21 Max M. Laserson, Recht, Rechtsseitigkeit und Geradheit, Berlin 1921 S. 1.
22 Max M. Laserson a.a.O. S. 14.
23 H. Silberer, Probleme der Mystik und ihrer Symbolik, Wien-Leipzig 1914, S. 38.
24 Matthäus 25, Vers 31-41.

In der Psychoanalyse und der Traumdeutung wird die Wendung nach rechts immer als Heilung aufgefaßt. In C. G. Jungs Behandlung malte eine Frau einen nach rechts blickenden »Seelenvogel«, was dieser so interpretierte:

> »Nach einer Phase einseitiger Introversion wendet sich die 65jährige Malerin wieder der Welt und der Zukunft zu.«[25]

Wir finden hier die vom Linken ausgehenden Assoziationen: Introversion und Vergangenheit - Ausrichtungen, die wir mit dem Relativismus in Verbindung gebracht haben. Denn um dessen morphologische Einbettung geht es uns ja. Für unseren Zusammenhang soll die Bewertung, die das Linke in der Archetypik erhält, auf die Problematik des Relativismus hinweisen. Wenn es auch sprachlich keine direkten Bezüge gibt zwischen dem Relativierenden, Indifferenten und dem, was links steht, so haben wir doch mittelbare Verbindungslinien, z.B. die, daß das Weibliche archetypisch einerseits dem Reich linkerhand[26] angehört, andererseits dem Indifferenten - in diesem Fall ist die Beziehung durch das weibliche Prinzip vermittelt; oder durch Vermittlung des Symbols Tod, der ebenfalls sowohl mit dem Relativismus als auch mit der linken Seite morphologisch verschwistert ist.[27]

Dasselbe naive Verständnis, das kollektive Unbewußte, das dem Recht seinen Namen gab, empfindet den Relativismus als Abweichung vom Recht, als den krummen, nach links führenden Pfad. Vor dieser Instanz ließe sich eine Arbeit wie die unsere, die rechtfertigen will, daß *neben* der indolenten, nicht-diskriminierenden Rechtsbetrachtung auch eine zweite Berechtigung hat, die die Lebenserhaltung als verbindliche Soll-Vorgabe betrachtet, kaum vertreten, da nach solch schlichter Auffassung damit offene Türen eingerannt würden.

2. Eine Ergänzung sollen die räumlichen Polaritäten noch durch diejenige erhalten, die in der Seefahrt maßgebend ist: die Polarität zwischen Luv und Lee.

> »Der Segelschiffmann orientiert sich grundsätzlich nach der Windrichtung, nach der allgegenwärtigen Linie von Luv nach Lee, die immer den Drehpunkt eines Schiffes schneidet. Luv ist oben, Lee unten, den Weg nach Luv muß man sich erkämpfen und erlisten, nach Lee kommt man von selbst, treibt man, 'versackt' man. Also ist Luv das Vornehme, Überlegene, Lee das Zweitrangige, Mindere -

---

25 Aniela Jaffé, C. G. Jung, Bild und Wort. Eine Biographie, S. 122.

26 Ernst Bloch, Das Prinzip Hoffnung, Frankfurt a. M. 1973, S. 284 und 335; zu »Weiblich-Männlich« s. das besondere Kapitel; vgl. auch Klaus E. Müller, Die bessere und die schlechtere Hälfte. Ethnologie des Geschlechterkonflikts, Frankfurt a. M. /New York 1984, wonach das Weibliche »links, hinten, unten« wohnt.

27 vgl. dazu »Vergangenheit-Zukunft« IV.

> aber auch unter Umständen das Gefährlichere ... Luv bedeutet für das Kriegsschiff Handlungsfreiheit und von vornherein Überlegenheit über den Gegner.«[28]

IV. Kreis-Linie

Die relativistische Tendenz zur Kreisform in Absage an die Idee von linearem Fortschritt wird das Thema der folgenden Überlegungen sein; ihnen soll das Motto vorangestellt werden, das André Glucksmann 1977 seinen »Meisterdenkern« gab. Mit dem Erscheinen dieses Buches war die Studentenbewegung beendet. Sein Motto war ein Rimbaud-Zitat:

> »Die Wissenschaft, die neue Noblesse! Der Fortschritt! Die Welt schreitet vorwärts! Warum sollte sie sich nicht drehen?«[29]

1. Wie wir sahen, sind die Denkfiguren, die die beiden von uns verglichenen dichotomischen Rechtsauffassungen durchführen, auch in der Weise Figuren, daß sie vor dem inneren Auge des Lesers als räumliche Vorstellungen wirken.

Was die Systemtheorie von der »alteuropäischen Tradition« unterscheidet, ist die Linienführung des Geistes, die sie vornimmt. Während herkömmlicherweise Entwicklungen, Stufenfolgen, Anstöße und Wirkungen, Beziehungen aufgewiesen, Herleitungen, Deduktionen, Induktionen vorgenommen werden, die in der Weise überzeugen, daß sich die Dinge in gerader Linie ordnen, während herkömmlicherweise der Leser dadurch zu befriedigen versucht wird, daß vor sein geistiges Auge eine freie Bahn gesetzt wird, hat die Systemtheorie einen anderen Ehrgeiz: ihr gilt ein Sachverhalt dann als erklärt, wenn eine Kreisführung erkennbar wird. Nur das ist wirklich, was sich selbst in den Schwanz beißt.

Selbstreferenz und Reflexivität sind die Begriffe, die die Kreisförmigkeit der Prozesse suggerieren.

> »Selbstreferentielle Systeme sind solche, die alles, was sie als Einheit verwenden, selbst als Einheit herstellen«[30]

---

[28] C. S. Forester: Der Kapitän, Gütersloh 1961 Anhang 627f.

[29] André Glucksmann, Die Meisterdenker, Reinbek 1978; zur Linearität der Studentenbewegung vgl. auch Sibylle Tönnies, Die unendliche Entzweiung, in: Lokalkultur und Weltgesellschaft (Hrsg. A. Deichsel u. R. Fechner, Hamburg 1987.

[30] Niklas Luhmann, Die Einheit des Rechtssystems, Rechtstheorie 14, 1983, S. 131; vgl. auch: ders., The Self-Reproduction of Law and its Limits, Ms. 1983; Machtkreislauf und Recht in Demokratien, in: Zeitschrift für Rechtssoziologie 1981, S. 158-167; Selbstlegitimation des Staates, in ARSP, Beih. 15, S. 65-83.

'Selbstreferentiell' ist 'sich am Bezug auf sich selbst steuernde Realität'.[31]

Dasselbe ist mit »Autopoiesis«, dem Sich-Selbst-Setzen, gemeint:

»Sie besagt die Produktion und Reproduktion des Systems und der Systemelemente durch die Interaktion dieser Elemente selbst, ist damit Selbstproduktion eines geschlossenen Systems.«[32]

»Die Autopoiesis des Rechtssystems ist normativ *geschlossen* insofern, als nur das Rechtssystem seinen Elementen rechtsnormative Qualtität verleihen kann und sie dadurch als Einheiten konstituieren. Die Normativität hat keinen darüber hinausgehenden Zweck (im Sinne eines intendierbaren Endes). Ihre Funktion ist die kontinuierliche Selbstermöglichung von Moment zu Moment, von Ereignis zu Ereignis, von Fall zu Fall, und sie ist gerade darauf angelegt, kein Ende zu finden.«[33]

»Die Hauptfunktion der Selbstreflexion ist es, die Systemidentität für die Selbstsubstitution zu benutzen«,

heißt es in einer Arbeit[34], in der Reflexivität als Charakter des Rechts schon selbstverständlich ist und nur die Frage aufgeworfen wird, ob diese Reflexivität materialer oder formaler Natur sei.

Die Charakterisierung des Rechts als selbstreflexiv und autopoietisch ist eine leere Tautologie. Der Aussage läßt sich nicht widersprechen etwa durch den Hinweis, daß das Recht sich nicht selbst mache, sondern von den Parlamenten gemacht wird. Denn wenn man das Recht als autopoietisch ansehen will, bezieht man das Parlament in das Rechtssystem mit ein. Und so wird alles, was man als außen, nicht zum System gehörig ansehen könnte, in der reflexiven Auffassung diesem zugeschlagen - was ja durchaus begründbar ist, nur aber zu Aussagelosigkeit führt.

Andere mit Kreisläufigkeit verbundene Begriffe in der neuen Rechtstheorie sind »sozio-technisches Netzwerk«, »Konnektivität«[35], »hyperzyklische Selbstschliessung«[36] und - tautologisch - selbstreferentielle Zirkel[37].

---

31 Niklas Luhmann, Die Einheit des Rechtssystems a.a.O. S. 160.

32 Gunther Teubner, Verrechtlichung: Begriffe, Merkmale, Grenzen, Auswege, in: F. Kübler (Hrsg.), Verrechtlichung von Wirtschaft, Arbeit und sozialer Sicherheit. Vergleichende Analysen, Baden-Baden, S. 314 f.

33 Niklas Luhmann a.a.O. S. 139; Hervorhebung von mir.

34 Gunther Teubner, Krise des reflektorischen Rechts, in: Gert Brüggemeier, Christian Joerges (Hrsg.), Workshop zu Konzepten des postinterventionistischen Rechts, ZERP MAT 4, Bremen 1984, S. 95 (101).

35 Karl-Heinz Ladeur, in: Rechtspolitische Forschungskonzepte, Jahresschrift für Rechtspolitologie 1988, Nr. 2 (Hrsg. A. Görlitz und R. Voigt), S. 264.

36 Gunther Teubner, Recht als autopietisches System, Frankfurt a. M. 1989. S. 61.

37 Niklas Luhmann, Soziale Systeme, Frankfurt a. M. 1984, S. 183.

Umgekehrt (und konsequent im Sinne unserer Morphologie) verwendet Luhmann den Begriff »Transitivität« als synonym zu »Werthierarchie«; er spricht von »gemeinsamer Moral oder konsistent-transitiver Wertordnung« und trifft damit den Gegenbegriff zu dem nie aus sich selbst herauskommenden, nie sich überschreitenden Kreis.[38]

Arthur Kaufmann beschreibt diese Neigung zur Rückbiegung so:[39]

> »Für den Funktionalismus gibt es keine Polarität mehr zwischen dem, was in Bezug steht, und dem Bezug selbst, übrig bleibt allein der Bezug als solcher, der dadurch verselbständigt wird und so gleichsam als neue Form der Substanz erscheint.«

Geradlinige Vorgänge werden in den systemtheoretisch beeinflußten Gedankengängen abgelehnt. Sie werden als der Irrweg verstanden, der darin besteht, daß der Staat mithilfe des Rechts Ziele durchsetzt, als der Irrweg, der »basale Linearität« heißt. An ihr scheitern »die Modelle der Regulierung«.

> »Damit ist gemeint, daß sie die Beziehung zwischen den regulierenden Systemen (Politik und Recht) und dem regulierten System (funktionales Subsystem, Organisation, Interaktion) als eine Beziehung zwischen Umwelt und System ansehen, in der die regulierenden Systeme die Ziele und die Prozesse des regulierten Systems aufrechterhalten und kontrollieren.«[40]

Diese Auffassung ignoriert die unzähligen Beispiele von Zerstörung und Neukonstituierung von Subsystemen durch politische, in Rechtsform gebrachte Entscheidung. Die Geschichte ist eine Kette von solchen Vorgängen, und die Ignorierung dieses Sachverhalts ist die Ignorierung des Phänomens »Macht« - im Guten wie im Bösen. Die aus Kybernetik und Biologie entnommenen Bilder sind harmonisierend, sie sind Nähkästchenidyllen: » ... wie alles sich zum Ganzen webt, eins in dem anderen wirkt und lebt«[41]. Politik, die das regulierte Subsystem nicht intakt läßt, muß keineswegs scheitern, wie die Selbstreflexivitätsidee es gern sehen will. Darin liegt eine Blindheit gegenüber der Möglichkeit von Destruktion - für die die Ausrottung des Judentums in Deutschland ein Beispiel ist; Blindheit aber auch an-

---

38 Niklas Luhmann, Zweckbegriff und Systemrationalität, 2. Aufl., Frankfurt a. M. 1977, S. 37 und S. 205.

39 Arthur Kaufmann, Ontologische Grundlegung juristischer Hermeneutik, in: Gedächtnisschrift für René Marcic, Berlin 1983, S. 567 (605).

40 Gunther Teubner a.a.O. S. 123.

41 was Goethe Faust sagen läßt beim Anblick des Zeichens für den Makrokosmos, dem in sich geschlossenen Drudenfuß.

dererseits gegenüber der konstitutiven Potenz der Politik - wofür das Sozialversicherungssystem ein Gegenbeispiel ist.

2. Das Ideal der Ringform ist der Kern der Kybernetik, aus der die Systemtheorie ihre Metaphern entlehnt.[42] Von der früheren Mechanik unterscheidet sich diese Technologie dadurch, daß ihre Apparate sich selbst Impulse geben und auf diese Weise selbst steuern. Der Schaltplan solcher Apparate sieht deshalb kreisförmig aus. Diese Kreisläufigkeit macht sie von menschlicher Intervention unabhängig, sie ist Grundlage für alle Automation, und wir verdanken ihr unsere Hochtechnologie. Der kybernetische Schaltkreis ist deshalb sehr wohl geeignet, Signum des Zeitalters zu sein. Neben dem technischen Erfolg, den er versinnbildlicht, ist die uralte Kreisform Träger einer Verheißung von Heilheit und Geschlossenheit; Ausdruck findet das z.B. in dem von C.G.Jung so gepflegten indischen Mandala. Die Spirale verkörpert das Organische, Lebendige.[43] Unterschwellig haben diese uralten Symbole Anteil an dem Erfolg der kybernetischen Metaphern.

In der einseitigen Kultivierung der Rückbiegung von Gedankengängen zu ihrem Ausgangspunkt ist die Angst vor dem Vorwärtsschreiten zu erkennen; in ihr liegt die Gefahr des Regressiven, eines geistigen Infantilismus. Die gegenwärtige Bevorzugung reflexiver Argumentionen ist Ausdruck der Männlichkeitskrise unserer Zeit, ihrer Effeminisierung[44].

Aber: solcher Regression kann nicht bedingungslos das lineare Voranschreiten als besseres Prinzip entgegengehalten werden. Ihre Selbstbeschränktheit und Selbstbescheidung, ihre bewahrenden, umschließenden Tendenzen haben alle Vorzüge gegenüber einer Kultur, in der man mit ausgestrecktem Arm zu grüßen pflegte. Das bewahrende, umschließende Prinzip kann sich seinen Relativismus leisten; im Gegensatz zum Kreisläufigen ist das geradlinige Vorgehen ethisch nicht indifferent, sondern der Bewertung nach Gut und Böse unterworfen.

3. Zu einem bedauerlichen Endpunkt führt die zirkuläre Denkbahn, wenn sie in seltsame Schleifen führt.[45] Solche Schlingen sind aber nicht zu vermeiden, wenn man sich dem Thema »Selbstbezug« ergibt, und das tut Luhmann. Der systemtheoretische Ausgangspunkt ist der, daß Systeme an ihrer Bestandserhaltung interessiert sind, d.h. daß sie nicht in ihrer Umgebung aufgehen wollen. Alle Signale, die sie erhalten, überprüfen sie daraufhin, ob sie zu dem einen oder anderen Ergebnis

---

42 vgl. dazu Sibylle Tönnies, Organismus und Freiheit - Zum Verlust der Subjektivität in der Systemtheorie, in: Festschrift für Richard Schmid (Hrsg. H. E. Böttcher) Baden-Baden 1985, S. 375 ff. und dies. : Ist das Recht ein Biotop? in: Rechtstheorie, H. 1 1987, S. 105 ff.

43 Gregory Bateson, Geist und Natur, 4. Aufl., Frankfurt a. M. 1984 S. 20.

44 vgl. dazu das Kapitel »Weiblich-Männlich«.

45 Der Begriff stammt von Gödel und wurde durch D. S. Hofstadter, Gödel, Escher, Bach, An Eternal Golden Braid, zuerst Hassocks Sussex 1979, populär. Aufgegriffen wird er in: Joachim Nocke, Autopoiesis - Rechtssoziologie in seltsamen Schleifen, KJ 4 (1986), S. 379.

führen. Dazu müssen diese Systeme ein Bewußtsein ihrer selbst haben, sich selbst wissen. Diese Selbstbezüglichkeit, diese Reflexivität, Rückbeugung also, die man als Kreis nachzeichnen kann, läßt sich spiralförmig immer weiter nach innen führen. Denn wenn ein System seiner selbst bewußt ist, ist dieses Wissen sein Bestandteil, und das System weiß sich nur vollständig, wenn es auch dieses Wissen weiß. Auch das Wissen über das Wissen gehört nun zum System, deshalb wird dieses auch das Wissen über das Wissen aufnehmen usw. Wer geübt ist in dieser Art Denksport, wird sehen, daß diese Schleifen ins Unendliche weitergeführt werden können - und zu nichts führen. Auf das Rechtssystem angewandt, führen sie das Nachdenken über Recht nicht nach außen, sondern um den Bauchnabel des Betrachters herum und absorbieren die Arbeitskraft junger Gelehrter. In die Rechtstheorie dringen auf diese Weise die logischen Antinomien ein, die berechtigterweise in der Mathematik behandelt werden. In den Denkbahnen der Systemtheorie formuliert, handelt es sich um den Fall schlecht stabilisierter Systemgrenzen, wenn die Rechtstheorie sich diesen Logeleien ausliefert.

Die Antinomien und Paradoxien besitzen zur Zeit so große Anziehungskraft, daß sie ihren legitimen Bereich verlassen haben und auch populärwissenschaftlich vermarktet werden[46]. Nun war der Markt schon im klassischen Altertum der Ort, an dem die Effekte des Selbstbezugs Eindruck machten. Der Kreter Epimenides verwirrte auf dem Forum die Geister, als er vor sich das Schild stellte mit den bekannten Worten »Alle Kreter sind Lügner«, was auf ihn selbst bezogen in eine seltsame Schleife führt. So bedeutsam die Paradoxie des Selbstbezugs für die Logik ist, wo sie nach wie vor als ungelöst gilt und durch »Vermeidung« bewältigt wird, so bedeutungslos ist sie für die Rechtstheorie; und es wäre gut, wenn der alte Standard, nach dem sie am falschen Platz als unfein galt - »unanständiger Schein unnötiger Paradoxie«[47] reetabliert würde.

4. Neben der heilsverkündenden Symbolik der Kreisform, die wir oben erörtert haben, ist an dieser Stelle die Abweichung von der geraden Linie zu besprechen, die das Krumme ausmacht, und dieses Symbol ergibt im Zusammenhang mit Recht eine problematische Gestalt, als die gezeichnet zu werden zu werden sich die Betonung der Reflexivität des Rechts gefallen lassen muß.

Der Russe Max Laserson, dessen Untersuchung über Rechtsseitigkeit wir schon kennengelernt haben, hat sich in diesem Zusammenhang auch mit der Assoziierung von Recht und Geradheit befaßt, die viele Sprachen vornehmen. Das Gekrümmte, Rückgebogene erscheint als Symbol für das Falsche, für »Rechtsverdrehung« und »Rechtsverbiegung«.

---

46 vgl. D. S. Hofstadter, Gödel, Escher, Bach a.a.O. ausdrücklich aufgegriffen in: Karl-Heinz Ladeur, »Abwägung«, ein neues Rechtsparadigma? ARSP, vol. 1983, LXIX, S. 463 (476).

47 Adam Müller, Lehre von den Gegensätzen (1810), in: Kritische, ästhetische und philosophische Schriften, Neuwied und Berlin 1967, S. 140.

»'Das Recht krümmen', im Sinne von Unrecht begehen, ist ein Ausdruck, der z.B. bei den jüdischen Propheten gang und gebe ist.«

»Die abweichen auf ihre krummen Wege«, »Wer mit Schuld beladen ist, geht krumme Wege«,

heißt es in den Psalmen[48];

»Was krumm ist, soll richtig werden«

bei Lukas[49].

Bis in unsere Zeit hat die Isomorphie von Recht und Gerade ihre Frische behalten:

»Die Idee des Richtigen aber ist, nach dem guten Bilde, wie es besonders Natorp in seinen 'Untersuchungen über den Erziehungszweck' verwendet hat, der Vorstellung der geraden Linie gleich, die in das Unendliche fortführt, so daß das bedingt nebenherlaufende Zielen nach ihr wohl gerichtet werden kann.«[50]

Nun kann es in dieser Untersuchung nicht darum gehen, die in der Sprache ausgedrückte Bevorzugung des Rechten und Geraden und Ablehnung des Gedrehten und Gekrümmten auf Rechtsabsolutismus und -relativismus zu übertragen. Zwar ist nicht zu leugnen, daß die systemtheoretische Literatur zu der Art von Rabulistik neigt, die das Volk seit altersher an der Rechtsgelehrsamkeit verabscheut, daß sie durch ihre affirmative Haltung zur Selbstreferenz geeignet ist, egoistisches, intrigantens, korruptes Vorgehen mit dem Mantel der Liebe zu decken; zwar ist die uneingeschränkte Bejahung der Rückbezüglichkeit, die Skepsis gegenüber Zielgerichtetheit und Intervention ein Hindernis für Veränderung und Fortschritt. Doch wie das Gekrümmte und Kreisförmige neben dem Ausgerichteten und Geraden seine Daseinsberechtigung hat, so hat sie auch die Theorie von der Selbstreferenz neben den Projektionen von besserem Recht. Die Indifferenz, mit der sie das Phänomen der Selbstreferenz betrachtet, ermöglicht illusionslose Analysen der Wirklichkeit; sie dient der Wahrheitsfindung.

In ihren Extremformen, in ihren überschießenden Ausprägungen haben Kreisführung und Pfeilgeradheit jeweils ihre spezifische Gefährdung: sie zielen einerseits in Solipsismus und andererseits in Utopie.

---

48 Psalm 125. 5; 21,8.
49 Lukas 3. 5.
50 Rudolf Stammler, Theorie der Rechtswissenschaft, Halle 1911, S. 443.

5. Die Betonung von Selbstreflexion und Selbstreferenz wird bei Martin Buber unter dem Begriff »Rückbiegung« behandelt. Er unterscheidet zwischen einer »dialogischen« und einer »monologischen« Grundbewegung, und trotz der jugendstilhaften Blumigkeit seines Stils sind seine Gedanken übertragbar auf die Weisen, ein Rechtsproblem zu betrachten; wenn wir für die andere »Person«, um die es Buber geht, die durch das Recht bestimmten Geschicke setzen, zeigt sich die Bevorzugung der Reflexivität in der Rechtstheorie als monologisch, als Abgewandtheit, als Unfähigkeit zur Zuwendung:

> »Rückbiegung ist etwas anderes als Egoismus und sogar als 'Egotismus'. Es ist nicht dies, daß einer sich mit sich befaßt, sich betrachtet, sich befingert, sich genießt, sich verehrt, sich beweint; das kann alles hinzukommen - wie zur Hinwendung, sie vollendend, hinzukommen kann, daß man den Andern in dessen eigentümlichen Dasein vergegenwärtigt, ja ihn umfaßt, so daß man die ihm und einem selber gemeinsamen Situationen auch von seinem, des Andern, Ende aus erfährt -, aber es gehört nicht dazu. Rückbiegung nenne ich es, wenn einer sich der wesensmäßigen Annahme einer Person in ihrer seinem Selbstkreis schlechthin nicht einschreibbaren, seine Seele wohl substantiell berührenden und bewegenden, aber nirgends ihr immanenten Sonderheit entzieht und den Andern nur als das eigne Erlebnis, nur als eine Meinheit bestehen läßt. Da wird denn Zwiesprache zum Schein, der geheimnishafte Verkehr zwischen menschlicher Welt und menschlicher Welt wird nur noch gespielt, und in der Ablehnung des gegenüberlebenden Wirklichen beginnt sich die Essenz aller Wirklichkeit zu zersetzen.«[51]

Buber konfrontiert die Rückbiegung mit der Hinwendung:

> »Die dialogische Grundbewegung ist die Hinwendung. Das ist ja scheinbar etwas Allstündliches und Belangloses: wenn man jemand ansieht, anredet, wendet man sich ihm eben zu, naturgemäß körperlich, aber auch in dem erforderlichen Maße mit der Seele, indem man die Aufmerksamkeit auf ihn richtet. Aber was von alledem ist eine Wesenshandlung, mit dem Wesen getan? So also, daß aus der Unfaßlichkeit des Vorhandenen diese eine Person hervortritt und zur Gegenwart wird, und nun ist in unserer Wahrnahme die Welt nicht mehr eine indifferente Vielfältigkeit von Punkten, von denen einem wir etwa momenthafte Beachtung schenken, sondern ein schrankenloses Wogen um einen schmalen, hellumrissenen, tragstarken Damm, - schrankenlos, aber durch ihn eingeschränkt, somit wenn auch nicht umzirkt, so doch mitteninne endlich geworden, bildhaft geworden, von der eignen Indifferenz erlöst! Und doch ist keine der allstündlichen Berührungen unwert, von unserm Wesen aufzunehmen soviel sie eben vermag, - da ja kein Mensch ohne Kraft zur Äußerung ist und unsre Hinwendung eine noch so unmerkliche, noch so schnell erstickte Entgegnung in einem vielleicht in bloßer Innerlichkeit verlaufenden und doch eben existenten Aufschauen, Auf-

---

[51] Martin Buber, Zwiesprache, in: Das dialogische Prinzip, 4. Aufl., Heidelberg 1979, S. 170, 173.

lauten der Seele bewirkt.

Die Vorstellung des modernen Menschen, Hinwendung sei sentimental und entspreche nicht der Dichtigkeit heutigen Lebens, ist ein grotesker Irrtum, wie seine Versicherung, Hinwendung sei im Getriebe dieses heutigen Lebens unpraktizierbar, nur das maskierte Eingeständnis seiner Initiativschwäche der Zeitlage gegenüber ist; er läßt sich von ihr diktieren, was möglich und zulässig sei, statt als gelassener Partner mit ihr zu vereinbaren, was mit *jeder* Zeitlage zu vereinbaren ist, welchen Raum nämlich und welche Gestalt sie dem kreatürlichen Dasein zuzugestehen gehalten sei.«

Wir sehen uns in dem letzten Absatz an die ständige Versicherung Luhmanns erinnert, daß die systemorientierte Indifferenz der modernen, hochkomplexen und hochdifferenzierten Gesellschaftssituation allein adäquat sei, und können ihr Bubers Feststellung entgegenhalten, daß diese Meinung Ergebnis von Subjektivitätsschwäche ist.

6. Konsequenz aus der Beschreibung der Rechtsvorgänge als selbstreferentiell, rückbezogen, kreisförmig ist die »Auflösung naturrechtlicher Grundlagen ..., die in jeder Dimension anders ersetzt werden müssen...«[52] In der Tat ist das Sollen pfeilförmig, zielgerichtet, was Hegel so ansah:

»Im Sollen beginnt das Hinausgehen über die Endlichkeit in den Bereich der Unendlichkeit. Es ist dasjenige Phänomen, das sich als der Prozeß ins Unendliche, als der endlose Progreß darstellt.«[53]

Je apriorischer das Sollen verstanden wird, je weniger es auf Empirie rekurriert, desto unendlich-linearer ist es als Gestalt aufzufassen. Seine Rückführung auf das Sein, seine Anbindung an den Stoff kann sich demgegenüber des Kreissymbols bedienen. Das tat Hegel denn auch: Seine Zurückweisung der rigorosen Kantischen Ethik erfolgte in der Weise, daß Hegel sie mit der geometrischen Figur der geraden Linie verglich, der er als bessere Form den Kreis gegenüberstellte; der geraden Linie als Sinnbild des ins endlose Fortlaufenden und des Kreises als der an ihren Anfang zurückkehrenden Linie. Der Kreis ist für Hegel die vollendete Linie, ein in sich Geschlossenes, für sich Seiendes[54]. Die endlose Linie lehnt Hegel als »schlechte Unendlichkeit« ab, und als solche stellt sich ihm das Kantische Sollen dar:

»Als ein letztes aber ist der unendliche Progreß vornehmlich in seiner Anwendung auf die Moralität genommen worden ... Die Macht des Ich über das Nicht-Ich,

52 Niklas Luhmann, Die Einheit des Rechtssystems a.a.O. S. 165.
53 Friedrich Bülow, Einleitung zu: G. W. F. Hegel, Recht, Staat, Geschichte, Stuttgart 1964, S. 185.
54 vgl. Friedrich Bülow a.a.O. S. 186f.

über die Sinnlichkeit und äußere Natur wird daher so vorgestellt (bei Kant und Fichte), daß die Moralität immer größer, die Macht der Sinnlichkeit aber immer kleiner werden könne und solle. Die völlige Angemessenheit aber des Willens zum moralischen Gesetze wird in den ins Unendlich gehenden Progreß verlegt, d.h. als ein absolutes unerreichbares Jenseits vorgestellt, und eben dies solle der wahre Anker und rechte Trost sein, daß es ein Unerreichbares ist; denn die Moralität soll als Kampf sein; dieser aber ist nur unter der Unangemessenheit des Willens zum Gesetze, dieses damit schlechthin ein Jenseits für ihn.«[55]

Hegel vergleicht das Kantische Sollen mit dem Ahasver unter den Menschen; die trostlose Unendlichkeit, der nie enden wollende Progreß liegt vor,

»wenn das Subjekt mit dem Gedanken sich über den Platz erhebt, den es in der Sinnenwelt einnimmt, und die Verknüpfung ins unendlich Große erweitert, eine Verknüpfung mit Sternen über Sternen, mit Welten über Welten, Systemen über Systemen, überdem noch in grenzenlose Zeiten ihrer periodischen Begegnung, deren Anfang und Fortdauer. - Das Vorstellen erliegt diesem Fortgehen ins unermeßlich Ferne, wie die fernste Welt immer noch eine fernere hat, die so weit zurückgeführte Vergangenheit noch eine weitere hinter sich, die noch so weit hinausgeführte Zukunft immer noch eine andere vor sich; der Gedanke erliegt dieser Vorstellung des Unermeßlichen; wie ein Traum, daß einer einen langen Gang immer weiter und absehbar weiter fortgehe, ohne eine Ende abzusehen, mit Fallen oder mit Schwindel endet.«

Das wahre Unendliche, wie Hegel es sieht, umfaßt das Endliche und hat es in sich. Statt Progression liegt Rückführung vor. Bülow gibt Hegel so wieder: Ein Etwas wird ein zwar Anderes,

»es kommt am Ende bei sich selbst an und wird so vollendet. Das vollendete Dasein gelangt nicht bei einem Jenseitigen, bei einem absolut Anderen, sondern bei selbst an. Vollendetes Dasein ist daher unendliches Sein in dem Sinne, daß es Fürsichsein, Beisichsein ist. Man wird an Novalis erinnert, der schreibt: Philosophie ist Heimweh.«[56]

Das wahrhaft Unendliche wird bei Hegel durch den Kreis, das schlechte Unendliche, das reines, ungehaltenes Sollen bedeutet, durch die gerade Linie symbolisiert. Vollendung liegt für ihn in der Kreisform.

Wenn wir unsere Polarität also in einer geometrischen Form symbolisieren, haben wir die Antithetik von Kant und Hegel erfaßt, die nicht immer scharf genug

---

[55] Georg Wilhelm Friedrich Hegel, Wissenschaft der Logik a.a.O. S. 196.
[56] Friedrich Bülow a.a.O. S. 186 f.

gesehen wird.[57] Die Auflösung des Rationalismus der Aufklärung durch die Romantik geschieht in einflußreichster Weise durch Hegel, die Verabschiedung des Dualismus zwischen Idee und Wirklichkeit, die Zurückweisung der reinen Geistigkeit und empirischen Unwiderlegbarkeit des Sollens. Hier beginnt die für die deutsche Geschichte so verhängnisvolle Verachtung reiner Moral, hier sind die philosophischen Grundlagen für einen Relativismus gelegt, der letzten Endes das Böse zuließ - von Thomas Mann mit den schon zitierten Worten so beschrieben:

> »ein Pessimismus der Ehrlichkeit, der es mit dem Seienden, Wirklichen, Geschichtlichen gegen Kritik und Meliorismus, kurz mit der Macht gegen den Geist hält und äußerst gering denkt von aller rhetorischen Tugendhaftigkeit und idealistischen Weltbeschönigung.«[58]

Andererseits - denn nur das wird unserer dimorphistischen Betrachtung gerecht - müssen wir für diese Entwicklung Kant dieselbe Verantwortung zuschieben, weil er durch seinen moralischen Rigorismus, seine bis ins Absurde gesteigerten Entfernung vom empirischen Guten diesen in die andere Richtung gehenden Pendelschlag herausgefordert hat.[59] Die Idee, daß Wirkliches nie vernünftig ist, hat die gegenteilige, daß nur Wirkliches vernünftig ist, provoziert.

Hören wir noch, was Adorno über Hegel und die Kreisförmigkeit sagt - er sieht sie in Hegels Dialektik; wir zitieren ihn deshalb, weil in seiner Beschreibung sich die Isomorphie von Kreisform und Tiefe andeutet, die weiter in die »Unendliche Entzweiung« hineinführt:

> »Als Bewußtsein von Nichtidentität durch Identität hindurch ist Dialektik nicht nur ein fortschreitender sondern zugleich retrograder Prozeß; soweit beschreibt das *Bild des Kreises* sie richtig. Die Entfaltung des Begriffs ist auch Rückgriff, Synthesis, die Bestimmung der Differenz, die im Begriff unterging, 'verschwand'; fast wie bei Hölderlin, Anamnesis des Naturhaften, das *hinab* mußte.«[60]

---

57 vgl. dazu Sibylle Tönnies, Der Kater des Dionysos, in: Hundert Jahre »Gemeinschaft und Gesellschaft« (Hrsg. L. Clausen u. C. Schlüter), Opladen 1991, S. 215. »Das Recht, das er mit sich geboren glaubte, wird von Hegel lediglich 'eitler Kitzel'genannt. » Ernst Bloch, Naturrecht und menschliche Würde, Frankfurt a. M. 1961, S. 142; zur Bedeutung der Hegelschen »Immanentisierung« vgl. auch Hans Jonas, Das Prinzip Verantwortung, 5. Aufl., Frankfurt a. M. 1984, S. 228 f.

58 Thomas Mann (in einer Rede vom 6. Juni 1945), Deutschland und die Deutschen, Berlin 1947, S. 26.

59 Auch das ist deutsch: Thomas Mann läßt im »Dr. Faustus (Frankfurt a. M. 1986, S. 166) jemand sagen: »Sollen und Sein klaffen bei uns weiter auseinander als bei anderen, weil eben das Sollen sehr hoch gesetzt ist.«

60 Theodor Adorno, Negative Dialektik, Frankfurt/M. 1970, S. 140; Hervorhebungen von mir.

Man kann Adornos Abweichung von Hegel, die in dem Mißtrauen gegenüber der Progression durch Dialektik besteht,[61] als weitere Zurückbiegung der Kantschen Linearität begreifen, als im Vergleich zu Hegel wiederum vollkommeneren Kreisschluß.

V. Zwei Auslegungsweisen des Buchs der Geschichte

An dieser Stelle sei ein längerer Text von Heinrich Heine zitiert,[62] in dem dieser die »Unendliche Entzweiung« in der Geschichtsauffassung aufzeigt, und zwar in einer Weise, die den von uns betrachteten großen Dimorphismus zusammenfaßt; »unten« spielt sich das »auf dem Boden Ranken« und »oben« der höhere, gottähnliche Zustand ab. Zielscheibe ist der Historismus in seiner Unfähigkeit zum Fortschritt - Leopold v.Rankes Name wird im Wortspiel gebraucht, um das auf dem Boden um sich selbst Kringeln der begriffslosen historistischen Ansicht zu kennzeichnen. Zielscheibe ist aber auch revolutionäres Schwärmertum. Wir geben den langen Text wieder, weil er fast alle von uns behandelten homologen Motive der Unendlichen Entzweiung zusammenfaßt: außer Unten-Oben werden auch Organismus und Artefakt, Romantik und Aufklärung, Dunkel und Hell, Vergangenheit und Zukunft, Partikular und Universal, Kontingent und Notwendig in den großen Zusammenhang einer durchgängigen Polarität gestellt. Zu Beginn wird die relativistische Seite durch ihre Kreissymbolik kennzeichnet:

> »Das Buch der Geschichte findet mannigfaltige Auslegungen. Zwei ganz entgegengesetzte Ansichten treten hier besonders hervor. -
>
> Die einen sehen in allen irdischen Dingen nur einen trostlosen Kreislauf, im Leben der Völker wie im Leben der Individuen; in diesem, wie in der organischen Natur überhaupt, sehen sie ein Wachsen, Blühen, Verwelken und Sterben: Frühling, Sommer, Herbst und Winter. 'Es ist nichts Neues unter der Sonne!' ist ihr Wahlspruch; und selbst dieser ist nichts Neues, da schon vor zwei Jahrtausenden der König des Morgenlands ihn hervorgeseufzt. Sie zucken die Achseln über unsere Zivilisation, die doch endlich wieder der Barbarei weichen werde; sie schütteln den Kopf über unsere Freiheitskämpfe, die nur dem Aufkommen neuer Tyrannen förderlich seien; sie lächeln über alle Bestrebungen eines politischen Enthusiasmus, der die Welt besser und glücklicher machen will und der doch am Ende erkühle und nichts gefruchtet; - in der kleinen Chronik von Hoffnungen, Nöten, Mißgeschicken, Schmerzen und Freuden, Irrtümern und Enttäuschungen, womit der einzelne Mensch sein Leben verbringt, in dieser Menschengeschichte sehen sie auch die Geschichte der Menschheit. In Deutschland sind die Weltweisen der Historischen Schule und die Poeten aus der Wolf-

61 vgl. dazu »Polarität« IV.

62 Heinrich Heine, Gesammelte Schriften Bd. 5, Leipzig o. J., S. 377-379.

gang Goetheschen Kunstperiode ganz eigentlich dieser Ansicht zugetan, und letztere pflegen damit einen sentimentalen Indifferentismus gegen alle politischen Angelegenheiten des Vaterlandes allersüßlichst zu beschönigen. Eine zur Genüge wohlbekannte Regierung in Norddeutschland[63] weiß ganz besonders diese Ansicht zu schätzen, sie läßt ordentlich Menschen darauf reisen, die unter den elegischen Ruinen Italiens die gemütlich beschwichtigenden Fatalitätsgedanken in sich ausbilden sollen, um nachher, in Gemeinschaft mit vermittelnden Predigern christlicher Unterwürfigkeit, durch kühle Journalaufschläge das dreitägige Freiheitsfieber des Volkes zu dämpfen. Immerhin, wer nicht durch freie Geisteskraft emporsprießen kann, der mag am Boden ranken; jene Regierung aber wird die Zukunft lehren, wie weit man kommt mit Ranken und Ränken.

Der oben besprochenen, gar fatalistischen Ansicht steht eine lichtere entgegen, die mehr mit der Idee einer Vorsehung verwandt ist und wonach alle irdischen Dinge einer schönen Vervollkommnung entgegenreifen und die großen Helden und Heldenzeiten nur Staffeln sind zu einem höheren gottähnlichen Zustande des Menschengeschlechts, dessen sittliche und politische Kämpfe endlich den heiligsten Frieden, die reinste Verbrüderung und die ewigste Glückseligkeit zur Folge haben. Das Goldne Zeitalter, heißt es, liege nicht hinter uns, sondern vor uns; wir seien nicht aus dem Paradiese vertrieben mit einem flammenden Schwerte, sondern wir müßten es erobern durch ein flammendes Herz, durch die Liebe; die Frucht der Erkenntnis gebe uns nicht den Tod, sondern das ewige Leben. - 'Zivilisation' war lange Zeit der Wahlspruch bei den Jüngern solcher Ansicht. In Deutschland huldigte ihr vornehmlich die Humanitätsschule. Wie bestimmt die sogenannte philosophische Schule dahin zielt, ist männiglich bekannt. Sie war den Untersuchungen politischer Fragen ganz besonders förderlich, und als höchste Blüte dieser Ansicht predigt man eine idealische Staatsform, die ganz basiert auf Vernunftgründen, die die Menschheit in letzter Instanz veredeln und beglücken soll. - Ich brauche wohl die begeisterten Kämpen dieser Ansicht nicht zu nennen. Ihr Hochstreben ist jedenfalls erfreulicher als die kleinen Windungen niedriger Ranken; wenn wir sie einst bekämpfen, so geschehe es mit dem kostbarsten Ehrenschwerte, während wir einen rankenden Knecht nur mit der wahlverwandten Knute abfertigen werden.

Beide Ansichten, wie ich sie angedeutet, wollen nicht recht mit unseren lebendigsten Lebensgefühlen übereinklingen; wir wollen auf der einen Seite nicht umsonst begeistert sein und das Höchste setzen an das unnütz Vergängliche; auf der anderen Seite wollen wir auch, daß die Gegenwart ihren Wert behalte und daß sie nicht bloß als Mittel gelte und die Zukunft ihr Zweck sei. Und in der Tat, wir fühlen uns wichtiger gestimmt, als daß wir uns nur als Mittel zu einem Zwecke betrachten möchten; es will uns überhaupt bedünken, als seien Zweck und Mittel nur konventionelle Begriffe, die der Mensch in die Natur und in die Geschichte hineingegrübelt, von denen aber der Schöpfer nichts wußte, indem jedes Erschaffnis sich selbst bezweckt und jedes Ereignis sich selbst bedingt und alles, wie die Welt selbst, um seiner selbst willen da ist und geschieht. - Das Leben ist weder Zweck noch Mittel; das Leben ist ein Recht. Das Leben will dieses Recht

[63] Die preußische Regierung, die dem Historisten Leopold von Ranke ein Stipendium für eine Forschungsreise nach Italien gegeben hatte; diesem war bekanntlich »jede Epoche unmittelbar zu Gott« - ein guter Ausdruck für gesteigerten Relativismus.

geltend machen gegen den erstarrenden Tod, gegen die Vergangenheit, und dieses Geltendmachen ist die Revolution. Der elegische Indifferentismus der Historiker und Poeten soll unsere Energie nicht lähmen bei diesem Geschäft; und die Schwärmerei der Zukunftbeglücker soll uns nicht verleiten, die Interessen der Gegenwart und das zunächst zu verfechtende Menschenrecht, das Recht zu leben, aufs Spiel zu setzen. - 'Le pain est le droit du peuple', sagte Saint-Just, und das ist das größte Wort, das in der ganzen Revolution gesprochen worden.«

Der letzte Absatz des Textes zeigt die Schwierigkeiten, die es bereitet, »über den Gegensätzen« zu stehen, was doch offenbar Heines Ziel ist. Es gelingt ihm nichts anderes, als nacheinander den einen und den anderen, den relativistischen und den naturrechtlichen Standpunkt, einzunehmen. Mehr gelingt uns bei unseren Bemühungen hier auch nicht; ebenso wie Heine können auch wir einen gewissen naturrechtlichen Bias nicht verbergen. Idealerweise würde man beide Sichtweisen zugleich einnehmen, mit dem einen Auge die eine und mit dem anderen die andere, die Bilder würden sich übereinanderschieben, und man könnte auf eine wunderbare Weise plastisch sehen.

15. Kapitel
Weiblich-Männlich

I. Frau und Mann als Archetypen

1. Die Zuordnung von Relativismus und Universalismus zu den Polen Weiblich-Männlich ist hoffentlich inzwischen so weit vorbereitet, daß sie nicht auf den Protest stößt, den sie spontan hervorrufen muß. Eine morphologische, auf Grundpolaritäten zurückführende Betrachtung kann ohne diese Gegenüberstellung nicht auskommen; sie bildet die hinter allen Polaritäten durchschimmernde Urpolarität aus. Kant schrieb an Schiller:

> »So ist mir nämlich die Natureinrichtung: daß alle Besamung in beiden organischen Reichen zwei Geschlechter bedarf, um ihre Art fortzuplanzen, jederzeit als erstaunlich und wie ein Abgrund des Denkens für die menschliche Vernunft aufgefallen, weil man doch die Vorsehung hierbei nicht, als ob sie diese Ordnung gleichsam spielend, der Abwechslung halber, beliebt habe, annehmen wird, sondern Ursache hat, zu glauben, daß *nicht anders möglich sei*, welches eine Aussicht ins Unabsehliche eröffnet, woraus man aber schlechterdings nichts machen kann, so wenig wie aus dem, was Miltons Engel dem Adam von der Schöpfung erzählt: 'Männliches Licht entfernter Sonnen vermischt sich mit weiblichem *zu unbekannten Endzwecken.*'«[1]

> »Mann und Weib - ist doch Polarität nichts anderes als Geschlecht, ein von der Unität ausgegangener Dualismus«,

sagte Ricarda Huch[2]. Dieser schon an verschiedenen Stellen wiedergegebene Satz ist ja die Grundlage dafür, daß wir das Schisma, das von Schleiermacher 'Unendliche Entzweiung' genannt wird, als Dimorphismus bezeichnen: In zwei Gestalten prägt sich das Lebendige aus, was das Kind in seinem Elternpaar erkennt und überträgt auf alles Seiende, wovon die genus-geprägten Sprachen dann ein Abbild sind. Yin und Yang schimmern durch diesen Text:

> »Alle unsere Eindrücke sind zunächst einmal von der Zuordnung weiblich und männlich abhängig. Frau und Mann sind primäre Gegebenheiten, deren Wesen erst aus der Besinnung auf die kosmischen Polaritäten erhellt, bzw. abzuleiten

---

[1] Immanuel Kant in einem Brief an Schiller vom 30. März 1795, in: Schillers Briefe, Berlin o. J., 3. Bd., S. 131.

sind. Folgen wir dieser Leitlinie, so finden wir zwei symbolische Zuordnungsreihen:

Einerseits Frau: Nacht, dunkel, links, horizontal, das ruhende Wasser, überhaupt das Ruhende, Passive, Statische, das Herdfeuer, das Warme und das Weiche, alles Runde, alles Gewölbte, alle Höhlungen und Gefäße, überhaupt der Raum, die Erde, der Mond.

Andererseits Mann: Tag, hell, Licht, Höhe, oben, rechts, steilrecht, das fließende und das stürzende Wasser, überhaupt das Bewegte, die Zeit, das Kühle und Harte, alles Gerade, Eckige und Kantige, Sonne, Himmel,Blitz.«[3]

Die Anwendung dieser Urpolarität auf die rechtstheoretischen Grundpositionen erfolgt hier in derselben Weise wie in der Psychologie, wo die Begriffe »matriarchal« und »patriarchal« symbolisch, als Archetypen verwendet werden. Sie kennzeichnen Zustände des Bewußtseins: als »matriarchal« wird der Zustand bezeichnet, bei dem sich Bewußtes und Unbewußtes noch nicht dissoziiert haben, sondern - wie in der kindlichen Seele - ineinanderruhen, wo das Unbewußte sich noch unkontrolliert entfalten darf. Im Gegensatz dazu ist »patriarchal«

»die Tendenz des Ich, sich vom Unbewußten frei zu machen und es zu beherrschen«.[4]

Wenn wir den Begriff »Matriarchat« so weit fassen, können wir den Relativismus »matriarchalisch« nennen. Mir scheint allerdings diese Begriffsausdehnung deshalb nicht passend, weil das Wort »Herrschaft« darin steckt, im Gegenteil aber eine passive Haltung gekennzeichnet werden soll. Besser drückt man das aus, wenn lediglich »weiblich« gesagt wird, und als »weiblich« wollen wir den Relativismus charakterisieren, wenn wir das Weibliche als Symbol so verstehen, daß noch keine Trennung zwischen Stoff und Geist vorhanden ist; daß sich noch kein Subjekt aus den Verhältnissen emanzipiert hat, das diesen Richtung geben will; daß Sein und Sollen noch ineinanderruhen.

Die relativistische Blindheit gegenüber der autonomen Welt der Ideen, die mangelnde Anerkennung des freien Willens als Motor für Veränderung, das Ignorieren der Gemachtheit der Verhältnisse und der Gewaltsamkeit ihrer Entstehung, die Neigung zum Organisch-Selbsttätigen, die Auffassung der gesellschaftlichen Prozesse als nicht-zerebral und ungesteuert - diese ganze Einstellung fällt bei morphologischer Betrachtung auf die Seite des Weiblichen. Sie ist Ausdruck

---

2 Ricarda Huch, Die Romantik, Tübingen o. J., S. 435.

3 Schweizerisches Nationalkomitee für Geistige Gesundheit, Arbeitsgruppe für Kriminologie: Weibliche und männliche Kriminalität (Hrsg. W. T. Haesler), Bern 1982, S. 87.

4 Erich Neumann, Über den Mond und das matriarchale Bewußtsein, in: Der weibliche Mythos (Hrsg. H. Bodenstein), Mannheim 1986, S. 76; vgl. dazu unten 2.

eines »tempus muliebre«, wie Hildegard von Bingen schon ihre Zeit nannte (und womit etwas anderes gesagt wird als mit dem Begriff »Matriarchat«!); da damit die derzeitige, postmodern genannte Strömung gekennzeichnet ist, zu der wir auch die Systemtheorie rechnen, ist die gegenwärtige Epoche ein solches tempus. Die männlichen Ideen von Tatkraft, Eingreifen, Wenden werden gerade zu dem Zeitpunkt verabschiedet, an dem diese Züge die Menschheit an eine Grenze gebracht haben, an der nur noch bewußt geplante Umkehr den kollektiven Absturz verhindern kann. Die Effeminisierung des Denkens setzt unter dem Eindruck der destruktiven Wirkungen des maskulinen Prinzips ein; sie hat insofern eine begrenzte Richtigkeit und führt zu dem Applaus, den die postmodernen Richtungen erhalten. Sie lähmt aber auch andererseits die jetzt nötigen Kräfte, die unter der Herrschaft des Gesetzes der Vernunft allein die rettenden Maßnahmen treffen könnten.

Der Teufel muß mit Beelzebub vertrieben werden; erst dann kann die Rückkehr in eine arkadische Ausgangslage in Aussicht genommen werden. Für die Naturrechtsfrage bedeutet das: erst muß das Recht sich seiner geistigen Autonomie bewußt werden, und das bedeutet heute: seiner möglichen Unabhängigkeit von der Wirtschaft, dann kann eine systolische Entspannung eintreten.

Die Wirtschaft stellt für die derzeitige systemorientierte, elastische (prozedurale) Rechtsauffassung die Große Mutter dar, unter deren Röcke das Recht kriechen will, statt der Vater zu sein.

Die Systemtheorie hat sich auf die Seite des Weiblichen geschlagen - dem Inhalt nach, wohlgemerkt. Die Form ist männlich, die Sprache aus der Computertechnologie und der kybernetischen Biologie. Anders die Inhalte: Das Denken im Organischen, das Erfühlen des universalen Zusammenhangs, das Erhorchen des Rauschens des Ganzen im Einzelnen, das Streben, diesen großen lebendigen Zusammenhang am Leben zu erhalten; das Akzeptieren der Situation, das Aufnehmen von Wirklichkeit - dies alles ist eher weiblich als männlich. Es ist Immanenz im Gegensatz zu Transzendenz, es ist das Zirkuläre im Gegensatz zum Transitiven. Männlich ist das Streben nach Veränderung, das Verfolgen von Ideen, das Bestreben, die Wirklichkeit diesen Ideen anzupassen, der Verbesserungstrieb, der geleitet wird von vorgestellten Kausalitätsreihen, die - aus weiblicher Sicht - unvorhergesehene Störungen des Gesamtzusammenhangs mit sich bringen. Der Gesamtzusammenhang ist ja nicht in einer Kausalitätskette gedanklich zu erfassen, sondern nur im Gefühl für das Heile.

Das Männliche ist das Anlegen von Meßlatten an die Wirklichkeit, das Anpassen an eine Norm - im ungünstigen Fall wie an ein Prokrustesbett -, das Bewerten der Situation. Das Männliche steht außerhalb.

2. In der Darstellung der das Männliche und das Weibliche symbolisierenden Hexagramme des ostasiatischen I Ging durch Sukie Colegrave[5] erscheint das Männliche als Emanzipation der Subjektivität, die eine bestimmte Stufe der Evolution ausmacht.

---

[5] Sukie Colegrave, Yin und Yang, 2. Aufl. Bern und München 1982, S. 89, Hervorhebung von mir.

»Die Geburt und die Entwicklung des maskulinen Prinzips im Bewußtsein revolutioniert die Selbst- und Welterfahrung des Menschen. Statt instinktiv an den Rhythmen der Natur teilzuhaben, von ihr geborgen und von ihren Gesetzen gelenkt zu sein, entsteht nun ein Bewußtsein, das davon ausgeht, daß in erster Linie die *Menschen*, nicht die *Natur*, für die Gestaltung des menschlichen Lebens verantwortlich sind. Dieses Bewußtsein versucht, sich aus der alten vorbewußten Identität mit dem Kosmos zu lösen und die frühere Unterwerfung unter unbekannte Naturgewalten durch das Streben nach Herrschaft über die Natur und durch das Verständnis ihrer Gesetze zu ersetzen. Ein solches Bewußtsein sucht nach Unabhängigkeit, Autonomie und Freiheit.«

Wir finden hier das vertraute Motiv der Polarität zwischen Organismus und Artefakt wieder, und wie immer, wenn diese Zuordnung erfolgt, ist das Weibliche auf die Seite des Nicht-Menschengemachten, Natürlichen gestellt.

Dieses Motiv taucht auch bei der Gegenüberstellung von »Gemeinschaft und Gesellschaft« auf: Sache des Weibes ist

»das unmittelbare Verhältnis zu den Dingen, welches den Wesenwillen bezeichnet.«[6]

Für Subjektivität wird hier »Kürwille« gesagt und dieser idealtypisch als männlich angesehen, auch hier als eine in der Evolution erst hervortretende Erscheinung, als Schritt auf dem Weg von Gemeinschaft zu Gesellschaft:

»hingegen, was über ihn (den einfachen, wahren Menschen; S. T.) hinausgeht, durch absichtliches und bewußtes Tun und Treiben, ist der *künstliche* Mensch, d.h. in welchem das Gegenteil des natürlichen erscheint: als ob er aus sich selber einen anderen gemacht habe, welchen vor sich her zu tragen ihm nützlich und gut dünkt. Wenn das Weib dem natürlichen, der Mann dem künstlichen Menschen, ein jedes seiner Idee nach ähnlicher sieht, so ist der Mann, in welchem Wesenwille vorherrscht, noch vom weiblichen Geiste umfangen; durch Kürwillen macht er sich davon ledig und steht erst in seiner bloßen Mannheit da; und das kürwillige Weib ist, in dieser Reihenfolge, das späteste Phänomen; als welches der freie männliche Geist sich wiederum gleich, oder doch ähnlicher gemacht hat.«[7]

Auch in Schillers uns vertrautem Text erscheint der zurückliegende Naturzustand symbolisiert durch Weiblichkeit.

»Wir sehen ... in der unvernünftigen Natur nur eine glücklichere Schwester, die

---

6 Ferdinand Tönnies, Gemeinschaft und Gesellschaft 2. Buch, § 34.
7 Ferdinand Tönnies, Gemeinschaft und Gesellschaft a.a.O.

> in dem mütterlichen Hause zurückblieb, aus welchem wir im Übermut unserer Freiheit heraus in die Fremde stürmten. Mit schmerzlichem Verlangen sehnen wir uns dahin zurück, sobald wir angefangen, die Drangsale der Kultur zu erfahren, und hören im fernen Auslande der Kunst der Mutter rührende Stimme.«[8]

In derselben Weise bringt Novalis »Natur« und »Mutter« zusammen:

> »Manche Leute hängen wohl darum so an der Natur, weil sie als verzogene Kinder sich vor dem Vater fürchten und zu der Mutter ihre Zuflucht nehmen.«[9]

Die Mutter ist es auch letzten Endes, die das Ziel der unbenennbaren romantischen Sehnsucht ist. Als ihr Gesicht erweist sich beim Erwachen aus dem Traum Novalis' blaue Blume[10], das Symbol für alle nach innen, nach unten, rückwärts gehende Sehnsucht, die eine Todessehnsucht ist. An anderer Stelle sagt Novalis:

> »Die Frau ist der eigentliche Naturmensch, die wahre Frau das Ideal der Naturmenschen, sowie der wahre Mann das Ideal des Kunstmenschen.«[11]

C. G. Jung sagt:

> »Seit jeher steht das weibliche Prinzip für Natur und Materie - Mater Natura« -,

deshalb sah er in dem 1950 verkündeten Dogma der Himmelfahrt Mariä einen epochalen Fortschritt (was in ironischem Widerspruch zu den reaktionären kirchlichen Tendenzen steht, denen es tatsächlich folgte), die Vergeistigung des chtonischen Archetyps:

> »Aus der Deklaration der leiblichen Himmelfahrt Mariä ergibt sich die Auffassung, daß mit dem Weiblichen auch der Stoff - im weitesten Sinne die Natur - in jenen metaphysischen Bereich aufgenommen wird, der nach bisheriger Anschauung dem männlichen Prinzip, dem Geist allein, vorbehalten war. Historisch gesehen verlangt heute ... die Gleichberechtigung ihre metaphysische Verankerung

---

8 Friedrich Schiller, Über naive und sentimentalische Dichtung, in: Werke (Hrsg. A. Kutscher), Berlin-Leipzig o. J., S. 127; bereits zitiert oben in »Unendliche Entzweiung« III. 2.

9 Novalis, zitiert bei Ricarda Huch a.a.O. S. 317.

10 Novalis, Heinrich v. Ofterdingen.

11 Novalis an Caroline Schlegel 1799, in: Briefe deutscher Romantiker, Hrsg. W. A. Koch, Leipzig o. J., S. 119.

in der Gestalt einer göttlichen Frau.«[12]

3. Schon in dem Kapitel »Vergangenheit-Zukunft« haben wir die Einführung des Motivs des Todes gewagt als des Elements des »Reiches linkerhand«, das diesem die dunkle Tönung gibt. Wir finden dieses Motiv wieder in der Ur-Polarität Weiblich-Männlich, wo der Tod auf die Seite des Weiblichen, das Leben auf die Seite des Männlichen zu stellen ist. Bloch hat das in unübertroffener Weise in seinem Buch »Naturrecht und menschliche Würde« in dem Kapitel über »Gaia-Themis« dargestellt. Er bezieht sich dabei auf Bachofens epochemachende Arbeit über das Mutterrecht[13], der er keineswegs in der historischen Richtigkeit, wohl aber in der symbolischen Geschlossenheit über den Weg traut.

Bachofen stellt »Das Mutterrecht«[14] so dar, daß kultische Handlungen nur von Frauen ausgeübt wurden. Dabei wurde bevorzugt: die linke der rechten Seite, die Dunkelheit dem Licht, die Nacht dem Tag, die Trauer der Freude; dem Mond wurde vor der Sonne gehuldigt, den Verstorbenen vor den Lebenden, den finsteren Todeszeichen des Naturlebens vor den lichten des Werdens; die Zeitrechnung wurde nach den Nächten und dem Mond vorgenommen, nachts war die Zeit zum Kampf, zur Beratung, zum Rechtsprechen.

Allerdings steht nicht nur die historische Richtigkeit dieser Darstellung in Frage, sondern auch der Aussagewert der Symbolik. Von der Frauenbewegung wird neuerdings die dunkle Einfärbung der weiblichen Archetypik, die Ambivalenz in der Auffassung der Großen Mutter als nur einerseits nährend, andererseits aber verschlingend bekämpft und als Ergebnis kultureller Überlagerung durch die Männergesellschaft angesehen. Ursprünglich hatte das Weibliche nicht diese negativen Attribute, wird gesagt, und C.G. Jung wird bekämpft, wenn er in seiner Psychologie die vernichtende Potenz des Weiblichen so betont.[15] Wir brauchen in dieser Frage keine Stellung zu nehmen, sondern benutzen die Symbolwerte für unsere Fragestellung so, wie sie nun einmal kulturell überkommen sind. Denkbar ist allerdings, daß es sich bei dem ambivalenten Imago der Mütterlichkeit um eine Überlagerung in derselben tragischen Dimension handelt, die wir schon im Kapitel »Kontingenz-Notwendigkeit« in den Gedankengängen von Alexander Rüstow kennengelernt haben; denkbar auch, daß diese Überlagerungsvorgänge zusammenfielen.

---

[12] Aniela Jaffé, C. G. Jung, Bild und Wort. Eine Biographie, Olten 1977, S. 11.

[13] Johann Jakob Bachofen, Das Mutterrecht, Eine Untersuchung über die Gynaikokratie der Alten Welt nach ihrer religiösen und rechtlichen Natur, Stuttgart 1861.

[14] Johann Jakob Bachofen, das Mutterrecht, Basel 1861; vgl. auch Klaus E. Müller, Die bessere und die schlechtere Hälfte. Ethnologie des Geschlechterkonflikts, Frankfurt a. M./New York 1984.

[15] Gerda Weiler, Der enteignete Mythos, München 1985.

Nicht nur mit dem Tod ist das Weibliche assoziiert, sondern auch mit den anderen linksstehenden Symbolen, von denen wir nur noch »dunkle Vergangenheit«, und »Unten« mit Zitaten belegen wollen.

> »Jedes werdende Menschenkind ruht, wie alles werdende Leben, im Schoß der großen Mutter: der ungeschieden vorgestaltigen Urwelt. Von ihr auch löst es sich ins persönliche Leben, und nur noch in den dunklen Stunden, da wir diesem entgleiten (das widerfährt freilich auch dem Gesunden Nacht um Nacht), sind wir ihr wieder nah.«[16]

> »Unvergänglich ist der Geist der Tiefe.-
> Er ist das Urmütterliche.
> In des Urmütterlichen Schoß wurzeln Himmel und Erde.
> Es ist der Urquell des Lebens,
> der mühelos aus sich selber quillt.«[17]

Diese Zitate legen wieder den Gedanken nahe, daß die weibliche Symbolik nicht Überlagerungsergebnis, sondern natürliche Folge der biologischen Grundgegebenheiten ist. Wie dem auch sei - uns gelingt es mithilfe der weiblichen Archetypik, die Ambivalenz des gesamten »Reichs linkerhand« und damit auch des Relativismus plausibel zu machen; die Kompensationsbedürftigkeit durch alles, was auf der rechten Seite steht, also auch durch den Universalismus.

4. Die innere Verwandtschaft zwischen dem Verlassen des rationalistischen Naturrechts und der Zuwendung zum Chtonisch-Weiblichen, die verhängnisvolle Neigung der deutschen Seele in diese Richtung, ihr »Gang zu den Müttern« hat Thomas Mann 1929 in seiner »Rede über Lessing« zum Ausdruck gebracht:

> »Wir haben es zur inferioren Lust aller Feinde des *männlichen* Lichts, aller Priester des dynamischen Orgasmus im Irrationalen schon so weit gebracht, daß der natürliche Rückschlag bösartig-lebensgefährlich auszusehen beginnt und nachgerade ein Rückschlag gegen den Rückschlag nötig scheint, um das chtonische Gelichter, das allzuviel Wasser auf seine Mühlen bekommen hat, in sein *mutterrechtliches Dunkel* zurückzuscheuchen.«[18]

In einer Zusammenfassung dessen, was im ostasiatischen Denken das männliche und das weibliche Prinzip (Ch'ien und K'un) kennzeichnet, leuchten die extrinsi-

---

16 Martin Buber, Ich und Du, in: Das dialogische Prinzip, Heidelberg 1979, S. 29.

17 Laotse, Tao Te King, 6 (Hrsg. R. Backofen), 2. Aufl. München 1975.

18 Thomas Mann, Rede über Lessing, gehalten am 22. 1. 1929, in Deutsche Meister, Gütersloh o. J., S. 19; Hervorhebungen von mir.

schen Prinzipien des Rationalismus einerseits und die intrinsischen von Relativismus und Indifferenz andererseits durch:

»Das Männliche ist das Prinzip, das durch seine erhaltende Kraft zur 'dauernden Aktualisierung und Differenzierung der Form' führt. Seine Bewegung verändert und formt alle Dinge, bis sie ihr eigenes, wahres Wesen erreichen. In Einklang mit dem Ch'ien zu leben, bedeutet, durch ordnende Aktivität Frieden und Sicherheit in die Welt zu bringen. Es ermöglicht, 'mit großer Klarheit Ursache und Wirkung' zu erkennen (Richard Wilhelm). Als das Prinzip der Führung, der Ordnung, der Differenzierung, der Individualität, der Bewegung in der Zeit und von Ursache und Wirkung ist Ch'ien der Gegenpol des K'un.

Das Feminine ist das Prinzip der Verbundenheit. Es umfaßt und ernährt alle Dinge und bietet ihnen vorbehaltlos Schutz und Unterstützung. 'Alle Dinge umfassend wird es hell und leuchtet weit. Seine wesentliche Eigenschaft ist frohes Empfangen.' K'un ist das Prinzip der Erde, insofern als es den Samen des Ch'ien empfängt und ihm zur Reifung verhilft. 'Während es die Leistung des Schöpferischen (Ch'ien) ist, den Individuen ihre spezifische Form zu geben, ist es die Leistung des Empfangenden (K'un), sie zum Gedeihen und zur Entfaltung zu bringen.' Hingebungsvoll trägt es Gutes und Böses ohne Ausnahme. Es ist das Prinzip der Ruhe, der Zurückhaltung, des Nachgebens und der Mäßigung. Die Bewegung von K'un ist die Öffnung in den Raum, im Gegensatz zu der in Ch'ien enthaltenen Vorstellung von Zielrichtung. 'In seinem ruhenden, geschlossenen Zustand umfaßt es alle Dinge wie in einem großen Mutterleib.' Es bedarf keines Zieles; alles wird durch das K'un spontan, was es werden wollte. Seine Eigenschaften sind sanft und schutzgewährend.«[19]

Das Allumfassen des Weiblichen hat die Wirkung, daß in seinem Bereich Gut und Böse ungeschieden beieinanderruhen. Damit werden wir uns noch befassen in dem Kapitel »Böse-Gut«. Die Indifferenz gegenüber dieser Dichotomie, die ja auch ein Merkmal des Relativismus ist, ist ein immer wieder dem Weiblichen zugeschriebenes Merkmal. Die Frau ist nach diesem Klischee nicht der Moral, sondern der Sitte zugetan.[20] Die Sitte wird fraglos übernommen und bedeutet keine Wertung. Wertung ist Trennung, Trennung zwischen dem Gegenstand und der Idee und zwischen Gut und Böse. Auf der linken Seite werden keine Trennungen vorgenommen, sondern Vereinigungen.[21]

Das Weibliche, so kann man zusammenfassend sagen, ist das monistische im Gegensatz zum dualistischen männlichen Prinzip.

---

19 Sukie Colegrave a.a.O. S. 80.

20 vgl. Ferdinand Tönnies, Die Sitte, Frankfurt a. M. 1909, nachgedruckt 1970, S. 36.

21 Schlegel befindet sich deshalb ganz in unserem Schema, in dem Immanenz immer das Weibliche ist, wenn er sagt: »der unmännlich pantheistische Schwindel« (Friedrich Schlegel, zitiert bei F. W. J. Schelling, Über das Wesen der menschlichen Freiheit, Stuttgart 1983, S. 131).

5. Betrachten wir die Scheidung in Männlich und Weiblich als eine Ausprägung der Unendlichen Entzweiung, so sind die von Schleiermacher gewünschten »einzelnen seltenen Subjekte«, die »über den Gegensätzen stehen«, androgyn, und tatsächlich war Androgynität romantisches Ideal. Franz Baader übernahm die Lehre von der Androgyne von Jakob Böhme; Schlegel machte daraus ein Programm[22]:

> »Was ist häßlicher als überladene Weiblichkeit; was ist so ekelhaft als übertriebene Männlichkeit!«

> »In der Tat sind die Männlichkeit und die Weiblichkeit, so wie sie gewöhnlich genommen und getrieben werden, die gefährlichsten Hindernisse der Menschlichkeit.«

Auch die in »Gemeinschaft und Gesellschaft« vorgenommene Charakterisierung des männlichen und des weiblichen Prinzips führt zu dem Ergebnis, daß im Idealfall beides vereinigt ist.

> »Genie ... hat an beiden Charakteren einen gleichmäßigen Anteil; im weiblichen Wesen beruhend, vollendet es sich im männlichen: es ist soviel inneres, dunkles, passives als äußeres, helles, aktives Leben und Denken.«[23]

II. Antigone

Naturrecht ist männlich, Relativismus ist weiblich - das ist das Ergebnis unserer archetypischen Zuordnung. Ins Schwanken gerät sie, wenn wir an die paradigmatische Bedeutung denken, die der Kampf Antigones gegen den Tyrannen Kreon für das Naturrecht hat. Das Recht, auf das Antigone sich bezieht, gehört zu den matriarchalischen Urzuständen: sie hält Kreons Verbot, den Leichnam ihren Bruders zu beerdigen, das religiöse Gebot der Bestattung, die ungeschriebene Pietät entgegen. Sie dient damit dem weiblichen Archetypus, der Erde zu, in der der Bruder gebettet werden soll. So sieht es auch Bloch [24]:

---

22 zitiert bei Ricarda Huch a.a.O. S. 188 f.
23 Ferdinand Tönnies, Gemeinschaft und Gesellschaft a.a.O.
24 Ernst Bloch, Naturrecht und menschliche Würde, Frankfurt a. M., S. 132.

»Es ist freilich ein eigenes Naturrecht, ein in Gaia-Themis eingebundenes, doch eines, das sich späterhin innerhalb dieser Grenzen auch auf Empörung verstand. Eben die Empörung des in Antigone erhaltenen Erdrechts gegen das Männergesetz Kreons ist hierfür das vollkommenst bezeichnete Beispiel. Und es ist das Beispiel an einer der größten Dichtungen, an einem Konflikt, worin Sophokles das uralte Mutterrecht, das neue Staats- und Herrscherrecht tragisch zusammenstoßen läßt. Mit einer Opposition, einer Prävalenz der Antigone-Stimme, die das Naturrecht - bei all seiner sonst männlichen Würde - durchaus in seiner eigenen 'Physis' vernehmen mochte.«

Damit gerät unsere Zuweisung des Naturrechts zum Männlichen, zum Himmel, ins Schwanken; dieses Naturrecht weist auch nicht in die Zukunft, sondern in die Vergangenheit, beruft sich auf Tradition; auch ist es nicht gesellschaftlich-artifizielle Regelung, neues besseres Arrangement, sondern organisch gewachsenes Gemeinschaftsgut, mit anderen Worten: Sitte. Der Rechtszustand, dessen Einsetzung Antigone verlangt, ist kein Naturrecht, sondern Kultus, Sitte - Partikularität, Kontingenz. Denn der Gedanke, daß ein Leichnam mangels Bestattung den Vögeln ausgesetzt wird, erregt nicht notwendig das Schaudern, das sich in den Worten des Weisen Teiresias ausdrückt: »Unheil verkündet jeder Vogelschrei: Sie tranken von dem Blute des Erschlagenen!«; dieser Vorgang erscheint im Gegenteil gewissen Indianerstämmen erstrebenswert und kultisch geboten: die Toten werden zu diesem Zweck in Baumkronen gelegt. Damit steht die Forderung Antigones auf dem Gegenpol zu den Forderungen des Naturrechts, die Allgemeingültigkeit beanspruchen, universal und notwendig zu sein behaupten. Diese Forderungen sind historisch das Späte, durch Weltgesellschaft, Völkerbegegnung und Vermischung sich Herausbildende. Antigone beruft sich auf das Alte, seit unvordenklicher Zeit ihrem Stamm Gebotene.

Dadurch aber, daß dieser Zustand nicht Faktum, sondern Postulat ist, geht die das Naturrecht (andererseits) kennzeichnende Schere auf; das Hergebrachte, von selbst unmerklich Gewordene, das, was richtig ist, weil es praktiziert wird; das, was keiner Begründung bedarf, das, was autopoietisch-organisch ist, wird untypisch zu dem, was revolutionär, alternativ, zu erstreiten, durch freie Willenstat umzusetzen ist.

Antigones Position ist nicht deshalb naturrechtlich, weil sie auf organisch entstandene Sitte Bezug nimmt - im Gegenteil, sie ist trotzdem naturrechtlich. Haupt-Charakteristikum des Naturrechts ist weder das Artifizielle noch das Organische, sondern sein dualistischer Charakter, seine Trennung von Wirklichkeit und Idee, die Konfrontation der Wirklichkeit mit einer Idee - und diese kann im Gang zu den Müttern bestehen oder in der Transzendenz nach vorn. Antigones Position ist einerseits - formal - naturrechtlich, andererseits - inhaltlich - ist sie es nicht.

Antigones Gestus ist naturrechtlich-männlich, sie nimmt die Gegenwelt nur inhaltlich in Anspruch. Das Männliche daran fürchtet ihre Schwester Ismene:

»Bedenk, wie schlimm wir enden, wenn wir dem Gesetz
Zum Trotz der Herrscher Machtwort übertreten!
Wir müssen einsehn, daß wir Frauen sind,
Mit Männern uns zu messen nicht bestimmt.
Der Stärkere hat über uns Gewalt,
Er kann noch Härtres fordern als nur dies.
So flehe ich zu denen unterm Boden,
Sie mögen mir verzeihen, da Gewalt
Mich zwingt. Ich füge mich der Obrigkeit.«

Als Verletzung der Geschlechtsrollenzuweisung betrachtet auch Kreon das Aufbegehren:

»Wenn sie sich ungestraft das leisten darf,
Bin ich kein Mann mehr, dann ist sie der Mann!«

Auch andere Überlegungen führen zu einer Auflösung des Widerspruchs: Wir haben uns schon oben[25] klargemacht, daß aus der Innenbetrachtung, subjektiv gesehen, das Partikulare und Kontingente oft das Heilige und Ewige, das Universale und Notwendige ist. Aus der Sicht der Beteiligten - und auch der von Sophokles - nahm Antigone deshalb nicht etwa kontingente Sitte, sondern unantastbares Naturrecht in Anspruch.

Zu bedenken ist außerdem, daß der Kontingenz nur die einzelnen Bestattungsformen unterliegen, nicht aber der Gedanke, daß jedermann ordnungsgemäß zu bestatten sei, also so, wie die jeweilige Sitte es gebietet. Das Recht auf die hergebrachte Bestattungsform kann sehr wohl zu dem ewigen, universalen und unveräußerlichen Rechten gerechnet werden, die den Universalismus kennzeichnen. Kierkegaard sagte:

»Die Freidenker haben oft genug die Begriffe zu verwirren gesucht, indem sie darauf aufmerksam machten, wie zuweilen Leute für heilig und gesetzlich erklärten, was in anderer Leute Augen ein Greuel und eine Missetat war. Man hat sich hier selbst von dem Äußeren blenden lassen; bei dem Ethischen aber ist die Frage nie nach dem Äußeren, sondern nach dem Inneren.«[26]

---

25 Im Kapitel »Vergangenheit-Zukunft« III. 2.

26 Sören Kierkegaard, Entweder-Oder Teil II (Hrsg. H. Diem u. W. Rest), München 1988, S. 832 f.

16. Kapitel
Böse-Gut

I. Einordnung in die »Unendliche Entzweiung«

1. Die Kennzeichnung der dimorphen Gestalt aller Wahrheit wäre nicht vollständig, wenn Gut und Böse nicht dabei wären. Deren Zuordnung auf die rechte bzw. linke Seite unserer Tafel hat viele, uns schon vertraute Anknüpfungspunkte mit demselben Ergebnis: Das Böse gehört nach links, das Gute nach rechts. Nach links gehört die Natur als anarchisches Prinzip, der Tod, die partikulare Sitte mit ihren bösen Seiten im Unterschied zur Sittlichkeit, das Weibliche (die Königin der Nacht), das archetypisch für das Böse einstehen muß, das Unten, wo die Hölle ist - nach links gehört deshalb auch das Böse selbst.

Da unsere Aufgabe letzten Endes ist, die relativistische und absolutistische Position in der Wertfrage als Ausdruck jeweils einer der großen Hemisphären auszuweisen, beschäftigt uns bei der Einordnung des Bösen nach links und des Guten nach rechts die damit verbundene Assoziierung von Relativismus und Böse und Absolutismus und Gut. Das muß auf Widerstand auf Seiten des Relativismus stoßen; nicht nur, weil niemand sich gern auf die Seite des Bösen bringen läßt, sondern auch deshalb, weil der Relativismus die Unterscheidung zwischen Gut und Böse ja nicht anerkennt als objektive Einteilung, sondern nur als subjektive, wissenschaftlich irrelevante Einschätzung. Dieser Einwand ist natürlich berechtigt: lediglich rechtsseitig wird eine Gabelung in Gut und Böse vorgenommen, und insofern kann das, was links steht und indifferent ist, nicht böse sein.

Ebensowenig führt die Auffassung, die zwischen Gut und Böse differenziert, schon selbst zum Guten, und Kierkegaard sagt mit Recht:

> »Mein Entweder-Oder bezeichnet nicht zunächst die Wahl zwischen Gut und Böse, es bezeichnet die Wahl, durch die man Gut und Böse wählt oder sie ausschließt. Die Frage ist hier, unter welchen Bestimmungen man das ganze Dasein betrachten und selber leben will. Daß, wer Gut und Böse wählt, das Gute wählt, ist zwar wahr, aber das zeigt sich erst hinterher; denn das Ästhetische ist nicht das Böse, sondern die Indifferenz, und daher eben sagte ich, daß das Ethische die Wahl konstituiere. Es ist deshalb nicht so sehr die Rede davon, daß man wähle, ob man das Gute oder das Böse will, als vielmehr davon, daß man das Wollen wählt; damit aber ist wiederum das Gute und das Böse gesetzt. Wer das Ethische wählt, wählt das Gute, das Gute aber ist hier völlig abstrakt, sein Sein ist damit

> nur gesetzt, und daraus folgt noch keineswegs, daß der Wählende nicht wieder das Böse wählen kann, obwohl er das Gute gewählt hat.«[1]

Bei morphologischer Betrachtung aber ist dieser logische Einwand kein Hindernis. Diese Betrachtungsweise erlaubt, unabhängig von logischer Hierarchie das ganze Schema im Lichte einer seiner Unterpolaritäten zu sehen, jede spezielle Polarität also den anderen überzuordnen, um so die von ihr ausgehende Einfärbung zu erfassen. Kierkegaard tut letzten Endes auch nichts anderes, als daß er das Ästhetische dem Reich linker Hand überantwortet. Und so, wie sich der Relativismus bei dieser Methode auch gefallen lassen muß, als weiblich, weich, dunkel zu erscheinen, so kann er sich auch der Feststellung nicht entziehen, daß er im morphologischen Ausstrahlungsbereich des Bösen steht. Logische Einwände hindern nicht, alle Elemente des Schemas unter die Oberbegriffe Gut-Böse zu bringen, sie also auch Absolutismus und Relativismus überzuordnen und ihnen damit die Bedeutung zu geben, die sie als weltentrennende archetypische Gestalten tatsächlich haben, als diesseitiges jüngstes Gericht, in dem die einen nach rechts und die anderen nach links gehen, als unentrinnbare Bifurkation, der auch der Spötter unterliegt, als verschiedene Einfärbung aller Erfahrung, ohne die auch Hell und Dunkel, Oben und Unten nicht aufgefaßt werden können. Wer in der Assoziation von Relativismus und Böse eine Abwertung sieht, mag sich damit beruhigen, daß sich das Prinzip des Weiblichen, unter dem die Autorin steht, dieselbe Assoziation im kollektiven Unbewußten gefallen lassen muß.

2. Zunächst und hauptsächlich werden wir uns aber mit der moralischen Indifferenz des Relativismus beschäftigen. Er teilt diese mit dem ganzen Reich des Yin, dessen Charakteristikum die Gleichgültigkeit gegenüber Gut und Böse ist. Die Gelassenheit und Entspanntheit seiner Systole-Haltung beruht darauf, daß sie nicht im Spannungsfeld der moralischen Kategorien steht. Auf ihrer Seite finden wir die Sitte im Gegensatz zur Moral, die natürliche Neigung zur Harmonie, die nicht von Maximen abgeleitet, sondern das Leben selbst ist.

Die Berechtigung, auf die Yin-Seite die Indifferenz gegenüber Gut und Böse zu bringen, zeigt die Tatsache, daß dort das östliche Denken selbst, von dem wir unsere Unterscheidung übernommen haben, Wohnsitz hat. Die Einsicht in das Zusammenweben von Yin und Yang dient ja ganz wesentlich dem Zweck, abzulassen von einem Werturteil über das, was uns begegnet. Das sogenannte Böse sollen wir erfahren lernen als notwendigen Kontrast zum Guten, berechtigt wie die Wolke, die sich zeitweise vor den Mond schiebt, wie die Nacht gegenüber dem Tag und Tränen gegenüber dem Lachen. Elastisch sollen wir auch den Wechsel zwischen Gut und Böse hinnehmen, dem einen so wenig wie dem anderen wehren, »das Trübe für das Klare nehmen«. Und soweit das Böse doch Anlaß zum Eingreifen ist, nehmen wir es als Auslöser für eine diastolische Bewegung, der dann wieder der systolische Rückzug folgt; ebenso wie auch das erstrebenswerte Gute zu einem

---

[1] Sören Kierkegaard, Entweder-Oder Teil II (Hrsg. H. Diem u. W. Rest), München 1988, S. 718.

Ausgreifen motivieren kann - eine Anspannung, die ebenso wieder in einem Zurücksinken ihren Ausgleich finden muß. Das abendländische Problem der Theodizee stellt sich hier nicht; nicht nur mangels eines persönlichen Gottes, sondern mangels Ablehnung des Bösen.

»Dieser Geist des Nichtdiskriminierens und der Gleichheit ist meiner Meinung nach schon seit alters her ein Bestandteil des japanischen Verhaltens gewesen und nicht nur Teil der Zen-Ideen. Ich glaube, genau hierin liegt das Wesen des sogenannten 'Wegs der Götter'; denn dieser Weg preist durchweg das Prinzip des Nicht-Prinzips und den Wert des Nichtwerts.«[2]

Takeo Doi, von dem diese Worte stammen, bringt das in Zusammenhang mit dem im Östlichen überwiegenden weiblichen Prinzip, dessen Indifferenz, »Nichtdiskriminieren« wir uns schon bewußt gemacht haben[3]. Er zitiert Suzuki, der sagt, daß hinter dem westlichen Denken und Fühlen immer der Vater stehe[4], während der östlichen Natur immer die Mutter zugrundeliege:

»Die Mutter umschließt alles in bedingungsloser Liebe. Die Frage von richtig oder falsch wird hier nicht gestellt. Alles wird problemlos und ohne Infragestellen akzeptiert. Liebe im Westen enthält immer einen Rest von Macht. Liebe im Osten ist all-umschließend. Sie ist offen nach allen Seiten. Man kann in sie aus jeder Richtung eintreten.«[5]

Ruth Benedict[6] hat als unterscheidende Merkmale zwischen östlicher und westlicher Kultur die Begriffe Scham und Schuld eingeführt. Nicht Schuld-, sondern Schamgefühl ist demnach das Problem der Asiaten, und das heißt: nicht die falsche Entscheidung gegenüber Gut und Böse ist belastend, sondern die Bloßstellung der Gruppe, der man angehört. Diese Differenzierung ist von japanischer Seite aus auf Widerstand gestoßen; jedoch wird von Takeo Doi die Eignung der Begriffe, eine Verschiedenheit auszudrücken, zugestanden.

»Es wäre ... töricht anzunehmen, die Japaner kennten kein Schuldgefühl. Das Charakteristische am japanischen Schuldgefühl ist jedoch, daß es sich am

---

2 Takeo Doi, Amae. Freiheit in Geborgenheit, Zur Struktur japanischer Psyche, Frankfurt a. M. 1982, S. 92.
3 im Kapitel »Weiblich-Männlich« I. 2.,4.
4 Ein gutes Beispiel bot uns Hegel im Kap. »Unten-Oben usw. »Fußnote 3.
5 Daisetsu Suzuki (zitiert bei Takeo Doi S. 92), Toyo Bunmei no Kontei ni aru Mono, Asahi Shimbun, Dez. 22, 1958.
6 Ruth Benedict, The Chrysanthemum and the Sword, Tokio 1954, zitiert bei Takeo Doi, S. 58.

stärksten zeigt, wenn ein Individuum das Gefühl hat, daß seine Handlungen die Gruppe, zu der es gehört, verraten.«

Letzten Endes ist das - nach Takeo Dois Ansicht - auch die Quelle für das westliche Schuldgefühl; dieses hat sich aber von der Gruppe gelöst und einen abstrakten Bezugspunkt gesucht. Diese Überlegung paßt in unsere Einordnung des westlichen Prinzips unter den Dualismus zwischen dem Menschen und einem abstrakten Gegenüber (das Gott sein kann)[7]. Takeo Doi meint,

»daß tief im westlichen Schuldgefühl ebenso die Psychologie des Verrats verborgen ist, deren sich der Abendländer jedoch normalerweise nicht bewußt ist. Denn wahrscheinlich wurde im Laufe von Jahrhunderten durch die ständige christliche Belehrung die Gruppe - die mit Sicherheit einst eine bedeutende Rolle in den moralischen Ansichten des Abendländers spielte - allmählich durch Gott ersetzt; die Gottesvorstellung wiederum verblaßte mit Beginn der Moderne und ließ das Individuum in dem Gefühl zurück, daß es allein stehe. Die psychonanalytische Meinung, die das westliche Schuldgefühl aus einem Zuwiderhandeln gegen das in der Seele errichtete Über-Ich erklärt, macht deutlich, daß das Element des Verrats offenbar nicht völlig verschwunden ist. Aber auch wenn in das Über-Ich, das als innerseelische Funktion definiert wird, individuelle, persönliche Elemente - wie der Einfluß der Eltern - eingehen können, ist dessen Charakter doch im wesentlichen unpersönlich. Und so ist im Schuldgefühl des Abendländers das Moment des Verrats nur noch spurenhaft vorhanden und wird als solches nicht mehr stark empfunden.«

Gleichviel - in morphologischer Steigerung ist das Klischee richtig, nach dem das östliche Denken das Nichtdifferenzierende, das Monistische ist[8] - auch in der Frage »Gut-Böse«; das Abendländische hingegen das Dualistische.

3. Wir schreiben auf die linke Seite unserer Tafel das Wort »Indifferenz« und auf die rechte »Dualismus Gut-Böse«. Dieser ist Grundlage für das Konzept von Schuld, das in der westlichen Kultur so ein tragendes Motiv ist: ihre Religion macht die Befreiung von Schuld zu ihrem Hauptthema. Christi Bedeutung wird darin gesehen, daß er in seinem Kreuzestod die menschliche Schuld gesühnt hat; die Sündenvergebung wird in jeder Eucharistie-Feier wiederholt, auf ihrer Monopolisierung beruht die Macht der katholischen Kirche. Und hat auch der religiöse Einfluß auf die westliche Kultur stark nachgelassen, ist auch der Glaube an die sündenvergebenden Rituale der Kirche verlorengegangen, so ist doch die Macht der Dichotomie Gut-Böse geblieben - herrscht sie sogar ohne Hoffnung auf Vergebung umso uneingeschränkter. Ihre zerstörerische Wirkung auf die menschliche

---

7 vgl. »Deutsch-Okzidental« I. 1.

8 In der Verweigerung der Subjekt-Objekt-Trennung haben wir es in dieser Eigenschaft schon kennengelernt, vgl. das »Kapitel »Macht oder Ohnmacht der Subjektivität«, III. 1.

Seele hat Sigmund Freud ans Licht gehoben, als er das Unbewußte als Tummelplatz der Kämpfe zwischen Über-Ich und Es entdeckte, zwischen moralischer Instanz und Triebhaftigkeit. In Religion nicht mehr lösbare und deshalb verdrängte Schuldgefühle zerrütten das Seelenleben des westlichen Menschen.

Nun gibt es allerdings im modernen Denken die theoretische Möglichkeit, der Dualität zu entrinnen: das naturwissenschaftlich-deterministische Weltbild, das keine Wertung kennt, alle Hergänge als notwendigen Ablauf von Kausalanstößen versteht und den Menschen so aus seiner belastenden Verantwortung entläßt. In diesem Weltbild ist der Mensch ein Stück Natur wie der geworfene Stein, der seinen Weg nicht lenkt, Natur und Geist erscheinen nicht mehr als Entgegensetzungen, sondern als Phänomen und Epiphänomen, sie sind eins, und diese Einheitlichkeit rechtfertigt, diese Auffassung »Monismus« zu nennen.

So sehr nun das naturwissenschaflich-wertfreie Denken unsere Kultur erobert hat, so machtlos bleibt es doch gegenüber dem, was in der Psychologie als Schuldgefühl Probleme macht. Auch die deterministische Sicht der Dinge kann nicht leugnen, daß der Mensch jedenfalls in dem Wahn seiner Handlungs- und Entscheidungsfreiheit steht[9] und von diesem Wahn in Konflikte getrieben wird, die zwar aus dieser Sicht Scheinkonflikte sind, aber doch unleugbar Leiden verursachen. Die Tiefen des Unbewußten, wo der Mensch seine Schuldgefühle abmacht, kann die aufgeklärte moderne Sicht der Dinge nicht erreichen, und nur neidvoll kann sie auf ein Bewußtsein blicken, das der christlichen Vergebungsbotschaft trauen kann, die den Dualismus zwischen Gut und Böse akzeptiert und ihn deshalb auch lösen kann.

II. Indifferenz und Diskriminierung

Welchen Gewinn bringt nun die Einordnung der Unterscheidung zwischen Indifferenz und ethischem Dualismus in unsere Tafel? Wir bringen sie damit unter das Gesetz der Komplementarität, der gleichzeitigen Lebensberechtigung. Wir sehen ihre Gültigkeit für ihren jeweiligen Bereich: Indifferenz ist links, Dualismus rechts am Platze. So wie in jedem Menschen männliche und weibliche Anteile friedlich nebeneinanderwohnen können, können auch beide Haltungen zu Gut und Böse nebeneinander bestehen. Sie vertragen sich, wenn sie ihre Anwendungsgebiete untereinander aufteilen.

1. Als erste Aufteilung der Anwendungsgebiete wollen wir die inzwischen vertraute Trennung in den organischen und den artifiziellen Sozialzustand verwenden, in Gemeinschaft und Gesellschaft.

Erinnern wir uns an das, was Schiller über den Naturzustand gesagt hat:

---

[9] vgl. dazu die Ausführungen zur Relativität des liberum arbitrium im Kapitel »Ohnmacht oder Macht der Subjektivität«, V. 1.

»Solange der Mensch noch reine, es versteht sich, nicht rohe *Natur* ist, wirkt er als ungeteilte sinnliche Einheit und als ein harmonierendes Ganze. Sinne und Vernunft, empfangendes und selbsttätiges Vermögen haben sich in ihrem Geschäft noch nicht getrennt, viel weniger stehen sie im Widerspruch miteinander. Seine Empfindungen sind nicht das formlose Spiel des Zufalls, seine Gedanken nicht das gehaltlose Spiel der Vorstellungskraft; aus dem Gesetz der Notwendigkeit gehen jene, aus der Wirklichkeit gehen diese hervor.

Ist der Mensch in den Stand der Kultur getreten, und hat die *Kunst* ihre Hand an ihn gelegt, so ist jene sinnliche Harmonie in ihm aufgehoben, und er kann nur noch als moralische Einheit, d.h. als nach Einheit *strebend* sich äußern. Die Übereinstimmung zwischen seinem Empfinden und Denken, die in dem ersten Zustande wirklich stattfand, existiert jetzt bloß idealisch; sie ist nicht mehr in ihm, sondern außer ihm, als ein Gedanke, der erst realisiert werden soll, nicht mehr als Tatsache seines Lebens.«[10]

Wir finden in diesem Text die Polaritäten Einheit-Trennung (Monismus-Dualismus), Sinne-Vernunft, empfangend-tätig, Wirklichkeit-Ideal, die untereinandergeordnet die Symbolketten Einheit, Natur, Sinne, empfangend, Wirklichkeit einerseits und Trennung, Kultur, Vernunft, tätig, Ideal andererseits ergeben. In der ersten Kette herrscht die Indifferenz, in der zweiten die Unterscheidung zwischen Gut und Böse - die Moral. Wie wir schon sahen, wird in Schillers Sicht in der Entwicklungsgeschichte der Menschheit ein Verlust an natürlicher Unschuld und ein dadurch zunehmend notwendiges freiwilliges Unterwerfen unter Moralgesetze konstatiert. Auf diese Weise ergibt sich für die Frage, ob der Betrachter moralisch indifferent oder nach dem Gut/Böse-Kriterium an die Abläufe herangehen sollte, eine Zwei-Reiche-Trennung: je früher und unentwickelter die Zustände sind, desto angemessener ist die Indifferenz, je später und kultivierter, desto mehr der Gut/Böse-Maßstab.

Wenn Schiller der »Unschuldwelt« die »künstlichen Verhältnisse der größern Sozietät« gegenüberstellt, trifft er die Unterscheidung zwischen Gemeinschaft und Gesellschaft und die mit dieser verbundene Trennung der Anwendungsbereiche von Indifferenz und Moral. Bei dieser Sichtweise unterliegt ein hochentwickeltes Kulturvolk dem strengsten Maßstab. Diese Betrachtungsweise ermöglicht eine Stellungnahme in dem sogenannten Historikerstreit, der gegenwärtig die Betrachter des deutschen Faschismus trennt in solche, die ihn als weltgeschichtlich singuläres Ereignis ansehen, denen er die Verderbnis schlechthin ist, und solche, die ihn einordnen in ähnliche Schreckenszeiten vorher, gleichzeitig und nachher, in denen die Anzahl der Toten vergleichbar ist.[11]

---

[10] Friedrich Schiller, Über naive und sentimentalische Dichtung, Werke (Hrsg. A. Kutscher), Berlin o. J. Bd. 8 a.a.O. S. 135, Hervorhebungen von mir.

[11] Wir haben die Frage unter »Partikular-Universal«, II. 2. schon angeschnitten.

Für Schiller wäre ein anderer Maßstab anzulegen an die stalinistischen Ausrottungsmaßnahmen als an die deutschen »Säuberungen« einfach deshalb, weil Deutschland kulturell weiter fortgeschritten war, dem Stand der Natur entfernter; weil es die Moralgesetze schon seit Jahrhunderten nicht mehr als Sitte durchführte, sondern als »heilige Gesetze« geistig ergriffen und bewußt in seine künstlichen Einrichtungen aufgenommen hatte.

2. Als zweite Trennung der Anwendungsgebiete von Diskriminierung und Indifferenz wollen wir die in dem Kapitel über Subjektivität[12] eingeführte Zwei-Reiche-Lehre, die zwischen dem »Ich« und dem »Rest der Welt« teilt, nutzbar machen. Wir haben dort Fichtes Satz kennengelernt:

> »Ich bemerke noch, daß man, wenn man das *Ich bin* überschreitet, notwendig auf den Spinozismus kommen muß ... und daß es nur zwei völlig konsequente Systeme gibt; das Kritische, welches diese Grenze anerkennt, und das Spinozistische, das sie überspringt.«

Fichte hat mit seiner Trennung die »Unendliche Entzweiung« getroffen, den Scheitelpunkt, an dem Indifferenz und moralische Entscheidung, Relativismus und Ethik auseinandergehen und mit ihnen Notwendigkeit und Freiheit, Ohnmacht und Macht der Subjektivität. Die Wendung nach links, auf die Seite von moralischer Indifferenz, ist immer eine Rückbesinnung auf Spinoza. Sie war es bei Goethe und wurde es wieder bei Nietzsche, der Spinoza begeistert wiederentdeckte. Er führt die die »Unendliche Entzweiung« ausmachenden Motive in diesem Zusammenhang an:

> »In fünf Hauptpunkten seiner Lehre finde ich mich wieder: er leugnet die Willensfreiheit -; die Zwecke -; die sittliche Weltordnung -; das Unegoistische -; das Böse ... In summa: meine Einsamkeit, die mir, wie auf ganz hohen Bergen, oft, oft Atemnot machte und das Blut hervorströmen ließ, ist wenigstens jetzt eine Zweisamkeit.«[13]

Die jetzige Postmoderne, die ausdrücklich an Nietzsche anknüpft, kann, da sie eine Wendung gegen Willensfreiheit, Zwecke, sittliche Weltordnung und eine Zulassung des Egoistischen und Bösen ist, innerhalb der Fichteschen Zwei-Reiche-Lehre als Wendung von der Kritischen zur Spinozistischen Seite verstanden werden.

Das Fichtesche Insistieren auf der prinzipiellen Entgegensetzung zwischen Nicht-Ich und Ich ist in der Hauptströmung der deutschen Geistesgeschichte nicht

---

[12] Im Kapitel »Ohnmacht und Macht der Subjektivität«, V. 1.
[13] Nietzsche an Overbeck, Briefwechsel, Kritische Gesamtausgabe III 1, Berlin 1981, S. 111.

weitergeführt worden, sondern (unter Spinozas über Goethe vermittelten Einfluß) durch Schellings und Hegels Konzept der Identität zwischen Natur und Geist aus dem Blickfeld geraten. Das große System, das Hegel aufgebaut hat, läßt das Ich verschwinden, Teil werden des Weltgeistes.[14] Ein Wiederaufleben des Fichteschen Ansatzes hat es nicht gegeben, wohl aber den existentialistischen Protest gegen die Unterdrückung der Ich-Nicht/Ich-Grenze durch Kierkegaard. Er hat sich dagegen zur Wehr gesetzt, daß die Einzelsubjektivität des Denkers im Hegelschen System versinkt - wir erörterten das schon in dem Kapitel über Subjektivität -, und damit dem Moralischen wieder einen Platz gegeben, dem Ethischen neben dem Ästhetischen, wie er in einer in unsere Tafel passenden Weise unterschied.

3. Eine unserer Aufteilung des Anwendungsbereichs von Indifferenz und Diskriminierung verwandte Grenzziehung nimmt der Stoiker Epiktet in seinem »Handbüchlein der Moral« vor.

Die Stoiker sind die konsequentesten Monisten des Altertums. Gott und die Welt, Geist und Stoff sind ihnen ein und dasselbe, denn auch der Geist besteht aus Materie, wenn auch in feinster flüchtigster Form, die sie Feuer oder Äther nannten. Sie sind strenge Mechanisten und Kausalisten; der ganze Verlauf der Welt geht nach einer inneren und absoluten Notwendigkeit vor sich, von der ersten Entfaltung der Dinge bis zu ihrem Wiederaufgehen in Feuer[15]. Wozu dann Morallehren, wozu dann die Konfrontation der Wirklichkeit mit einer besseren Alternative? Wie verträgt sich monistischer Determinismus mit Sollensanforderungen? Kann man einem uhrwerkartig ablaufenden Geschehen sinnvoll Moral gegenüberstellen? Natürlich nicht; und es zeigt sich auch, daß der Monismus Epiktets einen Dualismus in sich trägt, der die Grenze hat: Was in unserer Gewalt steht, und was nicht. Mit dieser Überschrift beginnt Epiktet sein »Handbüchlein der Moral«[16] und schreibt:

> »Eins steht in unserer Gewalt, ein anderes nicht. In unserer Gewalt steht unser Denken, unser Tun, unser Begehren, unser Meiden - alles, was von uns selber kommt. Nicht in unserer Gewalt steht unser Leib, unsere Habe, unser Aussehen, unsere äußere Stellung - alles, was nicht von uns selber kommt. Was in unserer Gewalt steht, ist von Natur frei; es kann nicht gehindert werden. Was nicht in unserer Gewalt steht, ist hinfällig, abhängig, steht in fremder Hand und kann gehindert werden.«

Anders als Kant, der von der Geltung der Kausalgesetze jeden menschlichen Geist ausnahm, der in dem »intelligiblen Charakter« des Menschen die Möglichkeit sah, aus freiem Willensentschluß eigenständige Kausalketten anzustoßen, läßt Epiktet diese Ausnahme nur für sich selber, sein eigenes Bewußtsein, gelten. So sehr er

---

[14] allerdings im Spezialfall »Hegel« den Weltgeist in dessen Ich.
[15] vgl. Ernst v. Aster, Geschichte der Philosophie, Stuttgart 1968, S. 96.
[16] Epiktet, Handbüchlein der Moral, (Hrsg. H. Schmidt), Stuttgart 1966, S. 21.

andererseits die Einheit des Kosmos betont, so sehr zerfällt ihm die Welt doch in zwei grundsätzlich verschiedene Teile:

> »Von allen Dingen hat Gott die einen in unsere Gewalt gegeben, die anderen nicht. In unsere Gewalt gab er das Herrlichste und Erhabenste, wodurch er selbst glückselig ist: den Gebrauch der Vorstellungen. Wenn wir sie recht gebrauchen, bedeutet das für uns ein freies, leichtes, heiteres, beständiges Dasein; es bedeutet Recht, Gesetz und Selbstbeherrschung, überhaupt jede Tugend. Alles andere hat Gott nicht in unsere Gewalt gegeben. Wir müssen uns also in den Willen der Gottheit schicken und, indem wir so die Dinge unterscheiden, auf alle Weise erstreben, was in unsere Gewalt gegeben ist. Was aber nicht in unsere Gewalt gegeben ist, das müssen wir dem Kosmos überlassen.«[17]

Nur in dem einen Teil dieser Welt haben Moralgesetze Geltung: »Höhe der Gesinnung« verspricht Epiktet,

> »wenn du die Begriffe Gut und Böse von allem trennst, was nicht in deiner Macht steht, und Gutes wie Böses nur in dem suchst, was in deiner Macht steht.«[18]

So kommt es dazu, daß Epiktet auch Recht und Gesetz nicht etwa im Außenbereich ansiedelt, sondern in dem inneren der eigenen Vorstellungen, wo auch Selbstbeherrschung und jede Tugend allein zu finden sind.

Wir finden diese zwei Welten trennende Haltung auch in einem alten Pilgergebet, das von den Angehörigen der Anonymen Alkoholiker zum Abschluß jedes ihrer Treffen gemeinsam gesprochen wird:

> »Herr, gib mir die Gelassenheit, Dinge hinzunehmen, die ich nicht ändern kann, den Mut, Dinge zu ändern, die ich ändern kann, und die Weisheit, das eine vom anderen zu unterscheiden.«

4. Die Assoziierung von Nicht-Ich und Indifferenz einerseits, Ich und ethischem Dualismus andererseits löst auf sanfte Weise den Widerspruch, in den sich der Monismus begibt, wenn er eudämonistische Züge zeigt, weltverbesserisch auftritt. Dieser Widerspruch stört sowohl im ostasiatischen wie im naturwissenschaftlich-deterministischen Monismus; wir haben an anderer Stelle gezeigt, wie er bei den der Welt wohlgesonnenen Epigonen der Systemtheorie auftritt[19]. Die Denker, die

---

[17] Epiktet a.a.O. S. 55.
[18] Epiktet a.a.O. S. 38.
[19] im Kapitel »Monistisch-Dualistisch« IV.

innerhalb dieser Ausrichtungen Gutes bewirken wollen, stehen insofern den Abläufen nicht indifferent gegenüber, was doch folgerichtiger Monismus wäre. Die Impulse zur Weltverbesserung sind aber im Monismus nicht schwächer als im Dualismus, oft sind sie es allein, die den Denker zum Schreiben bewegen.

So ist die asiatisch-stoische Gelassenheit gegenüber dem Richtigen und dem Falschen in Frage gestellt, wenn sie sich selbst propagiert: die Haltung der Indifferenz wird als etwas Richtiges und Erstrebenswertes deklariert, die bewertende Parteilichkeit als etwas Falsches. Das ist selbst bewertende Parteilichkeit, Bevorzugung von Frieden, Entspanntheit und Weisheit gegenüber der hektischen Torheit, zu der ethischer Dualismus führen kann. Wir haben hier das Paradoxon vor uns, zu dem Selbstbezug stets führt.[20]

Der moderne westliche Monismus, der aus Einsicht in die stringente Geltung des Kausalgesetzes nicht werten will, hat ebenso inkonsequente eudämonistische Züge, wenn er sich selbst als fortschrittbringend propagiert. Von der restlosen Anerkennung seiner Idee verspricht er sich das Aufhören ideologischer Kämpfe, die vorurteilsfreie Anerkennung von Zweck-Mittel-Relationen, das reibungslose Abrollen von gut geschmierten Mechanismen. Auch diese Aussagen setzen eine Bewertung voraus.

Diese Inkonsequenz, die in der Philosophie immer wieder dazu führt, daß im wertneutralen Denken verkappte Wertungen aufgedeckt werden und bewundernswerte Denkgebäude dadurch fragwürdig werden, verliert ihre Schärfe unter dem Prinzip der Komplementarität: In ein und demselben Denker stehen dann Indifferenz und Dualismus friedlich nebeneinander: die Vorgänge im Nicht-Ich nimmt er mit guten Gründen als notwendige und gegebene, die Vorgänge in seinem Ich aber dividieren sich nach Gut und Böse, und er folgt dort dem guten Impuls, der Weltverbesserung. Freiheit zum Guten und Notwendigkeit sind bei dimorphistischer Betrachtungsweise zwei nebeneinanderstehende Reiche, und die Möglichkeit einer Grenzziehung bietet die Unterscheidung zwischen Ich und Nicht-Ich an. Für das eigene Ich gibt es eine unwiderlegliche Evidenz für die Willensfreiheit - diese Evidenz vermag aber das monistisch-deterministische Weltbild nicht aus den Angeln zu heben[21]. Das ist bei Anerkennung der Komplementaritätsidee ja auch gar nicht erwünscht. Der Bereich, in dem die Evidenz auftritt: das eigene Bewußtsein, das Ich, ist bei dieser Aufteilung allein Geltungsbereich der Dichotomie Gut-Böse.

5. Auch die Differenzierung nach den Zeitdimensionen, die Relativierung auf Vergangenheit und Zukunft hin, die wir als Antwort auf die Frage nach dem liberum arbitrium durchgeführt haben, bietet sich als Kriterium für die Angemessenheit von Indifferenz oder Diskriminierung an. Wir haben das schon im Kapitel über Vergangenheit und Zukunft ausgeführt (de mortuis nihil nisi bene) und gesehen,

---

20 vgl. die Kapitel »Ohnmacht oder Macht der Subjektivität« IV. 3., »Deutsch-Okzidental« III. und »Unten-Oben . . . Kreis-Linie« IV. 3.

21 anders Jonas; vgl. dazu im Kap. »Ohnmacht oder Macht der Subjektivität« IV.,3.

daß alles, was geschehen ist, notwendig geworden und deshalb geeignet ist, indifferent betrachtet zu werden.

Als Polaritäten, die als Gebietszuweisungen geeignet sind, haben wir also die zwischen Gemeinschaft und Gesellschaft, die zwischen Vergangenheit und Zukunft und die zwischen dem Rest der Welt und dem Ich ausgemacht. Jeweils in dem ersten dieser Bereiche zeigt sich Indifferenz angemessen, die Anerkennung der Notwendigkeit der Abläufe ohne Bewertung, in dem zweiten aber die Offenheit für die Gut/Böse-Bifurkation, die Bereitschaft zur Freiheit, die Entschlossenheit zur Bewertung. Das ergibt aber nicht etwa ein logisches System. In logischen Widerspruch sind wir dabei schon geraten, als wir in der Behandlung der ostasiatischen Subjektivitätsverneinung diese Haltung empfohlen haben für das Zentrum, den eigenen Lebensbereich, die okzidental-rationalistische Subjektbezogenheit aber für die Peripherie, den außen liegenden gesellschaftlich-politischen Bereich; das verträgt sich nicht mit der Zuweisung der Indifferenz zum Rest der Welt im Gegensatz zum Ich, das moralisch eingebunden ist.[22] Bei diesen Gebietszuweisungen ist ein spielerischer und kreativer Umgang angesagt, kein starrer und dogmatischer, der in logische Fallstricke geraten muß. Die Bereichsabsteckungen gehören jeweils verschiedenen morphologischen Kreisen an, die gewechselt werden können mit heterogenen Ergebnissen. Wir müssen immer im Auge behalten, daß das Ideal der Komplementarität das gleichzeitige Bejahen der Alternativen wäre und das Hin-und Herwechseln nur ein Ausweg ist, um die größtmögliche Elastizität zu erreichen.

6. Eine logische Gedankenordnung wird den Isomorphien nicht gerecht. Betrachten wir z.B. morphologisch die Ablehnung des Naturrechts durch die Systemtheorie in dieser Artikulation:

> »Die Vordergründigkeit des Wertdenkens zeigt sich zunächst daran, daß es mit handlungsnahen Begriffen wie Wert, guter oder böser Wille und Sanktion auszukommen sucht, daß es die menschliche Situation auf motivfähige Themen vereinfacht und infolgedessen viel zu unstrukturiert ansetzt. Die Werttheorie überschätzt daher die Freiheit des Handelns.«[23]

Die falsche Einschätzung der Handlungsfreiheit wird hier als Konsequenz aus der irrtümlichen Handlungsbezogenheit angesehen. Die kausale Ordnung kann aber durchaus umgekehrt sein und das mangelnde Bewußtsein für Freiheit Motiv für das Verlassen der individualistischen Handlungsebene. Eine logische Ordnung läßt sich tatsächlich gar nicht angeben: Bei morphologischer, auf Polarität angelegter Sichtweise zeigt sich, daß in solcher Aussage lediglich ein Gestaltkreis geschlossen wird, daß die Motive der linken, relativistischen Seite gebündelt werden.

---

22 vgl. das Kapitel »Ohnmacht oder Macht der Subjektivität«, V. 1.
23 Niklas Luhmann, Grundrechte als Institutionen, Berlin 1965, S. 213.

Solche Gestaltschließungen können weiterführend und klärend sein, wenn man im Auge behält, daß sie lediglich Ausmalungen einer Hemisphäre sind; diese klärende Wirkung haben sie umsomehr, je mehr sie sich in die Tradition ihrer Hemisphäre einfügen. Das fehlt der Systemtheorie: sie meint, alteuropäische Tradition verlassen zu haben, und sieht dabei nur den Rationalismus, zu dem sie tatsächlich eine objektive Distanz hat, da er der komplementären Gegenseite angehört; was sie aber versäumt, ist der explizite Anschluß an die Tradition ihrer eigenen Hemisphäre, wo Spinoza, Goethe, die Romantik, Hegel und Nietzsche vorgearbeitet haben.

7. Die in dieser Traditionslinie liegende Verschmelzungsneigung ist in den vorangegangen Kapiteln immer wieder unser Thema gewesen ebenso wie ihre gefährliche Affinität zum Bösen, die das Leitmotiv im Werk von Thomas Mann wurde. Die Indifferenz ist nämlich nicht immer nur Unentschiedenheit zwischen Gut und Böse, der Relativismus nicht immer nur die Position »über den Gegensätzen«, sondern gern auch Bemäntelung einer Zuneigung zum Dämonischen und verkappte Parteinahme für dessen Seite. (An dieser Stelle greifen wir unsere Eingangsüberlegungen zur inneren Nähe zwischen Relativismus und Bösem wieder auf.) Nehmen wir zum Beispiel die folgende Äußerung Schellings, die unserer parteilosen Polaritätsauffassung zunächst sehr verwandt ist:

> »Wäre im Körper nicht eine Wurzel der Kälte, so könnte die Wärme nicht fühlbar sein. Eine attrahierende und eine repellierende Kraft für sich zu denken, ist unmöglich, denn worauf soll das Repellierende wirken, wenn ihm nicht das Attrahierende einen Gegenstand macht, oder worauf das Anziehende, wenn es nicht in sich selbst zugleich ein Zurückstoßendes hat? Daher dialektisch ganz richtig gesagt wird: *Gut und Bös seien dasselbe*, nur von verschiedenen Seiten gesehn, oder, das Böse sei an sich, d.h. in der Wurzel seiner Identität betrachtet, das Gute, wie das Gute dagegen, in seiner Entzweiung oder Nicht-Identität betrachtet, das Böse.«[24]

Die diabolischen Möglichkeiten solcher Auffassung greift Thomas Mann in dem hier schon zitierten Werk auf, das nach Kriegsende die Erfahrung des Faschismus zu verarbeiten versucht: im »Doktor Faustus«. Dort bringt Thomas Mann all die Motive der deutschen Tradition zusammen, die den Faschismus vorbereitet haben, geleitet von dem Motiv des Dämonischen. Diabolische Züge gibt er der Figur eines Universitätslehrers, der das Verhältnis zwischen Gut und Böse zu verwirren weiß:

---

24 Friedrich Schelling, Über das Wesen der menschlichen Freiheit, Stuttgart 1983, S. 120 (Hervorhebung von mir); zu Schellings Bekenntnis zum Barbarischen und Bösen vgl. Sibylle Tönnies, Der Kater des Dionysos, in: Hundert Jahre »Gemeinschaft und Gesellschaft« (Hrsg. L. Clausen u. C. Schlüter), Opladen 1991, S. 215 ff.

»Eine Lehrerfigur, die sich ihrer intrigierenden Zweideutigkeit wegen meinem Gedächtnis stärker eingeprägt hat als alle anderen. Es war der Privatdozent Eberhard Schleppfuß, der damals zwei Semester lang zu Halle die venia legendi ausübte, um dann allerdings, ich weiß nicht, wohin, wieder von der Bildfläche zu verschwinden.«

Er gibt die Lehrmeinung dieses Dozenten wieder:

»Ihm zufolge war ... das Böse, war *der* Böse selbst ein notwendiger Ausfluß und ein unvermeidliches Zubehör der heiligen Existenz Gottes selbst.«

»Denn er nahm, wenn ich mich so ausdrücken darf, dialektisch den Lästerungsaffront in das Göttliche, die Hölle ins Empyreum auf, erklärte das Verruchte für ein notwendiges und mitgeborenes Korrelat des Heiligen und dieses für eine beständige satanische Versuchung, eine fast unwiderstehliche Herausforderung zur Schändung.«

Von Schellings Auffassung ununterscheidbar ist das, was Thomas Mann als Eberhard Schleppfuß' theologische Lehre erscheinen läßt:

»Natürlich spielte die dialektische Verbundenheit des Bösen mit dem Heiligen und Guten eine bedeutende Rolle in der Theodizee, der Rechtfertigung Gottes angesichts des Vorhandenseins des Bösen in der Welt, die in Schleppfußens Kolleg einen breiten Raum einnahm. Das Böse trug bei zur Vollkommenheit des Universums, und ohne jenes wäre dieses nicht vollkommen gewesen, darum ließ Gott es zu, denn er war vollkommen und mußte darum das Vollkommene wollen, nicht im Sinne des vollkommen Guten, sondern im Sinne der Allseitigkeit und der wechselseitigen Existenzverstärkung. Das Böse war weit böser, wenn es das Gute, das Gute weit schöner, wenn es das Böse gab, ja vielleicht - man konnte darüber streiten - wäre das Böse überhaupt nicht bös, wenn es das Gute, das Gute überhaupt nicht gut, wenn es das Böse nicht gäbe.«[25]

Wir haben nicht umsonst zum Abschluß dieser Arbeit die Besetzung des linken Pols der diabolischen Seite überantwortet und bekennen uns auf diese Weise zur rechten, zwischen Gut und Böse diskrimierenden Seite, zu der des universalen Naturrechts, die ein verbindliches Sollen anerkennt. Worauf dieses denn gerichtet zu sein habe, war immer auch dieser Seite fraglich, und nicht einmal der Gedanke der Eudämonie konnte alle befriedigen. Durch die technische Entwicklung hat aber eine Ermessensreduktion auf Null stattgefunden: Soweit das Leben, die Basis allen Wertes, selbst in seiner Erhaltungswürdigkeit zur Debatte steht, ist die Wertkontingenz beseitigt und gibt es Kontroverse nur über die Wege, nicht über das Ziel. Unterhalb dieser Ebene aber, innerhalb dieses Rahmens, ist der geistige Aufenthalt

---

25 Thomas Mann, Doktor Faustus, Kap. XIII.

in der linken, indifferenten Sphäre immer zu empfehlen, weil dort die größere Klugheit und Anpassungsfähigkeit anzutreffen ist.

Personenregister

GPSR Compliance

The European Union's (EU) General Product Safety Regulation (GPSR) is a set of rules that requires consumer products to be safe and our obligations to ensure this.

If you have any concerns about our products, you can contact us on ProductSafety@springernature.com

In case Publisher is established outside the EU, the EU authorized representative is:

Springer Nature Customer Service Center GmbH
Europaplatz 3
69115 Heidelberg, Germany

Batch number: 10809472

Printed by Printforce, the Netherlands